BILINGUAL

(हिन्दी और अंग्रेजी के साथ)

SACHIN ACADEMY

CTET

PAPER-1

EVS & MATHS

पर्यावरण अध्ययन & गणित

(NEW NCERT पर आधारित)

GET IT ON Google Play

YOUTUBE

AF795713

SACHIN CHOUDHARY

SACHIN ACADEMY

INVINCIBLE
Publication Private Limited

Published by

Invincible Publication Pvt. Ltd.

1103-A, 11th Floor SAS Tower, Sector 38, Gurugram - 12200

www.invinciblepublishers.com

Second Edition 2025

Book Name: CTET EVS & MATHS PAPER-1

Author: SACHIN CHOUDHARY

ISBN: 978-93-5886-944-6

Invincible Publication Pvt. Ltd.

Sales Office: 4760-61/23, Basement, Pratap Street, Ansari Road,

Daryaganj, New Delhi- 110002

Email: invinciblepublishers@gmail.com

CONTENTS

EVS

Environmental Studies

पर्यावरण अध्ययन

NCERT & PEDAGOGY

(एन. सी. ई. आर. टी. & शिक्षाशास्त्र)

1. **Cows have Short front teeth and Large and flat side teeth for which one of the following?**
(1) Gnawing grass and cutting grass respectively
(2) Snipping grass and chewing grass respectively
(3) Chewing grass and snipping grass respectively
(4) Cutting grass and gnawing grass respectively

गाय के आगे के दाँत छोटे तथा पीछे के दाँत चपटे और बड़े होते हैं। ऐसा क्यों होता है?
(1) क्रमशः घास कुतरने तथा घास को काटने के लिए
(2) क्रमशः घास काटने तथा घास चबाने के लिए
(3) क्रमशः घास चबाने तथा घास काटने के लिए
(4) क्रमशः घास काटने तथा घास को कुतरने के लिए

Ans (2)

गायों के घास-आधारित आहार के लिए विशेष दांत होते हैं। निचले जबड़े पर उनके छोटे सामने के दाँत (कृन्तक/incisors) घास काटते हैं या काटते हैं, जबकि मुँह के पीछे उनके बड़े, चपटे दाढ़ घास को चबाते हैं और छोटे, सुपाच्य टुकड़ों में पीसते हैं। यह संयोजन पाचन के लिए बड़ी मात्रा में घास के कुशल प्रसंस्करण को सक्षम बनाता है।

2. **It is 10 A.M. now in India today, it is around noon of today in ___________.**
(1) Singapore
(2) London
(3) Karachi
(4) Japan

आज अब भारत में 10 A.M. समय है। आज ही ________ में लगभग मध्याहन है।
(1) सिंगापुर
(2) लंदन
(3) कराची
(4) जापान

Ans (1)

भारत यूटीसी +5:30 समय क्षेत्र (IST) में है, जबकि सिंगापुर यूटीसी +8 समय क्षेत्र (SGT) में है। इसका मतलब है कि सिंगापुर भारत से 2.5 घंटे आगे है। तो अगर भारत में सुबह के 10 बजे हैं, उस समय सिंगापुर में दोपहर के 12:30 बजे होंगे।

3. **Read the Assertion (A) and Reason (R) carefully –**
Assertion (A): The goats from which the soft pashmina wool is collected are found on very high altitudes of 5000 meters in extreme cold.
Reason (R): A coat of warm hair grows on goats body which protects it from extreme cold.
Choose the correct option from the following:
(1) (A) is false but (R) is true
(2) Both (A) and (R) are true and (R) explains (A)
(3) Both (A) and (R) are true but (R) does not explain (A)
(4) (A) is true but (R) is false

अभिकथन (A) तथा कारण (R) को ध्यान से पढ़ें:
अभिकथन (A): जिन बकरियों के बालों से मुलायम पशमीना शाल बनाए जाते है वे लगभग 5000 मीटर ऊँचाई में पाए जाते है जहाँ बहुत सर्दी पड़ती है।
कारण (R) : इतनी सर्दी से बचने के लिए बकरियों के शरीर पर गरम बालों के परत उग आते हैं।
निम्नलिखित में से सही विकल्प को चुनें :
(1) (A) गलत है किन्तु (R) सही है
(2) दोनों (A) एवं (R) सही हैं तथा (R), (A) की व्याख्या करता है
(3) दोनों (A) एवं (R) सही हैं किन्तु (R), (A) की व्याख्या नहीं करता
(4) (A) सही है किन्तु (R) गलत है

Ans (2)

अभिकथन (A) और कारण (R) दोनों सत्य हैं, और कारण (R) अभिकथन (A) की व्याख्या करता है। पशमीना बकरियां ठंडे, उच्च ऊंचाई वाले क्षेत्रों (लगभग 5000 मीटर) में रहती हैं, जहां उन्हें अत्यधिक ठंड से बचाने के लिए गर्म ऊन का एक मोटा कोट उगता है, यही कारण है कि वे नरम पशमीना ऊन का उत्पादन करते हैं।

4. Consider the following statements A and B. Statement A: In 1969, Neil Armstrong was the first man to walk on the moon. Statement B: In 2007, Kalpana Chawla set a new record for the longest space flight by a woman.

Select the correct code from the following:

(1) A is wrong but B is correct
(2) A and B both are correct
(3) A and B both are wrong
(4) A is correct but B is wrong

नीचे दिए गए कथनों A और B पर विचार कीजिए :

कथन A : सन् 1969 में नील आर्मस्ट्रॉन्ग चाँद पर उतरने वाले सबसे पहले व्यक्ति थे।

कथन B : सन् 2007, में कल्पना चावला अंतरिक्ष में सबसे लंबे समय तक रहने वाली पहली महिला थीं।

निम्नलिखित में से सही कोड चुनिए :

(1) A गलत है परन्तु B सही है
(2) A और B दोनों सही हैं
(3) A और B दोनों गलत हैं "
(4) A सही है परन्तु B गलत है

Ans (4)

नील आर्मस्ट्रांग 1969 में चंद्रमा पर चलने वाले पहले व्यक्ति थे, इसलिए कथन A सही है। हालाँकि, कल्पना चावला ने 2007 में किसी महिला द्वारा सबसे लंबी अंतरिक्ष उड़ान का रिकॉर्ड नहीं बनाया; रिकॉर्ड वास्तव में पैगी व्हिटसन द्वारा स्थापित किया गया था। इसलिए, कथन बी गलत है।

5. Read the statements A and B carefully – Statement A: During the cold season lizards go into ä long and deep sleep. Statement B: Some animals go into a long, deep sleep in certain seasons. Choose the correct answer from the following:

(1) 'A' is incorrect but 'B' is correct.
(2) Both 'A' and 'B' are correct and 'B' explains 'A'.
(3) Both 'A' and 'B' are correct but 'B' does not explain 'A'.
(4) 'A' is correct but 'B' is incorrect.

कथन A एवं B को ध्यान से पढ़ें :

कथन A : ठंड के मौसम में छिपकलियाँ लम्बी और गहरी निद्रा में चले जाते हैं।

कथन B : कुछ ऋतुओं में, कुछ जानवर लम्बी, गहरी निद्रा में चले जाते हैं।

निम्नलिखित में से सही उत्तर को चुनें :

(1) 'A' गलत है परन्तु 'B' सही है।
(2) दोनों 'A' और 'B' सही हैं और 'B', 'A' की सही व्याख्या है।
(3) दोनों 'A' और 'B' सही है परन्तु 'B', 'A' की सही व्याख्या नहीं है।
(4) 'A' सही है परन्तु 'B' गलत है।

Ans (2)

A और B दोनों कथन सही हैं। कथन A बताता है कि छिपकलियां ठंड के मौसम में शीतनिद्रा में चली जाती हैं क्योंकि वे शरीर के तापमान को नियंत्रित नहीं कर पाती हैं। कथन B एक सामान्य व्याख्या प्रदान करता है कि कुछ जानवर, जैसे छिपकली, ठंड या भोजन की कमी जैसे पर्यावरणीय कारकों के कारण शीतनिद्रा में चले जाते हैं, जिससे कथन ए को समझाने में मदद मिलती है।

6. The volume of the earth consists of the following:

(a) 1% Crust
(b) 84% Mantle
(c) 15% Core

Choose the correct option from the following:

(1) Only (a) and (c) are correct
(2) All (a), (b) and (c) are correct.
(3) Only (a) and (b) are correct
(4) Only (b) and (c) are correct.

पृथ्वी के आयतन में निम्नलिखित होते हैं:

(a) 1% पर्पटी
(b) 84% मेंटल
(c) 15% कोर

निम्नलिखित में से सही विकल्प चुनें:

(1) केवल (a) और (c) सही हैं।
(2) सभी (a), (b) और (c) सही हैं।
(3) केवल (a) और (b) सही हैं।
(4) केवल (b) और (c) सही हैं।

Ans: (2)

- पृथ्वी की पपड़ी पृथ्वी के आयतन का लगभग 1% है और अन्य परतों की तुलना में अपेक्षाकृत पतली है।
- मेंटल पृथ्वी के आयतन का लगभग 84% है और सबसे मोटी परत है।
- कोर पृथ्वी के आयतन का लगभग 15% है और इसमें बाहरी और आंतरिक दोनों कोर शामिल हैं।

7. **Select from the following a group consisting of alloys only:**
(1) Steel, Brass, Tin
(2) Steel, Brass, Bronze
(3) Brass, Bronze, Lithium
(4) Magnesium, Aluminum, Steel
निम्नलिखित में से उस समूह को चुनिए जो मिश्रधातुओं से बना है:
(1) स्टील, ब्रास, टिन
(2) स्टील, ब्रास, ब्रांज
(3) ब्रास, ब्रांज, लिथियम
(4) मैग्नीशियम, एल्युमिनियम, स्टील

Ans: (2)

स्टील (लोहा और कार्बन), पीतल (तांबा और जस्ता), और कांस्य (तांबा और टिन)।

- **स्टील:** स्टील लोहे और कार्बन का एक मिश्र धातु है।
- **पीतल:** पीतल तांबे और जस्ता का एक मिश्र धातु है।
- **कांस्य:** कांस्य तांबे और टिन का एक मिश्र धातु है।

8. **Consider the following statements (A) and (B).**
Statement (A): Crows build nests on very low branches on a tree.
Statement (B): Weaver bird stitches two leaves to make its nest.
Select the correct code from the following
(1) (A) is correct but (B) is wrong.
(2) (A) is wrong but (B) is correct.
(3) (A) and (B) both are correct.
(4) (A) and (B) both are wrong.
नीचे दिए गए कथनों (A) और (B) पर विचार कीजिए
कथन (A): कौआ पेड़ की बहुत नीची डाल पर घोंसला बनाता है।
कथन (B): वीरवर पक्षी दो पत्तों को सीकर अपना घोंसला बनाता है।
निम्नलिखित में से सही कोड चुनिए।
(1) (A) सही है परन्तु (B) गलत है।
(2) (A) गलत है परन्तु (B) सही है।
(3) (A) और (B) दोनों सही हैं।
(4) (A) और (B) दोनों गलत हैं।

Ans: (4)

कथन (A) गलत है क्योंकि कौवे ऊंची शाखाओं पर घोंसले बनाते हैं, बहुत निचली शाखाओं पर नहीं। कथन (B) भी गलत है क्योंकि वीरवर पक्षी केवल दो पत्तियों को नहीं, बल्कि कई सामग्रियों को एक जटिल घोंसले में बुनते हैं।

9. **There is a species 'X' of plants that grow in a huge number but is found only in 'Y' part of India in the whole world. Which type of species is it?**
(1) Endemic
(2) Endangered
(3) Abundant
(4) Exotic
पौधों की एक प्रजाति 'X' है जो बहुत अधिक संख्या में पैदा होती है लेकिन पूरे विश्व में भारत के 'Y' भाग में ही पाई जाती है। यह किस प्रकार की प्रजाति है?
(1) स्थानिक
(2) विलुप्त होने की कगार पर
(3) प्रचुर
(4) विदेशी

Ans: (1)

स्थानिक प्रजातियाँ वे हैं जो मूल निवासी हैं और एक विशेष भौगोलिक क्षेत्र तक ही सीमित हैं। वे उस विशिष्ट क्षेत्र को छोड़कर दुनिया में कहीं और नहीं पाए जाते हैं।

10. **Which one/are of the following mountains is/are considered to be volcanic in origin?**
(a) Mt. Kilimanjaro

(b) Fujiyama

(c) The Alps

Choose the correct option:

(1) Only (c)

(2) (a) and (b)

(3) (a) and (c)

(4) (b) and (c)

निम्नलिखित में से कौन सा/से पर्वत/पर्वतों की उत्पति ज्वालामुखी से मानी जाती है?

(a) माउंट किलिमंजारो

(b) फ्यूजियामा

(c) आल्प्स पर्वत

सही विकल्प चुनें:

(1) केवल (c)

(2) (a) और (b)

(3) (a) और (c)

(4) (b) और (c)

Ans: (2)

- माउंट किलिमंजारो तंजानिया में एक ज्वालामुखी पर्वत है जिसके तीन शंकु हैं: किबो, मावेंज़ी और शिरा।
- माउंट फ्यूजियामा जापान का सबसे ऊँचा पर्वत और एक सक्रिय स्ट्रैटोवोलकानो है
- आल्प्स यूरोप में एक गैर-ज्वालामुखीय पर्वत श्रृंखला है, जो टेक्टोनिक प्लेटों के टकराने से बनी है।

11. Select the group of poor conductors of heat from the following:

(1) Air, Wool, Aluminum

(2) Wool, Plastic, Wood

(3) Wool, Wood, Iron

(4) Air, Water, Copper

निम्न में से ऊष्मा के कुचालक समूह का चयन करें :

(1) हवा, ऊन, एल्युमिनियम

(2) ऊन, प्लास्टिक, लकड़ी

(3) ऊन, लकड़ी, लोहा

(4) हवा, जल, तांबा

Ans: (2)

ऊन, प्लास्टिक और लकड़ी को ऊष्मा का कुचालक माना जाता है क्योंकि इनमें तापीय चालकता कम होती है। ये गर्मी को आसानी से अपने अंदर से गुजरने नहीं देते। इनका इस्तेमाल इन्सुलेशन और थर्मल प्रतिरोध के लिए किया जाता है। इसका मतलब है कि ये चीजें हमें गर्मी से बचाने में मदद करती हैं।

12. Mountaineers suffer nose bleeding at higher altitudes because:

(1) The pressure in blood vessels equals the outside pressure.

(2) Blood becomes thick at higher altitudes.

(3) The pressure in blood vessels exceeds outside pressure.

(4) The pressure in blood vessels decreases than outside pressure.

पर्वतारोहियों को अधिक ऊँचाई पर नाक से खून बहने का कारण होता है:

(1) रक्त वाहिकाओं में दबाव बाहरी दबाव के बराबर हो जाता है।

(2) अधिक ऊँचाई पर खून/रक्त गाढ़ा हो जाता है।

(3) रक्त वाहिकाओं में दबाव बाहरी दबाव से अधिक हो जाता है।

(4) रक्त वाहिकाओं में दबाव बाहरी दबाव से कम हो जाता है।

Ans: (3)

अधिक ऊंचाई पर हवा का दबाव कम होता है। कम दबाव के कारण नाक की नाजुक रक्त वाहिकाएँ ठीक से सिकुड़ नहीं पातीं। इससे नाक से खून बहने की समस्या हो सकती है।

13. Read the following Assertion (A) and Reason (R) and choose the correct option.

Assertion (A): People can easily float on the surface of water of Dead Sea even if they do not know to swim.

Reason (R): Dead Sea has 300 gm of salt in one liter of water making it, the sea having highest salt concentration.

(1) (A) is true but (R) is false.

(2) (A) is false but (R) is true.

(3) Both (A) and (R) are true and (R) explains (A).

(4) Both (A) and (R) are true but (R) does not explain (A).

निम्नलिखित अभिकथन (A) तथा कारण (R) को ध्यान से पढ़ें तथा सही विकल्प को चुनें :

अभिकथन (A): अगर कोई तैरना नहीं भी जानता है तब भी मृत सागर में वह आसानी से तैर सकता है।

कारण (R): मृत सागर के एक लीटर पानी में 300 ग्राम नमक पाया जाता है जो इसे सबसे अधिक नमक सांद्रित सागर बनाता है।

(1) (A) सही है किन्तु (R) गलत है।
(2) (A) गलत है किन्तु (R) सही है।
(3) दोनों (A) एवं (R) सही हैं तथा (R), (A) की व्याख्या करता है।
(4) दोनों (A) एवं (R) सही हैं किन्तु (R), (A) की व्याख्या नहीं करता है।

Ans: (3)

दावा (A) सच है क्योंकि मृत सागर की उच्च नमक सांद्रता (लगभग 300 ग्राम प्रति लीटर) पानी के घनत्व को बढ़ाती है, जिससे लोग आसानी से तैर सकते हैं। कारण (R) बताता है कि मृत सागर की अत्यधिक लवणता इस उछाल में योगदान करती है।

14. Read the following Statement (A) and Statement (B) below and choose the correct option:

A. The festival of Vishu is celebrated in spring in Kashmir.

B. In this festival "Vishu Kani" is made using lots of yellow flowers of Amaltash, vegetables, fruits.

(1) Both (A) and (B) are true.
(2) Both (A) and (B) are not true.
(3) (A) is true but (B) is false.
(4) (A) is false but (B) is true.

नीचे दिए गए कथन (A) और कथन (B) को पढ़ें और सही विकल्प चुनें:

A. विशु का त्योहार कश्मीर में वसंत ऋतु में मनाया जाता है।

B. इस त्यौहार में अमलताश के बहुत सारे पीले फूलों, सब्ज़ियों, फलों का उपयोग करके "विशु कनि" बनाते हैं।

(1) (A) और (B) दोनों सत्य हैं।
(2) (A) और (B) दोनों सत्य नहीं हैं।
(3) (A) सच है लेकिन (B) गलत है।
(4) (A) गलत है लेकिन (B) सच है।

Ans: (4)

- विशु कनि, केरल में नववर्ष के प्रथम दिन मनाया जाने वाला त्यौहार है।
- केरल के लोगो का मानना है कि सूर्योदय के समय शुभ वस्तुओं को देखने से आने वाला वर्ष खुशहाल तथा लाभकारी होता है।
- इसमें अमलताश के बहुत सारे पीले फूलों, सब्जियों, फलों का उपयोग करके 'विशु कनि' बनाते हैं।

15. Read the following statements carefully and choose the correct options:

Statement (A): Xylem transports water and minerals from roots to rest of the plant.

Statement (B): Phloem translocate food from leaves to various parts of the plant.

(1) Both (A) and (B) are true
(2) Both (A) and (B) are false
(3) (A) is true, but (B) is false
(4) (A) is false, but (B) is true

दिए गए कथनों को ध्यानपूर्वक पढ़ें एवं सही विकल्प चुनें :

कथन (A) : ज़ाइलम जल और खनिजों को जड़ों से पौधे के बाकी हिस्सों तक पहुँचाता है।

कथन (B) : फ़्लोएम भोजन को पत्तियों से पौधे के विभिन्न भागों में स्थानांतरित करता है।

(1) दोनों (A) और (B) सही हैं।
(2) दोनों (A) और (B) सही नहीं हैं।
(3) (A) सही है और (B) गलत है।
(4) (A) गलत है और (B) सही है।

Ans: (1)

जाइलम और फ्लोएम पौधे की परिवहन प्रणाली के आवश्यक घटकों के रूप में एक साथ काम करते हैं, जिससे पूरे पौधे में पानी, खनिज और भोजन वितरण की सुविधा मिलती है।

16. Ravi took some water in a glass. He puts a lemon in it, Then, he keeps adding a lot of salt into the water, half a spoon at a time. After some time, he notices that:

(1) Lemon sinks in water.
(2) Lemon floats in water.
(3) Lemon splits in water.
(4) Lemon remains mid-way in glass of water.

रवि ने एक गिलास में जल लिया । उसमें उसने एक साबूत नींबू डाल दिया। फिर, वह उस गिलास में बहुत सारा नमक डालता है, आधा चम्मच एक बार । कुछ समय पश्चात, उसने पाया कि :

(1) नींबू जल में डूब गया।
(2) नींबू जल में तैरने लगा ।
(3) नींबू जल में दो भागों में टूट गया।
(4) नींबू गिलास के बीचोंबीच चला गया।

Ans: (2)

नींबू ज़्यादा नमक वाले पानी में तैरेगा। ऐसा इसलिए है क्योंकि ज़्यादा नमक डालने पर पानी भारी हो जाता है। और नींबू (वजन में हल्का) भारी पानी पर तैरने में सक्षम होगा।

17. What is the mass of an object with a density of 12 g/ml and a volume of 3 ml?

(1) 15 g
(2) 24 g
(3) 36 g
(4) 4 g

उस वस्तु का द्रव्यमान ज्ञात करिए जिसका घनत्व 12 ग्रा/मिली लीटर है तथा आयतन 3 मिली लीटर हैं।

(1) 15 ग्रा.
(2) 24 ग्रा.
(3) 36 ग्रा.
(4) 4 ग्रा.

Ans: (3)

वस्तु का घनत्व = 12 ग्रा/मिली लीटर

वस्तु का आयतन = 3 मिली लीटर

$$\text{घनत्व} = \frac{(\text{द्रव्यमान})}{\text{आयतन}}$$

द्रव्यमान = 12 x 3 = 36 ग्रा.

18. Which one of the following regarding Johad is correct? Choose the correct option.

(1) It is a community-based rainwater harvesting system.
(2) It filters impurities from water.
(3) It pumps groundwater into nearby wells.
(4) Stores water from rivers.

जोहड़ से सम्बंधित, निम्नलिखित में से कौन-सा एक कथन सही है? सही उत्तर चुनें।

(1) यह समुदाय आधारित वर्षा जल संचयन प्रणाली है।
(2) यह पानी से अशुद्धियों को फिल्टर करता है।
(3) यह आसपास के कुओं में जमीन का पानी इकट्ठा करता है।
(4) यह नदियों से पानी इकट्ठा करता है ।

Ans: (1)

जोहड़ एक समुदाय आधारित वर्षा जल संचयन प्रणाली है। यह एक छोटा मिट्टी का चेक डैम है। जोहड़ बारिश के पानी को इकट्ठा और सुरक्षित करता है। यह पानी के रिसाव और भूजल को फिर से भरने में मदद करता है।

19. Doctors prescribe blood test for patients to confirm malaria. Blood test is done to:

(1) check for haemoglobin in blood
(2) check iron in blood
(3) check for eggs of female anopheles' mosquitoes in blood
(4) check for microbes in blood

डॉक्टर मरीजों में मलेरिया की पहचान के लिए खून की जाँच कराने के लिए निर्देशित करते हैं। खून की जाँच से :

(1) उसमें उपस्थित हीमोग्लोबिन का पता चलेगा।
(2) उसमें उपस्थित लौह तत्व की मात्रा का पता चलेगा।
(3) उसमें मादा मच्छर के अंडों की उपस्थिति का पता चलेगा।
(4) उसमें उपस्थित जीवाणुओं का पता चलेगा ।

Ans: (4)

डॉक्टर मरीजों को मलेरिया की पहचान के लिए खून की जांच कराने के लिए कहते हैं। खून की जांच से यह पता चलता है कि उसमें मलेरिया के जीवाणु हैं या नहीं।

20. Read the following Statement (A) and Statement (B) below and choose the correct option:

(A) About 4700 years ago, some of the earliest cities flourished on the banks of river Indus and its tributaries.

(B) About 1500 years ago, cities developed on the banks of the Ganga and its tributaries.

(1) Both (A) and (B) are true.
(2) Both (A) and (B) are not true.
(3) (A) is true but (B) is false.
(4) (A) is false but (B) is true.

निम्नलिखित कथन (A) तथा कथन (B) को ध्यान से पढ़ें तथा सही विकल्प का चुनाव करें।

(A) लगभग 4700 वर्ष पूर्व सिंधु तथा इसकी सहायक नदियों के किनारे कुछ आरंभिक नगर फले-फूले।

(B) गंगा तथा इसकी सहायक नदियों के किनारे नगरों का विकास लगभग 1500 वर्ष पूर्व हुआ।

(1) दोनों (A) एवं (B) सही हैं।
(2) दोनों (A) एवं (B) सही नहीं हैं।
(3) (A) सही है किन्तु (B) गलत है।
(4) (A) गलत है किन्तु (B) सही है।

Ans: (3)

लगभग 4700 वर्ष पूर्व सिंधु तथा इसकी सहायक नदियों के किनारे कुछ आरंभिक नगर फले- फूले सही हैं।

गंगा तथा इसकी सहायक नदियों के किनारे नगरों का विकास लगभग 1500 वर्ष पूर्व हुआ गलत है। क्योंकि गंगा तथा इसकी सहायक नदियों के किनारे नगरों का विकास लगभग 2500 वर्ष पूर्व हुआ।

21. Which one of the following statements regarding Ghadsisar Lake is NOT true?

(1) King Ghadsi of Jaisalmer got it made.
(2) It was built around 650 years ago.
(3) It was connected with nine lakes.
(4) It is in use till today.

घड़सीसर से संबंधित निम्नलिखित कथनों में से कौन - सा एक कथन सही नहीं है? सही उत्तर चुनें।

(1) जैसलमेर राजा घड़सी ने इसे बनाया था।
(2) यह लगभग 650 साल पहले बनाया गया था।
(3) यह नौ तालाबों से जुड़ा हुआ था।
(4) यह तालाब आज भी प्रयोग में है।

Ans: (4)

घड़सीसर झील जैसलमेर में है, और इसे लगभग 650 साल पहले महारावल गडसी सिंह ने बनवाया था। यह एक ऐतिहासिक जलाशय है जो कई मंदिरों और तीर्थस्थलों से जुड़ा है।

अब इसका उपयोग पहले की तरह नहीं किया जाता, लेकिन यह एक लोकप्रिय पर्यटक आकर्षण बन गया है।

22. Read the given statements carefully and choose the correct option.

Assertion (A): We can cook food easily at sea level as compared to higher altitudes.

Reason (R): At high altitudes, boiling point of water increases.

(1) Both (A) and (R) are true and (R) is the correct explanation of (A).
(2) Both (A) and (R) are true but (R) is not the correct explanation of (A).
(3) (A) is true but (R) is false.
(4) (A) is false but (R) is true.

दिए गए कथनों को ध्यानपूर्वक पढ़ें और सही विकल्प चुनें :

अभिकथन (A) : हम अधिक ऊँचाई की तुलना में समुद्र तल पर आसानी से खाना पका सकते हैं।

कारण (R) : अधिक ऊँचाई पर पानी का क्वथनाँक बढ़ जाता है।

(1) दोनों (A) और (R) सत्य हैं और (R), (A) का सही स्पष्टीकरण है।
(2) दोनों (A) और (R) सत्य हैं लेकिन (R), (A) का सही स्पष्टीकरण नहीं है।
(3) (A) सत्य है लेकिन (R) असत्य है।
(4) (A) असत्य है लेकिन (R) सत्य है।

Ans: (3)

समुद्र तल पर खाना पकाना आसान होता है। ऊंचाई पर वायुमंडलीय दबाव कम हो जाता है। कम दबाव के कारण, पानी का उबलने का तापमान भी कम हो जाता है। इसलिए, ऊंचाई पर खाना पकाना मुश्किल हो सकता है।

23. Which of the following is/are consequence/s of deforestation?

(a) Increase of atmospheric temperature

(b) Increase in level of CO_2 in atmosphere

(c) Increase of ground water level

(d) Increases chances of natural calamities such as flood & drought.

1. (a), (b) and (c)
2. (b) and (c)
3. (a), (b) and (d)
4. (a), (b), (c) and (d)

निम्नलिखित में से कौन-सा / से वनोन्मूलन के परिणाम हैं?

(a) वायुमंडलीय तापमान में वृद्धि

(b) वायुमंडल में CO_2, के स्तर में वृद्धि

(c) भौम जल स्तर में वृद्धि

(d) बाढ़ और सूखे जैसी प्राकृतिक आपदाओं के होने की संभावना में वृद्धि

1. a, b और c
2. b और c
3. a, b और d
4. a, b, c और d

Ans: (3)

जंगलों की कटाई से वायुमंडलीय तापमान बढ़ता है। इससे CO_2 का स्तर भी बढ़ जाता है। इससे बाढ़ और सूखे जैसी प्राकृतिक आपदाओं का खतरा बढ़ता है। इससे पारिस्थितिकी तंत्र में गड़बड़ी होती है और जैव विविधता कम होती है। ये सभी बातें जलवायु परिवर्तन में मदद करती हैं, जिससे पर्यावरण पर बुरा प्रभाव पड़ता है।

24. It is 7.30 P.M. in India today. It is 2 P.M. of the same day:

(1) in Dhaka
(2) in Karachi
(3) in London
(4) in Japan

भारत में 7.30 P.M. है। उसी दिन 2 P.M. होगा:

(1) ढाका में
(2) कराची में
(3) लंदन में
(4) जापान में

Ans: (3)

लंदन, यूनाइटेड किंगडम (GMT+1)।

भारत (GMT+5:30)

लंदन भारत से 5 घंटे 30 मिनट पीछे है। तो, लंदन में समय शाम 7:30 बजे-5:30=2:00 बजे होगा।

25. Environment in EVS means:

(a) Man-made environment

(b) Natural environment

(c) Social environment

(d) Cultural environment

(1) (a) and (c)
(2) (a), (b), (c) and (d)
(3) (a) and (b)
(4) (b) and (c)

ईवीएस में पर्यावरण, अर्थात् :

(a) मानव निर्मित पर्यावरण

(b) प्राकृतिक पर्यावरण

(c) सामाजिक पर्यावरण

(d) सांस्कृतिक पर्यावरण है

(1) (a) और (c)
(2) (a), (b), (c) और (d)
(3) (a) और (b)
(4) (b) और (c)

Ans: (2)

- प्राकृतिक पर्यावरण में भूमि, हवा और पानी जैसे प्राकृतिक तत्व होते हैं।
- मानव-निर्मित पर्यावरण में इंसान द्वारा बनाई गई चीजें और गतिविधियाँ होती हैं।
- सामाजिक वातावरण में लोग और उनके बीच के रिश्ते शामिल होते हैं।
- सांस्कृतिक वातावरण में हमारे मूल्य, विश्वास और परंपराएँ होती हैं।

26. 'Hakh' is a leafy vegetable commonly used in ____?

(1) Kerala cuisine
(2) Gujrat cuisine
(3) Rajasthani cuisine

(4) Kashmiri cuisine

'हाख' एक पत्तेदार सब्जी है जिसका उपयोग आमतौर पर ____ में किया जाता है?

(1) केरल व्यंजन
(2) गुजराती व्यंजन
(3) राजस्थानी व्यंजन
(4) कश्मीरी व्यंजन

Ans: (4)

हाख एक पत्तेदार सब्जी है जो विभिन्न पारंपरिक व्यंजनों में शामिल होकर कश्मीरी व्यंजनों में महत्वपूर्ण भूमिका निभाती है।

27. Which of the following features of tigers do not help them move in dark and find the prey?

(1) Sensitive whiskers
(2) Movement of ears in different directions
(3) Loud roar
(4) Sharp sense of hearing

बाघों (टाइगर्स) की निम्नलिखित में से कौन-सी विशिष्टताएँ उन्हें अँधेरे में आगे बढ़ने और अपना शिकार खोजने में मदद नहीं करती हैं?

(1) संवेदनशील गलमुच्छे
(2) विभिन्न दिशाओं में कानों की गति
(3) ज़ोर की गर्जना
(4) सुनने का तीव्र आभास

Ans: (3)

➢ संवेदनशील गलमुच्छे, विभिन्न दिशाओं में कानों की गति और सुनने का तीव्र आभास, बाघों को अँधेरे में आगे बढ़ने और अपना शिकार खोजने में मदद करते है।

➢ बाघ अंधेरे में हम से 6 गुना बेहतर देख सकता है

➢ बाघ कि मूंछे हवा में हुए कंपन को भांप लेती है जिससे उसे शिकार की सही स्थिति का पता चल जाता है और इससे वो अंधेरे में रास्ता ढूंढ लेता है

➢ बाघ अपने इलाके में मूत्र करके अपनी गंध छोड़ता है दूसरा बाघ इस गंध को तुरंत पहचान लेता है

➢ बाघ मौके के अनुसार अपनी आवाज बदलता रहता है

➢ बाघ का गुर्राना 3 किलोमीटर दूर तक सुना जा सकता है

➢ बाघ के दोनों कान बाहर की आवाज इकठ्ठा करने के लिए अलग-अलग दिशाओं में बहुत ज्यादा घूम भी जाते हैं

➢ बाघ हवा से पत्तों के हिलने और शिकार की झाड़ियों में हिलने से हुई आवाज के अंतर को तुरंत भांप लेता है

28. It is a social concern that sewage in many cities in India is still

(1) cleaned by machines
(2) cleaned by manual scavengers
(3) the best facility
(4) is owned by private companies

यह एक सामाजिक चिन्ता का विषय है कि भारत में बहुत से शहरों में मलजल अब भी

(1) मशीनों द्वारा साफ किया जाता है।
(2) मैला ढोने वालों के द्वारा हाथ से सफाई की जाती है।
(3) सबसे अच्छी सुविधा है
(4) निजी कम्पनियों के स्वामित्व में है।

Ans: (2)

भारत के कई शहरों में गंदे पानी की सफाई हाथ से की जाती है। यह काम बहुत कठिन और खतरनाक होता है। इसे करने वाले लोगों को 'मैला ढोने वाले' कहा जाता है। यह एक सामाजिक चिंता का विषय है। ये लोग अक्सर असुरक्षित और अनदेखी परिस्थितियों में काम करते हैं।

इससे उनके स्वास्थ्य पर बुरा असर पड़ सकता है। यह समाज में असमानता और भेदभाव का संकेत भी है। सभी लोगों को सुरक्षित और सम्मानजनक काम करने का मौका मिलना चाहिए।

29. People from villages migrate to cities and towns

(1) for better hygiene and open spaces
(2) for better air quality and health provisions
(3) for better job opportunities and educational facilities
(4) for better water quality and social rules

लोग गाँवों से शहरों और कस्बों की ओर स्थानांतरित होते हैं?

(1) बेहतर स्वच्छता तथा खुली जगह के लिए

(2) बेहतर गुणवत्ता की वायु तथा स्वास्थ्य सुविधाओं के लिए

(3) बेहतर रोजगार के अवसर तथा शैक्षिक सुविधाओं के लिए

(4) बेहतर गुणवत्ता का जल तथा सामाजिक नियमों के लिए

Ans: (3)

लोग गाँवों से शहरों और कस्बों की ओर जाते हैं, इसका कारण है बेहतर रोजगार के अवसर। लोग शिक्षा के लिए भी शहरों की ओर स्थानांतरित होते हैं। शहरों में शैक्षिक सुविधाएँ बेहतर होती हैं।

30. We observe that in urban areas most of the wells which were functional about 40 years ago have dried up. Consider the following possible reasons for drying up of water in the wells.

A. No one wants to use well as there are taps in every home.

B. People love to draw underground water using electric motor.

C. The soil around the trees, wells and nearby areas is now covered with cement/ coal tar to make the surrounding clean.

D. The lakes (ponds) in which rainwater used to collect are no longer there. Tall buildings may be seen in those places.

The correct answers are

(1) A, B and C

(2) B, C and D

(3) A, C and D

(4) A, B and D

हम शहरी क्षेत्रों में यह देखते हैं कि अधिकांश कुएँ जो लगभग 40 वर्ष पूर्व पानी भरने के लिए। उपयोग किए जाते थे अब सूख गए हैं। इन कुओं में पानी के सूखने के नीचे दिए गए संभावित कारणों पर विचार कीजिए।

A. कोई भी कुओं का उपयोग करना नहीं चाहता है क्योंकि सभी घरों में टोंटियाँ लगी हैं।

B. लोग विद्युत मोटर द्वारा भौम जल खींचना पसन्द करते हैं।

C. पेड़ों, कुओं और आसपास की जमीन को अब सीमेन्ट / कोलतार द्वारा ढँक कर वातावरण को साफ बना दिया गया है।

D. जिन झीलों (तालाबों) में वर्षा का पानी इकट्ठा होता था अब वहाँ नहीं है। उन स्थानों पर ऊंचे भवन देखे जा सकते हैं।

सही उत्तर हैं

(1) A, B और C

(2) B, C और D

(3) A. C और D

(4) A, B और D

Ans: (2)

- शहरी क्षेत्रों में अधिकांश कुएँ जो लगभग 40 वर्ष पूर्व पानी भरने के लिए उपयोग किए जाते थे अब सूख गए हैं। इन कुओं में पानी के सूखने के संभावित कारण है -
- लोग विद्युत मोटर द्वारा भौम जल खींचना पसन्द करते हैं।
- पेड़ों, कुओं और आसपास की जमीन को अब सीमेन्ट / कोलतार द्वारा ढँक कर वातावरण को साफ बना दिया गया है।
- जिन झीलों (तालाबों) में वर्षा का पानी इकट्ठा होता था अब वहाँ नहीं है। उन स्थानों पर ऊंचे भवन देखे जा सकते हैं।

31. When we burn fuels, we get:

(1) Only light energy

(2) Heat and light energy

(3) Mechanical and light energy

(4) Light and sound energy

जब हम ईंधन जलाते हैं तो हमें प्राप्त होती है/होते हैं:

(1) केवल प्रकाश ऊर्जा

(2) ऊष्मा एवं प्रकाश ऊर्जा

(3) यांत्रिक एवं प्रकाश ऊर्जा

(4) प्रकाश एवं ध्वनि ऊर्जा

Ans: (2)

ईंधन जलाने से दहन के माध्यम से गर्मी और प्रकाश ऊर्जा पैदा होती है, जिससे ईंधन में संग्रहीत ऊर्जा गर्म करने, इंजनों को चलाने और प्रकाश पैदा करने के लिए निकलती है।

32. With respect to Gujarat, the locations of Uttar Pradesh and Andhra Pradesh, respectively, are:

(1) North-West; South-West
(2) North-East; South-West
(3) North-East; South-East
(4) North-West; South-East

गुजरात के सापेक्ष, उत्तर प्रदेश और आंध्र प्रदेश की क्रमशः स्थितियाँ हैं:

(1) उत्तर-पश्चिम; दक्षिण-पश्चिम
(2) उत्तर-पूर्व, दक्षिण-पश्चिम
(3) उत्तर-पूर्व, दक्षिण-पूर्व
(4) उत्तर-पश्चिम; दक्षिण-पूर्व

Ans: (3)

गुजरात के सापेक्ष, उत्तर प्रदेश और आंध्र प्रदेश की क्रमशः स्थितियाँ उत्तर-पूर्व, दक्षिण-पूर्व हैं

33. Match Column A and Column B:

Column A	Column B
A. Cumin	I. Appears like a nail
B. Saffron	II. Originated in South America
C. Chillies	III. Yellow in colour
D. Clove	IV. Small but fragrant

(1) A-I, B-III, C-II, D-IV
(2) A-IV, B-III, C-II, D-I
(3) A-III, B-IV, C-I, D-II
(4) A-IV, B-I, C-III, D-II

स्तम्भ A और स्तम्भ B का मिलान कीजिए:

स्तम्भ A	स्तम्भ B
A. जीरा	I. कील की तरह दिखता है
B. केसर	II. दक्षिणी अमेरिका से उत्पत्ति
C. मिर्च	III. पीले रंग का
D. लौंग	IV. छोटा परन्तु खुशबूदार

(1) A-I, B-III, C-II, D-IV
(2) A-IV, B-III, C-II, D-I
(3) A-III, B-IV, C-I, D-II
(4) A-IV, B-I, C-III, D-II

Ans: (2)

जीरा	-	छोटा परन्तु खुशबूदार
केसर	-	पीले रंग का
मिर्च	-	दक्षिणी अमेरिका से उत्पत्ति
लौंग	-	कील की तरह दिखता है

34. Consider the following statements about snakes and identify the incorrect one from the following:

(1) They swallow their food whole.
(2) Snakes have sharp teeth.
(3) Poisonous snakes have fangs.
(4) They chew up their prey.

साँपों के बारे में निम्नलिखित कथनों पर विचार कीजिए तथा निम्नलिखित में से ग़लत कथन को चिह्नित कीजिए:

(1) वे अपने भोजन (शिकार) को पूरा निगल जाते हैं।
(2) साँपों के दाँत नुकीले होते हैं।
(3) जहरीले साँपों के डसने वाले दाँत होते हैं।
(4) वे अपने शिकार को चबाकर खाते हैं।

Ans: (4)

सांप अपना शिकार चबाते नहीं हैं, ये अपने भोजन को चबाने के बजाय निगल जाते है।

सांप के जबड़े बहुत लचीले होते हैं, जिससे वह अपने मुंह को बड़ा खोल सकता है।

सांप का पाचन तंत्र धीरे-धीरे भोजन को पचाता है।

35. Read the following statements and choose the correct option:

Assertion (A): On applying pressure, gas can be compressed easily.

Reason (R): When we apply pressure to a gas, the intermolecular space between gaseous particles decreases and it gets compressed.

(1) (A) is false, but (R) is true.
(2) Both (A) and (R) are true and (R) is the correct explanation of (A).

(3) Both (A) and (R) are true, but (R) is not the correct explanation of (A).
(4) (A) is true, but (R) is false.

निम्नलिखित कथनों को पढ़िए तथा सही विकल्प का चयन कीजिए:

अभिकथन (A): दाब लगाने पर, गैस को आसानी से संपीडित किया जा सकता है।

कारण (R): जब हम किसी गैस पर दबाव लगाते हैं, तो गैसीय कणों के बीच अंतराअणुक स्थान कम हो जाता है और यह आसानी से संपीडित हो जाती है।

(1) (A) ग़लत है, परन्तु (R) सही है।
(2) (A) और (R) दोनों सही हैं तथा (R), (A) की सही व्याख्या है।
(3) (A) और (R) दोनों सही हैं, परन्तु (R), (A) की सही व्याख्या नहीं है।
(4) (A) सही है, परन्तु (R) ग़लत है।

Ans: (2)

दाब लगाने पर, गैस को आसानी से संपीडित किया जा सकता है क्योंकि गैसीय कणों के बीच अंतराअणुक स्थान कम हो जाता है और यह आसानी से संपीडित हो जाती है।

36. Siddhi is a teacher of class 4. She takes all the children of her class to the playground to play Kabbadi, while teaching them lesson 10 "Hu tu tu, hu tu tu" of the NCERT Environmental Studies textbook. Before playing the game, she also explains the rules of this game to all the children. Why does the teacher tell the children the rules before playing this game? Which of the following may be the most appropriate reason?

(A) She wants to draw the attention of the children that in life like in sports, we make rules.
(B) So that all the work is done properly.
(C) We are all bound by the rules in the same way in the society by which we settle differences and conflicts among ourselves.
(D) By making rules, the attention of all children is much more on the rules than on the game.

(1) (A) and (D)
(2) (A), (B) and (C)
(3) (A) and (B)
(4) (C) and (D)

सिद्धि, एक कक्षा 4 की शिक्षिका है। वह अपनी कक्षा के बच्चों को एनसीईआरटी के पर्यावरण अध्ययन की पाठ्यपुस्तक का पाठ 10" हु तू तू, हु तू तू" पढ़ाने के लिए सभी बच्चों को वह खेल के मैदान में ले जाकर कबड्डी खेल खिलाती है। खेल खेलने से पहले वह सभी बच्चों को इस खेल के नियम भी बताती है। शिक्षिका इस खेल को खेलने से पहले बच्चों को नियम क्यों बताती है? निम्नलिखित में से कौन सा सबसे उपयुक्त कारण हो सकता है?

(A) वह बच्चों का ध्यान इस ओर खींचना चाहती है कि खेल की तरह ही जीवन में भी हम नियम बनाते हैं।
(B) ताकि सभी कार्य सही ढंग से किए जाएं।
(C) हम सभी समाज में इसी प्रकार से नियमों से बंधे हैं जिसके द्वारा हम आपस में मतभेद और झगड़े सुलझाते हैं।
(D) नियम बनाने से सभी बच्चों का ध्यान खेल की अपेक्षा नियम पर बहुत अधिक रहता है।

(1) (A) और (D)
(2) (A), (B) और (C)
(3) (A) और (B)
(4) (C) और (D)

Ans (2)

खेल खेलने से पहले नियमों को समझाना महत्वपूर्ण है क्योंकि यह खेल और जीवन दोनों में व्यवस्था और निष्पक्षता सुनिश्चित करता है। यह सुनिश्चित करके खेल को सुचारू रूप से चलाने में मदद करता है कि हर कोई अपनी भूमिका और जिम्मेदारियों को समझता है। इसके अतिरिक्त, नियम सामाजिक नियमों को प्रतिबिंबित करते हैं, निष्पक्षता को बढ़ावा देते हैं और संघर्षों को हल करते हैं, खिलाड़ियों के बीच सहयोग को बढ़ावा देते हैं।

37. In the following question, Assertion and

Reason are followed. Read the statements carefully and choose the correct option from the following:

Assertion: In the lessons of NCERT's Environmental Studies textbook, real incidents of common life, everyday problems and some burning problems related to today have been kept.

Reason: Children can debate openly on all these problems, be aware of the problems, be sensitive to them and make correct understanding.

(1) Assertion is false but Reason is true.
(2) Both Assertion and Reason are correct and Reason is the correct explanation of Assertion.
(3) Assertion and Reason are correct but Reason is not the correct explanation of Assertion.
(4) Assertion is true but Reason is false.

निम्नलिखित प्रश्न में, अभिकथन और कारण को आगे रखा गया है। कथनों को ध्यान से पढ़ें और निम्नलिखित में से सही विकल्प का चयन करें :

अभिकथन : एनसीईआरटी के, पर्यावरण अध्ययन के पाठ्य पुस्तक के पाठों में आम जिंदगी की वास्तविक घटनाओं, रोजमर्रा की समस्याओं और आज से जुड़ी कुछ ज्वलंत समस्याओं को रखा गया है।

कारण : इन सभी समस्याओं पर बच्चे खुलकर बहस कर सकें, समस्याओं से अवगत हो, उनके प्रति संवेदनशील बने और सही समझ बना सकें।

(1) अभिकथन असत्य है परन्तु कारण सत्य है।
(2) अभिकथन और कारण दोनों सही हैं और कारण, अभिकथन की सही व्याख्या है।
(3) अभिकथन और कारण सही है लेकिन कारण, अभिकथन की सही व्याख्या नहीं है।
(4) अभिकथन सत्य है लेकिन कारण असत्य है।

Ans (2)

अभिकथन और कारण दोनों सही हैं, और कारण अभिकथन की व्याख्या करता है। एनसीईआरटी (NCERT) पर्यावरण अध्ययन पाठ्यपुस्तक में बच्चों को उनके आसपास की दुनिया से जोड़ने के लिए वास्तविक जीवन की घटनाएं और वर्तमान मुद्दे शामिल हैं। इन विषयों को शामिल करने से बच्चों को बहस करने, जागरूक होने और सामाजिक चुनौतियों को समझने, आलोचनात्मक सोच और संवेदनशीलता को बढ़ावा देने की अनुमति मिलती है।

38. It has been observed that some mistakes are made while observing the learning and progress of children. These mistakes may be the result of our biases. Which of the following information should not be recorded as a bias ?

(1) Prior experiences regarding the ability and performance of the children.
(2) Previous results related to the examination of any one subject and any area thereof.
(3) Social background of the child. of the in the.
(4) Samples of the children's work in portfolio.

ऐसा पाया गया है कि बच्चों के सीखने और प्रगति का अवलोकन करते समय कुछ गलतियां हो जाती हैं। यह गलतियां हमारे पूर्वाग्रहों का परिणाम हो सकती हैं। निम्नलिखित में से कौन सी सूचना एक पूर्वाग्रह के रूप में दर्ज नहीं होनी चाहिए?

(1) बच्चों की योग्यता व कार्य निष्पादन के संबंध में पहले के अनुभव
(2) किसी एक विषय और उसके किसी एक क्षेत्र की परीक्षा से जुड़े पूर्व परिणाम।
(3) बच्चे की सामाजिक पृष्ठभूमि।
(4) पोर्टफोलियो में बच्चों के काम के नमूने।

Ans (4)

वह जानकारी जिसे पूर्वाग्रह के रूप में दर्ज नहीं किया जाना चाहिए वह पोर्टफोलियो में बच्चों के काम के नमूने हैं। पोर्टफोलियो बच्चे के वास्तविक कार्य और प्रगति को दर्शाते हैं, जो सीखने को ट्रैक करने का एक उद्देश्यपूर्ण तरीका प्रदान करते हैं। इसके विपरीत, पूर्वाग्रह पूर्व अनुभवों, पिछले परीक्षा परिणामों या बच्चे की सामाजिक पृष्ठभूमि से उत्पन्न हो सकते हैं, जो उनके प्रदर्शन के मूल्यांकन को प्रभावित कर सकते हैं।

39. When an EVS teacher takes his/her students to a zoo, he/she intends to

(1) Sensitize students for animal protection
(2) Give exposure to students to make teaching enjoyable
(3) Correlate classroom learning to real-life situation
(4) Develop skills in students to domesticate animals

जब पर्यावरण अध्ययन के शिक्षक अपने बच्चों को चिड़ियाघर लेकर जाते हैं, तो वह किस उद्देश्य की पूर्ति करना चाहते हैं?

(1) बच्चों को जानवरों के संरक्षण के प्रति संवेदनशील बनाना
(2) बच्चों को मज़ेदार तरीके से सीखने का मौका देना
(3) वास्तविक जीवन की परिस्थितियों और कक्षा विद्यार्जन के बीच परस्पर सम्बन्ध स्थापित करना
(4) बच्चों में पशुओं को पालने के कौशल को विकसित करना

Ans: (3)

चिड़ियाघर का दौरा छात्रों को जानवरों, पारिस्थितिक तंत्र और संरक्षण के बारे में अपनी कक्षा की सीख को वास्तविक जीवन के उदाहरणों और अनुभवों से जोड़ने में मदद करता है। यह वन्य जीवन और पर्यावरण संरक्षण के बारे में उनके ज्ञान को समझने और लागू करने के लिए एक ठोस संदर्भ प्रदान करता है।

40. Ramesh frequently asks probing questions in his class V EVS class. The appropriate aim is not at improving students.

(1) Demonstration skills
(2) Observation skills
(3) Creative skills
(4) Listening skills

रमेश अपनी कक्षा V की पर्यावरण अध्ययन की कक्षा में खोजपूर्ण प्रश्न पूछता है। उपयुक्त उद्देश्य विद्यार्थियों के किस कौशल के विकास का नहीं है?

(1) प्रदर्शन कौशल
(2) अवलोकन कौशल
(3) रचनात्मक कौशल
(4) श्रवण कौशल

Ans: (1)

जांच करने वाले प्रश्न मुख्य रूप से अवलोकन कौशल, आलोचनात्मक सोच और सुनने के कौशल को बढ़ाते हैं, और वे रचनात्मक कौशल को प्रोत्साहित कर सकते हैं। हालाँकि, प्रदर्शन कौशल, जिसमें कुछ दिखाना या प्रस्तुत करना शामिल है, सीधे पूछताछ के माध्यम से विकसित नहीं होते हैं।

41. In environmental studies, which of the following are characteristics of problem solving?

A. Construction
B. Selection
C. Declamation
D. Writing

Choose the correct option -

(1) A and B
(2) C and D
(3) A and D
(4) Band D

पर्यावरण अध्ययन में, निम्नलिखित में से कौन-से समस्या समाधान के गुण हैं?

A. सृजन
B. चयन
C. भाषण
D. लेखन

सही विकल्प चुनिए-

(1) A और B
(2) C और D
(3) A और D
(4) B और D

Ans: (1)

निर्माण में समस्या के समाधान के लिए संभावित समाधान या रणनीति बनाना या डिज़ाइन करना शामिल है। इसके लिए रचनात्मकता और नवीनता की आवश्यकता होती है, जबकि चयन व्यावहारिकता, लागत और प्रभावशीलता जैसे मानदंडों के आधार पर उपलब्ध विकल्पों में से सबसे उपयुक्त समाधान चुनने से संबंधित है।

42. The language that has to be used by an EVS teacher should be

(1) formal with emphasis on definition.
(2) difficult for children to comprehend.
(3) related to everyday language of the child.
(4) technical in nature.

एक ई.वी.एस. शिक्षक के द्वारा प्रयुक्त होने वाली भाषा

(1) औपचारिक एवं परिभाषाओं पर बल देने वाली होनी चाहिए।
(2) बच्चों के लिए कठिन होनी चाहिए ताकि वे समझ न पाएँ।
(3) बच्चों की दैनिक / रोज़मर्रा की भाषा से संबंधित होनी चाहिए।
(4) प्राविधिक प्रकृति की होनी चाहिए।

Ans: (3)

छात्रों के लिए परिचित और समझने योग्य भाषा का उपयोग प्रभावी संचार में मदद करता है और उनके सीखने के अनुभव को बढ़ाता है।

43. Use of attractive and relevant instructional materials are helpful because the

(1) Activate all senses.
(2) Make learning more meaningful.
(3) Help teachers in teaching-learning process.
(4) Attract students' attention.Top of Form

आकर्षक एवं प्रासंगिक अनुदेशात्मक सामग्री का उपयोग सहायक है क्योंकि वे

(1) सभी ज्ञानेंद्रियों को सक्रिय करते हैं।
(2) अधिगम को अधिक अर्थपूर्ण बनाते हैं।
(3) शिक्षकों को शिक्षण अधिगम प्रक्रिया में सहायता करते हैं।
(4) विद्यार्थियों का ध्यान आकर्षित करते हैं।

Ans: (1)

एकाधिक इंद्रियों को सक्रिय करने से अधिक गहन और आकर्षक सीखने का माहौल बनाने, विभिन्न सीखने की शैलियों को पूरा करने और अवधारण और समझ में सुधार करने में मदद मिलती है।

44. Identify the least important activity in teaching of EVS.

(1) Discussion with students
(2) Drawing diagrams and sketches on worksheets
(3) Punishing disobedient students
(4) Taking students outside for nature walk

ई.वी.एस. के शिक्षण में न्यूनतम महत्त्वपूर्ण क्रियाकलाप की पहचान कीजिए।

(1) विद्यार्थियों से परिचर्चा
(2) कार्यपत्रों पर चित्रों और रूपरेखा को बनाना
(3) अवज्ञाकारी विद्यार्थियों को सजा देना
(4) विद्यार्थियों को बाहर प्रकृति की सैर पर ले जाना

Ans: (3)

अवज्ञाकारी छात्रों को दंडित करना ईवीएस पढ़ाने में सबसे कम महत्वपूर्ण गतिविधि है क्योंकि यह विषय के शैक्षिक लक्ष्यों में योगदान नहीं देता है। प्रभावी ईवीएस शिक्षण छात्रों को चर्चा, व्यावहारिक गतिविधियों और वास्तविक दुनिया के अनुभवों जैसी इंटरैक्टिव और सार्थक सामग्री के साथ संलग्न करने पर केंद्रित है।

45. Identify the objective behind including riddles in environmental studies.

(1) To confuse students
(2) To develop logical skills in students
(3) To confuse students and derive pleasure from it
(4) To make students play

निम्नलिखित में से, पर्यावरण अध्ययन पुस्तक में पहेलियों को सम्मिलित करने के उद्देश्य को पहचानिए।

(1) विद्यार्थियों के मन को भ्रमित करना
(2) विद्यार्थियों में तर्क क्षमता विकसित करना
(3) विद्यार्थियों के मन को भ्रमित करना और स्वयं आनंदित होना
(4) विद्यार्थियों को खेल खिलाना

Ans: (2)

पहेलियाँ छात्रों को गंभीर रूप से सोचने और समस्याओं को हल करने के लिए चुनौती देती हैं, जो पर्यावरणीय अवधारणाओं के बारे में उनकी तार्किक तर्क और समझ को बढ़ाती है।

46. Questioning by students is important in teaching-learning of Environmental Studies because it reflects:

A. student's curiosity

B. gap in student's understanding

C. capability of teacher

(1) A and B

(2) B and C

(3) C only

(4) A, B and C

पर्यावरण अध्ययन के शिक्षण-अधिगम में विद्यार्थियों द्वारा प्रश्न पूछना अत्यधिक महत्त्वपूर्ण है, क्योंकि ये प्रश्न संकेतक हैं

A. विद्यार्थियों की जिज्ञासा के

B. विद्यार्थियों के समझ में अंतर के

C. शिक्षक की क्षमता के

(1) A और B

(2) B और C

(3) केवल C

(4) A, B और C

Ans: (1)

छात्रों द्वारा प्रश्न पूछना उनकी जिज्ञासा और उनकी समझ में कमी दोनों को दर्शाता है। जबकि शिक्षक की क्षमता महत्वपूर्ण है, प्रश्न मुख्य रूप से छात्रों की जिज्ञासा को प्रकट करते हैं और यह भी बताते हैं कि उनकी समझ में कहां कमी हो सकती है।

47. Choose the incorrect statement.

(1) EVS is an interdisciplinary subject.

(2) EVS should be learnt through local resources.

(3) EVS primarily deals with the study of biodiversity.

(4) EVS should be learnt through language and mathematics in class I and II.

गलत कथन का चयन कीजिए।

(1) ई.वी.एस. एक अंत: विषयक विषय है।

(2) ई.वी.एस. पढ़ना-पढ़ाना स्थानीय संसाधनों के माध्यम से होना चाहिए।

(3) ई. वी. एस. मुख्यत: जैव-विविधता के अध्ययन से जुड़ी है।

(4) कक्षा I और II में ई. वी. एस. शिक्षण भाषा और गणित के माध्यम से होना चाहिए।

Ans: (3)

जैव विविधता ईवीएस का एक महत्वपूर्ण घटक है, यह विषय मुख्य रूप से जैव विविधता पर ध्यान केंद्रित करने के बजाय पर्यावरणीय मुद्दों, मानव-पर्यावरण इंटरैक्शन और स्थिरता सहित विषयों की एक विस्तृत श्रृंखला को शामिल करता है।

48. In case of below average students in class what would you do as an EVS teacher?

(1) Make them write concepts many times

(2) Make them sit in the first row and guide them constantly

(3) Identify their weak areas and design remedial measures for them

(4) Give them additional tasks for home for practice

एक पर्यावरण अध्ययन शिक्षक होने के नाते आप अपनी कक्षा के औसत छात्रों के लिए क्या करेंगे?

(1) उन्हें कई बार अवधारणा लिखने के लिए देना

(2) उन्हें पहली पंक्ति में बैठाकर लगातार मार्गदर्शन करना

(3) उनके कमज़ोर पक्षों को ढूँढ़ना एवं सुधारने के लिए समाधान खोजना एवं लागू करना

(4) उनको अतिरिक्त कार्य घर में अभ्यास के लिए देना

Ans: (3)

उनके कमजोर क्षेत्रों की पहचान करना और उपचारात्मक उपाय तैयार करना महत्वपूर्ण है। यह दृष्टिकोण विशिष्ट सीखने के अंतराल को संबोधित करने, अनुरूप समर्थन प्रदान करने और औसत से नीचे के छात्रों के लिए सीखने को अधिक प्रभावी बनाने में मदद करता है।

49. Sabiya painted the sky green and trees blue in her painting. What should the teacher do first?

(1) Ask Sabiya to see the pictures of sky and tree and redraw.

(2) Tell Sabiya that sky is blue, and trees are green and she has coloured wrong.

(3) Appreciate her painting and ask why she has chosen such colours.

(4) Take Sabiya to the garden and let her observe sky and trees.

सबिया ने अपने चित्र में आकाश को हरा और पेड़ को नीला रंग किया। उसके शिक्षक को पहले क्या करना चाहिए?

(1) सबिया से आकाश और पेड़ का चित्र देखने के लिए कहें और चित्र फिर से बनाने को कहें

(2) सबिया को बताएँ कि आकाश नीला होता है और पेड़ हरे होते हैं और उसने गलत रंग किया है।

(3) उसके चित्र की सराहना करें और पूछें कि उसने इन रंगों का चयन क्यों किया है।

(4) सबिया को बगीचे में ले जाएँ और उसे आकाश और पेड़ देखने दें।

Ans: (3)

शिक्षक को उसकी पेंटिंग की सराहना करनी चाहिए और पूछना चाहिए कि उसने ऐसे रंग क्यों चुने हैं। यह सबिया को अपने रचनात्मक विकल्पों को समझाने के लिए प्रोत्साहित करता है और कलात्मक अभिव्यक्ति के लिए एक सहायक वातावरण को बढ़ावा देता है, जिससे रंग और रचनात्मकता पर चर्चा की अनुमति मिलती है।

50. The syllabus of EVS is organized in which of the following manner?

A. Beginning from child's immediate surroundings to the wider environment.

B. Beginning from wider environment to the child's immediate surroundings.

C. Beginning from child as "self" to "self" in larger context.

D. Beginning from "self" in larger context to child as "self".

(1) A and B

(2) B and C

(3) A and C

(4) B and D

पर्यावरण अध्ययन का पाठ्यक्रम निम्नलिखित में से किस प्रकार संगठित है?

A. बच्चे के निकटस्थ परिवेश से प्रारंभ होकर व्यापक पर्यावरण तक।

B. व्यापक पर्यावरण से प्रारंभ होकर बच्चे के निकटस्थ परिवेश तक।

C. "स्व" के रूप में बच्चे से प्रारंभ होकर "स्व" के रूप में व्यापक संदर्भ तक।

D. "स्व" के रूप में व्यापक संदर्भ से "स्व" के रूप में बालक तक।

(1) A और B

(2) B और C

(3) A और C

(4) B और D

Ans: (3)

ईवीएस का पाठ्यक्रम बच्चे के निकटतम परिवेश से शुरू होकर व्यवस्थित किया जाता है और धीरे-धीरे व्यापक परिवेश तक विस्तारित होता है, और बच्चे के "स्वयं" से बड़े संदर्भ में "स्वयं" को समझने की ओर बढ़ता है।

51. Which of the following statements is most suitable regarding how children learn about environment?

A. Children learn alone through their own efforts.

B. Children learn through interaction with environment.

C. Children learn through discussion with friends.

D. Children learn through explanation by teacher.

(1) A and B

(2) B and C

(3) C and D

(4) A and D

निम्नलिखित में से कौन-से कथन बच्चों के पर्यावरण से सीखने के बारे में सर्वाधिक उपयुक्त हैं?

A. बच्चे अपने प्रयासों से अकेले सीखते हैं।

B. बच्चे पर्यावरण से अन्तःक्रिया द्वारा सीखते हैं।

C. बच्चे अपने दोस्तों के साथ चर्चा द्वारा सीखते हैं।

D. बच्चे शिक्षक की व्याख्या से सीखते हैं।

(1) A और B

(2) B और C

(3) C और D

(4) A और D

Ans: (2)

अपने परिवेश के साथ जुड़ने और अवलोकन करने से उन्हें पर्यावरण के विभिन्न पहलुओं को समझने में मदद मिलती है और विचारों को साझा करने और साथियों के साथ बातचीत के माध्यम से नए दृष्टिकोण प्राप्त करने से उनके सीखने के अनुभव में वृद्धि होती है।

52. Consider the following statements A and B:

Statement A: In Manali, houses are constructed with wood, slanting roofs and elevated on strong bamboo pillars.

Statement B: Manali receives a lot of rain and snowfall.

Choose the correct option:

(1) A is incorrect, but B is correct
(2) Both A and B are correct
(3) Both A and B are incorrect
(4) A is correct, but B is incorrect

निम्नलिखित कथनों A और B पर विचार कीजिए:

कथन A: मनाली में, ढालू छतों वाले मज़बूत बाँसों के खम्भों पर बने ऊँचे उठे हुए लकड़ी के घर बनाए जाते हैं।

कथन B: मनाली में बारिश बहुत होती है और बर्फ भी पड़ती है।

सही विकल्प चुनिए:

(1) A ग़लत है, परन्तु B सही है
(2) A और B दोनों सही हैं
(3) A और B दोनों ग़लत हैं
(4) A सही है, परन्तु B ग़लत है

Ans: (1)

मनाली में, घर लकड़ी, ढालू छतों से बनाए जाते हैं, लेकिन मजबूत बांस के खंभों पर ऊंचे नहीं बनाए जाते। मनाली में बारिश बहुत होती है और बर्फ भी पड़ती है।

53. Consider the following main functions of plants:

A. To produce and store food

B. To give strength and support to the plant

C. To transport water and minerals from roots to other parts of plant

The main function(s) of the stem is/are:

(1) Only B and C
(2) Only B
(3) Only A and B
(4) A, B and C

पौधों के निम्नलिखित मुख्य कार्यों पर विचार कीजिए:

A. भोजन का उत्पादन और भंडारण करना

B. पौधे को शक्ति और सहारा देना

C. पौधे के अन्य भागों को जड़ों से जल और खनिज का स्थानांतरण करना

तने का/के मुख्य कार्य है/हैं:

(1) केवल B और C
(2) केवल B
(3) केवल A और B
(4) A, B और C

Ans: (1)

पौधे को शक्ति और सहारा देना और पौधे के अन्य भागों को जड़ों से जल और खनिज का स्थानांतरण करना तने के मुख्य कार्य हैं।

54. Read statements (A) and (R) properly and then answer the following questions.

(A) Silkworm can find his female worm from many kilometers away by her smell.

(R) Some female insects release 'Pheromones' which can be recognised by their males by smell.

Choose the correct answer:

(1) Both (A) and (R) are correct and (R) explains (A).
(2) Both (A) and (R) are correct but (R) does not explains (A).
(3) (A) is correct but (R) is incorrect.
(4) (A) is incorrect but (R) is correct.

कथन (A) तथा (R) को ध्यान से पढ़ें तथा निम्नलिखित प्रश्नों का उत्तर दें।

(A) रेशम का कीड़ा अपनी मादा को उसकी गंध से कई किलोमीटर दूर से ही पहचान लेता है।

(R) कुछ मादा कीड़े 'फैरीमोनस्' छोड़ते हैं जिसके गंध को नर कीड़े पहचान लेते हैं।

निम्नलिखित में से सही उत्तर का चुनाव करें :

(1) दोनों कथन (A) एवं (R) सही है तथा (R), (A) की सही व्याख्या करता है।
(2) दोनों कथन (A) एवं (R) सही हैं किन्तु (R), (A) की सही व्याख्या नहीं करता है।
(3) (A) सही है किन्तु (R) गलत है।
(4) (A) गलत है किन्तु (R) सही है।

Ans: (1)

दोनों कथन (A) और (R) सही हैं, और (R) (A) की व्याख्या करता है। मादाओं द्वारा छोड़े गए फेरोमोन के कारण रेशमकीट कई किलोमीटर दूर से मादा कीड़ों का पता लगा सकते हैं, जिन्हें नर गंध से पहचान लेते हैं।

55. What are the red flowers that bloom in spring in Kashmir called?

(1) rose
(2) Sunflower
(3) Buransh
(4) Champa

कश्मीर में वसंत ऋतु में लाल रंग के फूल खिलते हैं उन्हें क्या कहते हैं?

(1) गुलाब
(2) सूरजमुखी
(3) बुरांश
(4) चंपा

Ans: (3)

बुरांश, जिसे रोडोडेंड्रोन के नाम से भी जाना जाता है। कश्मीर में वसंत ऋतु में ये फूल खिलते है। इनका रंग लाल होता है। बुरांश का पेड़ उत्तराखंड का राज्य वृक्ष है।

56. Neena, a primary teacher, discusses various harvest festivals celebrated in different regions in EVS class with her students. Select the set of harvest festivals she mentioned.

(1) Bihu, Baisakhi, Makar Sakranti, Lohri
(2) Ganesh Chaturthi, Holi, Karwa Chauth
(3) Pongal, Diwali, Eid
(4) Gudi Padwa, Navratra, Gurpurab

प्राथमिक स्कूल की अध्यापिका नीना अपने विद्यार्थियों के साथ पर्यावरण अध्ययन की कक्षा में। विभिन्न क्षेत्रों में मनाए जाने वाले फसलों की कटाई से संबंधित त्यौहारों पर चर्चा करती है। उसके द्वारा उल्लिखित फसलों की कटाई से संबंधित त्यौहारों के समूह का चयन कीजिए।

(1) बिहू, वैसाखी, मकर संक्रान्ति, लोहड़ी
(2) गणेश चतुर्थी, होली, करवा चौथ
(3) पोंगल, दीवाली, ईद
(4) गुड़ी पड़वा, नवरात्रा गुरुपूरब

Ans: (1)

- बिहू, वैसाखी, मकर संक्रांति और लोहड़ी त्यौहार फसलों की कटाई के समय मनाए जाते हैं।
- ये त्यौहार अलग-अलग राज्यों में अलग-अलग तरीकों से मनाए जाते हैं।
- बिहू असम में, वैसाखी पंजाब में, मकर संक्रांति पूरे भारत में, और लोहड़ी भी पंजाब का खास त्यौहार है।

57. Mountaineers carry oxygen cylinders with them because they need it for

(1) Cooking food as availability of fuel is less in mountains.
(2) Keeping them warm by burning oxygen in it.
(3) breathing as less oxygen is available at high altitudes.
(4) Putting up support for tents.

पर्वतारोही अपने साथ ऑक्सीजन सिलिंडर ले जाते हैं क्योंकि उन्हें इसकी जरूरत होती है

(1) खाना पकाने के लिए क्योंकि पर्वतों में ईंधन की उपलब्धता कम होती है।
(2) अपने को गर्म रखने के लिए उसमें उपस्थित ऑक्सीजन को जला कर।
(3) साँस लेने के लिए क्योंकि अधिक ऊँचाइयों पर ऑक्सीजन की मात्रा कम मिलती है।
(4) टेंट लगाने के लिए सहारे के रूप में।

Ans: (3)

पर्वतारोही अपने साथ ऑक्सीजन सिलिंडर ले जाते हैं क्योंकि उन्हें इसकी जरूरत होती है साँस लेने के लिए क्योंकि अधिक ऊँचाइयों पर ऑक्सीजन की मात्रा कम मिलती है।

58. Solve the following riddle:

"On my head I have a crest.

All say I dance the best,

Of my feathers I am proud."

I am

(1) Parrot

(2) Dove

(3) Duck

(4) Peacock

निम्नलिखित पहेली हल कीजिए

"सिर पर मेरे ताज है.

सुन्दर नाच दिखाता हूँ,

सुन्दर पंखों पर नाज है।"

मैं हूँ

(1) तोता

(2) फ़ाख़ता

(3) बत्तक / सुरखाब

(4) मोर

Ans: (4)

"सिर पर मेरे ताज है.

सुन्दर नाच दिखाता हूँ,

सुन्दर पंखों पर नाज है।"

मैं हूँ मोर

59. How much time 'boiled milk' takes for digestion in the stomach? Choose the correct answer from the following:

(1) 5 hours

(2) 2 hours

(3) 3 hours

(4) 4 hours

'उबला हुआ दूध' पेट में पचने में कितना समय लेता है? निम्नलिखित में से सही उत्तर को चुनें।

(1) 5 घंटे

(2) 2 घंटे

(3) 3 घंटे

(4) 4 घंटे

Ans (2)

उबले हुए दूध को पचने में आमतौर पर लगभग 2 घंटे लगते हैं क्योंकि यह एक तरल पदार्थ है जिसे ठोस खाद्य पदार्थों की तुलना में कम टूटने की आवश्यकता होती है। पेट इसे तेजी से संसाधित करता है, जहां एंजाइम (enzymes) प्रोटीन और वसा को तोड़ते हैं। पाचन का समय दूध के प्रकार और व्यक्ति के पाचन स्वास्थ्य जैसे कारकों के आधार पर भिन्न हो सकता है, लेकिन दूध जैसे तरल पदार्थ आमतौर पर ठोस पदार्थों की तुलना में तेजी से पचते हैं।

60. Which one of the following is a group consisting of elements only?

(1) Tin, Lithium, Sodium

(2) Sodium, Brass, Potassium

(3) Bronze, Copper, Aluminium

(4) Steel, Iron, Zinc

निम्नलिखित में से कौन सा समूह केवल तत्वों से बना है?

(1) टिन, लिथियम, सोडियम

(2) सोडियम, ब्रास, पोटैशियम

(3) ब्रांज़, कॉपर, एलुमिनियम

(4) स्टील, आयरन, जिंक

Ans (1)

टिन, लिथियम और सोडियम सभी व्यक्तिगत तत्व (elements) हैं, जिसका अर्थ है कि वे शुद्ध पदार्थ हैं जिन्हें आगे तोड़ा नहीं जा सकता है। टिन एक धातु है, लिथियम एक क्षार धातु है जिसका उपयोग बैटरी में किया जाता है, और सोडियम भी एक क्षार धातु है जो नमक में पाया जाता है। इसके विपरीत, अन्य विकल्पों में मिश्र धातुएँ होती हैं, जो धातुओं का मिश्रण होती हैं, शुद्ध तत्व नहीं।

61. Read the following statements and choose the correct option.

Assertion (A): Biomass and Fossil Fuels are the two main conventional sources of energy.

Reason (R): Conventional sources are those which are renewable in nature.

(1) (A) is false, but (R) is true

(2) Both (A) and (R) are true

(3) Both (A) and (R) are false

(4) (A) is true, but (R) is false

निम्नलिखित कथनों को पढ़िए एवं सही विकल्प चुनिए-

अभिकथन (A): जैव मात्रा एवं जीवाश्म ईंधन, दोनों ऊर्जा के परंपरागत स्रोत हैं।

कारण (R) : पारंपरिक स्रोत वे हैं जिनका स्वभाव नवीकरणीय होता है।

(1) (A) गलत है और (R) सही है
(2) दोनों (A) और (R) सही हैं
(3) दोनों (A) और (R) गलत हैं
(4) (A) सही है और (R) गलत है

Ans (4)

(A) सत्य है, लेकिन (R) गलत है। अभिकथन (A) सत्य है: बायोमास और जीवाश्म ईंधन पारंपरिक ऊर्जा स्रोत हैं। हालाँकि, कारण (R) गलत है क्योंकि पारंपरिक स्रोत हमेशा नवीकरणीय नहीं होते हैं। जीवाश्म ईंधन गैर-नवीकरणीय (non-renewable) हैं, और हालांकि बायोमास नवीकरणीय है, यह स्थिरता संबंधी समस्याएं पैदा करता है।

62. Fermentation is conversion of

(1) Sugar into alcohol
(2) Yeast into alcohol
(3) Sugar into CO_2
(4) Yeast into CO_2

खमीरीकरण एक परिवर्तन की क्रिया है

(1) शर्करा को एलकोहॉल में बदलने की
(2) खमीर (यीस्ट) को एलकोहॉल में बदलने की
(3) शर्करा को CO_2 (कार्बन डाइऑक्साइड) में बदलने की
(4) खमीर (यीस्ट) को CO_2 (कार्बन डाइऑक्साइड) में बदलने की

Ans: (1)

खमीरीकरण (Fermentation) एक प्रकार की रसायनिक प्रक्रिया (chemical process) है।

यह एक उपापचय क्रिया (metabolic process) है जो शर्करा को अम्ल, गैस या मद्य (converts sugar to acids, gases or alcohol) में परिवर्तित करती है।

63. Sprouting in seeds can take place in the absence of

(1) Sunlight
(2) Air
(3) Moisture
(4) Moderate temperature

बीजों का अंकुरण किसकी अनुपस्थिति में हो सकता है?

(1) सूर्य का प्रकाश
(2) वायु
(3) नमी
(4) मध्यम ताप

Ans: (1)

बीजों का अंकुरण (Seed Germination) उस प्रक्रिया को कहते हैं, जिसमें बीज एक पौधे में बदलने लगता है। यह मुख्य रूप से तब होता है, जब बीज को आवश्यक पदार्थ और वातावरण मिल जाता है।

इसके लिए सही तापमान, जल और वायु की आवश्यकता होती है। सूर्य का प्रकाश हर बीज के अंकुरण के लिए अनिवार्य नहीं है, लेकिन कुछ बीज सूर्यप्रकाश के बिना अंकुरित नहीं होते हैं।

64. The process of cooling due to evaporation is slow when the area of the water surface in contact with the atmosphere

(1) increases and the atmospheric temperature is high.
(2) increases and the atmospheric temperature is low.
(3) decreases and the atmospheric temperature is high.
(4) decreases and the atmospheric temperature is low.

वाष्पन के कारण शीतलन की प्रक्रिया तब धीमी होती है जब वायुमण्डल में जल के खुले पृष्ठ का क्षेत्रफल

(1) बढ़ता है और वायुमण्डलीय ताप उच्च होता है।
(2) बढ़ता है और वायुमण्डलीय ताप निम्न होता है।
(3) घटता है ओर वायुमण्डलीय ताप उच्च होता है।
(4) घटता है और वायुमण्डलीय ताप निम्न होता है।

Ans: (4)

वाष्पन के कारण शीतलन की प्रक्रिया धीमी हो जाती है जब:

➢ जल का क्षेत्रफल घटता है: पानी की खुली सतह कम होने पर वाष्पन भी कम होता है।

> ➢ वायुमंडलीय ताप कम होता है: ठंडा तापमान होने पर पानी का वाष्पित होना धीमा होता है।
>
> ➢ जब पानी कम होता है या आस-पास का तापमान ठंडा होता है, तो ठंडा होने की प्रक्रिया धीमी हो जाती है।

65. Which one of the following is not a Kharif crop?

(1) Rice
(2) Maize
(3) Soyabean
(4) Wheat

निम्नलिखित में से कौन-सा एक खरीफ फसल नहीं है?

(1) धान
(2) मक्का
(3) सोयाबीन
(4) गेहूँ

> **Ans: (4)**
>
> ➢ खरीफ की फसल जून-जुलाई में बोई जाती है और नवंबर-दिसंबर में काट ली जाती है।
>
> ➢ प्रमुख खरीफ फसलें धान (चावल), मक्का, ज्वार, बाजरा, मूँग, मूँगफली, गन्ना, सोयाबीन, उडद, कपास आदि।
>
> ➢ रबी की फसल अक्टूबर-नवंबर में बोई जाती है और मार्च-अप्रैल में काट ली जाती है।
>
> ➢ प्रमुख रबी फसलें :- गैंहू, आलू, जौ, चना, सरसों, मटर, बरसीम।

66. The medicine of snake bite is available in all the government hospitals. It is made from

(1) Shed skin of snake
(2) Poison of snake
(3) Flower of snake gourd plant
(4) Seed of snake gourd plant

सभी सरकारी अस्पतालों में साँप के द्वारा काटने की दवाई मिलती है। यह किससे बनाई जाती है?

(1) साँप की झड़ी / छोड़ी हुई चर्म / त्वचा
(2) साँप का विष / जहर
(3) चिचिंडे के पौधे का फूल
(4) चिचिंडे के पौधे का बीज

> **Ans: (2)**
>
> ➢ सांप के जहर से बचने के लिए "सिरम" नाम की एक दवा होती है।
>
> ➢ यह एक दवा है, जो सांप के जहर से बनाई जाती है।
>
> ➢ जब किसी को सांप काटता है, तो सिरम दिया जाता है ताकि जहर का असर कम किया जा सके।
>
> ➢ यह जहर के खिलाफ प्रतिरोधक क्षमता बढ़ाता है, जिससे व्यक्ति जल्दी ठीक हो जाता है।

67. With the increase in poaching of deer in the following food chain:
Grass - Deer - Tiger
what will happen to the food chain after a few years?

(1) Grass will start to decrease
(2) Tigers will increase their population
(3) Population of tigers will decrease
(4) Tigers will change their feeding habit

निम्नलिखित खाद्य श्रृंखला में हिरणों के अनाधिकृत शिकार बढ़ने के साथ:
घास - हिरण- बाघ
कुछ वर्षों बाद खाद्य श्रृंखला पर क्या प्रभाव पड़ेगा?

(1) घास कम होना शुरू हो जाएगी
(2) बाघों की संख्या बढ़ जाएगी
(3) बाघों की संख्या घट जाएगी
(4) बाघ अपनी खाने की आदतों को बदलेंगे

> **Ans: (3)**
>
> खाद्य श्रृंखला घास - हिरण- बाघ
>
> खाद्य श्रृंखला में हिरणों के अनाधिकृत शिकार बढ़ने से बाघों की संख्या घट जाएगी। क्योकि हिरणो के अनाधिकृत शिकार से हिरन की संख्या घट जाएगी और बाघ भूखे मरने लगेंगे।

68. Loktak lake is the only place for which kind of endangered deers?

(1) Chital
(2) Barasingha
(3) Sambar
(4) Sangai

संकटापन्न हिरणों के किस प्रकार के लिए केवल लोकटक झील एक स्थान है ?

(1) चीतल

(2) बारासिंगा

(3) सांभर

(4) संगाई

Ans: (4)

मणिपुर का राजकीय पशु संगाई है। यह हिरण केवल लोकटक झील के केयबुल लामजाओ नामक तैरते हुए द्वीप पर पाया जाता है, जो विश्व का पहला और एकमात्र तैरता हुआ राष्ट्रीय उद्यान है।

69. Rama plays cricket with his friends every evening. Which energy does he use to play cricket?

(1) Light energy

(2) Chemical energy

(3) Muscular energy

(4) Sound energy

रामा प्रत्येक शाम को अपने दोस्तों के साथ क्रिकेट खेलता है। वह क्रिकेट खेलने में कौन-सी ऊर्जा का उपयोग करता है?

(1) प्रकाश ऊर्जा

(2) रासायनिक ऊर्जा

(3) मांसपेशियों की ऊर्जा

(4) ध्वनि ऊर्जा

Ans: (3)

जब रामा क्रिकेट खेलते हैं, तो वह मांसपेशियों की ऊर्जा का उपयोग करते हैं। यह ऊर्जा मांसपेशियों के संकुचन से प्राप्त होती है और क्रिकेट में दौड़ने, बल्लेबाजी और गेंदबाजी सहित विभिन्न शारीरिक गतिविधियों के लिए आवश्यक है।

70. What is a tulip?

(1) A type of tree

(2) A flowering plant known for its cup-shaped blooms

(3) A species of bird

(4) A kind of vegetable

ट्यूलिप क्या है?

(1) एक प्रकार का वृक्ष

(2) एक फूल वाला पौधा जो अपने कप के आकार के फूलों के लिए जाना जाता है

(3) पक्षियों की एक प्रजाति

(4) एक प्रकार की सब्जी

Ans: (2)

ट्यूलिप फूल वाले पौधे हैं जो अपने विशिष्ट कप के आकार के फूलों के लिए पहचाने जाते हैं। वे विभिन्न प्रकार के जीवंत रंगों में आते हैं और आमतौर पर वसंत बगीचों से जुड़े होते हैं।

71. Select a group of food items which are obtained from the same part of the plant

(1) Apple, Potato, Tomato, Sugarcane

(2) Spinach, Ginger, Sugarcane, Carrot

(3) Sugarcane, Potato, Ginger, Lotus stem

(4) Spinach, Cabbage, Jeera and potato

खाद्य पदार्थों के उस समूह का चयन करिए जिन्हें पौधे के एक ही भाग से प्राप्त किया जाता है

(1) सेब, आलू, टमाटर, गन्ना

(2) पालक, अदरक, गन्ना, गाजर

(3) गन्ना, आलू, अदरक, कमल डंठल

(4) पालक, पत्तागोभी, जीरा और आलू

Ans: (3)

- आलू: कंद (एक प्रकार का तना)।
- प्याज: बल्ब (एक संशोधित तना)।
- अदरक: प्रकंद (एक प्रकार का भूमिगत तना)।
- लहसुन: बल्ब (एक संशोधित तना)।
- गन्ना: तना (असली तना)।
- कमल का तना: संशोधित भूमिगत तना (प्रकंद)।

72. Manures are advisable to be used in agricultural fields than fertilizers because:

A. Manures are bio-degradable

B. Manures do not cause strong chemical reactions

C. Manures make the soil porous

D. Manures are required in large quantities

(1) A and B

(2) A, B and C

(3) B and C

(4) C and D

उर्वरकों की अपेक्षा खेतों में खाद का उपयोग करने की सलाह दी जाती है क्योंकि

A. खाद जैव- निम्नकरणीय है।

B. खाद से एक प्रबल रासायनिक अभिक्रिया नहीं होती

C. खाद से मृदा में सूक्ष्म रंध्र बनते हैं

D. खाद की बड़ी मात्रा में आवश्यकता होती है।

(1) A और B

(2) A, B और C

(3) B और C

(4) C और D

Ans: (2)

- खाद जैव- निम्नकरणीय है।
- खाद से एक प्रबल रासायनिक अभिक्रिया नहीं होती।
- खाद से मृदा में सूक्ष्म रंध्र बनते हैं।
- खाद मृदा की जल धारण क्षमता में वृद्धि करती है।
- यह मित्र जीवाणुओं की संख्या में वृद्धि करती है।
- यह मृदा की संरचना को बेहतर बनती है।

73. Which of the following animal is closest relative of Cow, Buffalo and Sheep?

(1) Human Being:

(2) Dog

(3) Cat

(4) Goat

निम्नलिखित में से कौन-सा जानवर गाय, भैंस और भेड़ का सबसे निकटतम संबंधी है?

(1) मनुष्य

(2) कुत्ता

(3) बिल्ली

(4) बकरी

Ans: (4)

भेड़ के संबंध में बकरी सबसे करीब है, क्योंकि दोनों बोविडे परिवार से संबंधित हैं और गाय और भैंस की तुलना में अधिक आनुवंशिक और व्यवहारिक समानताएं साझा करती हैं।

74. Solve the following riddle:

"I can be powdered fine to make food hot and spicy
If too much of me is added
I make you gasp, shhee, shhee...
Your eyes and nose begin to waste
And you cry
Think and tell me who am I
Tell me quickly, who am I?"

The solution is:

(1) Turmeric

(2) Clove

(3) Cardamom

(4) Red chilli

नीचे दी गयी पहेली को हल कीजिए:

"कूटी जाती पीसी जाती भोजन तीखा खूब बनाती
खाने में ज्यादा होने पर
मुँह से निकले सी-सी ....
आँख और नाक से निकले पानी
याद दिला दूँ नानी
सोचो सोचो कौन हूँ मैं जल्दी बोलो कौन हूँ मैं?"

इसका हल है:

(1) हल्दी

(2) लौंग

(3) इलायची

(4) लाल मिर्च

Ans: (4)

इस पहेली का हल है लाल मिर्च।

75. Select from the following a state where people like to eat sea fish cooked in coconut.

(1) Goa

(2) Telangana

(3) Chhattisgarh

(4) Jharkhand

निम्नलिखित में से वह राज्य चुनिए जहाँ के लोग नारियल के तेल में पकी/तली समुद्री मछली खाना पसन्द करते हैं।

(1) गोवा

(2) तेलंगाना

(3) छत्तीसगढ़
(4) झारखंड

Ans: (1)

गोवा के लोग समुद्री भोजन का आनंद लेते हैं, विशेष रूप से नारियल के तेल में पकाई गई मछली, जो गोवा के व्यंजनों का एक प्रमुख हिस्सा है। यह व्यंजन क्षेत्र की तटीय संस्कृति और पुर्तगाली विरासत से प्रभावित मसालों और स्वादों के मिश्रण को दर्शाता है।

76. "Valley of Flowers' National Park is located in which State?
(1) Uttar Pradesh
(2) Uttarakhand
(3) Kerala
(4) Karnataka

किस राज्य में 'फूलों की घाटी राष्ट्रीय उद्यान स्थित है?
(1) उत्तर प्रदेश
(2) उत्तराखंड
(3) केरल
(4) कर्नाटक

Ans: (2)

उत्तराखंड के चमोली में 1982 में स्थापित फूलों की घाटी राष्ट्रीय उद्यान, स्थानिक अल्पाइन फूलों की खूबसूरत घास के मैदानों और समृद्ध जैव विविधता के लिए प्रसिद्ध है, और इसे यूनेस्को की विश्व धरोहर स्थल के रूप में मान्यता प्राप्त है।

77. I am a small and skinny chap Sometimes I am brown and sometimes black.
Added to hot oil and ghee
I spread my fragrance all around me.
When I am roasted,
Curd and jaljeera are favourite to me.
Think and tell me who am I?
Identify the spice mentioned in the above riddle.
(1) Turmeric
(2) Cinnamon
(3) Cumin
(4) Clove

मैं पतला सा पर छोटा हूँ भूरा भी हूँ, और काला भी हूँ।
गरम घी और तेल में मैं खुशबू फैलाता हूँ
दही और जलजीरे में,
भून कर डाला जाता हूँ।
सोचो, सोचो कौन हूँ मैं?
उपर्युक्त पहेली में उल्लिखित मसाले को पहचानिए।
(1) हल्दी
(2) दालचीनी
(3) ज़ीरा
(4) लॉग

Ans: (3)

पहेली में उल्लिखित मसाला ज़ीरा है।

78. Your house is located at X and your school is located at Y and there is no straight road between X and Y. So, in order to reach the school you first go to A which is 60 m due North of X, then go to B which is 25 m due East of A, then go to C which is 100 m due North of Band finally you reach your school which is 25 m due West of C. With respect to your school the correct direction of your house is
(1) Due North
(2) Due South
(3) North-West
(4) South-West

आपका घर X और आपका विद्यालय Y पर स्थित है और X और Y के बीच कोई सीधी सड़क नहीं है। अतः विद्यालय पहुंचने के लिए आप पहले A पर जाते हैं जो X के ठीक उत्तर में 60 m की दूरी पर है, फिर B पर जाते हैं, जो A के ठीक पूर्व में 25m दूरी पर है, फिर C पर जाते हैं, जो B के ठीक उत्तर में 100m की दूरी पर है और अन्त में आप अपने विद्यालय पहुंचते हैं जो C के ठीक पश्चिम में 25m की दूरी पर है। आपके विद्यालय के सापेक्ष आपके घर की सही दिशा है।
(1) ठीक उत्तर
(2) ठीक दक्षिण
(3) उत्तर-पश्चिम
(4) दक्षिण-पश्चिम

Ans: (2)

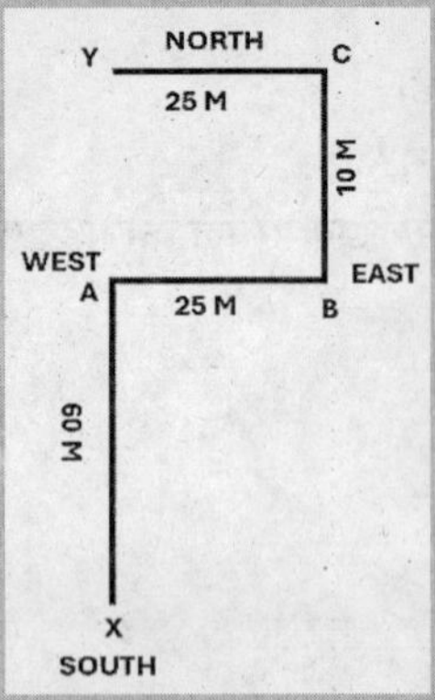

विद्यालय के सापेक्ष घर की सही दिशा दक्षिण है।

79. On the map of a city, following scale is mentioned at its right bottom

Scale 1 cm 950 meters:

If on this map the measured distance between any two places is 19.2 cm, the actual distance between the two places is approximately

(1) 20 kilometers
(2) 19.5 kilometers
(3) 19 kilometers
(4) 18 kilometers

किसी शहर के मानचित्र के निचले दाँये भाग पर नीचे दिया गया पैमाना छपा है

पैमाना 1 सेन्टीमीटर = 950 मीटर

यदि इस मानचित्र पर किन्हीं दो स्थलों के बीच मापी गयी दूरी 19.2 सेन्टीमीटर है, जो इन दोनों स्थलों के बीच की वास्तविक दूरी (निकटतम) है:

(1) 20 किलोमीटर
(2) 19.5 किलोमीटर
(3) 19 किलोमीटर
(4) 18 किलोमीटर

Ans: (4)

वास्तविक दूरी = मापी गई दूरी × स्केल कारक

वास्तविक दूरी = 19.2 cm × 950 m/cm = 18240 m = 18km 240m

दोनों स्थलों के बीच की वास्तविक दूरी (निकटतम) 18km है

80. Select the correct statement from the following:

(1) Goa and Puducherry both are on the Arabian Sea Coast.
(2) Goa and Puducherry both are on the Coast of Bay of Bengal.
(3) Goa is on the Coast of Bay of Bengal whereas Puducherry is on the Arabian Sea Coast.
(4) Puducherry is on the Coast of Bay of Bengal whereas Goa is on the Arabian Sea Coast.

निम्नलिखित में से सही कथन चुनिए:

(1) गोआ और पुदुचेरी दोनों अरब सागर के तटवर्ती हैं।
(2) गोआ और पुदुचेरी दोनों बंगाल की खाड़ी के तटवर्ती हैं।
(3) गोआ बंगाल की खाड़ी का तटवर्ती है जबकि पुदुचेरी अरब सागर का तटवर्ती है।
(4) पुदुचेरी बंगाल की खाड़ी का तटवर्ती है जबकि गोआ अरब सागर का तटवर्ती है।

Ans: (4)

पुदुचेरी बंगाल की खाड़ी का तटवर्ती है जबकि गोआ अरब सागर का तटवर्ती है।

बंगाल की खाड़ी के तटवर्ती राज्य तथा केंद्रशासित प्रदेश है –

राज्य - तमिलनाडु, आंध्र प्रदेश, उड़ीसा तथा पश्चिम बंगाल

केंद्र शासित प्रदेश - पुडुचेरी और अंडमान व निकोबार द्वीप समूह

भारतीय राज्य व केंद्र शासित प्रदेश जिनके किनारे पर अरब सागर है -

राज्य - केरल, कर्नाटक, गोवा, महाराष्ट्र, गुजरात

केंद्र शासित प्रदेश - दमन और दीव, लक्षद्वीप, दादरा और नगर हवेली

81. Musical instruments 'Been' and 'Tumba' are made from dried:

(1) Gourd
(2) Pumpkin
(3) Jackfruit
(4) Artichoke

'बीन' तथा 'तुम्बा' जैसे वाद्य यंत्र किस सूखी चीज़ से बनाए जाते हैं?

(1) लौकी
(2) कद्दू
(3) कटहल
(4) हाथीचक / वज्रांगी

Ans: (1)

बीन, तुम्बा और खंजरी तीनों बाजे सूखी लौकी से बनाए जाते हैं।

82. You are travelling from Delhi to Thiruvananthapuram by train. Which is the correct sequence of major railway stations you will come across after Delhi?

(1) Gwalior, Bhopal, Nagpur, Vijayawada, Chennai, Thiruvananthapuram:
(2) Gwalior, Nagpur, Vijayawada, Bhopal, Chennai, Thiruvananthapuram
(3) Bhopal, Gwalior, Nagpur, Chennai, Vijayawada, Thiruvananthapuram
(4) Bhopal, Nagpur, Gwalior, Vijayawada, Chennai, Thiruvananthapuram

आप दिल्ली से तिरुवनंतपुरम् रेल द्वारा यात्रा कर रहे हैं। दिल्ली के बाद पड़ने वाले मुख्य रेलवे स्टेशनों का सही क्रम क्या है ?

(1) ग्वालियर, भोपाल, नागपुर, विजयवाडा, चेन्नई, तिरूवनंतपुरम्
(2) ग्वालियर, नागपुर, विजयवाडा, भोपाल, चेन्नई, तिरुवनंतपुरम्
(3) भोपाल, ग्वालियर, नागपुर, चेन्नई, विजयवाडा, तिरूवनंतपुरम्
(4) भोपाल, नागपुर, ग्वालियर, विजयवाडा, चेन्नई, तिरुवनंतपुरम्

Ans: (1)

दिल्ली से तिरुवनंतपुरम् रेल द्वारा यात्रा करने पर मुख्य रेलवे स्टेशनों का सही क्रम है:

ग्वालियर, भोपाल, नागपुर, विजयवाडा, चेन्नई, तिरूवनंतपुरम्

83. Match Column A and Column B:

Column A (Dishes prepared during festivals)	Column B (Name of festival)
A. Thekua	I. Holi
B. Patha	II. Bihu
C. Date Cake	III. Onam
D. Gujia	IV. Eid-ul-fitra
E. Sadya	V. Chhath Puja
F. Holige	VI. Christmas
G. Vermicelli	VII. Ugadi

(1) (A) – (I), (B) – (II), (C) – (III), (D) – (IV), (E) – (V), (F) – (VI), (G) – (VII)
(2) (A) – (IV), (B) – (III), (C) – (I), (D) – (VI), (E) – (VII), (F) – (V), (G) – (II)
(3) (A) – (V), (B) – (VII), (C) – (VI), (D) – (I), (E) – (III), (F) – (II), (G) – (IV)
(4) (A) – (VI), (B) – (II), (C) – (III), (D) – (V), (E) – (IV), (F) – (I), (G) – (VII)

कॉलम A और कॉलम B का मिलान करें:

कॉलम A (त्योहारों के दौरान बनाये जाने वाले व्यंजन)	कॉलम B (त्योहार का नाम)
A. ठेकुआ	I. होली
B. पीठा	II. बिहु
C. खजूर का केक	III. ओणम
D. गुजिया	IV. ईद-उल-फितर
E. सद्या	V. छठ पूजा
F. होलिगे	VI. क्रिसमस
G. सेवइयां	VII. उगादि

(1) (A) – (I), (B) – (II), (C) – (III), (D) – (IV), (E) – (V), (F) – (VI), (G) – (VII)
(2) (A) – (IV), (B) – (III), (C) – (I), (D) – (VI), (E) – (VII), (F) – (V), (G) – (II)
(3) (A) – (V), (B) – (VII), (C) – (VI), (D) – (I), (E) – (III), (F) – (II), (G) – (IV)

(4) (A) – (VI), (B) – (II), (C) – (III), (D) – (V), (E) – (IV), (F) – (I), (G) – (VII)

Ans: (3)

ठेकुआ	–	छठ पूजा
पीठा	–	उगादि
खजूर का केक	–	क्रिसमस
गुजिया	–	होली
सद्या	–	ओणम
होलिगे	–	बिहु
सेवइयां	–	ईद-उल-फितर

84. After a disaster, refugees/people return back to their original region. This is

(1) Displacement

(2) Transfer

(3) Repatriation

(4) Immigration

आपदा के बाद, शरणार्थी / लोग अपने क्षेत्र को वापस लौटते हैं। यह है

(1) विस्थापन

(2) स्थानांतरण

(3) प्रत्यावर्तन

(4) आप्रवास

Ans: (3)

प्रत्यावर्तन (Repatriation) का अर्थ होता है किसी स्थान से दूसरे स्थान पर जाना और फिर वापस पहले के स्थान पर लौटना।

जब आपदा के बाद, लोग अपने क्षेत्र को छोड़कर चले जाते है और बाद में वापस अपने क्षेत्र में लौटते हैं तो इसे प्रत्यावर्तन कहा जाता है।

85. Antra was finding it difficult to understand how to solve a puzzle alone but with his elder brother Prasoon she could easily solve the puzzle in a few minutes. Which of the following may be the reason for this?

(1) Children develop naturally through successive stages of intellectual development.

(2) Children can cross the "Zone of Proximal development" through the scaffolding provided by adult support.

(3) Children learn through interaction with environment.

(4) Children construct meaning in social interaction.

अंतरा को अकेले पहेली हल करना मुश्किल लग रहा था लेकिन अपने बड़े भाई प्रसून के साथ वह कुछ ही मिनटों में पहेली को आसानी से सुलझा सकी। इसका कारण निम्नलिखित में से क्या हो सकता है?

(1) बच्चे बौद्धिक विकास की क्रमिक अवस्थाओं में स्वाभाविक रूप से विकसित होते हैं

(2) बच्चे वयस्क के सहारे द्वारा दिए गए स्केफोल्डिंग से "समीपस्थ विकास के क्षेत्र" को पार कर लेते हैं।

(3) बच्चे परिवेश से अंतः क्रिया के माध्यम से सीखते हैं।

(4) बच्चे सामाजिक अंतः क्रिया में अर्थ निर्माण करते हैं।

Ans: (2)

लेव वायगोत्स्की द्वारा प्रस्तुत "समीपस्थ विकास के क्षेत्र" सुझाव देता है कि बच्चे अधिक जानकार व्यक्तियों के मार्गदर्शन और समर्थन से कार्यों को प्राप्त कर सकते हैं और समस्याओं को हल कर सकते हैं।

86. The syllabus in EVS at primary level is organized in a manner that it begins:

(1) from the learner's immediate surroundings.

(2) from the neighbourhood and community.

(3) from the global context.

(4) from the larger context.

प्राथमिक स्तर पर ई.वी.एस. में पाठ्यक्रम इस तरह से व्यवस्थित किया जाता है कि यह शुरू होता है:

(1) सीखने वाले के तत्काल परिवेश से।

(2) पड़ोस और समुदाय से।

(3) वैश्विक संदर्भ से।

(4) बड़े संदर्भ से।

Ans: (1)

प्राथमिक स्तर पर ईवीएस में पाठ्यक्रम इस तरह से व्यवस्थित किया जाता है कि यह शिक्षार्थी के निकटतम परिवेश से शुरू होता है। यह छात्रों को उनके व्यक्तिगत अनुभवों से जुड़ने और धीरे-धीरे व्यापक संदर्भों तक उनकी समझ का विस्तार करने में मदद करता है।

87. An EVS teacher explains to his students "Snake has no ears so it cannot hear Sapera's been." Which of the following statements explains the process skill involved in this?

A. Expressing natural curiosity about the environment.

B. Establishing the cause-and-effect relationship.

C. Exhibiting appreciation towards animal diversity.

D. Making generalisation based on observation.

(1) B and D

(2) A and B

(3) B and C

(4) C and D

एक पर्यावरण अध्यापक अपने विद्यार्थियों को समझाता है कि "साँप के कान नहीं होते, इसलिए वे सपेरे की बीन नहीं सुन सकता है निम्नलिखित में से कौन-से कथन प्रक्रिया कौशल की व्याख्या करते हैं?

A. पर्यावरण के बारे में स्वाभाविक जिज्ञासा की अभिव्यक्ति।

B. कार्य और कारण संबंध की स्थापना।

C. जीव विविधता के प्रति सराहना की अभिव्यक्ति

D. अवलोकन के आधार पर सामान्यीकरण करना।

(1) B और D

(2) A और B

(3) B और C

(4) C और D

Ans: (1)

शिक्षक का स्पष्टीकरण दर्शाता है कि कानों की अनुपस्थिति (कारण) सांप की सुनने की क्षमता (प्रभाव) को कैसे प्रभावित करती है और सामान्यीकरण करती है कि सांप सुन नहीं सकते क्योंकि उनके पास कान नहीं हैं।

88. Which of the following activity should be conducted/discussed in the class by the teacher to teach the topic spoilage of food?

(1) Observe cooking of food at home

(2) To buy things in maximum quantity

(3) To keep the chips packet in freezer

(4) To check the expiry date before buying any commodity

खाद्य-पदार्थों के खराब हो जाने के प्रकरण को पढ़ाने के लिए निम्नलिखित में से कौन-सी क्रियाकलाप या चर्चा कक्षा में शिक्षक को करानी चाहिए?

(1) घर पर भोजन बनाने का अवलोकन करना

(2) अधिकतम मात्रा में चीज़ों को खरीदना

(3) चिप्स पैकेट को फ्रीज़र में रखना

(4) किसी भी पदार्थ को खरीदने से पूर्व उसकी समाप्ति की तिथि की जाँच करना

Ans: (4)

किसी भी वस्तु को खरीदने से पहले समाप्ति तिथि की जांच करने के बाद छात्र खाद्य सुरक्षा के महत्व को समझेंगे और जानेंगे कि समाप्ति तिथियों की जांच करने से खराब या असुरक्षित भोजन को खरीदने से कैसे रोका जा सकता है।

89. Active learning is characterized by which of the following strategies?

(1) Self-study, Problem solving and Discussion

(2) Testing achievement

(3) Taking notes from blackboard

(4) Delivering structured learning experiences

निम्नलिखित में से किस योजना से सक्रिय अधिगम पहचाना जाता है?

(1) स्व-पठन, समस्या समाधान और परिचर्चा

(2) उपलब्धि परीक्षण

(3) श्यामपट्ट से नोट लिखना

(4) संरचित अधिगम अनुभव देना

Ans: (1)

स्व-अध्ययन, समस्या समाधान और चर्चा में अन्वेषण, आलोचनात्मक सोच और सहयोगात्मक चर्चा के माध्यम से छात्रों को सीधे सीखने की प्रक्रिया में शामिल करना शामिल है, जो सामग्री की उनकी समझ और धारणा को गहरा करने में मदद करता है।

90. When students are given the freedom to learn at their own pace, the approach of learning is

(1) Collaborative learning
(2) Adaptive learning
(3) Active learning
(4) Passive learning

जब विद्यार्थियों को उनकी अपनी गति से सीखने की स्वतंत्रता दी जाती है, तब अधिगम का यह उपागम कहलाता है

(1) सहयोगात्मक अधिगम
(2) अनुकूली अधिगम
(3) सक्रिय अधिगम
(4) निष्क्रिय अधिगम

Ans: (3)

छात्रों को अपनी गति से सीखने की अनुमति देना सक्रिय सीखने का हिस्सा है क्योंकि इसमें उन्हें अपनी शिक्षा में सक्रिय भूमिका निभाना, सामग्री के साथ जुड़ना और अपनी सीखने की प्रक्रिया का प्रबंधन करना शामिल है।

91. Which of the following strategies promotes inquiry while teaching 'Shelter' to class V students?

(1) Asking students to collect pictures of different shelters in rural and urban areas
(2) Showing pictures of shelters of different animals to students
(3) Showing digital presentation on shelters of different animals to students
(4) Asking students to narrate their experience of visiting shelters in community

कक्षा V के विद्यार्थियों को 'आवास' के बारे में सिखाते समय निम्नलिखित में से कौन-सी युक्ति अन्वेषण (इंक्वाइरी) को प्रोत्साहित करेगी?

(1) विद्यार्थियों से ग्रामीण एवं शहरी क्षेत्रों के विभिन्न आवासों के चित्र एकत्र करने के लिए कहना
(2) विद्यार्थियों को विभिन्न पशुओं के आवासों के चित्र दिखाना
(3) विद्यार्थियों को विभिन्न पशुओं के आवासों पर डिजिटल प्रस्तुतीकरण दिखाना
(4) विद्यार्थियों को समुदाय में आवासों के भ्रमण के अपने अनुभवों का वर्णन करने को कहना

Ans: (4)

छात्रों को आश्रयों में जाने के अपने अनुभवों को बताने के लिए कहने से प्रतिबिंब, आलोचनात्मक सोच और चर्चा को प्रोत्साहित करके पूछताछ को बढ़ावा मिलता है, जिससे "आश्रय" की अवधारणा के बारे में उनकी समझ गहरी हो जाती है।

92. In primary classes, for teaching EVS, which of the following is essential?

A. Well-equipped lab
B. A resource room
C. Local resources
D. Experiments using easily available material.

(1) A and B
(2) B and C
(3) C and D
(4) A and D

प्राथमिक कक्षाओं में, पर्यावरण अध्ययन शिक्षण हेतु, निम्नलिखित में से क्या अनिवार्य है?

A. सुसज्जित प्रयोगशाला
B. संसाधन कक्ष
C. स्थानीय संसाधन
D. आसानी से उपलब्ध सामग्री का उपयोग करने वाले प्रयोग

(1) A और B
(2) B और C
(3) C और D
(4) A और D

Ans: (3)

स्थानीय संसाधनों का उपयोग करना और आसानी से सुलभ सामग्रियों के साथ प्रयोग करना छात्रों को उनके पर्यावरण से जोड़कर और व्यावहारिक अनुभव प्रदान करके सीखने को अधिक प्रासंगिक और आकर्षक बनाता है।

93. What could be the most appropriate for the students in the learning of EVS through experiments?

(1) Allow each child to perform the activity, observe, record, and make meaning of his or her observations.

(2) Don't accept all the answers that children may give in their own language.
(3) Allow students to memorize all the steps of the experiments, including facts and principles.
(4) Allow students to write definitions of the outcome of the experiment.

प्रयोगों के माध्यम से पर्यावरण अध्ययन सीखने में विद्यार्थियों के लिए क्या सबसे उपयुक्त हो सकता है?
(1) प्रत्येक बच्चे को गतिविधि करने, निरीक्षण करने, रिकॉर्ड करने और अपने अवलोकनों का अर्थ बनाने की अनुमति दें।
(2) उन सभी उत्तरों को स्वीकार न करें जो बच्चे अपनी भाषा में दे सकते हैं।
(3) विद्यार्थियों को तथ्यों और सिद्धांतों सहित प्रयोगों के सभी चरणों को याद रखने की अनुमति दें।
(4) विद्यार्थियों को प्रयोग के परिणाम की परिभाषा लिखने की अनुमति दें।

Ans: (1)

प्रत्येक बच्चे को प्रयोग करने, निरीक्षण करने, रिकॉर्ड करने और उनके निष्कर्षों की व्याख्या करने की अनुमति देने से व्यावहारिक सीखने को बढ़ावा मिलता है, आलोचनात्मक सोच को बढ़ावा मिलता है और अवधारणाओं के साथ जुड़ाव बढ़ता है।

94. Which of the following documents is the cumulative evidence of successive learning achievement in a definite period?
(1) Assessment indicator scoring booklet
(2) Annual assessment record register
(3) Portfolio
(4) Report card

निम्नलिखित में से कौन-सा दस्तावेज एक निश्चित अवधि में बच्चे की उत्तरोत्तर अधिगम उपलब्धि का संचयी साध्य है?
(1) आकलन सूचक अंकन पुस्तिका
(2) वार्षिक आकलन अभिलेख पंजिका
(3) पोर्टफोलियो
(4) रिपोर्ट कार्ड

Ans: (3)

एक पोर्टफोलियो समय के साथ छात्रों के काम और उपलब्धियों की एक श्रृंखला को एकत्रित और प्रदर्शित करता है, जो उनकी सीखने की प्रगति और विकास का एक व्यापक दृश्य प्रदान करता है।

95. Indira is finding it difficult to understand that medicine for snake bite is made from snake's poison. Which of the following method should Indira's teacher use to help her understand better?
A. Inviting a doctor for a talk on "How snake bite is cured?"
B. Inviting a Sapera (Snake charmer) for explaining "How medicine is made from snake's poison?"
C. An explanation of the process by the teacher.
D. A video presentation of the process how medicine is prepared from snake's poison.
(1) A and D
(2) B and C
(3) A and B
(4) Band D

इंदिरा को यह समझने में कठिनाई हो रही है कि साँप के काटने की दवाई साँप के जहर से ही बनती है। इंदिरा के शिक्षक को निम्नलिखित में से कौन-सी विधि का प्रयोग करना चाहिए जिससे वह इसे बेहतर तरीके से समझ सके ?
A. "साँप के काटने पर इलाज कैसे किया जाता है?" पर वार्ता के लिए डॉक्टर को आमंत्रित करें।
B. "साँप के जहर से दवाई कैसे बनाई जाती है?" यह समझाने के लिए सपेरे को आमंत्रित करें।
C. शिक्षक द्वारा इस प्रक्रिया की व्याख्या की जाए।
D. साँप के जहर की दवाई कैसे बनाई जाती है, उस प्रक्रिया का वीडियो प्रस्तुतीकरण।
(1) A और D
(2) B और C
(3) A और B
(4) B और D

Ans: (1)

सांप के काटने का इलाज कैसे किया जाता है, यह बताने के लिए एक डॉक्टर को आमंत्रित करने से विस्तृत, सटीक जानकारी मिलती है, जबकि एक वीडियो प्रस्तुति में यह दर्शाया जाता है कि सांप के जहर से दवा कैसे बनाई जाती है, जिससे समझ बढ़ती है।

96. Anita, an EVS teacher, is describing the advantage of choosing 'percentage' for reporting performance of students in assessments. Which is Anita's statement?

(1) Percentage is suitable for lower classes.
(2) Percentage is easy to use for assessment of skills.
(3) Percentage describes the strength and weakness of students.
(4) Percentage is easy to use and interpret for administrative purpose.

एक पर्यावरण अध्ययन की शिक्षिका अनीता, विद्यार्थियों के आकलन में उनके प्रदर्शन को दर्शाने के लिए 'प्रतिशत' का चयन करने के लाभ का वर्णन कर रही है। अनीता का कौन-सा कथन है?

(1) निचली कक्षाओं के लिए प्रतिशत उपयुक्त है।
(2) कौशलों के आकलन के लिए प्रतिशत का प्रयोग आसान है।
(3) विद्यार्थियों की शक्तियों तथा कमज़ोरियों का वर्णन प्रतिशत से होता है।
(4) प्रशासनिक उद्देश्य के लिए प्रतिशत का प्रयोग करने में एवं अर्थ निकालने में आसान है।

Ans: (4)

अनीता का कथन इस बात पर प्रकाश डालता है कि छात्रों के प्रदर्शन की रिपोर्टिंग के लिए प्रतिशत का उपयोग करना फायदेमंद है क्योंकि उनका उपयोग करना और व्याख्या करना आसान है, जो उन्हें प्रशासनिक उद्देश्यों के लिए उपयुक्त बनाता है।

97. Playful activities are organized for children to:

(1) understand the rules of the society
(2) remain active and promote their learning
(3) develop gender stereotypes
(4) play outdoors without any restrictions

बच्चों के लिए खेलों वाले क्रियाकलापों की व्यवस्था की जाती है जिससे वे

(1) समाज के नियमों को समझें
(2) सक्रिय रहें तथा अपने सीखने की प्रक्रिया को बढ़ाएँ
(3) लिंग संबंधी रूढ़िबद्ध धारणाओं को विकसित करें
(4) घर से बाहर बिना किसी रोक-टोक के खेलें

Ans: (2)

चंचल गतिविधियाँ बच्चों को सक्रिय रहने और शैक्षिक प्रक्रिया को मनोरंजक और इंटरैक्टिव बनाकर उनकी सीखने की क्षमता को बढ़ाने में मदद करती हैं।

98. Meteorites burn up in this layer of atmosphere:

(1) Thermosphere
(2) Mesosphere
(3) Stratosphere
(4) Exosphere

वायुमंडल के इस परत में उल्का पिंड जल जाते हैं :

(1) बाह्य वायुमंडल
(2) मध्यमंडल
(3) समतापमंडल
(4) बहिर्मंडल

Ans: (2)

मध्यमंडल वायुमंडल की तीसरी परत है। यह समताप मंडल के ठीक ऊपर होती है। यह लगभग 80 किलोमीटर की ऊँचाई तक फैली है। अंतरिक्ष से प्रवेश करने वाले उल्का पिंड (Meteorite) इस परत में आने पर जल जाते हैं।

99. Coldest inhabited place on earth located in Ladakh is known as __________.

(1) Dras
(2) Kargil
(3) Gangri
(4) Karakoram

लद्दाख में स्थित पृथ्वी की सबसे ठंडी बसी हुई / आबाद जगह का नाम है.

(1) द्रास
(2) कारगिल
(3) गांगरी
(4) काराकोरम

Ans: (1)

➢ लद्दाख क्षेत्र भारत का सबसे ठंडा रेगिस्तान है।

➢ लद्दाख में स्थित पृथ्वी की सबसे ठंडी बसी हुई आबाद जगह का नाम द्रास है।

100. Lunar eclipse occurs on a ___ & day.

(1) Cresent moon
(2) Quarter moon
(3) Full moon
(4) New moon

चंद्र ग्रहण _____ के दिन होता है।

(1) बाल चन्द्र
(2) चौथाई चन्द्र
(3) पूर्णिमा
(4) नव चन्द्र

Ans: (3)

चन्द्रग्रहण :- जब सूर्य और चन्द्रमा के बीच पृथ्वी आ जाती है तो उस स्थिति को वियुति (Opposition) कहते हैं। यह पूर्णिमा को होती है। इस स्थिति में पृथ्वी की छाया चन्द्रमा पर पड़ती है, जिससे चन्द्रग्रहण होता है।

101. Which among the following practices of rainwater harvesting originated in Rajasthan?

(1) Guls
(2) Kuls
(3) Bawdis
(4) Naulas

राजस्थान में उद्भूत वर्षा जल संग्रहण की प्रथा निम्नलिखित में से कौन-सी है?

(1) गुल
(2) कुल
(3) बावडी
(4) नौला

Ans: (3)

➢ सीढ़ी दार कुंए या बावड़ी जल भण्डारण तथा संरक्षण की पारम्परिक व्यवस्था के साथ जल स्रोत के रूप में भी उपयोगी होते है।

➢ बावड़ी राजस्थान में उद्भूत वर्षा जल संग्रहण की प्रथा है।

102. Radha goes 2.5 km towards North from her house. Now turning to the left she goes 5 km and again turns to left and goes 2.5 km. How far she is from her house and in which direction?

(1) 5 km South from her house:
(2) 5 km North from her house
(3) 5 km West from her house
(4) 5 km East from her house

राधा अपने घर से 2.5 कि.मी. उत्तर की ओर जाती है। अब बायें मुड़कर वह 5 कि.मी. जाती है और फिर बायें मुड़कर 2.5 कि.मी. जाती है। वह अपने घर से कितनी दूर किस दिशा में है?

(1) घर से 5 कि.मी. दक्षिण दिशा में
(2) घर से 5 कि.मी. उत्तर दिशा में
(3) घर से 5 कि.मी. पश्चिम दिशा में
(4) घर से 5 कि.मी. पूर्व दिशा में

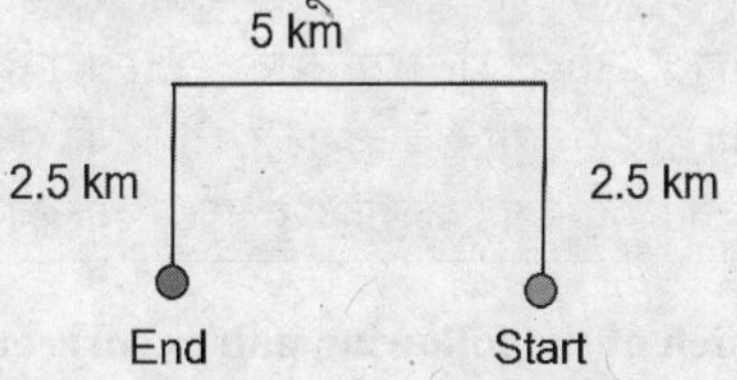

Ans: (3)

राधा अपने घर से 5 कि.मी. पश्चिम दिशा में है।

103. Which is the major component of CNG?

(1) Ethane
(2) Propane
(3) Butane
(4) Methane

CNG का मुख्य संघटक क्या है?

(1) एथेन
(2) प्रोपेन
(3) ब्यूटेन
(4) मेथेन

Ans: (4)

मीथन संपीड़ित प्राकृतिक गैस (सीएनजी) का मुख्य घटक है, जो अन्य जीवाश्म ईंधन की तुलना में एक स्वच्छ जलने वाला ईंधन है, जो वाहनों और अन्य अनुप्रयोगों में उपयोग किए जाने पर उत्सर्जन को कम करने में मदद करता है।

104. "Char Chinari" is a very famous tourist place. This place is surrounded by mountains and is in

(1) Hyderabad
(2) Lucknow.
(3) Mysore
(4) Srinagar

"चार चिनारी" एक बहुत प्रसिद्ध पर्यटक स्थल है। यह चारों तरफ से पर्वतों से घिरा है तथा जिस शहर में स्थित है उसका नाम है

(1) हैदराबाद
(2) लखनऊ
(3) मैसूर
(4) श्रीनगर

Ans: (4)

"चार चिनारी" श्रीनगर, जम्मू और कश्मीर में एक दर्शनीय स्थान है, जो डल झील पर स्थित है और पहाड़ों से घिरा हुआ है। इसमें चार लंबे चिनार हैं, जो इसकी सुंदरता को बढ़ाते हैं और इसे एक लोकप्रिय पर्यटन स्थल बनाते हैं।

105. Which of the following pair is correct?

(1) Wheat Tap Root
(2) Maize: Tap Root
(3) Carrot: Tap Root
(4) Bamboo: Tap Root

निम्नलिखित में से कौन सा युग्म सही है?

(1) गेहूँ : मूसला जड़
(2) मक्का मूसला जड़
(3) गाजर मूसला जड़
(4) बाँस मूसला जड़

Ans: (3)

मूसला जड़ (Taproot) कुछ पौधो की एक मुख्य जड़ होती है और उससे से कई अन्य जड़ निकलती है इस प्रकार की जड़ को मूसला जड़ कहते है । मूसला जड़ जमीन में अधिक गहराई तक जाती है। इसके उदाहरण है- चना, चुकुन्दर, मटर, मूली, गाजर, अंगूर, आम, सरसों, आदि।

106. Amongst the following, which group of states of India have oil fields?

(1) Assam, Gujarat, Maharashtra, Andhra Pradesh
(2) Uttar Pradesh, Gujarat, Maharashtra, Andhra Pradesh
(3) Arunachal Pradesh, Uttar Pradesh, Gujarat, Assam
(4) Tamil Nadu, Gujarat, Maharashtra, Andhra Pradesh

निम्नलिखित में से, भारत के राज्यों के किस समूह में तेल क्षेत्र हैं?

(1) असम, गुजरात, महाराष्ट्र, आंध्र प्रदेश
(2) उत्तर प्रदेश, गुजरात, महाराष्ट्र, आंध्र प्रदेश
(3) अरुणाचल प्रदेश, उत्तर प्रदेश, गुजरात, असम
(4) तमिलनाडु, गुजरात, महाराष्ट्र, आंध्र प्रदेश

Ans: (1)

- ➢ भारत के तेल क्षेत्र वाले राज्य - असम, गुजरात, राजस्थान, महाराष्ट्र (मुंबई हाई), तमिलनाडु, अरुणाचल प्रदेश है।
- ➢ सबसे अधिक तेल का उत्पादन तीन राज्यों में होता है- असम, गुजरात और राजस्थान, ये क्षेत्र मिलकर तटवर्ती क्षेत्रों से 96 प्रतिशत से अधिक तेल का उत्पादन करते हैं।

107. Seasonal movement of people in search of new pastures is called:

(1) Displacement
(2) Transhumance
(3) Migration
(4) Nomads

नए काम की तलाश में लोगों का मौसमी आवागमन कहलाता है:

(1) विस्थापन
(2) ऋतु प्रवास
(3) आप्रवास
(4) खानाबदोशी

Ans: (2)

ऋतु प्रवास (Transhumance) नए चरागाहों की तलाश में लोगों और उनके जानवरों का मौसमी प्रवास है। सर्दियों में, जब पहाड़ों पर बर्फ गिरती है तो वे घाटियों की ओर चले जाते हैं, और गर्मियों में, वे चरागाह की तलाश में पहाड़ों पर चढ़ जाते हैं।

108. Consider the following description of "Sarhul":

A. It is a festival of spring season.
B. It is celebrated in Kerala.
C. People dress according to their customs.
D. In this, processions take place till the Khejari tree.
E. They carry fruits and vegetables of the year.
F. In this, offerings are made to the earth and the sun with respect and honour.
G. It is celebrated with dancing and playing drums and other musical instruments.

Choose the correct option:

(1) A, C, F and G
(2) B, C, D and E
(3) A, B, E and G
(4) C, D, E and F

"सरहुल" के निम्नलिखित विवरण पर विचार करें:

A. यह वसंत ऋतु का त्योहार है।
B. यह केरल में मनाया जाता है।
C. लोग अपने रीति-रिवाजों के अनुसार कपड़े पहनते हैं।
D. इसमें खेजड़ी वृक्ष तक जुलूस निकलते हैं।
E. वे साल भर के फल और सब्जियां ले जाते हैं।
F. इसमें धरती और सूर्य को आदर व सम्मान के साथ भेंट चढ़ाते हैं।
G. यह ढोल, नगाड़े और अन्य वाद्ययंत्रों को बजाते, नाचते हुए मनाया जाता है।

सही विकल्प चुनें:

(1) A, C, F and G
(2) B, C, D and E
(3) A, B, E and G
(4) C, D, E and F

Ans: (1)

➤ 'सरहुल' त्योहार को झारखंड में वसंत ऋतु में मनाया जाता है।
➤ लोग अपने रीति-रिवाजों के अनुसार पारंपरिक पोशाक पहनते हैं।
➤ साल (सखुआ) के पेड़ तक जुलूस निकालते हैं।
➤ साल के फूल और ताजे अंकुरित अनाज लेकर जाते हैं।
➤ धरती और सूर्य को आदर व सम्मान के साथ भेंट चढ़ाते हैं।
➤ ढोल, नगाड़े और दूसरे स्थानीय वाद्ययंत्रों को बजाते, नाचते-गाते हुए सरहुल मनाते हैं।

109. Based on the physical characteristics, Pumpkin plant can be classified as a

(1) Climber
(2) Shrub
(3) Creeper
(4) Herb

भौतिक विशेषताओं के आधार पर कद्दू के पौधे को किसमें वर्गीकृत किया जा सकता है?

(1) आरोही लता
(2) झाड़ी
(3) विसर्पी लता
(4) शाक

Ans: (3)

जिन पौधो का तना काफी कमजोर होता है और वे सीधे खड़े नहीं रह पाते और जमीन पर ही फ़ैल जाते है उन्हें विसर्पी लता कहते हैं। उदाहरण: कद्दू, खरबूजा, लौकी, तरबूज, शकरकंदी आदि।

110. Parts of plants and their roles are mentioned below. The most appropriate statement is

(1) Roots connect the plant to the leaves.
(2) Fruits help in pollination.
(3) Flowers are the reproductive parts of the plant.
(4) Leaves support the upper part of the plant.

पौधों के भागों तथा उनके कार्यों (भूमिकाओं) को नीचे बताया गया है। सबसे उपयुक्त कथन हैं

(1) जड पौधों को पत्तों से जोड़ती हैं।
(2) फल परागण में सहायता करते हैं।
(3) फूल पौधे के प्रजनन अंग होते।
(4) पत्ते पौधे के ऊपरी भाग को सहारा देते हैं।

Ans: (3)

पुष्प (फूल) पौधे के प्रजनन अंग होते। फूल दो प्रकार के होते हैं - एकलिंगी फूल और उभयलिंगी फूल

111. Which of the following options is true about manure?

A. It enhances the water-holding capacity of soil.

B. It makes the soil non-porous to stop exchange of gasses.

C. It increases the number of friendly microbes.

D. It improves the texture of the soil.

(1) A, B and C
(2) B, C and D
(3) A, C and D
(4) A, B and D

निम्नलिखित में से कौन सा विकल्प खाद के बारे में सत्य है

A. यह मृदा की जल धारण क्षमता में वृद्धि करता है।

B. यह गैसों का विनिमय रोकने के लिए मृदा को अरंध्री बनाता है।

C. यह मित्र जीवाणुओं की संख्या में वृद्धि करता है।

D. यह मृदा की संरचना को बेहतर बनाता है।

(1) A, B तथा C
(2) B, C तथा D
(3) A, C तथा D
(4) A, B तथा D

Ans: (3)

- खाद मृदा की जल धारण क्षमता में वृद्धि करती है।
- यह मित्र जीवाणुओं की संख्या में वृद्धि करती है।
- यह मृदा की संरचना को बेहतर बनती है।

112. The International Treaty (Agreement) signed in 1987 to control the depletion of ozone layer is known as

(1) Kyoto Protocol
(2) Montreal Protocol
(3) Paris Agreement
(4) Doha Agreement

ओज़ोन की परत के अवक्षय को नियंत्रित करने हेतु 1987 में एक अंतर्राष्ट्रीय संधिपत्र (समझौता) पर हस्ताक्षर किए गए, जिसे कहा जाता है।

(1) क्योटो संलेख
(2) मॉंट्रियल संलेख
(3) पेरिस संधि
(4) दोहा संधि

Ans: (2)

मॉन्ट्रियल प्रोटोकॉल

- ओज़ोन की परत के अवक्षय को नियंत्रित करने हेतु 1987 में एक अंतर्राष्ट्रीय संधिपत्र (समझौता) पर हस्ताक्षर किए गए, जिसे मॉन्ट्रियल प्रोटोकॉल के नाम से जाना जाता है।
- मॉन्ट्रियल प्रोटोकॉल एक वैश्विक समझौता है, जो ओजोन परत को नुकसान पहुंचाने वाले लगभग 100 मानव-निर्मित रसायनों, जैसे क्लोरोफ्लोरोकार्बन (सीएफसी) और हेलॉन, के उत्पादन और उपभोग का नियमन करता है।

113. House protects us from heat, cold, rain and dust. Caravan is a house on.

(1) Wheels
(2) Boats
(3) Snow
(4) Railway tracks

घर हमें गर्मी, सर्दी, बरसात एवं धूल से बचाता है। कारवाँ (केरेवेन) ___ पर एक घर होता है।

(1) पहियों
(2) नाव
(3) बर्फ
(4) रेल की पटरियों

Ans: (1)

कारवाँ (केरेवेन) पहियों पर एक घर होता है। यह एक प्रकार का ट्रोलर है, जिसे एक गाड़ी से खींचा जाता है और जिसमें रहने की सुविधाएं होती हैं। कुछ लोग कारवाँ में पर्यटन, कैम्पिंग, या स्थायी आवास के लिए रहते हैं।

114. Which of the following designs is used in rangoli and embroidery in Saurashtra, Gujarat?

(1) Chowkpurana
(2) Naag Gumphan
(3) Mandana
(4) Aripan

निम्नलिखित में से कौन-सा डिज़ाइन सौराष्ट्र, गुजरात में रंगोली और कढ़ाई के लिए प्रयोग किया जाता है?

(1) चौकपूरना
(2) नाग गुंफन
(3) मंदाना
(4) आरीपन

Ans: (2)

नाग गुम्फन डिज़ाइन पारंपरिक रूपांकन हैं जिनका उपयोग सौराष्ट्र, गुजरात में रंगोली और कढ़ाई में किया जाता है। वे प्रकृति और संस्कृति से प्रेरित जटिल पैटर्न पेश करते हैं, जो क्षेत्र की समृद्ध कलात्मक विरासत को प्रदर्शित करते हैं।

115. Which of the following musical instruments are used in 'Been' party?

(1) Been, Murli, Sarangi and Dhol
(2) Murli, Tumba, Been and Khanjiri
(3) Tumba, Been, Khanjiri and Dhol
(4) Been, Sarangi, Murli and Khanjiri

निम्नलिखित में से कौन-से वाद्य यंत्रों का प्रयोग 'बीन' मंडली में होता है?

(1) बीन, मुरली, सारंगी तथा ढोल
(2) मुरली, तुम्बा, बीन तथा खंजरी
(3) तुम्बा, बीन, खंजरी तथा ढोल
(4) बीन, सारंगी, मुरली तथा खंजरी

Ans: (3)

बीन, तुम्बा, खंजरी और ढोल। इन वाद्य यंत्रों का प्रयोग 'बीन' मंडली में होता है। ढोल के अलावा बाकी तीनों बाजे सूखी लौकी से बनाए जाते हैं।

116. solve the following riddle:

"Koohu - koohu is my sound
Everywhere I am found
My sweet voice gives me fame
Just tell what is my name"
The solution is:

(1) Mynah:
(2) Parrot
(3) Dove
(4) Koel

नीचे दी गयी पहेली को हल कीजिए:

"कुहू कुहू आवाज लगाती,
मधुर मधुर मैं गीत सुनाती,
सबके मन को हूँ मैं भाती,
बोलो मैं हूँ क्या कहलाती"
इसका हल है:

(1) मैना
(2) तोता
(3) फाखता
(4) कोयल

Ans: (4)

"कुहू कुहू आवाज लगाती,
मधुर मधुर मैं गीत सुनाती,
सबके मन को हूँ मैं भाती,
बोलो मैं हूँ क्या कहलाती"
इस पहेली का हल है कोयल।

117. Which of the following belongs to mammal family?

(1) Whales
(2) Frogs
(3) Pigeons
(4) Lizards

निम्नलिखित में से कौन सा स्तनधारी परिवार का है?

(1) व्हेल
(2) मेंढक
(3) कबूतर
(4) छिपकली

Ans: (1)

स्तनधारी (Mammal) जीव वे होते है जो अपने बच्चो को **दूध पिलाते हैं**। इनके शरीर का ताप बाहरी वातावरण के तापमान परिवर्तन के साथ नहीं बदलता है। मनुष्य, गाय, भैस, बकरी, चमगादड, व्हेल मछली, आदि स्तनधारी जीव होते है।

118. Below are given steps of the process of growing onion crop. These steps are not in proper sequence

A. Digging to loosen the soil

B. Weeding

C. Cutting the dried leaves from the top of onion

D. Plucking the onion out

E. Sowing of seeds

The correct sequence is:

(1) A, B, E, D, C
(2) A, E, B, D, C
(3) A, B, E, C, D
(4) A, E, B, C, D

नीचे प्याज की खेती की प्रक्रिया के चरण दिए गए हैं। ये चरण उचित क्रम में नहीं है।

A. मिट्टी गुड़ाई करना

B. खरपतवार हटाना

C. प्याज के ऊपर की सूखी पत्तियों को काटना

D. प्याज को उखाड़कर बाहर निकालना

E. बीज बोना

सही क्रम है

(1) A, B, E, D, C
(2) A, E, B, D, C
(3) A, B, E, C, D
(4) A, E, B, C, D

Ans: (2)

प्याज की खेती की प्रक्रिया के चरण सबसे पहले मिट्टी की गुड़ाई करना इसके बाद बीज को बोना फिर खरपतवार को हटाना इसके बाद प्याज को उखाड़कर बाहर निकालना और फिर प्याज के ऊपर की सूखी पत्तियों को काटना।

119. What are medium-sized trees with many stems and branches near the ground called?

(1) Shrubs
(2) Conifers
(3) Deciduous Trees
(4) Palms

धरती के पास कई तने और शाखाओं वाले मध्यम आकार के पेड़ों को क्या कहा जाता है?

(1) झाड़ियाँ
(2) शंकुधारी
(3) पर्णपाती वृक्ष
(4) हथेलियाँ

Ans: (1)

➢ झाड़ियाँ मध्यम आकार के पौधे होते हैं, जिनकी ऊंचाई 1 से 6 मीटर के बीच होती है।

➢ झाड़ियों में आमतौर पर कई तने होते हैं जो एक तने के बजाय आधार से निकलते हैं।

➢ झाड़ियों में अक्सर घनी शाखाएँ होती हैं, जो उन्हें झाड़ीदार रूप देती हैं।

➢ झाड़ियों में विभिन्न प्रकार के पत्तों के आकार हो सकते हैं, छोटे और संकीर्ण से लेकर चौड़े और लोब वाले तक।

➢ वे पर्णपाती (मौसम के अनुसार पत्तियां खोने वाले) या सदाबहार (साल भर पत्तियां बरकरार रखने वाले) हो सकते हैं।

➢ झाड़ियों में उथली जड़ प्रणाली होती है, जो उन्हें विभिन्न प्रकार की मिट्टी के अनुकूल बनाती है।

➢ गुड़हल, गुलाब, तुलसी, मीठा नीम, हिबिस्कस, लैवेंडर और बॉक्सवुड झाड़ियों के उदाहरण हैं।

120. Highest class of roads which are mostly 6 lanes or above are called:

(1) National highways
(2) Airways
(3) Expressways
(4) Waterways

सड़कों का सर्वोच्च वर्ग जो अधिकतर 6 पथ या अधिक का होता है, क्या कहलाते हैं?

(1) राष्ट्रीय राजमार्ग
(2) वायुमार्ग
(3) एक्सप्रेसवे
(4) जलमार्ग

Ans: (3)

एक्सप्रेसवे विशेष रूप से डिज़ाइन किए गए और निर्मित बड़े सड़क होते हैं, जिनमें अधिकतर 6 पथ या अधिक होते हैं। यह सड़कें यातायात को तेज़ी से गति देने के लिए बनाई गई होती हैं।

121. Choose the correct pair of State and Dance:

(1) Karnataka - Kathak
(2) Tamil Nadu - Lavani
(3) Assam-Buiya
(4) Andhra Pradesh - Kuchipudi

राज्य और नृत्य के सही युग्म का चुनाव कीजिए:

(1) कर्नाटक- कत्थक
(2) तमिलनाडु - लावणी
(3) असम- बुझ्या
(4) आंध्र प्रदेश – कुचिपुड़ी

Ans: (4)

नृत्य	राज्य
कुचिपुड़ी	आंध्र प्रदेश
बिहू	असम
मुखौटा	अरुणाचल प्रदेश
कथककली	केरल
भरतनाट्यम	तमिलनाडु
रासलीला	उत्तरप्रदेश
कत्थक	उत्तर प्रदेश
यक्ष ज्ञान	कर्नाटक

122. Select from the following a pair of Union Territories of India:

(1) Nagaland and Arunachal Pradesh
(2) Lakshadweep and Chandigarh
(3) Delhi and Uttarakhand
(4) Ladakh and Mizoram

निम्नलिखित में से भारत के संघ शासित प्रदेशों का युगल चुनिए:

(1) नागालैण्ड और अरुणाचल प्रदेश
(2) लक्षद्वीप और चण्डीगढ़
(3) दिल्ली और उत्तराखण्ड
(4) लद्दाख और मिज़ोरम

Ans: (2

(Union Territories and their Capitals)

केंद्र शासित प्रदेश	राजधानी
1. Andaman and Nicobar Islands	Port Blair
2. Delhi	New Delhi
3. Lakshadweep	Kavaratti
4. Daman and Diu	Daman
5. Chandigarh	Chandigarh
6. Puducherry	Puducherry
7. Jammu and Kashmir	Srinagar in summer and Jammu in winter
8. Ladakh	Leh

123. In a village of Maharashtra with sugar fields, what is the role of a 'Mukadam'?

(1) He is an agent who provides access to different irrigation facilities.
(2) He is an agent who allots ration to the families.
(3) He is an agent who encourages use of modern agricultural facilities.
(4) He is an agent who lends money and gives the details of the loan taken by each family.

महाराष्ट्र में गन्ने के खेतों वाले एक गाँव में, 'मुकादम' की क्या भूमिका है?

(1) वह एक एजेंट है जो विभिन्न सिंचाई की सुविधाओं को उपलब्ध कराता है।
(2) वह एक एजेंट है जो परिवारों को राशन बँटवाता है।
(3) वह एक एजेंट है जो आधुनिक कृषि सुविधाओं के प्रयोग को प्रोत्साहित करता है।
(4) वह एक एजेंट है जो धन उधार पर देता है तथा प्रत्येक परिवार द्वारा लिए गए ऋण का विवरण देता है।

Ans: (4)

"मुकादम" अनौपचारिक ऋण देने में शामिल एक एजेंट है, जो परिवारों द्वारा लिए गए ऋणों का हिसाब-किताब रखता है, जिसमें रकम और पुनर्भुगतान की शर्तें भी शामिल हैं। पारंपरिक उधार प्रथाओं वाले ग्रामीण क्षेत्रों में यह भूमिका आम है।

124. Consider the following description of a tourist:

"In this area the villagers make their houses having very thick walls that are plastered with mud. The roofs of the houses are made of thorny bushes. In this area rain is very scarce and the weather is also very hot. "

This area must be in

(1) Haryana
(2) Chhattisgarh
(3) Gujarat
(4) Rajasthan

किसी पर्यटक के द्वारा नीचे दिए गए विवरण पर विचार कीजिए:

"इस क्षेत्र में गाँव के लोग अपने घर मोटी दीवारों के बनाते हैं और इन दीवारों को मिट्टी से पोतते हैं। इन घरों की छतें कंटीली झाड़ियों से बनायी गयी हैं। यहाँ के क्षेत्र में वर्षा बहुत कम होती है और गर्मी भी बहुत पड़ती है।"

यह क्षेत्र कहाँ होना चाहिए?

(1) हरियाणा
(2) छत्तीसगढ़
(3) गुजरात
(4) राजस्थान

Ans: (4)

राजस्थान में गाँव के लोग अपने घर मोटी दीवारों के बनाते हैं और इन दीवारों को मिट्टी से पोतते हैं। इन घरों की छतें कंटीली झाड़ियों से बनायी जाती हैं। यहाँ के क्षेत्र में वर्षा बहुत कम होती है और गर्मी भी बहुत पड़ती है।

125. Places where the temperature does not usually drop below 0°C are:

(1) Kanpur, Raipur
(2) Leh, Ladakh
(3) Joshimath, Manali
(4) Kedarnath, Amarnath

वे जगह जहाँ तापमान अक्सर 0° से. से नीचे नहीं गिरता है, उनके नाम हैं।

(1) कानपुर, रायपुर
(2) लेह लद्दाख
(3) जोशीमठ, मनाली
(4) केदारनाथ, अमरनाथ

Ans: (1)

➢ वे जगह जहाँ तापमान अक्सर 0° से. से नीचे नहीं गिरता है, उनके नाम हैं। कानपुर, रायपुर, दिल्ली, हरियाणा, आदि।

126. Which of the following is the correct sleeping time of animals?

(1) Cat - 10 hours
(2) Python - 12 hours
(3) Cow - 4 hours
(4) Giraffe - 6 hours

निम्नलिखित में से कौन-सा पशुओं के सोने का सही समय है?

(1) बिल्ली - 10 घंटे
(2) अजगर - 12 घंटे
(3) गाय - 4 घंटे
(4) जिराफ़ - 6 घंटे

Ans: (3)

कुछ जानवरों की नींद

गाय	-	4 घंटे
अजगर	-	18 घंटे
जिराफ	-	2 घंटे
बिल्ली	-	12 घंटे

127. World Water Day is observed on which of the following day?

(1) June 5th
(2) March 22nd
(3) April 22nd
(4) June 22nd

विश्व जल दिवस निम्नलिखित में से किस दिन मनाया जाता है?

(1) 5 जून
(2) 22 मार्च
(3) 22 अप्रैल
(4) 22 जून

Ans: (2)

विश्व जल दिवस प्रत्येक वर्ष 22 मार्च को मनाया जाता

है। यह मीठे पानी के महत्व के बारे में जागरूकता बढ़ाने और जल संसाधनों के स्थायी प्रबंधन की वकालत करने के लिए समर्पित है।

128. An activity is:

(1) verifying principles given in textbook
(2) an open-ended exploration
(3) helping children to learn
(4) a way of presenting concepts

गतिविधि है-

(1) पाठ्यपुस्तक में दिए गए सिद्धांतों का पुष्टिकरण
(2) एक खुला / स्वतंत्र अन्वेषण
(3) बच्चों को सीखने में सहायता करना
(4) अवधारणाओं को प्रस्तुत करने का तरीका

Ans: (2)

ओपन-एंडेड अन्वेषण के रूप में वर्णित एक गतिविधि छात्रों को विशिष्ट परिणामों या तरीकों तक सीमित न रखकर रचनात्मकता और आलोचनात्मक सोच को बढ़ावा देकर, स्वतंत्र रूप से अन्वेषण करने और सीखने की अनुमति देती है।

129. The content in EVS textbooks should

A. give written information to students.
B. provide opportunities to question and explore.
C. discourage rote memorisation.
D. avoid definitions and detailed description.

(1) A, B and C
(2) B and C
(3) A, C and D
(4) B, C and D

पर्यावरण अध्ययन की पाठ्यपुस्तकों में सामग्री कैसी होनी चाहिए?

A. छात्रों को लिखित जानकारी देना
B. प्रश्न करने एवं अन्वेषण के अवसर प्रदान करना
C. रटने को हतोत्साहित करना
D. परिभाषाओं तथा विस्तृत विवरण से बचना

(1) A, B और C
(2) B और C
(3) A, C और D
(4) B, C और D

Ans: (4)

ईवीएस पाठ्यपुस्तकों को सक्रिय पूछताछ और अन्वेषण की सुविधा देनी चाहिए, रटने को हतोत्साहित करना चाहिए, और सार्थक और आकर्षक सीखने को बढ़ावा देने के लिए अत्यधिक विस्तृत परिभाषाओं को कम करना चाहिए।

130. What purpose does group learning serve in an EVS classroom?

(1) To manage students easily and reduce workload
(2) Boys and girls can learn separately
(3) To segregate high performers and low achieving students and to do remedial teaching
(4) To inculcate values of cooperation and working together to enable each child to participate actively and learn

ईवीएस कक्षा में समूह में सीखने का क्या उद्देश्य है?

(1) छात्रों को आसानी से प्रबन्धित करना और वर्कलोड को कम करना
(2) लड़के और लड़कियाँ अलग-अलग सीख सकते हैं
(3) कम और उच्च प्रदर्शन करने वाले छात्रों को अलग करना और उपचारात्मक शिक्षण देना
(4) सहयोग के मूल्यों को लागू करने और एक साथ काम करने के लिए प्रत्येक बच्चे को सक्रिय रूप से भाग लेने और सीखने में सक्षम बनाना

Ans: (4)

EVS की कक्षा में 'समूह में सीखने' का उद्देश्य सहयोग के मूल्यों को लागू करना है, जिसके तहत एक साथ काम करने के लिए प्रत्येक बच्चे को सक्रिय रूप से भाग लेने और सीखने में सक्षम बनाया जा सके।

131. The area of environmental studies includes:

(1) Formal Education
(2) Non-Formal Education
(3) Formal and Non-Formal Education
(4) School Education

पर्यावरण अध्ययन शिक्षा के क्षेत्र में सम्मिलित है

(1) औपचारिक शिक्षा
(2) अनौपचारिक शिक्षा

(3) औपचारिक और अनौपचारिक शिक्षा
(4) विद्यालयी शिक्षा

Ans: (3)

ईवीएस को औपचारिक शिक्षा सेटिंग्स (जैसे स्कूल और संरचित पाठ्यक्रम) और गैर-औपचारिक शिक्षा संदर्भ (जैसे सामुदायिक कार्यक्रम, कार्यशालाएं और अनौपचारिक शिक्षण वातावरण) दोनों में एकीकृत किया जा सकता है। दोनों दृष्टिकोण पर्यावरण जागरूकता और शिक्षा में योगदान करते हैं।

132. Conceptual understanding in student's improves when teacher emphasizes upon
(1) Dialogue
(2) Written and oral tests
(3) Textbooks
(4) Competition

विद्यार्थियों में अवधारणात्मक समझ तब अच्छी होती है जब शिक्षक ज़ोर डालते हैं
(1) संवाद पर
(2) लिखित एवं मौखिक परीक्षा पर
(3) पाठ्यपुस्तकों पर
(4) प्रतिस्पर्धा पर

Ans: (1)

संवाद संवादात्मक शिक्षा को बढ़ावा देता है, जिससे छात्रों को अवधारणाओं का गहराई से पता लगाने और चर्चा करने की अनुमति मिलती है, जिससे उनकी समझ बढ़ती है। यह केवल लिखित परीक्षाओं, पाठ्यपुस्तकों या प्रतियोगिता पर निर्भर रहने के विपरीत, आलोचनात्मक सोच और विचारों के स्पष्टीकरण को प्रोत्साहित करता है।

133. An anecdotal record should not:
A. focus on problems
B. make judgments.
C. identify children's strengths and weaknesses.
D. identify children's interest and curiosity.
Choose the correct pair.
(1) A and B
(2) C and D
(3) B and C
(4) B and D

उपाख्यानात्मक अभिलेख में इनमें से क्या नहीं होना चाहिए?
A. समस्याओं पर केंद्रित होना
B. निर्णायक होना
C. बच्चों की ताकत और कमज़ोरियों को पहचानना
D. बच्चों की रुचि और जिज्ञासा को पहचानना
सही युग्म चुनिए
(1) A और B
(2) C और D
(3) B और C
(4) B और D

Ans: (1)

एक वास्तविक रिकॉर्ड को निर्णय लेने या केवल समस्याओं पर ध्यान केंद्रित किए बिना छात्रों के व्यवहार, शक्तियों और रुचियों को देखने और दस्तावेजीकरण करने पर ध्यान केंद्रित करना चाहिए।

134. In an EVS class, a teacher discusses that houseflies spread diseases. The most appropriate learning resource for discussion will be:
(1) Newspaper
(2) Flashcards
(3) Slogans
(4) Posters

एक ई.वी.एस. की कक्षा में, एक शिक्षक चर्चा करता है कि घर की मक्खियाँ बीमारियाँ फैलाती हैं। चर्चा के लिए सबसे उपयुक्त सीखने का संसाधन होगा
(1) अखबार
(2) फ्लैश कार्ड्स
(3) स्लोगन्स
(4) पोस्टर्स

Ans: (1)

घरेलू मक्खियाँ कैसे बीमारियाँ फैलाती हैं, इस पर चर्चा के लिए ईवीएस कक्षा में एक शिक्षण संसाधन के रूप में समाचार पत्र का उपयोग करना प्रभावी हो सकता है। समाचार पत्रों में अक्सर स्वास्थ्य संबंधी मुद्दों से संबंधित वर्तमान और वास्तविक जीवन के उदाहरण होते हैं, जो छात्रों को प्रासंगिक और व्यावहारिक जानकारी प्रदान कर सकते हैं।

135. Sarita teaches the topic 'Games we play' by taking students to the playfield and making them play' by taking students to the playfield and making t play different games on different days. Meenu teaches the same topic by showing picture-cards of different games to students.

Who is using a more effective strategy for maximum involvement of students?

(1) Sarita
(2) Meenu
(3) Depends on the situation
(4) Both Sarita and Meenu

'खेल खेल में' पाठ पढ़ाते हुए सरिता विद्यार्थियों को खेल के मैदान में ले जाती है और उन्हें अलग-अलग दिनों में विभिन्न खेल खिलाती है। मीनू उसी पाठ को अलग-अलग खेलों के चित्र-कार्ड को दिखाकर विद्यार्थियों को पढ़ाती है।

विद्यार्थियों को अधिकतम शामिल करने में कौन ज्यादा प्रभावी रणनीति का उपयोग कर रही है?

(1) सरिता
(2) मीनू
(3) परिस्थिति पर निर्भर करता है
(4) दोनों सरिता और मीनू

Ans: (1)

छात्रों को खेल के मैदान में ले जाने और उन्हें अलग-अलग खेल खेलने की अनुमति देने की सरिता की रणनीति में वे सीधे तौर पर शामिल होते हैं और व्यावहारिक अनुभव प्रदान करते हैं, जिससे आम तौर पर उच्च जुड़ाव और बेहतर समझ पैदा होती है।

136. Diagnostic tests in EVS will help a teacher to

A. know the intelligence quotient of learners.
B. assess the problems faced by learners during teaching-learning of EVS.
C. assess the pace of learning of students.
D. know how well learner is likely to do in EVS.

(1) A and C
(2) A and B
(3) B and D
(4) Band C

ई.वी.एस. में नैदानिक परीक्षण शिक्षक की सहायता करेंगे

A. विद्यार्थियों का बुद्धि भागफल ज्ञात करने में।
B. ई.वी.एस. के शिक्षण अधिगम के दौरान विद्यार्थियों द्वारा सामना की गई समस्याओं का आकलन करने में।
C. विद्यार्थियों के अधिगम की गति का आकलन करने में।
D. ई.वी.एस. में विद्यार्थी कितना बढ़िया प्रदर्शन करेगा, यह ज्ञात करने में।

(1) A और C
(2) A और B
(3) B और D
(4) B और C

Ans: (3)

नैदानिक परीक्षण शिक्षक को शिक्षण-सीखने की प्रक्रिया के दौरान शिक्षार्थियों के सामने आने वाली समस्याओं का आकलन करने में मदद कर सकते हैं और यह अंतर्दृष्टि प्रदान कर सकते हैं कि एक शिक्षार्थी कितना अच्छा प्रदर्शन कर सकता है।

137. Formative assessment in EVS at primary stage includes:

A. giving feedback to teachers regarding effectiveness of their teaching.
B. identification of deficiencies in teaching.
C. preparation of monthly report cards.
D. identification of learning gaps of students

Which of the above statements are correct?

(1) A, B and C
(2) A, B and D
(3) B, C and D
(4) A, C and D

प्राथमिक स्तर पर निर्माणात्मक आकलन सम्मिलित करता है

A. शिक्षकों को उनके शिक्षण के प्रभाव के संदर्भ में प्रतिपुष्टि देने में

B. शिक्षण में कमियों को पहचानने में।
C. मासिक रिपोर्ट कार्ड बनाने में।
D. विद्यार्थियों के अधिगम अंतराल को ज्ञात करने में।

उपर्युक्त कथनों में से कौन-से सही हैं ?

(1) A, B और C
(2) A, B और D
(3) B, C और D
(4) A, C और D

Ans: (2)

रचनात्मक मूल्यांकन एक सतत प्रक्रिया है जहां शिक्षक नियमित रूप से शिक्षण विधियों को समायोजित करने और तत्काल प्रतिक्रिया प्रदान करने के लिए छात्रों की समझ की जांच करते हैं।

138. Which of the following is a non-projected teaching aid?

(1) Chart
(2) Slide
(3) Film Strip
(4) Epidiascope

निम्नलिखित में से कौन-सी एक अप्रक्षेपित शिक्षण सामग्री है ?

(1) चार्ट
(2) स्लाइड
(3) फिल्म स्ट्रिप
(4) एपिडिएस्कोप

Ans: (1)

चार्ट दृश्य सहायक उपकरण हैं जिनके लिए किसी प्रक्षेपण उपकरण की आवश्यकता नहीं होती है। उन्हें प्रोजेक्टर या अन्य तकनीक की आवश्यकता के बिना सीधे कक्षा में प्रदर्शित किया जा सकता है।

139. Mr. Rohan organized a Role play on the topic Conservation of Water'. What is the purpose of organizing this role play by Rohan in his classroom?

(1) He wanted to sensitize students on the need of conserving water for future generations.
(2) He wanted to sensitize students about lack of awareness in the system regarding conservation of water.
(3) He wanted to raise confidence level in students through role play.
(4) He wanted to learn about students' views on water conservation to guide them correctly.

श्री रोहन ने विषय जल का संरक्षण' पर एक "भूमिका निर्वहन' का आयोजन किया। अपनी कक्षा में रोहन द्वारा इस भूमिका निर्वहन को आयोजित करने का क्या उद्देश्य है?

(1) वह विद्यार्थियों को भावी पीढ़ियों के लिए जल के संरक्षण की आवश्यकता के प्रति संवेदनशील बनाना चाहता है।
(2) वह विद्यार्थियों को समाज में जल के संरक्षण के विषय में जानकारी के अभाव से अवगत कराना चाहता है।
(3) वह भूमिका निर्वहन द्वारा विद्यार्थियों में विश्वास का स्तर ऊपर उठाना चाहता है।
(4) वह जल संरक्षण के विषय में विद्यार्थियों के विचार जानना चाहता है, जिससे वह उन्हें सही मार्गदर्शन प्रदान कर सके।

Ans: (1)

रोल प्ले छात्रों को संलग्न करने और उन्हें व्यावहारिक और इंटरैक्टिव तरीके से मुद्दे का पता लगाने और समझने की अनुमति देकर जल संरक्षण के महत्व के बारे में जागरूक करने का एक प्रभावी तरीका है।

140. The curriculum of EVS is framed with

(1) Constructivist perspective of learning
(2) Integrative perspective of learning
(3) Reflective perspective of learning
(4) Socio-Constructivist perspective of learning

ई.वी.एस. की पाठ्यचर्या की रूपरेखा बनाई गई है।

(1) अधिगम के संरचनात्मक परिप्रेक्ष्य में
(2) अधिगम के समाकलित परिप्रेक्ष्य में
(3) अधिगम के अनुचिंतनीय परिप्रेक्ष्य में
(4) अधिगम के सामाजिक रचनावाद के परिप्रेक्ष्य में

Ans: (4)

पर्यावरण अध्ययन (ईवीएस) का पाठ्यक्रम सीखने के सामाजिक-रचनात्मक परिप्रेक्ष्य के साथ तैयार किया गया है। यह दृष्टिकोण सामाजिक अंतःक्रियाओं और रचनावादी सिद्धांतों को एकीकृत करता है, वास्तविक दुनिया के अनुभवों, सक्रिय अन्वेषण के माध्यम से सीखने पर जोर देता है।

141. The first Indian woman who has spent more than six months in space is

(1) Wahida Prism
(2) Karnam Malleswari
(3) Bachendri Pal
(4) Sunita Williams

छह महीने से भी अधिक समय तक अंतरिक्ष में रहने वाली प्रथम भारतीय महिला है।

(1) वहीदा प्रिज़्म
(2) कर्णम मल्लेश्वरी
(3) बछेन्द्री पाल
(4) सुनीता विलियम्स

Ans: (4)

सुनीता विलियम्स अंतरिक्ष में छह महीने से अधिक समय बिताने वाली पहली भारतीय महिला हैं, जिन्होंने कई मिशन पूरे किए हैं, जिसमें अंतर्राष्ट्रीय अंतरिक्ष स्टेशन (आईएसएस) पर एक महत्वपूर्ण प्रवास भी शामिल है, जहां उन्होंने वैज्ञानिक अनुसंधान और प्रयोग किए।

142. The unique art of embroidery of Varanasi is:

(1) Zardozi
(2) Toda
(3) Phulkari
(4) Kantha

वाराणसी की कढ़ाई की अद्वितीय कला है।

(1) जरदोजी
(2) तोड़ा
(3) फुलवारी
(4) कांथा

Ans: (1)

- चांदी और सोने की धातु की कढ़ाई के लिए जरी शब्द का प्रयोग किया जाता है।
- जरी जरदोजी के नाम से जानी जाने वाली कढ़ाई तकनीक है।
- वाराणसी जरी कढ़ाई के लिए प्रसिद्ध है।

143. The pulses that we eat, like pigeon pea, lentils, moong and urad, all contain seeds of _______.

(1) Fruit
(2) bushes
(3) tree
(4) grass

हम जो दालें खाते हैं, जैसे अरहर, मसूर, मूंग और उड़द, सभी में _______ के बीज होते हैं।

(1) फल
(2) झाड़ियाँ
(3) पेड़
(4) घास

Ans: (2)

- अरहर, मसूर, मूँग और उड़द, झाड़ियों के बीज होते हैं।
- ये पौधे सामान्यतः छोटे आकार की झाड़ियों में उगते हैं और इनकी फलियाँ बीजों को विकसित करती हैं, जिन्हें दाल के रूप में खाया जाता है।

144. The popular art and craft of Daman and Diu is:

(1) Bamboo craft
(2) Warli painting
(3) Stoneware
(4) Tortoise shell craft

दमन एवं दीव की लोकप्रिय कला एवं शिल्पकारी है।

(1) बाँस की शिल्पकारी
(2) वरली चित्रकारी
(3) पत्थर की शिल्पकारी
(4) कछुए के कवच की शिल्पकारी

Ans: (4)

- दमन-दीव विशेष रूप से 'चटाई बुनने के शिल्प के लिए जाने जाते हैं।
- कछुए के खोल से बने शिल्प और हाथी दाँत पर नक्काशी दमन-दीव के कुछ प्रचलित शिल्प हैं।
- कछुए के खोल का उपयोग सजावटी और उपयोगी घरेलू वस्तुएँ बनाने के लिए भी किया जाता है।

145. The Haemoglobin level in the blood test reports of four class V children is given below:

Aman - 8 g/dl

Radhika - 10 g/dl

Surjeet - 14 g/dl

Maria - 6 g/dl

Which of these children are anaemic?

(1) Aman and Maria

(2) Radhika and Surjeet

(3) Aman, Radhika and Surjeet

(4) Aman, Radhika and Maria

नीचे कक्षा पाँच के चार बच्चों के खून की जाँच रिपोर्ट में उनके हीमोग्लोबिन स्तर के बारे में बताया गया है।

अमन- 8g/dl

राधिका - 10 g/dl

सुरजीत 14 g/dl

मारिया 6 g/dl

इनमें से किन बच्चों में रक्त अल्पता (एनीमिया) है?

(1) अमन और मारिया

(2) राधिका और सुरजीत

(3) अमन, राधिका और सुरजीत

(4) अमन, राधिका और मारिया

Ans: (4)

➢ हीमोग्लोबिन लाल रक्त कोशिकाओं (red blood cells) में पाए जाने वाला प्रोटीन का एक प्रकार होता है, जिसमें आयरन (लोह) का एक अणु (molecule) मौजूद होता है। हीमोग्लोबिन फेफड़ों (lungs) से शरीर के ऊतकों (tissues) तक ऑक्सीजन ले जाने और कार्बन डाइऑक्साइड को वापस फेफड़ों तक पहुंचाने का काम करता है।

146. Select a group of three petroleum products from the following:

(1) Wax, Coal tar, Grease

(2) Paint, Plastic, Rayon

(3) LPG, Coal tar, Ethanol

(4) Kerosene, Diesel, Methane

निम्नलिखित में से तीन पेट्रोलियम उत्पादों के समूह को चुनिए:

(1) मोम, कोलतार, ग्रीस

(2) पेन्ट, प्लास्टिक, रेयॉन

(3) एल. पी. जी. कोलतार, एथेनॉल

(4) किरोसिन, डीज़ल, मेथेन

Ans: (1)

➢ पेट्रोलियम प्राकृतिक रूप से बनता है पर इसके बनने की गति बहुत ही धीमी होती है इसके बनने में लाखों करोड़ों साल लग जाते हैं

➢ जमीन से निकलने वाला कच्चा तेल गहरे रंग का गाढ़ा तरल पदार्थ होता है जिसमें गंध होती है इसे रिफाइन किया जाता है रिफाइन होने के बाद इससे मिट्टी का तेल, डीजल, पेट्रोल, और वायुयान में प्रयोग होने वाला ऑयल, एलपीजी, मॉम, कोलतार, ग्रीस बनता है

147. Which one of the following is not a Greenhouse gas?

(1) CO^2

(2) N^2

(3) N^2O

(4) CH^4

निम्नलिखित में से कौन-सी एक पौधा घर गैस नहीं है ?

(1) CO^2

(2) N^2

(3) N^2O

(4) CH^4

Ans: (2)

कार्बन डाइऑक्साइड, नाइट्रस ऑक्साइड, क्लोरो-फ्लोरो कार्बन, मीथेन आदि ग्रीन हाउस (पौधा घर) गैसे होती है ये गैसें जलवायु परिवर्तन के लिए जिम्मेदार होती है और इनसे विश्व में गर्मी बढ़ रही है

148. Which of the following options are projects/ missions to clean Ganga water?

(1) Jal Shakti, Namami Gange

(2) Ganga Amantran Abhiyan, Jal Shakti

(3) National Mission for Clean Ganga, Ganga Action Plan

(4) Namami Gange, Yamuna Action Plan

निम्नलिखित में से कौन-सी परियोजना / मिशन गंगाजल को स्वच्छ करने के लिए एक विकल्प है?

(1) जल शक्ति, नमामि गंगे

(2) गंगा आमंत्रण अभियान, जल शक्ति

(3) राष्ट्रीय स्वच्छ गंगा मिशन, गंगा एक्शन प्लान
(4) नमामि गंगे यमुना एक्शन प्लान

Ans: (3)

गंगा नदी को स्वच्छ करने तथा प्रदूषण को कम करने के उद्देश्य से राष्ट्रीय स्वच्छ गंगा मिशन (NMCG) को लागू किया। यह मिशन 12 अगस्त, 2011 को सोसायटी पंजीकरण अधिनियम, 1860 के तहत एक पंजीकृत सोसायटी बन गया।

149. Three neighbouring States of Madhya Pradesh are
(1) Uttar Pradesh, Chhattisgarh, Maharashtra
(2) Gujarat, Rajasthan, Bihar
(3) Uttar Pradesh, Rajasthan, Jharkhand
(4) Gujarat, West Bengal, Odisha

मध्य प्रदेश के तीन समीपवर्ती राज्य हैं
(1) उत्तर प्रदेश, छत्तीसगढ़, महाराष्ट्र
(2) गुजरात, राजस्थान, बिहार
(3) उत्तर प्रदेश, राजस्थान, झारखण्ड
(4) गुजरात, पश्चिम बंगाल, ओडिशा

Ans: (1)

मध्य प्रदेश के तीन समीपवर्ती राज्य उत्तर प्रदेश, छत्तीसगढ़, महाराष्ट्र है, क्योंकि मध्य प्रदेश के उत्तर में उत्तर प्रदेश, पूर्व में छत्तीसगढ़, और दक्षिण में महाराष्ट्र स्थित हैं।

150. Petroleum and Coal are known as non-renewable fuels because they
(1) cause pollution
(2) are expensive
(3) are obtained through fractional distillation
(4) take many years to form

पेट्रोलियम तथा कोयले को अनवीकरणीय ईंधन कहा जाता है क्योंकि ये
(1) प्रदूषण फैलाते हैं
(2) महँगे होते हैं
(3) प्रभाजी आसवन के द्वारा प्राप्त किए जाते हैं
(4) बनने में कई साल लगते हैं

Ans: (4)

पेट्रोलियम और कोयला अनवीकरणीय संसाधन हैं, जिन्हें बनने में हजारों साल लगते हैं, और एक बार उपयोग किए जाने पर इनकी आपूर्ति सीमित होती है।

151. It is a social concern that sewage in many cities in India is still
(1) cleaned by machines
(2) cleaned by manual scavengers
(3) the best facility
(4) is owned by private companies

यह एक सामाजिक चिन्ता का विषय है कि भारत में बहुत से शहरों में मलजल अब भी
(1) मशीनों द्वारा साफ किया जाता है।
(2) मैला ढोने वालों के द्वारा हाथ से सफाई की जाती है।
(3) सबसे अच्छी सुविधा है
(4) निजी कम्पनियों के स्वामित्व में है।,

Ans: (2)

मलजल की सफाई का काम हाथ से किया जा रहा है, जो स्वास्थ्य और सुरक्षा के लिए खतरनाक हो सकता है। प्राथमिकता को मशीनों और अधिक सुरक्षित तरीकों पर ध्यान केंद्रित करना चाहिए।

152. Which of the following would one use for travelling to space?
(1) A satellite
(2) A rocket
(3) An airplane
(4) A meteoroid

निम्नलिखित में से कौन-सा अंतरिक्ष में यात्रा के लिए प्रयोग करेंगे?
(1) सेटेलाइट/उपग्रह
(2) रॉकेट
(3) वायुयान
(4) उल्का पिंड

Ans: (2)

रॉकेट का उपयोग अंतरिक्ष में यात्रा के लिए किया जाता है। यहां तक कि सेटेलाइट/उपग्रह और अंतरिक्ष यान भी अंतरिक्ष में पहुंचने के लिए रॉकेट के द्वारा प्रक्षेपित किए जाते हैं।

153. Because of Yoga Day celebrations, an EVS teacher decided to take 5" grade students on a tour to the Yoga capital of the World', which is:

(1) Ranikhet
(2) Ooty
(3) Rishikesh
(4) Gangtok

योग दिवस के समारोह के उपलक्ष्य में, एक EVS का अध्यापक निश्चय करता है कि वह पाँचवीं कक्षा के छात्रों को विश्व की योग राजधानी' के भ्रमण पर ले जाएगा, जिसका नाम है

(1) रानीखेत
(2) ऊटी
(3) ऋषिकेश
(4) गैंगटॉक

Ans: (3)

उत्तराखंड के ऋषिकेश को 'विश्व की योग राजधानी' कहा जाता है। 1999 से ऋषिकेश में अंतर्राष्ट्रीय योग उत्सव का आयोजन हर साल मार्च के महीने में किया जा रहा है।

154. "Grass is a type of herb." Is this true or false?

(1) False
(2) True
(3) Only a few grasses are herbs
(4) Grasses are only trees

"घास जड़ी-बूटियों का ही एक प्रकार है।" यह सत्य है या असत्य?

(1) असत्य
(2) सत्य
(3) केवल कुछ घासें जड़ी-बूटी हैं
(4) घास केवल पेड़ हैं

Ans: (2)

➢ घास को पोएसी परिवार में एक जड़ी-बूटी के रूप में वर्गीकृत किया गया है, जो अपने हरे, गैर-लकड़ी वाले तनों के लिए जाना जाता है।

➢ इसमें लॉन घास और अनाज जैसी विभिन्न प्रजातियां शामिल हैं।

➢ घास के पत्ते पतले और चपटे होते हैं और इनके तने खोखले होते है।

155. An ecosystem consists of

(1) Only living organisms of an area
(2) Only physical factors of an area
(3) Both living organisms and physical factors of an area
(4) Decomposers and physical factors of an area

किसी पारितंत्र में निहित है।

(1) एक क्षेत्र के केवल जीवित प्राणी
(2) एक क्षेत्र के केवल भौतिक कारक
(3) एक क्षेत्र के जीवित प्राणी एवं भौतिक कारक दोनों
(4) एक क्षेत्र के अपघटक और भौतिक कारक

Ans: (3)

➢ सजीव और निर्जीव घटक मिलकर एक तन्त्र बनाते हैं जिसे 'पारिस्थितिकी तन्त्र' (Ecosystem) कहते हैं।

➢ सजीव घटक के अन्तर्गत पेड़-पौधे, पशु-पक्षी, मनुष्य तथा सूक्ष्म जीव आते हैं।

➢ पर्यावरण के निर्जीव घटक के अन्तर्गत स्थल मण्डल, जल मण्डल तथा वायु मण्डल आते है।

156. A teacher is recruited in a school in Maharashtra. She is teaching about food, and she gives an example of 'bharli vangi', which is a dish made of

(1) stuffed baby eggplant preparation
(2) plain lentil stew
(3) creamy dish of fresh pomfret fishes
(4) curry made of potatoes, cauliflower and tomatoes

एक अध्यापिका की नियुक्ति महाराष्ट्र के एक विद्यालय में हुई है । वह भोजन के विषय में पढ़ा रही है तथा वह 'भरली वांगी' का उदाहरण देती है जो कि एक व्यंजन है जो बना है

(1) छोटे-छोटे भरवाँ बैंगन से
(2) सादा दाल का दमपुख्त (स्टू)
(3) ताजी पोमफ्रेट मछलियों का मलाईदार व्यंजन
(4) आलू, फूलगोभी तथा टमाटर की करी

Ans: (1)

महाराष्ट्र के सबसे प्रमुख पकवानों में भाजी (सब्ज़ी को गोरा अथवा मीठे मसालों के साथ पकाया जाता है।), रस्सा (आलू, गोभी तथा टमाटरों को ताज़े नारियल के दूध तथा पानी के साथ पकाया जाता है।), वरान (उड़द दाल को उबालकर बनाया जाने वाला खाद्य), आमटी (अरहर की दाल में गोरा मसाला, इमली तथा गुड़ मिलाकर पकाया जाने वाला व्यंजन) तथा भरली वांगी (भरवाँ छोटे बैंगन) शामिल होती है।

157. Animals that lay eggs have following characteristics:

(1) external ears and hair on their bodies
(2) internal ears and no hair on their bodies
(3) external ears and no hair on their bodies
(4) internal ears and have hair on their bodies

जो पशु अण्डे देते हैं, उनकी निम्नलिखित विशेषताएँ होती हैं :

(1) उनके बाहरी कान एवं शरीर पर बाल होते हैं।
(2) उनके आंतरिक कान होते हैं एवं शरीर पर बाल नहीं होते हैं।
(3) उनके बाहरी कान होते हैं एवं शरीर पर बाल नहीं होते हैं।
(4) उनके आंतरिक कान एवं शरीर पर बाल होते हैं।

Ans: (2)

- जिन जानवरों के बाहरी कान व शरीर पर बाल होते हैं वे बच्चे देते हैं
- जिन जानवरों के बाहरी कान व शरीर पर बाल नहीं होते वे अंडे देते हैं

158. Identify the flowers.

A -bloom only at night

B - used for making medicines

C - used for making dyes

D - bloom all the year round

A, B, C and D respectively are

(1) Hibiscus, Marigold, Rose, Datural
(2) Night queen, Hibiscus, Marigold, Rose
(3) Jasmine, Rose, Datura, Chrysanthemum
(4) Vinca, Datura, Rose, Chrysanthemum

फूलों की पहचान कीजिए।

A - केवल रात में ही खिलता है

B - औषधि बनाने के काम में लाया जाता है

C - रंगाई के काम में लाया जाता है

D- पूरे वर्ष भर खिलता है

(1) गुड़हल, गेंदा, गुलाब, धतूरल
(2) रात की रानी, हिबिस्कस, गेंदा, गुलाब
(3) चमेली, गुलाब, धतूरा, गुलदाउदी
(4) विंका, धतूरा, गुलाब, गुलदाउदी

Ans: (2)

केवल रात में ही खिलता है - **रात की रानी**

औषधि बनाने के काम में लाया जाता है – **हिबिस्कस**

रंगाई के काम में लाया जाता है – **गेंदा**

पूरे वर्ष भर खिलता है – **गुलाब**

159. Sona's friend Tara is from Mizoram. Tara has difficulty in speaking Hindi because in Mizoram the main languages spoken are

(1) Khasi, Assamese
(2) Mizo, Lusei, Kuki
(3) Meiteilon, English
(4) Mao, Bengali

सोना की सहेली तारा मिज़ोरम से है। तारा को हिन्दी बोलने में परेशानी होती है क्योंकि मिज़ोरम में बोली जाने वाली प्रमुख भाषाएँ हैं

(1) खासी, असमी
(2) मिज़ो लूसेई, कुकी
(3) मेतेलॉन, अंग्रेजी
(4) माओ, बंगाली

Ans: (2)

मिज़ोरम में बोली जाने वाली प्रमुख भाषाओं में मिज़ो, लूसेई और कुकी शामिल हैं। मिज़ो प्रमुख भाषा है और संचार और शिक्षा के लिए व्यापक रूप से उपयोग की जाती है, जबकि कुकी भी र◌ाज्य के कुछ समुदायों द्वारा बोली जाती है।

160. Which material is used for making solar cell?

(1) Lead
(2) Sodium
(3) Copper

(4) Silicon

सौर सेल के निर्माण हेतु किस पदार्थ का उपयोग किया जाता है ?

(1) लैड
(2) सोडियम
(3) कॉपर
(4) सिलिकॉन

Ans: (4)

- सौर सेल के निर्माण हेतु सिलिकॉन पदार्थ का उपयोग किया जाता है।
- सिलिकॉन एक अर्धचालक है जो प्रकाश को विद्युत ऊर्जा में परिवर्तित कर सकता है। सौर सेल का उपयोग विभिन्न प्रकार के इलेक्ट्रॉनिक उपकरणों, उपग्रहों, संचार तंत्रों, ट्रैफिक सिग्नलों, परिकलकों, खिलौनों आदि में किया जाता है

161. Select from the following groups of foods the group containing all items which are rich source of proteins.

(1) Eggs, Pulses, Fish
(2) Almonds, Maize, Milk
(3) Orange, Butter, Eggs
(4) Curd, Milk, Rice

भोजन के निम्नलिखित समूहों में से उस समूह का चयन कीजिए जिसमें सभी इकाई प्रोटीन समृद्ध स्रोत हो ।

(1) अंडे, दालें, मछली
(2) बादाम, मक्का, दूध
(3) संतरा, मक्खन, अंडे
(4) दही, दूध, चावल

Ans: (1)

- प्रोटीन की आवश्यकता शरीर की वृद्धि तथा स्वस्थ रहने के लिए होती है। प्रोटीनयुक्त भोजन को प्रायः 'शरीर वर्धक भोजन' (Bodybuilder) कहते हैं।
- अंडा, दाल, मछली, सोयाबीन, राजमा आदि में प्रोटीन प्रचुर मात्रा में पाया जाता है।

162. The feathers of the birds are of different colours, shapes and sizes. Their feathers help them to fly and

A. eat different types of food
B. keep them warm
C. walks in different ways
D. keep them waterproof

(1) B and C
(2) B and D
(3) B, C and D
(4) A, B, C and D

पक्षियों के पंख विभिन्न रंगों, आकारों एवं माप के होते हैं। इनके पंख उन्हें उड़ने में सहायता करते हैं तथा

A. विभिन्न प्रकार का भोजन खाने में
B. उन्हें गर्म रखते हैं
C. विभिन्न तरीकों से चलने में
D. उन्हें जलसह बनाते हैं

(1) B and C
(2) B and D
(3) B, C and D
(4) A, B, C and D

Ans: (2)

- पक्षियों के पंख उन्हें उड़ने में मदद करते हैं और उन्हें गरमाहट भी देते हैं ।
- पक्षियों के पंख उन्हें जलसह (waterproof) भी बनाते हैं।
- उनके नए पंख आते रहते हैं और पुराने झड़ते रहते हैं

163. The traditional dance of Rajasthan where veiled women dancers balance seven to nine brass pots on their head is known as

(1) Kalbelia
(2) Kathak
(3) Terah Taali
(4) Bhavai

राजस्थान का पारम्परिक नृत्य जिसमें घूँघट वाली महिला नृत्यांगनाएँ सिर पर सात से नौ पीतल के घड़ों को संभालती हैं, कहलाता है

(1) कालबेलिया
(2) कथक
(3) तेरह ताली
(4) भवाई

Ans: (4)

राजस्थान का पारम्परिक नृत्य जिसमें घूँघट वाली महिला नृत्यांगनाएँ सिर पर सात से नौ पीतल के घड़ों को संभालती हैं, भवाई नृत्य कहलाता है।

राजस्थान के अन्य नृत्य

घूमर

कलबेलिया नृत्य

तेरह ताली

कथक

164.The largest fair/tribal festival in South India is

(1) Kumbha Mela
(2) Sammakka Saralamma Jatara
(3) Kharchi Festival
(4) Gangaji Fair

दक्षिण भारत का सबसे बड़ा मेला / आदिवासी उत्सव है।

(1) कुंभ मेला
(2) समक्का सरालम्मा जातरा
(3) खरची उत्सव
(4) गंगाजी मेला

Ans: (2)

- दक्षिण भारत का सबसे बड़ा मेला/ आदिवासी त्योहार सम्मक्का सरलम्मा जातरा है जिसे मेदरम जातरा के नाम से भी जाना जाता है।
- यह हर दो साल में तेलंगाना के मुलुगु जिले में एक दूरदराज के गांव में मनाया जाता है।
- इसमें एक करोड़ से अधिक लोग शामिल होते हैं जो देवियों सम्मक्का और सरक्का की पूजा करने आते हैं।
- यह तेलंगाना एवं समीपवर्ती राज्यों की वनवासी कोया जनजाति द्वारा आयोजित किया जाता है।

165.Identify characteristics of "Herbs":

A. Herbs are very small plants.

B. Their stems are very soft and never become hard like wood.

Choose the correct option.

(1) Only A
(2) Only B
(3) Both (A) and (B)
(4) Neither A nor B

"जड़ी-बूटियों" की विशेषताओं को पहचानें:

A. जड़ी-बूटियाँ बहुत छोटे पौधे हैं।

B. इनके तने बहुत मुलायम होते हैं और कभी लकड़ी की तरह कठोर नहीं होते।

सही विकल्प चुनें.

(1) केवल A
(2) केवल B
(3) दोनों (A) और (B)
(4) न तो A और न ही B

Ans: (3)

- जड़ी-बूटियाँ बहुत ही छोटे पौधे होते हैं।
- इनके तने बहुत ही मुलायम होते हैं और कभी भी लकड़ी जैसे सख्त नहीं बनते।
- घास भी जड़ी-बूटियों का ही एक प्रकार है।

166.Red data book keeps record of

1. red flowered plant
2. all plant and animals present on the earth
3. all animals present on the earth
4. endangered plants and animals

लाल आँकड़ों की पुस्तक दर्ज करती है –

1. लाल फूलों वाले पौधे
2. धरती पर उपलब्ध सभी पौधे और जानवर
3. धरती पर उपलब्ध सभी जानवर
4. लुप्त-प्राय पौधे और जानवर

Ans: (4)

लाल आँकड़ों की पुस्तक लुप्त-प्राय पोधों और जानवरों को दर्ज करती है। IUCN एक सूची जारी करता है जिसे रेड डाटा बुक (Red data book) के नाम से जाना जाता है। जिसमें संकटापन्न जीवों की प्रजातियों के प्रकार तथा उन प्रजातियों का वर्णन किया जाता है जो कि विलोपन के खतरे से गुजर रही हैं।

167. Consider the following statements about the earthworms:

A. Earthworm make tunnels in the fields which provide easy passage to air and water into the soil.

B. Earthworms soften the soil by digging underneath.

C. Earthworms save the main crops from weeds.

D. The droppings of the earthworms fertilize the soil.

The true statements are

1. A and B
2. A, B and C
3. A, C and D
4. A, B and D

केचुओं के बारे में नीचे दिए गए कथनों पर विचार कीजिए -

A. केंचुए खेत में छेद बनाते हैं जो वायु और जल के मृदा तक पहुंचने के लिए आसान रास्ता प्रदान करते हैं।

B. केंचुए खेत में छेद बनाकर ज़मीन को पोली बनाते हैं।

C. केंचुए मुख्य फसल को खरपतवार से बचाते हैं।

D. केंचुए का मल मृदा को उर्वर (उपजाऊ) बनाते हैं।

इसमें सही कथन हैं –

1. A और B
2. A, B और C
3. A, C और D
4. A, B और D

Ans: (4)

केचुओं के बारे में सही कथन हैं की केंचुए खेत में छेद बनाते हैं जो वायु और जल के मृदा तक पहुंचने के लिए आसान रास्ता प्रदान करते हैं, केंचुए खेत में छेद बनाकर ज़मीनं को पोली बनाते हैं और केंचुए का मल मृदा को उर्वर (उपजाऊ) बनाने में मदद करता हैं।

168. Match the locations in column I with the correct descriptions of the common houses found in most villages of that location given in column II

Column I	Column II
A. Assam	I Houses made of stone/wood with sloping roofs
B. Ladakh	II Houses made of stones with wooden floor and wooden flat ceiling
C. Manali (Himachal Pradesh)	III Elevated houses made on bamboo pillars
D. Rajasthan	IV Houses of snow (igloo)
	V Mud houses having roofs made of thorny bushes

1. A - III, B - I, C - II, D - V
2. A - V, B - IV, C - II, D - I
3. A - III, B - II, C - I, D - V
4. A - III, B - I, C - IV, D - V

कॉलम I में दिए गए स्थानों के नाम के साथ कॉलम II में दिए गए उन स्थानों के अधिकांश गाँवों के सामान्य घरों के सही विवरण से मिलान कीजिए

कॉलम I	कॉलम II
A. असम	I पत्थर (लकड़ी से बने ढालू छतों वाले घर
B. लद्दाख	II पत्थर के बने घर, लकड़ी के फर्श और लकड़ी की चपटी छतें
C. मनाली (हिमाचल प्रदेश)	III बांस के खम्बों पर बने ऊँचे उठे घर
D. राजस्थान	IV बर्फ के घर (इग्लू)
	V मिट्टी के घर, कंटीली झाड़ियों से बनी छतें

1. A - III, B - I, C - II, D - V
2. A - V, B - IV, C - II, D - I
3. A - III, B - II, C - I, D - V
4. A - III, B - I, C - IV, D - V

Ans: (3)

असम – बांस के खम्बों पर बने ऊँचे उठे घर

लद्दाख – पत्थर के बने घर, लकड़ी के फर्श और लकड़ी की चपटी छतें

मनाली (हिमाचल प्रदेश) – पत्थर(लकड़ी से बने ढालू छतों वाले घर

राजस्थान – मिट्टी के घर, कंटीली झाड़ियों से बनी छतें

169. The date on which the earthquake struck in Bhuj is 26th January 2Bhuj is in which state?

1. Gujarat
2. Maharashtra
3. Uttarakhand
4. Jammu and Kashmir

26 जनवरी 2001 को भुज में भूकंप के झटके लगे थे। भुज किस राज्य में स्थित है?

1. गुजरात
2. महाराष्ट्र
3. उत्तराखण्ड
4. जम्मू-कश्मीर

Ans: (1)

भुज भारत के गुजरात राज्य में स्थित एक शहर है। यह कच्छ जिले के प्रशासनिक मुख्यालय के रूप में कार्य करता है और अपने समृद्ध इतिहास, संस्कृति और कच्छ के रण से निकटता के लिए जाना जाता है।

170. Warli Tribe is well known for Warli Art which is made by using:

1. Grass & stones
2. Bamboo sticks & stones
3. Crowding & earth
4. Earth & stones

वर्ली वी जनजाति, वर्ली आर्ट (कला) के लिए सुप्रसिद्ध है जो कि बनती है

1. घास और पत्थरों से
2. बांस और पत्थरों से
3. गाय के गोबर और मिट्टी से
4. मिट्टी और पत्थरों से

Ans: (3)

वर्ली जनजाति, वर्ली आर्ट (कला) के लिए सुप्रसिद्ध है जो कि गाय के गोबर और मिट्टी से बनायीं जाती हैं।

171. Identify a competency for your students of class 5 for the theme 'Shelter'.

(1) Outline the journey of food from field to market to home.

(2) Relate to the concept of mapping and representation of a place in two dimensions.

(3) Describe the journey of a raw material to a finished product.

(4) Explain the various people's movements to preserve the forests.

विषय 'आवास' से संबंधित अपने कक्षा 5 के छात्रों की एक दक्षता पहचानिए

(1) खेत से बाज़ार से घर तक की खाद्य पदार्थों की यात्रा की रूपरेखा बनाना।

(2) मानचित्रण की संकल्पना को तथा दो आयामों में एक स्थान का चित्रण से संबद्ध करना।

(3) कच्चे माल से तैयार उत्पादन तक की यात्रा का वर्णन करना।

(4) वनों के संरक्षण हेतु विविध जन आंदोलनों का वर्णन करना।

Ans: (2)

मानचित्रण की अवधारणा से संबंधित और किसी स्थान को दो आयामों में प्रस्तुत करने से छात्रों को यह समझने में मदद मिलती है कि आश्रय उनके पर्यावरण के व्यापक लेआउट में कैसे फिट होते हैं और उनकी स्थानिक जागरूकता और भौगोलिक समझ में सहायता करते हैं।

172. Which of the following task will you select to assess your students formatively on the concept 'food'?

(1) Drawing different kinds of food items eaten by birds.

(2) Recalling definitions of herbivores and carnivores.

(3) Discussing different myths about food items in the class.

(4) Writing a test on parts of plants eaten as food.

'खाद्य' (भोजन) के प्रत्यय पर अपने छात्रों का रचनात्मक रूप से आकलन करने के लिए आप निम्नलिखित में से कौन-से कार्य का चयन करेंगे?

(1) पक्षियों द्वारा खाए जाने वाले विभिन्न खाद्य-पदार्थों के चित्र बनाना।
(2) शाकाहारी एवं मांसाहारी की परिभाषाएँ याद दिलाना।
(3) खाद्य पदार्थों से संबंधित विभिन्न मिथकों के बारे में कक्षा में विचार-विमर्श करना।
(4) खाद्य स्वरूप खाए जाने वाले पौधों के भागों पर टेस्ट लिखना।

Ans: (3)

छात्र भोजन की अवधारणा के बारे में अपनी समझ का आकलन करने में मदद के लिए विभिन्न खाद्य मिथकों पर चर्चा करेंगे। यह चर्चा एक रचनात्मक मूल्यांकन के रूप में कार्य करती है, जिसका अर्थ है कि इसका उपयोग उनकी सीखने की प्रगति की निगरानी और समर्थन करने के लिए किया जाता है।

173. Which of the following is the most important factor for the selection of methods to present concepts in EVS?
(1) Nature of concept
(2) Richness of live experiences
(3) Learning preference of students
(4) Availability of learning resources

पर्यावरण अध्ययन में अवधारणाओं को प्रस्तुत करने की विधियों के चयन के लिए निम्नलिखित में से कौन-सा सर्वाधिक महत्त्वपूर्ण कारक है?
(1) अवधारणा की प्रकृति
(2) जीवंत अनुभवों की समृद्धता
(3) विद्यार्थियों की अधिगम प्राथमिकता / वरीयता
(4) अधिगम संसाधनों की उपलब्धता

Ans: (3)

ईवीएस के लिए शिक्षण विधियों को चुनने में मुख्य कारक छात्रों की सीखने की प्राथमिकताओं के साथ संरेखित करना है, क्योंकि यह सुनिश्चित करता है कि अवधारणाओं को इस तरह से प्रस्तुत किया जाता है जो उनके सीखने के व्यक्तिगत तरीकों का सर्वोत्तम समर्थन करता है।

174. Group discussion is a suitable method for teaching Environmental Studies due to which of the following reasons?
(1) Interpersonal skills are developed.
(2) Children learn to respect diversity.
(3) Helps in multipurpose thinking and novel solution.
(4) Helps in breaking boundaries between subjects.

पर्यावरण अध्ययन शिक्षण हेतु, निम्नलिखित में से किस कारण से समूह चर्चा उपयुक्त विधि है?
(1) अन्तर्वैयक्तिक कौशलों का विकास होता है।
(2) बच्चे भिन्नताओं का सम्मान करना सीखते हैं।
(3) बहुमुखी चिंतन एवं नवीन समाधान में सहायक हैं।
(4) विषयों के बीच की सीमाएँ तोड़ने में सहायक हैं।

Ans: (3)

मुख्य रूप से पर्यावरण अध्ययन पढ़ाने के लिए समूह चर्चा एक उपयुक्त तरीका है क्योंकि यह छात्रों को विभिन्न दृष्टिकोणों का पता लगाने, विचारों पर सहयोग करने और पर्यावरणीय मुद्दों पर नवीन दृष्टिकोण विकसित करने के लिए प्रोत्साहित करता है।

175. Identify a competency for the theme 'Family and Friends' for students of class V.
(1) State reason for community eating.
(2) Differentiate between transfer and displacement.
(3) Differentiate the material of houses in rural and urban areas.
(4) Explain why different tools and materials are required for making a variety of objects.

कक्षा 5 के छात्रों के लिए 'परिवार एवं मित्र' विषय के लिए एक दक्षता की पहचान कीजिए।
(1) सामुदायिक भोजन खाने के कारण का उल्लेख कीजिए।
(2) स्थानांतरण तथा विस्थापन में अंतर स्पष्ट कीजिए।
(3) ग्रामीण तथा शहरी क्षेत्रों में घरों की सामग्री में अंतर स्पष्ट कीजिए।
(4) स्पष्ट कीजिए कि विविध प्रकार की वस्तुओं के निर्माण के लिए भिन्न औजारों एवं सामग्री की आवश्यकता क्यों होती है।

Ans: (2)

"स्थानांतरण और विस्थापन के बीच अंतर करें" योग्यता का उद्देश्य छात्रों को यह समझने में मदद करना है कि पारिवारिक और सामाजिक सेटिंग्स के भीतर रिश्तों या भूमिकाओं में बदलाव को इन अवधारणाओं के माध्यम

से कैसे समझा जा सकता है, जो सामाजिक गतिशीलता में गहरी अंतर्दृष्टि प्रदान करता है।

176. Narratives have been included extensively in EVS textbooks in order to:

A. Follow the guidelines of NCF, 2005.

B. Enhance understanding of fundamental concepts.

C. Provide enjoyment in learning of fundamental concepts.

D. Develop communication skills in students.

(1) A and B
(2) A, B and C
(3) B, C and D
(4) Only C

EVS की पाठ्य पुस्तकों में वृत्तांतों को व्यापक रूप से शामिल किया गया है जिससे कि:

A. NCF, 2005 के निर्देशों का पालन हो।

B. मूलभूत प्रत्ययों की समझ को बढ़ावा मिले।

C. मूलभूत प्रत्ययों को सीखने में आनंद मिले।

D. छात्रों में संप्रेषण के कौशलों का विकास हो।

(1) A और B
(2) A, B और C
(3) B, C और D
(4) केवल C

Ans: (2)

एनसीएफ, 2005 के दिशानिर्देशों का पालन करने, मौलिक अवधारणाओं की समझ बढ़ाने और उन अवधारणाओं को सीखने में आनंद प्रदान करने के लिए ईवीएस पाठ्यपुस्तकों में आख्यानों को बड़े पैमाने पर शामिल किया गया है।

177. Which of the following statements describes the characteristics of Formative Assessment?

A. It is a formal test given to all.

B. Children are not aware that they are being assessed.

C. This is an account to be recorded in progress report.

D. This is an observation of student's progress during learning.

E. This is a process of reform in learning of children through observation of their activities.

(1) A, B and C
(2) C, D and E
(3) A, C and D
(4) B, D and E

निम्नलिखित में से कौन-से कथन संरचनात्मक आकलन की विशेषताओं का वर्णन करते हैं?

A. यह सब बच्चों को दिए जाने वाले औपचारिक परीक्षण हैं।

B. इसमें बच्चों को यह पता ही नहीं चलता कि उनका आकलन किया जा रहा है।

C. यह प्रगति पत्र में दर्ज किये जाने वाला विवरण है।

D. यह सीखने के दौरान बच्चों की प्रगति का अवलोकन है।

E. यह बच्चों की गतिविधियों के अवलोकन द्वारा उनके सीखने में सुधार की प्रक्रिया है

(1) A, B और C
(2) C, D और E
(3) A, C और D
(4) B, D और E

Ans: (2)

रचनात्मक मूल्यांकन की विशेषता आंतरिक ट्रैकिंग के लिए छात्र की प्रगति की टिप्पणियों को रिकॉर्ड करना, फीडबैक और समर्थन प्रदान करने के लिए सीखने के दौरान छात्रों की प्रगति का अवलोकन करना है।

178. Which of the following statements describe the characteristics of summative evaluation?

A. It is testing the quality of a child's work on the basis of definite criteria.

B. It is testing the quality of achievement of child during learning.

C. It is a comparison of a child's achievement with that of other children.

D. It is a comparison of a child's progress with his / her own past progress.

(1) A and B
(2) A and C
(3) A and D
(4) Band D

निम्नलिखित में से कौन-से कथन समेकित मूल्यांकन की विशेषताओं का वर्णन करते हैं?

A. यह निर्धारित मानदंड के आधार पर बच्चे के कार्य की गुणवत्ता की जाँच करना है।

B. यह सीखने के दौरान बच्चे की उपलब्धि की गुणवत्ता को परखना है।

C. यह एक बच्चे की उपलब्धि की तुलना दूसरे बच्चों की उपलब्धि से करना है।

D. यह एक बच्चे की प्रगति की तुलना स्वयं की पिछली प्रगति से करना है।

(1) A और B
(2) A और C
(3) A और D
(4) B और D

Ans: (2)

योगात्मक मूल्यांकन में किसी छात्र की उपलब्धि के स्तर को निर्धारित करने के लिए निर्धारित मानदंडों के अनुसार उसके काम का मूल्यांकन करना और सापेक्ष स्थिति और सफलता का आकलन करने के लिए अन्य छात्रों के साथ इस प्रदर्शन की तुलना करना शामिल है।

179. As per NCF 2005, which of the following is one of the six themes suggested in the EVS syllabus?

(1) Plants
(2) Animals
(3) Shelter
(4) Changes around us

राष्ट्रीय पाठ्यचर्या रूपरेखा 2005 के अनुसार ई. वी. एस. पाठ्यचर्या में सुझाए गए छः थीमों में से, निम्नलिखित में से एक थीम कौन-सा है?

(1) पौधे
(2) पशु
(3) आश्रय
(4) हमारे चारों ओर परिवर्तन

Ans: (3)

ईवीएस के लिए एनसीएफ 2005 ढांचे में, "आश्रय" को छह आवश्यक विषयों में से एक के रूप में पहचाना गया है, जो विभिन्न प्रकार के आवास और इसके महत्व के अध्ययन पर ध्यान केंद्रित करता है।

180. Which of the following statements is true regarding 'Assignments'?

(1) Family can contribute in it according to their potential.
(2) Assignment is the only way of evaluation.
(3) Assignment shall be given as homework on daily basis.
(4) Assignments help in creating ideas and develop clarity.

अधिविन्यास अथवा सत्रीय कार्य के विषय में कौन-सा कथन सही है?

(1) अपनी प्रक्रिया के अनुसार परिवार जन अधिविन्यास में योगदान दे सकते हैं।
(2) अधिविन्यास मूल्यांकन का एकमात्र तरीका होता है।
(3) अधिविन्यास को प्रतिदिन गृहकार्य के रूप में दिया जाना चाहिए।
(4) अधिविन्यास स्वयं के विचारों का निर्माण और उन्हें स्पष्ट करने में मदद करते हैं।

Ans: (4)

असाइनमेंट छात्रों की समझ को बढ़ाने, आलोचनात्मक सोच को प्रोत्साहित करने और विभिन्न विषयों पर स्पष्टता विकसित करने के लिए डिज़ाइन किए गए हैं, जो इस कथन को सटीक बनाते हैं।

181. Which of the following should be avoided by the teacher while transacting the EVS themes in the class?

(1) Discouraging students to ask questions
(2) Conducting role play
(3) Use of puppets
(4) Group work

कक्षा में ई.वी.एस. विषयों का संपादन करते समय शिक्षक को निम्नलिखित में से किससे बचना चाहिए ?

(1) विद्यार्थियों को प्रश्न पूछने के लिए हतोत्साहित करने से
(2) भूमिका निभाने से
(3) कठपुतलियों के उपयोग से
(4) समूह कार्य से

Ans: (1)

जिज्ञासा और आलोचनात्मक सोच को बढ़ावा देने के लिए प्रश्नों को प्रोत्साहित करना महत्वपूर्ण है। हतोत्साहित करने वाले प्रश्न छात्रों की व्यस्तता को बाधित कर सकते हैं और उनकी सीखने की प्रक्रिया में बाधा डाल सकते हैं।

182. Themes and subthemes in the EVS syllabus have been selected for students

(1) to provide a common interface of issues in the sciences, social sciences, and environmental education.
(2) for learning EVS in an interesting manner.
(3) to conduct activities from simple to complex.
(4) to develop a better understanding of the immediate environment.

विद्यार्थियों के लिए ई.वी.एस. पाठ्यक्रम में विषयों और उप-विषयों का चयन किया गया है।

(1) विज्ञान, सामाजिक विज्ञान और पर्यावरण शिक्षा में मुद्दों का एक सामान्य अंतरापृष्ठ प्रदान करने के लिए।
(2) दिलचस्प तरीके से ई. बी. एस. सीखने के लिए।
(3) गतिविधियों को सरल से जटिल की ओर संचालित करने के लिए।
(4) तत्काल पर्यावरण की बेहतर समझ विकसित करने के लिए।

Ans: (4)

ईवीएस पाठ्यक्रम में विषय-वस्तु और उप-विषय छात्रों को उनके तात्कालिक परिवेश से जुड़ने और समझने में मदद करने के लिए डिज़ाइन किए गए हैं। स्थानीय मुद्दों और अनुभवों पर ध्यान केंद्रित करके, छात्र अपने पर्यावरण के बारे में सार्थक तरीके से पता लगा सकते हैं और सीख सकते हैं।

183. Which of the following themes/subthemes could be related to the competency given below? "Evaluates suggestions regarding counselling and mental well-being for people who have faced disaster and the trauma of losing one's home."

(1) Travel
(2) Shelter
(3) Work and play
(4) Water

निम्नलिखित में से कौन-सा विषय/उप-विषय नीचे दी गई दक्षता से संबंधित हो सकता है ? "उन लोगों के लिए परामर्श और मानसिक कल्याण के बारे में सुझावों का मूल्यांकन करता है जिन्होंने आपदा का सामना किया है और अपने घर को खोने के आघात का सामना किया है।"

(1) यात्रा
(2) आश्रय
(3) कार्य और खेल
(4) पानी

Ans: (2)

आश्रय विषय आवास और रहने की स्थितियों से संबंधित है, जो सीधे तौर पर किसी के घर को खोने के आघात और ऐसी स्थितियों में मानसिक कल्याण और समर्थन की आवश्यकता से संबंधित है। इस थीम का उद्देश्य व्यक्तियों और परिवारों के लिए स्वस्थ और स्थिर वातावरण सुनिश्चित करने में आश्रय की भूमिका के बारे में जागरूकता बढ़ाना है।

184. Which one of the following bird's species has eyes Infront of its head like in human beings

1. Tailor bird
2. Weaver bird
3. Indian Robin
4. Owl

नीचे दिए गए पक्षियों की वह कौन सी प्रजाति है जिसकी आंख मानवों की भांति उसके सामने की और होती है?

1. दार्जिन चिड़िया
2. वीवर पक्षी
3. कल चिड़ी
4. उल्लू

Ans: (4)

➢ उल्लू की आंख इंसानो की तरह सामने की और होती है।

(Himachal Pradesh) उल्लू अपनी गर्दन पीछे तक घुमा सकता है।

185.The neighbouring States of Tamil Nadu are
(1) Kerala, Karnataka and Andhra Pradesh
(2) Kerala, Gujarat and Karnataka
(3) Andhra Pradesh, Goa and Karnataka
(4) Goa, Karnataka and Kerala

The adjoining states of Tamil Nadu are Kerala, Karnataka and Andhra Pradesh. Kerala is situated in the west of the state of Tamil Nadu, Karnataka in the north-west and Andhra Pradesh in the north.

तमिलनाडु के निकटवर्ती/समीपवर्ती राज्य हैं
(1) केरल, कर्नाटक और आंध्र प्रदेश
(2) केरल, गुजरात और कर्नाटक
(3) आंध्र प्रदेश, गोआ और कर्नाटक
(4) गोआ, कर्नाटक और केरल

Ans: (1)

तमिलनाडु के समीपवर्ती राज्य केरल, कर्नाटक और आंध्र प्रदेश हैं। तमिलनाडू राज्य के पश्चिम दिशा में केरल, उत्तर-पश्चिम में कर्नाटक एवं उत्तर में आंध्र प्रदेश राज्य अवस्थित है।

186.A group of three birds whose every member can see distinctly the object four times as far as human beings can see from 2 meters is-
1. eagles, crows, pigeons
2. eagles, kites, vultures
3. Pigeon, parrot, kites
4. Crows, Kites, nightingales

तीन पक्षियों का वह समूह जिसका प्रत्येक सदस्य वस्तुओं को हमारी तुलना में, चार गुना अधिक दूरी से स्पष्ट देख सकता है, (जो वस्तु हमें दो मीटर की दूरी से दिखाई देती है उसे ही ये पक्षी आठ मीटर दूरी से देख लेते हैं) कौन सा है?
1. बाज़, कौआ, कबूतर
2. बाज़, चील, गिद्ध
3. कबूतर, तोता, चील
4. कौआ, चील, बुलबुल

Ans: (2)

चील, बाज और गिद्ध की दृष्टि असाधारण होती है, जिससे वे मनुष्यों की तुलना में चार गुना बेहतर देख सकते हैं। यह पैनी दृष्टि उन्हें दूर से शिकार को पहचानने और अपने परिवेश को प्रभावी ढंग से नेविगेट करने में सक्षम बनाती है, जिससे वे कुशल शिकारी बन जाते हैं।

187.Match the items of Column I and II

I (Name of bird)	II (Description about nest)
A. Sunbird	(I) Does not make its own nest. Crow makes nest for the bird in which it lays eggs.
B. Koil	(II) Nest made of grass in the space between the stones along the roadside. On the top are placed soft twigs, roots, wool, hair and cotton wool.
C. Indian Robin	(III) nest of two leaves on a fresh that are stitched together using sharp heak of the bird
D. Tailor bird	(IV) Nest hanging from the branch of a small tree. It has hair, grass, thin turnings, dry leaves, cloth pieces etc

1. A - (IV) B - (II) C - (I) D - (III)
2. A - (I) B - (IV) C- (II) D - (III)
3. A - (I) B - (II) C - (IV) D - (III)
4. A - (IV) B - (I) C - (II) D - (III)

कॉलम I और II की मदों का मिलान कीजिए।

I (पक्षी का नाम)	II (घोसलों का विवरण)
(A) शक्कर खोरा	(I) अपना घोंसला स्वयं नहीं बनाती। कौआ इस पक्षी के लिए घोंसला बनाता है जिसमें यह अंडे देता है।
(B) कोयल	(II) सड़क के किनारे पत्थरों के बीच घोंसला। उसके ऊपर पौधों की टहनियां, जड़े, बाल, रूई विछी होना।

(C) कल चिड़ी	(III) झाड़ी पर दो पत्तों को नुकीली चोंच से सीकर बनाया गया घोंसला
(D) दर्जिन चिड़िया	(IV) छोटे पेड़ की डाली पर लटका घोंसला। इसमें बाल बारीक घास पतली टहनियां, सूखे पत्ते, कपड़े के चीथड़े आदि होते हैं।

1. A-(IV) B-(II) C-(I) D-(III)
2. A-(I) B-(IV) C-(II) D-(III)
3. A-(I) B-(II) C-(IV) D-(III)
4. A-(IV) B-(I) C-(II) D-(III)

Ans: (4)

शक्कर खोरा — छोटे पेड़ की डाली पर लटका घोंसला। इसमें बाल बारीक घास पतली टहनियां, सूखे पत्ते, कपड़े के चीथड़े आदि होते हैं।

कोयल — अपना घोंसला स्वयं नहीं बनाती। कौआ इस पक्षी के लिए घोंसला बनाता है जिसमें यह अंडे देता है।

कल चिड़ी — सड़क के किनारे पत्थरों के बीच घोंसला। उसके ऊपर पौधों की टहनियां, जड़े, बाल, रूई विछी होना।

दर्जिन चिड़िया — झाड़ी पर दो पत्तों को नुकीली चोंच से सीकर बनाया गया घोंसला

188. Rani finds a piece of cloth that is:

1. **Very strong and bright coloured**
2. **Does not have many pores**
3. **Produces smell of burning**
4. **Is available everywhere and has multiple uses**
5. **Cannot be worn during high temperature**

Identify the fabric

1. Silk
2. Polyester
3. Cotton
4. Rayon

रानी को एक कपड़े का टुकड़ा प्राप्त होता है जो कि :

1. **बहुत मजबूत और चटख रंग का है।**
2. **अधिक छिद्रयुक्त नहीं है।**
3. **जलने पर गंध उत्पन्न करता है।**
4. **सभी जगह उपलब्ध है तथा इसके बहुत से उपयोग हैं।**
5. **उच्च तापमान में नहीं पहना जा सकता है।**

इस कपड़े की पहचान कीजिए –

1. रेशम
2. पॉलिएस्टर
3. सूती
4. रेयॉन

Ans: (2)

कपड़ा अपनी मजबूती, चमकीले रंग, कम छिद्र, गर्म होने पर जलने की गंध, व्यापक उपलब्धता और कई उपयोगों के साथ-साथ सांस लेने की क्षमता की कमी के कारण संभवतः पॉलिएस्टर है, जो उच्च तापमान में इसे असुविधाजनक बनाता है।

189. Mint, tomato, coriander and mustard are:

(1) Fruit
(2) Herbs and vegetables
(3) grains
(4) flowers

पुदीना, टमाटर, धनिया और सरसो हैं:

(1) फल
(2) जड़ी-बूटियाँ और सब्जियाँ
(3) अनाज
(4) फूल

Ans: (2)

- पुदीना, टमाटर, धनिया और सरसों को जड़ी-बूटियों और सब्जियों के रूप में वर्गीकृत किया गया है।
- इन पौधों का उपयोग अक्सर पाक व्यंजनों में स्वाद बढ़ाने और पोषण संबंधी लाभ प्रदान करने के लिए किया जाता है।

190. Which of the following statements are true regarding cold and hot deserts:

(a) Hot deserts have high temperature while cold deserts have low temperature.

(b) hot deserts are battered by sun and are sandy. Cold deserts have ice- and snow-covered ground.

(c) Hot deserts are red or orange while cold deserts are gray.

(d) Hot and cold deserts experience a significant seasonal effect.

1. (a) and (b)
2. (a), (b) and (c)
3. (a) and (c)
4. (a), (b), (c) and (d)

ठंडे और गर्म रेगिस्तान को समझने के लिए निम्नलिखित में से कौन-से कथन सही हैं?

(a). गर्म रेगिस्तान में अधिक तापमान होता है, जबकि ठंडे रेगिस्तान में कम तापमान होता है।

(b). गर्म रेगिस्तान पर सूर्य और रेत की अधिकता होती है। ठंडे रेगिस्तान में भूमि बर्फ और हिम से आच्छादित होती है।

(c). गर्म रेगिस्तान लाल या नारंगी होते हैं जबकि ठंडे रेगिस्तान स्लेटी होते हैं।

(d). गर्म और ठंडे रेगिस्तान में ऋतु के उतार-चढ़ाव के महत्वपूर्ण प्रभाव की अनुभूति की जा सकती है।

1. a और b
2. a, b और c
3. a और c
4. a, b, c और d

Ans: (2)

ठंडे और गर्म रेगिस्तान को समझने के लिए सही कथन हैं कि गर्म रेगिस्तान में अधिक तापमान होता है, जबकि ठंडे रेगिस्तान में कम तापमान होता है,गर्म रेगिस्तान पर सूर्य और रेत की अधिकता होती है। ठंडे रेगिस्तान में भूमि बर्फ और हिम से आच्छादित होती है और गर्म रेगिस्तान लाल या नारंगी, जबकि ठंडे रेगिस्तान स्लेटी होते हैं।

191. Which of the following animal's front teeth keep growing throughout its life?

1. Cat
2. Squirrel
3. Snake
4. Tiger

निम्नलिखित में से कौन-से जानवर का आगे का दाँत उसकी पूरी जिंदगी बढ़ता रहता है?

1. बिल्ली
2. गिलहरी
3. साँप
4. बाघ

Ans: (2)

गिलहरी के आगे के दाँत उसकी पूरी जिंदगी बढ़ते रहते है, दांतो से काटने और कुतरने के कारण इनके दांत घिस जाते है।

192. Poisonous teeth of snakes are called

1. Pangs
2. Fangs
3. Incisors
4. Scales

साँप के ज़हरीले दाँतों को कहा जाता है

1. कसक
2. विषदंत
3. कृंतक (छेदक)
4. शल्क

Ans: (2)

- साँप के ज़हरीले दाँतों को विषदंत कहते हैं हमारे देश में केवल 4 तरह के ही जहरीले सांप होते हैं इनके नाम है - नाग, करैत, दुबोइया, तथा अफाई।
- सांप के बाहरी कान नहीं होते वह जमीन पर हुए कंपन को ही सुन पाता है

193. Identify the tribal groups that are native to the state of Himachal Pradesh, India:

1. Santhali Tribe
2. Gaddi Tribe
3. Gond Tribe
4. Sahavia Tribe

उन आदिवासी वर्गों कि पहचान किजिए जो हिमाचल प्रदेश, भारत के मूल निवासी हैं:

1. संथाली जनजाति
2. गद्दी जनजाति
3. गौंड जनजाति
4. सहाविया जनजाति

Ans: (2)

गद्दी जनजाति भारत के हिमाचल प्रदेश का एक स्वदेशी समूह है, जो पहाड़ी क्षेत्रों में भेड़ और बकरियों को चराने की अपनी देहाती जीवन शैली के लिए जाना जाता है।

उनके पास एक समृद्ध सांस्कृतिक विरासत है, जिसमें पारंपरिक रीति-रिवाज, पोशाक और त्यौहार शामिल हैं।

194. The name of the fifth woman in the world and the first Indian woman to reach the peak of Mount Everest is:

1. Bachhendri Pal
2. Sunita Williams
3. Karnam Malleshwari
4. Santosh Yadav

संसार की पाँचवी और भारत की पहली ऐसी महिला जिन्होंने माउंट एवरेस्ट की चोटी पर कदम रखा, का नाम है –

1. बछेंद्री पाल
2. सुनीता विलियम्स
3. कर्णम मल्लेश्वरी
4. संतोष यादव

Ans: (1)

- बछेंद्री पाल माउंट एवरेस्ट शिखर पर चढ़ने वाली भारत की पहली और दुनिया की पांचवीं महिला थीं।
- बछेंद्री पाल बचपन में पिकनिक पर गई थीं, जहां वह 4000 मीटर की चोटी पर चढ़ गईं, जब वह 12 साल की थीं।
- वह उत्तराखंड के गढ़वाल क्षेत्र के नाकुरी गांव में पली बढ़ीं।
- उन्होंने इसकी ट्रेनिंग नेहरू इंस्टीट्यूट ऑफ माउंटेनियरिंग से ली
- उनके मार्गदर्शक ब्रिगेडियर ज्ञान सिंह थे।
- वह 1984 में माउंट एवरेस्ट पर जाने वाली टीम की सदस्य बनीं
- 23 मई को दोपहर 1:07 बजे उन्होंने 8848 मीटर ऊंची चोटी माउंट एवरेस्ट पर अपना पहला कदम रखा। फिर सिर झुकाया, झंडा फहराया और तस्वीरें लीं.
- माउंट एवरेस्ट को नेपाल में सागरमाथा के नाम से भी जाना जाता है।

195. In which year a thousand people died in the earthquake that struck in Bhuj (Gujarat)?

1. 2000
2. 2001
3. 2002
4. 2004

किस वर्ष भुज (गुजरात) में भूकंप आया था जिसमें कम से कम हज़ार लोगों की मृत्यु हो गई थी?

1. 2000
2. 2001
3. 2002
4. 2004

Ans: (2)

2001 में, गुजरात के भुज में एक विनाशकारी भूकंप आया, जिसके परिणामस्वरूप हजारों लोगों की जान चली गई और व्यापक विनाश हुआ। भूकंप का क्षेत्र पर महत्वपूर्ण प्रभाव पड़ा, जिससे बुनियादी ढांचे और घरों को व्यापक क्षति हुई।

196. The clinical Pathology Reports of two children were as given follows-
Aarti: Age - 12 yrs, Female, Hemoglobin - 10.5 g/dL
Naman: Age - 12 yrs, Male, Hemoglobin - 8 g/dL
which one of the following conclusions can be drawn on the basis of the above reports?

1. Aarti is anemic
2. Naman is anemic
3. Both are anemic
4. Both are not anemic

दो बच्चों की क्लिनिकल विकृति रिपोर्ट नीचे दिए अनुसार थीं-
आरती: आयु 12 वर्ष, स्त्री, हीमोग्लोबिन – 10.5 g/dl
नमन: आयु 12 वर्ष, पुरुष, हीमोग्लोबिन – 8 g/dl
उपरोक्त रिपोर्ट के आधार पर निम्नलिखित में से कौन सा एक निष्कर्ष निकाला जा सकता है?

1. आरती अनीमिया (रक्ताल्पता) से पीड़ित है।
2. नमन अनीमिया (रक्ताल्पता) से पीड़ित है।
3. दोनों ही अनीमिया (रक्ताल्पता) से पीड़ित हैं।
4. दोनों ही अनीमिया (रक्ताल्पता) से पीड़ित नहीं हैं।

Ans: (3)

रिपोर्ट से संकेत मिलता है कि दोनों व्यक्ति एनीमिया से पीड़ित हैं, जिससे हीमोग्लोबिन या लाल रक्त कोशिकाओं के निम्न स्तर का पता चलता है, जो थकान और अन्य स्वास्थ्य समस्याओं का कारण बन सकता है। उनके एनीमिया के लिए आगे के मूल्यांकन और उपचार की आवश्यकता हो सकती है।

197. Select the activity which is different from the other activities:

preparing tea, swimming, combing hair, kneading dough

1. Preparing tea
2. Swimming
3. Combing hair
4. Kneading dough

उस कार्यकलाप को चुनिए जो अन्य कार्यकलापों से भिन्न है:

चाय बनाना, तैरना, कंघी करना, आटा गूंधना

1. चाय बनाना
2. तैरना
3. कंघी करना
4. आटा गूंधना

Ans: (3)

बालों में कंघी करना वह गतिविधि है जो दूसरों से अलग है, जैसे चाय बनाना, तैरना और आटा गूंथना तैयारी या शारीरिक व्यस्तता से जुड़ा होता है, जबकि बालों में कंघी करना व्यक्तिगत संवारने पर केंद्रित होता है।

198. In Jharkhand the village council (Panchayat) allots land for farming by draw of lots. The special unit used for the allotment of land is "Tin". The meaning of this unit is

1. A land from which a farmer can procure one tin of seeds
2. A land on which a farmer grows one tin of seeds
3. A land with a dimension (length x breath) of 50 m x 50 m
4. A land which is equivalent to about one hectare (100m x 100m)

झारखंड में ग्राम सभा (पंचायत) लाटरी द्वारा खेती के लिए भूमि का आवंटन करती है। इस भूमि आवंटन में एक विशेष मात्रक (यूनिट), जिसे 'टिन' कहते हैं, का उपयोग किया जाता है। इस मात्रक (यूनिट) का अर्थ है-

1. वह भूमि जिससे किसान एक टिन बीज प्राप्त कर सकता है।
2. वह भूमि जिस पर कोई किसान एक टिन बीज बोता है।
3. वह भूमि जिसकी विमाएं (लंबाई x चौड़ाई) 50m x 50m होती हैं।
4. वह भूमि जो लगभग एक हेक्टेयर (100m x 100m) के तुल्य होती है।

Ans: (2)

झारखंड में ग्राम सभा (पंचायत) लाटरी द्वारा खेती के लिए भूमि का आवंटन करती है। किसान जिस भूमि पर एक टिन बीज बोता है उसे टिन कहते हैं।

199. Which one of the following food habits will help to reduce 'carbon footprint':

1. Eating meat and fish
2. Consuming preserved food like canned beans
3. Consuming dairy products
4. Eating local grown food

निम्न में से कौन-सी भोजन संबंधी आदत 'कार्बन पदचिन्ह' को कम करने में मदद करेगी?

1. मांस एवं मछली खाना
2. संरक्षित खाद्य पदार्थ जैसे डिब्बाबंद बीन्स का सेवन करना
3. दूध व दूध से बने पदार्थ का सेवन
4. स्थानीय रूप से उगाए हुए खाद्य पदार्थों का सेवन

Ans: (4)

स्थानीय रूप से उगाए गए भोजन को खाने से परिवहन आवश्यकताओं को कम करके कार्बन पदचिह्न को कम करने में मदद मिलती है, जिससे ग्रीनहाउस गैस उत्सर्जन कम होता है। इसमें कम पैकेजिंग भी शामिल है और स्थानीय अर्थव्यवस्थाओं का समर्थन करता है, अधिक टिकाऊ प्रथाओं को बढ़ावा देता है और पर्यावरण पर सकारात्मक प्रभाव डालता है।

200. "The stem of _______ is very long and thin. It cannot stand on its own. If it does not get

any support to go up, it starts spreading and growing on the ground."

(1) bamboo
(2) Creepers and vines
(3) bush
(4) flowers

"_______ का तना बहुत लंबा और पतला होता है। यह अपने आप खड़ा नहीं हो सकता। यदि इसे ऊपर जाने के लिए कोई सहारा नहीं मिलता, तो यह धरती पर ही फैलकर बढ़ने लगता है।"

(1) बांस
(2) लताएं और बेल
(3) झाड़ी
(4) फूल

Ans: (2)

- ➢ लताओं और बेलों के तने पतले और लचीले होते हैं।
- ➢ लताएँ अन्य पौधों का सहारा लेकर ऊपर चढ़ती हैं और बढ़ती हैं।
- ➢ बेलें धरती पर ही बढ़ती हैं।
- ➢ कुछ लताएँ जिस पौधे पर चढ़ती हैं, उसी से अपना भोजन भी लेती हैं।

201. Which one of the following states of our country has mines of aluminium?

1. Odisha
2. Assam
3. Bihar
4. West Bengal

हमारे देश के नीचे दिए गए राज्यों में से किसमें एलुमिनियम की खान हैं?

1. ओडिशा
2. असम
3. बिहार
4. पश्चिम बंगाल

Ans: (1)

ओडिशा खनिज संसाधनों, विशेष रूप से बॉक्साइट, जो एल्यूमीनियम का प्राथमिक स्रोत है, में समृद्ध है। यह धन राज्य की अर्थव्यवस्था में महत्वपूर्ण योगदान देता है, खनन और एल्यूमीनियम उत्पादन दोनों उद्योगों का समर्थन करता है।

202. Pottery is made strong

1. by baking
2. by smelting
3. by roasting
4. by burning

मिट्टी के बर्तनों को मजबूत बनाया जाता है

1. बेक करके
2. गलाने से
3. भूनने से
4. जलाने से

Ans: (1)

मिट्टी के बर्तनों को बेकिंग नामक प्रक्रिया के माध्यम से मजबूत किया जाता है, जहां मिट्टी को भट्टी में उच्च तापमान पर गर्म किया जाता है। यह सामग्री को कठोर बनाता है और इसके स्थायित्व को बढ़ाता है, जिससे यह व्यंजन, बर्तन और सजावटी टुकड़ों जैसी विभिन्न वस्तुओं के लिए उपयुक्त हो जाता है।

203. In Malayalam mother's elder sister is called as

1. Balliamma
2. Ammumma
3. Themma
4. Didu

मलयालम में मां की बड़ी बहन को कहा जाता है।

1. बलियम्मा
2 अम्मुम्मा
3. थम्मा
4. दीदु

Ans: (1)

मलयालम में मां की बड़ी बहन को बलियम्मा कहते हैं । केरल में मलयालम भाषा बोली जाती है मलयालम में नानी को अम्मूमा कहते हैं । चाचा को चिटटपन और चाची को कुंजम्मा कहते हैं और पिता को अप्पा कहते है ।

204. Which one of the following is the oldest traditional dance from Mizoram:

1. Satriya Dance
2. Rouf Dance
3. Cheraw Dance
4. Garba Dance

निम्न में से कौन सा मिज़ोरम का सबसे प्राचीन नृत्य रूप है?

1. सतरीया नृत्य
2. रौफ़ नृत्य
3. चेराओ नृत्य
4. गरबा नृत्य

Ans: (3)

मिज़ोरम का सबसे प्राचीन नृत्य रूप चेराओ नृत्य है मिजोरम में मिजो भाषा बोली जाती है यहां तीन चौथाई लोग जंगल में रहते हैं यहां की मुख्य फसल चावल है। मिजोरम में झूम खेती होती है

205.

I (Place)	II (Most liked food)
A. Goa	I Chholay Bhature
B. Kashmir	II cooked Snakes
C. Kerala	III Boiled tapioca with curry
D. Hongkong	IV Sea fish cooked in coconut oil
	V. Fish cooked in mustard oil

The correct match of the items of column I and II is

1. A – IV B - III C- II D -V
2. A – IV B - III C-V D - II
3. A - IV B - I C - III D – II
4. A – IV B – V C - III D - II

I (स्थान)	II (अत्यधिक पसंदीदा भोजन)
(A) गोआ	I छोले भटूरे
(B) कश्मीर	II पकाया हुआ सांप
(C) केरल	III करी के साथ उबला टैपिओका
(D) हॉन्गकॉन्ग	IV नारियल के तेल में बनी समुद्री मछली
	V सरसों के तेल में बनी मछली

कॉलम I और II का सही मिलान है-

1. A – IV B - III C- II D -V
2. A – IV B - III C-V D - II
3. A - IV B - I C - III D – II
4. A – IV B – V C - III D – II

Ans: (4)

I (स्थान)	II (अत्यधिक पसंदीदा भोजन)
गोआ	नारियल के तेल में बनी समुद्री मछली
कश्मीर \	सरसों के तेल में बनी मछली
केरल	करी के साथ उबला टैपिओका
हॉन्गकॉन्ग	पकाया हुआ सांप

206. The state in which the "Ghana National Park" is located is

1. Uttar Pradesh
2. Uttarakhand
3. Rajasthan
4. Gujarat

घाना नेश्नल पार्क किस राज्य में स्थित है?

1. उत्तर प्रदेश
2. उत्तराखण्ड
3. राजस्थान
4. गुजरात

Ans: (3)

घाना नेश्नल पार्क राजस्थान राज्य में स्थित है। राजस्थान में मिट्टी के घर बनाए जाते हैं घरो की दीवारे बहुत मोटी होती है और इन्हे लीप पोत कर सुन्दर बनाया जाता है और उनकी छत कंटीली झाड़ियों से बनाते हैं राजस्थान में Tank को Tanka भी कहते हैं।

207. Select the one which is different from the others.

Lake, Mountains, Pond, River, Spring

1. Lake
2. Mountain
3. Pond
4. Spring

उस एक को चुनिए जो अन्य से भिन्न है- झील, पर्वत, तालाब, नदी, झरना

1. झील
2. पर्वत
3. तालाब
4. झरना

Ans: (2)

अन्य सभी विकल्प झील, तालाब, नदी और झरना जल निकाय हैं, जबकि पहाड़ एक स्थलरूप है।

208. This is a place in Uttarakhand and is also an important tourist destination. The park is associated with conservation of Tiger. Identify the place.

1. Buxa Park
2. Dudhwa Park
3. Corbett Park
4. Valmiki Park

यह उत्तराखण्ड का एक स्थान है तथा यह एक महत्वपूर्ण पर्यटन स्थल है। यह अरण्य बाघ के संरक्षण से संबंधित है। इस जगह की पहचान कीजिए-

1. बक्सा पार्क
2. दुधवा पार्क
3. कॉर्बेट पार्क
4. वाल्मीकि पार्क

Ans: (3)

कॉर्बेट पार्क उत्तराखण्ड का एक स्थान है तथा यह एक महत्वपूर्ण पर्यटन स्थल है। यह अरण्य बाघ के संरक्षण से भी संबंधित है।

209. Study a portion of the timetable for the route of a train 6335 Nagar cent Express

Sl No.	Station Name	Arrival Time	Departure time	Distance (KM)
1	Gandhi Dham	-	06:15	0
2	....	....	....	....
3	....	....	....	....
4	Surat	16:15	16:20	530

On the basis of the above table the average speed of the train between the two station i.e. Gandhi Dham and Surat is

1. 34 km/h
2. 36 km/h
3. 53 km/h
4. 54 km/h

किसी ट्रेन के मार्ग के समयसारणी का अध्ययन कीजिए: 6335 नगरकोइल एक्सप्रेस

क्रम संख्या	स्टेशन का नाम	पहुंचने का समय	छोड़ने का समय	दूरी (किलोमीटर)
1	गांधीधाम	-	06:15	0
2	....	....	....	....
3	....	....	....	....
4	सूरत	16:15	16:20	530

उपरोक्त टेबल के आधार पर इन दो स्टेशनों अर्थात् गांधीधाम और सूरत के बीच ट्रेन की औसत चाल है

1. 34 km/h
2. 36 km/h
3. 53 km/h
4. 54 km/h

Ans: (3)

चाल = दूरी/समय

दूरी = 530km

समय = (6.15 to 16.15) = 10hr

चाल = 530/10 = 53 km/h

गांधीधाम और सूरत के बीच ट्रेन की औसत चाल 53 km/h है

210. Following are the steps of the process of growing onion crops which are not given in the proper sequence.

(A) Weeding

(B) Digging to loosen the soil

(C) Sowing of seeds

(D) Cutting the dried leaves from the top of onion

(E) Plucking the out.

The correct sequence of the above steps is

1. B, C, E, A, D
2. B, C, A, D, E
3. B, A, C, E, D
4. B, C, A, E, D

नीचे प्याज की खेती करने की प्रक्रिया के कुछ चरण दिए गए हैं, जो उचित क्रम में नहीं हैं।

A. खरपतवार हटाना
B. गुड़ाई करना
C. बीज बोना
D. प्याज के ऊपर की सूखी पत्तियों को हटाना
E. प्याज को उखाड़ना

उपर्युक्त चरणों का सही क्रम है:

1. B, C, E, A, D
2. B, C, A, D, E
3. B, A, C, E, D
4. B, C, A, E, D

Ans: (4)

प्याज की खेती करने की प्रक्रिया का सही क्रम है: गुड़ाई करना, बीज बोना, खरपतवार हटाना, प्याज को उखाड़ना और प्याज के ऊपर की सूखी पत्तियों को हटाना।

211. Match Column A and Column B:

Column A (Type)	Column B (Name)
A. Marigold (Banthi in Telugu)	I. Tree
B. Neem (Bev Gida in Kannada)	II. Tree
C. Jujube or Plum (Boroi in Manipuri)	III. Flowering plant (shrub)

Choose the correct option.

(1) (A) – (III), (B) – (II), (C) – (I)
(2) (A) – (I), (B) – (II), (C) – (III)
(3) (A) – (II), (B) – (III), (C) – (I)
(4) None of the above

कॉलम A और कॉलम B का मिलान करें:

कॉलम A (नाम)	कॉलम B (प्रकार)
A. गेंदा (तेलुगू में बाँथी)	I. पेड़
B. नीम (कन्नड़ में बेव गिडा)	II. पेड़
C. जुजुबे या बेर (मणिपुरी में बोरोई)	III. फूलदार पौधा (झाड़ी)

सही विकल्प चुनें:

(1) (A) – (III), (B) – (II), (C) – (I)
(2) (A) – (I), (B) – (II), (C) – (III)
(3) (A) – (II), (B) – (III), (C) – (I)
(4) इनमे से कोई नहीं

Ans: (1)

➢ गेंदा एक फूलदार झाड़ी है।
➢ नीम और बेर को पेड़ों के रूप में वर्गीकृत किया गया है।

212. In the gardens of which one of the following states the plants of Tejpatta, small and big cardamoms and black pepper grow.

1. West Bengal
2. Gujarat
3. Kerala
4. Madhya Pradesh

निम्नलिखित राज्यों में से किसके बगीचों में तेजपत्ता, छोटी इलायची, बड़ी इलायची और काली मिर्च उगती हैं –

1. पश्चिम बंगाल
2. गुजरात
3. केरल
4. मध्य प्रदेश

Ans: (3)

केरल राज्ये के बगीचों में तेजपत्ता, छोटी इलायची, बड़ी इलायची और काली मिर्च उगती हैं।

213. The Andaman Islands were hit by the tsunami in the year

1. 2001
2. 2002
3. 2004
4. 2012

अण्डमान के द्वीपों में सुनामी किस वर्ष में आई थी?

1. 2001
2. 2002
3. 2004
4. 2012

Ans: (3)

26 दिसंबर, 2004 को इंडोनेशिया के सुमात्रा के पास समुद्र के अंदर आए एक बड़े भूकंप के कारण आई सुनामी से अंडमान द्वीप समूह बुरी तरह प्रभावित हुआ था।

214. The most appropriate strategy for teaching wastage of water and its conservation in EVS can be

(1) Discussion
(2) Surveys and discussions
(3) Interview
(4) Experiment

ई.वी.एस. में पानी की बर्बादी और इसके संरक्षण के शिक्षण के लिए सबसे उपयुक्त रणनीति हो सकती है।

(1) चर्चा
(2) सर्वेक्षण और चर्चा
(3) साक्षात्कार
(4) प्रयोग

Ans: (2)

सर्वेक्षण और चर्चा दृष्टिकोण छात्रों को पानी के उपयोग पर वास्तविक डेटा इकट्ठा करने और इसके संरक्षण के बारे में सार्थक बातचीत में संलग्न होने की अनुमति देता है, जिससे विषय अधिक प्रासंगिक और कार्रवाई योग्य हो जाता है।

215. Which of the following experience is extremely important for the learners to develop a holistic understanding of the environment?

(1) Contextual experience
(2) Abstract experience
(3) Global to local experience
(4) Inclusive experience

विद्यार्थियों की पर्यावरण की समग्र समझ विकसित करने के लिए निम्नलिखित में से कौन-सा अनुभव अत्यंत महत्त्वपूर्ण है ?

(1) प्रासंगिक अनुभव
(2) अमूर्त अनुभव
(3) वैश्विक से स्थानीय अनुभव
(4) समावेशी अनुभव

Ans: (1)

प्रासंगिक अनुभव छात्रों को उनके सीखने को वास्तविक दुनिया के वातावरण और स्थितियों से जोड़ने में मदद करते हैं, जिससे उनकी पर्यावरणीय अवधारणाओं की समझ और प्रासंगिकता बढ़ती है।

216. An EVS teacher prepares a peer assessment rubric for the assessment of collaboration during group work. Which of the following dimensions should not be part of the collaboration?

(1) Participation
(2) Leadership
(3) Cooperation
(4) Dissociation

एक ई.वी.एस. शिक्षक समूह कार्य के दौरान सहयोग के आकलन के लिए एक सहकर्मी आकलन रूनिक तैयार करता है। निम्नलिखित में से कौन-सा आयाम सहयोग का हिस्सा नहीं होना चाहिए ?

(1) भागीदारी
(2) नेतृत्व
(3) सहयोग
(4) हदबंदी

Ans: (4)

पृथक्करण समूह में भागीदारी की कमी या अलगाव को इंगित करता है, जो प्रभावी सहयोग के विपरीत है।

217. Which of the following provides sufficient opportunities to address the socio-emotional aspects along with the cognitive development of children while celebrating festivals related to the theme of water?

(1) Encouraging children to recite or sing folk songs
(2) Experiments
(3) Interviews
(4) Surveys

निम्नलिखित में से कौन-सा पानी के विषय से संबंधित त्योहार मनाते समय बच्चों के संज्ञानात्मक विकास के साथ-साथ सामाजिक भावनात्मक पहलुओं को जोड़ने के लिए पर्याप्त अवसर प्रदान करता है ?

(1) बच्चों को लोकगीत सुनाने या गाने के लिए प्रोत्साहित करना
(2) प्रयोग
(3) साक्षात्कार
(4) सर्वेक्षण

Ans: (1)

जल उत्सवों से संबंधित लोक गीत अक्सर सांस्कृतिक, भावनात्मक और सामाजिक महत्व रखते हैं। वे बच्चों को अपनी भावनाओं को तलाशने और व्यक्त करने, सांस्कृतिक परंपराओं को समझने और सार्थक तरीके से पानी के विषय से जुड़ने के लिए एक समृद्ध संदर्भ प्रदान करते हैं।

218. Which of the following will be effective in breaking 'subject boundaries' related to a problem or a concern in EVS?

(1) Group discussions
(2) Demonstrations
(3) Lectures
(4) Film shows

ई.वी.एस. में किसी समस्या या चिंता से संबंधित विषय सीमाओं को तोड़ने में निम्नलिखित में से कौन-सा प्रभावी होगा ?

(1) समूह चर्चा
(2) प्रदर्शन
(3) व्याख्यान
(4) फिल्म शो

Ans: (1)

समूह चर्चाएँ अंतःविषय सोच को प्रोत्साहित करती हैं और छात्रों को जटिल मुद्दों को संबोधित करने के लिए विभिन्न विषयों से ज्ञान को एकीकृत करते हुए, विभिन्न दृष्टिकोणों से एक समस्या का पता लगाने की अनुमति देती हैं।

219. Which of the following process skills will be developed by conducting experiments in EVS class?

(1) Observation skill
(2) Remembering skill
(3) Visual skill
(4) Recognizing skill

ई.वी.एस. कक्षा में प्रयुक्त निम्नलिखित में से कौन-सा प्रक्रिया कौशल आयोजित करके विकसित किया जाएगा ?

(1) अवलोकन कौशल
(2) याद रखने का कौशल
(3) दृश्य कौशल
(4) पहचानने का कौशल

Ans: (1)

प्रयोगों के लिए छात्रों को डेटा का सावधानीपूर्वक निरीक्षण करने और रिकॉर्ड करने की आवश्यकता होती है, जिससे विवरण और पैटर्न को नोटिस करने की उनकी क्षमता बढ़ती है।

220. Shobhit observes a picture in a book where girls are shown playing with pebbles and boys are shown playing cricket. He asks his teacher that why are boys and girls playing separately? Why are boys not playing pebbles? Why are girls not playing cricket? Which of the following EVS teaching objectives are included in this event?

A. Development of higher-level critical thinking.

B. Development of broad cultural attitude and aesthetic sensitivity.

C. Development of an understanding based on observation and picturization.

D. Development of cognitive ability for generating curiosity about a social event.

(1) A, B and C
(2) B, C and D
(3) A, B and D
(4) A, C and D

शोभित किताब में एक चित्र देखता है, जिसमें लड़कियों को गोटियाँ खेलते तथा लड़कों को क्रिकेट खेलते हुए दिखाया गया है। वह अपने अध्यापक से पूछता है कि लड़के और लड़कियाँ अलग-अलग क्यों खेल रहे हैं? लड़के गोटियाँ क्यों नहीं खेल रहे हैं? लड़कियाँ क्रिकेट क्यों नहीं खेल रही हैं?

निम्नलिखित में से कौन-से पर्यावरण अध्ययन शिक्षण उद्देश्य इस घटना में सम्मिलित हैं?

A. उच्च स्तरीय आलोचनात्मक सोच विकसित करना।

B. व्यापक सांस्कृतिक नज़रिया एवं सौन्दर्य के प्रति संवेदना विकसित करना

C. अवलोकन और चित्रण के आधार पर समझ विकसित करना।

D. सामाजिक घटना के बारे में जिज्ञासु बनाने के लिए संज्ञानात्मक क्षमता

विकसित करना।

(1) A, B और C
(2) B, C और D
(3) A, B और D
(4) A, C और D

Ans: (4)

उच्च-स्तरीय आलोचनात्मक सोच विकसित करने में स्थापित मानदंडों का विश्लेषण, मूल्यांकन और सवाल उठाना शामिल है। शोभित यह जांच और सवाल करके इसका अभ्यास कर रहे हैं कि एक तस्वीर में कुछ गतिविधियां अलग-अलग लिंगों से क्यों जुड़ी हुई हैं, जिससे सामाजिक व्यवहार और मानदंडों के बारे में जिज्ञासा बढ़ रही है।

221. Which of the following statements are correct about experimentation?

A. Results of the experiments must be given in the textbook so that students can verify.

B. Results of the experiments must not be given in the textbook so that students themselves can observe, enquire and generalize.

C. Results of the experiments must be provided by teachers so that students can verify.

D. Results of the experiments must not be provided by teacher since experimentation is about observation, enquiry and generalization.

(1) A and C only
(2) B and D only
(3) A and D only
(4) B and C only

निम्नलिखित में से कौन-से कथन प्रयोग के बारे में सही हैं?

A. प्रयोगों के परिणाम पाठ्यपुस्तक में दिए जाने चाहिए जिससे सभी विद्यार्थी पुष्टि कर सकें।

B. प्रयोगों के परिणाम पाठ्यपुस्तक में नहीं दिए जाने चाहिए जिससे विद्यार्थी स्वयं अवलोकन, जाँच-पड़ताल तथा सामान्यीकरण कर सके।

C. प्रयोगों के परिणाम शिक्षकों द्वारा बताए जाने चाहिए, जिससे विद्यार्थी पुष्टि कर सके।

D. प्रयोगों के परिणाम शिक्षकों द्वारा नहीं बताए जाने चाहिए क्योंकि प्रयोग, अवलोकन, जाँच-पड़ताल तथा सामान्यीकरण के बारे में है।

(1) केवल A और C
(2) केवल B और D
(3) केवल A और D
(4) केवल B और C

Ans: (2)

पाठ्यपुस्तकों से प्रयोगात्मक परिणामों को हटाकर, छात्रों को अवलोकन, पूछताछ और सामान्यीकरण के माध्यम से सक्रिय रूप से प्रयोग में संलग्न होने के लिए प्रोत्साहित किया जाता है। यह दृष्टिकोण व्यावहारिक सीखने और आलोचनात्मक सोच को बढ़ावा देता है, जिसमें शिक्षक छात्रों का मार्गदर्शन करने के लिए सुविधाप्रदाता के रूप में कार्य करते हैं।

222. Most appropriate method for determining shapes and colours of leaves and flowers in an EVS classroom can be:

(1) providing different colourful pictures of leaves and flowers to students
(2) involving them in drawing and using their creative skills
(3) designing a task involving learners to explore plants and trees
(4) thoroughly repeating the concepts related to leaves and flowers

एक पर्यावरण अध्ययन की कक्षा में पत्तियों एवं फूलों के आकारों एवं रंगों को निर्धारित करने की सबसे उपयुक्त विधि होगी

(1) छात्रों को पत्तियों एवं फूलों की विभिन्न रंगीन तस्वीरें उपलब्ध कराना

(2) छात्रों को रेखा-चित्र बनाने में संलग्न करना और उनके सृजनात्मक कौशलों का उपयोग करना
(3) शिक्षार्थियों को पौधों एवं पेड़ों के अन्वेषण हेतु किसी कार्य की रूपरेखा बनाना
(4) पत्तियों तथा फूलों से संबंधित प्रत्ययों को भली प्रकार दोहराना

Ans: (3)

किसी ऐसे कार्य को डिज़ाइन करना जिसमें वास्तविक पौधों और पेड़ों की खोज शामिल हो, पत्तियों और फूलों के आकार और रंगों के बारे में सिखाने का सबसे प्रभावी तरीका है। यह प्रत्यक्ष, व्यावहारिक अनुभव प्रदान करता है जो सीखने और समझने को बढ़ाता है।

223. Bheem asks his gardener, "Why flowers and fruits are coloured when the leaves of the plants are green?" Which process skills are exhibited by Bheem?

A. Observation
B. Experiment
C. Raising questions.
D. Interaction with environment

(1) A and B only
(2) B and C only
(3) C and D only
(4) A and C only

भीम अपने बागवान को पूछता है, फूल और फल रंगीन क्यों होते हैं, जबकि पौधों के पत्ते हरे होते हैं?" भीम के द्वारा किन प्रक्रिया कौशलों को प्रदर्शित किया जा रहा है?

A. अवलोकन
B. प्रयोग
C. प्रश्न पूछना
D. परिवेश के साथ अन्त क्रिया

(1) केवल A और B
(2) केवल B और C
(3) केवल C और D
(4) केवल A और C

Ans: (4)

भीम फूलों, फलों और पत्तियों के बीच रंग के अंतर को देखकर और ये अंतर क्यों मौजूद हैं, यह पूछकर सवाल उठाते हुए अवलोकन की प्रक्रिया कौशल का प्रदर्शन करता है। ये कौशल प्राकृतिक दुनिया को समझने और उसकी खोज में उनकी सक्रिय भागीदारी को दर्शाते हैं।

224. In the chapter "The Plant Fairy" of EVS class 3. Didi is sitting in a garden. Shabnam said that Didi is sitting on little plants. Taplu asked his teacher, "do we kill grass by walking and sitting on it, like we kill ants by walking over them?" What should the teacher do?

(1) Discuss that grass plant can survive even if leaves are damaged
(2) Describe that the part of grass responsible for growth is safely located at base
(3) Take the students to garden, make them walk and sit on grass and see what happens
(4) Explain that grass in the garden grows back even after it has been cut

कक्षा तीसरी की पर्यावरण अध्ययन के पाठ पौधों की परी" में, दीदी एक बगीचे में बैठी है। शबनम कहती है कि दीदी छोटे-छोटे पौधों पर बैठी है। टपलु अपने शिक्षक से पूछता है, "जब हम चींटियों पर चलते हैं तो चींटियाँ मर जाती हैं, तो क्या हम घास को भी उसी तरह उस पर चलकर और बैठकर मार नहीं रहे हैं?" शिक्षक को क्या करना चाहिए?

(1) चर्चा करनी चाहिए कि घास के पौधे पत्तियों के अतिग्रस्त होने पर भी जिंदा रह सकते हैं।
(2) वर्णन करना चाहिए कि घास के पौधे का वह भाग जो वृद्धि से संबंधित है वह आधार पर सुरक्षित रहता है।
(3) विद्यार्थियों को बगीचे में ले जाएँ, उन्हें घास पर बैठकर तथा चलकर देखने को कहें कि क्या होता है।
(4) व्याख्या करनी चाहिए कि बगीचे की घास कटने के बाद भी फिर से वृद्धि करती है।

Ans: (3)

छात्रों को बगीचे में टहलने और घास पर बैठने के लिए ले जाना उन्हें यह समझने का एक व्यावहारिक और आकर्षक तरीका प्रदान करता है कि घास चलने पर कैसे प्रतिक्रिया करती है, प्रत्यक्ष अवलोकन और व्यावहारिक अनुभव के माध्यम से उनकी जिज्ञासा को संबोधित किया जाता है।

225. Kavish, an EVS teacher of class V. Insists on teaching about concept of 'space travel' using creative essay writing. He is trying to:

A. deviate students from questioning

B. encourage imagination and divergent thinking.

C. promote behaviouristic approach to learning.

D. avoid experimentation and activity-based learning.

(1) A and B only
(2) B only
(3) B and D only
(4) C only

कविश, एक कक्षा V का पर्यावरण अध्ययन शिक्षक, 'अंतरिक्ष यात्रा का प्रत्यय पढ़ाने के लिए सृजनात्मक निबंध लेखन पर बल देता है। वह प्रयास कर रहा है:

A. छात्रों को प्रश्न पूछने से हटाने का

B. कल्पनाशीलता तथा भिन्न सोच को प्रोत्साहित करने का

C. शिक्षण के प्रति व्यावहारिक पद्धति को बढ़ावा देने का

D. प्रयोगात्मक एवं क्रियाकलापों पर आधारित शिक्षण से बचने का

(1) केवल A और B
(2) केवल B
(3) केवल B और D
(4) केवल C

Ans: (2)

कविश अपने छात्रों में कल्पनाशीलता और भिन्न सोच को प्रोत्साहित करने के लिए रचनात्मक निबंध लेखन का उपयोग कर रहे हैं, जिससे उन्हें नवीन और व्यक्तिगत तरीकों से अंतरिक्ष यात्रा का पता लगाने और संकल्पना करने में मदद मिल रही है।

226. While presenting chapter 3 "Water O Water", Seema correlated the lines of poem, when the water breaks in flood" with the recent floods in Gujarat. Chhutki asked that why is there flood in Gujarat and not in her city? Which of the following will be the most appropriate to solve this question?

(1) Classroom discussion
(2) Photographs
(3) Working model
(4) Visit to the flood area

पाठ 3 "पानी रे पानी" प्रस्तुत करते समय सीमा ने कविता की पंक्ति, पर जब जल बाढ़ें लाता है" को गुजरात में आई बाढ़ से संबंधित चर्चा की। छुटकी ने पूछा कि गुजरात में बाढ़ क्यों आई है और उसके शहर में क्यों नहीं आई है? निम्नलिखित में से कौन-सा इस प्रश्न का सर्वाधिक उपयुक्त हल होगा?

(1) कक्षा चर्चा
(2) चित्र
(3) क्रियाशील मॉडल
(4) बाढ़ग्रस्त क्षेत्र का भ्रमण

Ans: (3)

एक कामकाजी मॉडल विभिन्न क्षेत्रों में बाढ़ के पीछे के कारणों को स्पष्ट रूप से प्रदर्शित करने के लिए एक उपयुक्त उपकरण है कि कैसे विभिन्न कारक बाढ़ में योगदान करते हैं। यह छात्रों को इंटरैक्टिव और व्यावहारिक प्रतिनिधित्व के माध्यम से जटिल अवधारणाओं को प्रभावी ढंग से समझने में मदद करता है।

227. Neighbouring states of Gujarat are

1. Rajasthan, Maharashtra, Madhya Pradesh
2. Maharashtra, Madhya Pradesh, Karnataka
3. Rajasthan, Bihar, Madhya Pradesh
4. Rajasthan, Karnataka, Maharashtra

गुजरात के निकटवर्ती राज्य हैं-

1. राजस्थान, महाराष्ट्र, मध्य प्रदेश
2. महाराष्ट्र, मध्य प्रदेश, कर्नाटक
3. राजस्थान, बिहार, मध्य प्रदेश
4. राजस्थान, कर्नाटक, महाराष्ट्र

Ans: (1)

गुजरात की सीमा तीन राज्यों से लगती है: उत्तर में राजस्थान, दक्षिण में महाराष्ट्र और पूर्व में मध्य प्रदेश। ये पड़ोसी राज्य गुजरात के विविध सांस्कृतिक और भौगोलिक परिदृश्य में योगदान करते हैं।

228. Your friend remains ill because of weak teeth and bones. Which of the following options is the best for her to recover?

1. Rice, Lemon, Amla, Jaggery
2. Ghee, Dal, Roti, Rice
3. Milk, Vegetables, Spinach, Fruits
4. Oil, Eggs, Rice, Roti

आपकी मित्र कमज़ोर दाँत और हड्डियों के कारण अस्वस्थ रहती है। उनके उबरने के लिए निम्न में से कौन-सा विकल्प सर्वोत्तम है?

1. चावल, नींबू, आँवला, गुड़
2. घी, दाल, रोटी, चावल
3. दूध, सब्जियाँ, पालक, फल
4. तेल, अण्डा, चावल, रोटी

Ans: (3)

अपने आहार में दूध, सब्जियां, पालक और फलों को शामिल करने से दांत और हड्डियां मजबूत हो सकती हैं। दूध कैल्शियम और विटामिन डी प्रदान करता है, जबकि सब्जियां और पालक आवश्यक विटामिन और खनिज प्रदान करते हैं। फल एंटीऑक्सीडेंट और पोषक तत्व प्रदान करते हैं, जो समग्र स्वास्थ्य में योगदान करते हैं।

229. Arya Nath is a snake charmer. When he plays on his musical instrument named 'Been', the snake swings its head to and from to its sound. The snake responds to the sound of the musical instrument (Been) because

1. the smell of the Bean is peasant
2. the snake can directly listen the sound produced by the Been through its outer ears
3. the eyes of the snake do not follow the motion of the Been
4. the vibrations produced by the Bean are transmitted through ground

आर्यनाथ एक सपेरा है। जब वह अपना वाद्ययंत्र (बीन) बजाता है तो साँप उसकी ध्वनि पर अपना सिर इधर-उधर घुमाता है। साँप के वाद्ययंत्र (बीन) पर अनुक्रिया करने का कारण है-

1. बीन की मधुर गंध।
2. साँप का अपने बाहरी कानों द्वारा बीन द्वारा उत्पन्न ध्वनि को सीधे ही सुन सकना।
3. साँप की आँखों द्वारा बीन की गति का अनुसरण न करना।
4. बीन द्वारा उत्पन्न कम्पनों का जमीन से होकर संचरण।

Ans: (4)

बीन द्वारा उत्पन्न कम्पनों का जमीन से होकर संचरण करने की वजह से साँप वाद्ययंत्र (बीन) की ध्वनि पर अपना सिर इधर-उधर घुमाता है।

230. Gregor Mendel was a monk who did experiments for seven years on 28000 pea plants in the garden of a monastery. He found that the pea plants have some traits which come in pairs. Select from the following the one which was not found by Mendel

1. Seeds which are either green or yellow
2. Seeds which are either rough or smooth
3. plants are either tall or short
4. next generation plants have seeds with a mixed new colour made from both green and yellow

ग्रेगर मेंडल एक मंक' (मुनी) थे जिन्होंने 28000 मटर के पौधों के साथ सात वर्ष तक मठ के बगीचे में प्रयोग किए। उन्होंने यह पाया की मटर के पौधों में कुछ ऐसे लक्षण हैं जो जोड़ियों में आते हैं। निम्नलिखित में से उसे छांटिए जिसे मेंडल ने अपने प्रयोगों में नहीं पाया था?

1. बीजों का हरा या पीला होना
2. बीजों का खुरदरा या चिकना होना
3. पौधों का लंबा या नाटा होना
4. अगली पीढ़ी के पौधों के बीजों का नया रंग जो पीले और हरे गुण से मिलकर बना है

Ans: (4)

- मेंडल ने मटर के पौधों पर अध्ययन किया और पाया कि उनमें अलग-अलग लक्षण होते हैं।
- उदाहरण के लिए, बीज की बनावट (खुरदरी या चिकनी) और बीज का रंग (पीला या हरा) होते हैं।
- इन लक्षणों में कोई मिश्रित रूप नहीं होता; संतानों को ये लक्षण साफ-साफ मिलते हैं।

> ➢ संतानों को या तो खुरदरे या चिकने बीज और या तो हरे या पीले बीज के रूप में ये लक्षण विरासत में मिलते हैं।
>
> ➢ अगली पीढ़ी में पीले और चिकने बीज हावी होते हैं, जिससे इन गुणों का अनुपात अधिक हो जाता है।

231. If a person travels by shortest route from Mumbai (Maharashtra) to Chandigarh (A union territory of India) by train, the state which the train is not likely to come is

1. Haryana
2. Punjab
3. Rajasthan
4. Gujarat

यदि कोई व्यक्ति मुम्बई (महाराष्ट्र) से चण्डीगढ़ (भारत का केंद्र शासित प्रदेश) तक सबसे छोटे रेल मार्ग से होकर रेलगाड़ी द्वारा यात्रा करता है, तो कौन-से राज्य से उसे गुज़रना नहीं होगा।

1. हरियाणा
2. पंजाब
3. राजस्थान
4. गुजरात

Ans: (2)

यदि कोई व्यक्ति मुम्बई से चण्डीगढ़ तक सबसे छोटे रेल मार्ग से होकर रेलगाड़ी द्वारा यात्रा करता है तो रेलगाड़ी पंजाब राज्य से गुज़र के नहीं जाएगी।

232. "Chhau" is the folk-dance form of the common people of

1. Uttar Pradesh
2. Assam
3. Chhattisgarh
4. Mizoram

"छऊ नृत्य" किस राज्य के सामान्य लोगों का नृत्य (लोक नृत्य) है?

1. उत्तर प्रदेश
2. असम
3. छत्तीसगढ़
4. मिज़ोरम

Ans: (3)

"छऊ" छत्तीसगढ़ का एक लोक नृत्य है, जो जीवंत आंदोलनों और पारंपरिक संगीत की विशेषता है। यह अक्सर पौराणिक कथाओं और प्रकृति के विषयों को दर्शाता है, जो क्षेत्र की सांस्कृतिक विरासत को उजागर करता है।

233. Samar has to select food items which are NOT plant-based for a project. He will choose -

1. Honey, Jackfruit and meat
2. Milk, eggs and corn
3. Mustard, Fish and Meat
4. Milk, honey and eggs

समर को एक प्रोजेक्ट के लिए ऐसे खाद्य-सामग्री को चुनना था जो पौधे से न लिया गया हो। वह चुनेगा –

1. शहद, कटहल एवं मीट (माँस)
2. दूध, अंडे एवं भुट्टा
3. सरसों, मछली एवं माँस
4. दूध, शहद एवं अंडे

Ans: (4)

दूध, शहद और अंडे ऐसे खाद्य पदार्थ हैं जो पौधों पर आधारित नहीं हैं। दूध जानवरों से आता है, शहद मधुमक्खियों द्वारा उत्पादित किया जाता है, और अंडे पक्षियों द्वारा दिए जाते हैं, जिससे ये सभी पशु-व्युत्पन्न उत्पाद बनते हैं।

234. Harpreet went on a trip with family to Punjab, Bihar and Maharashtra and collected artwork from those states. Identify Harpreet's collection from options below -

1. Pattachitra, Kalamkari, Madhubani
2. Phoolkari, Kalamkari, Madhubani
3. Kalamkari, Pattachitra,Warli
4. Phoolkari, Madhubani, Warli

हरप्रीत अपने परिवार के साथ पंजाब, बिहार एवं महाराष्ट्र की एक यात्रा पर गई थी एवं उन राज्यों के कला कार्य को संग्रह किया। हरप्रीत के संग्रह को नीचे दिए गए विकल्पों से चुनिए:

1. पट्टचित्र, कलमकारी, मधुबनी

2. फुलकारी, कलमकारी, मधुबनी
3. कलमकारी, पट्टचित्र, वरली
4. फुलकारी, मधुबनी, वरली

Ans: (4)

हरप्रीत के संग्रह में पंजाब की फूलकारी कला, बिहार की मधुबनी कला और महाराष्ट्र की वारली कला शामिल है। इनमें से प्रत्येक कला रूप अपने-अपने राज्य की सांस्कृतिक विरासत का खूबसूरती से प्रतिनिधित्व करता है।

235.Study the following statements about " Rafflesia":

A. Rafflesia is found in Mizoram, and it is considered to be the biggest flower.

B. It is similar in shape to an umbrella and can spread up to 1 meter.

C. Its smell is like that of rotting meat, which attracts insects.

D. It is a parasitic plant, which obtains nutrients from its host plant.

Choose the correct option.

(1) A and D
(2) B and C
(3) A, B, C and D
(4) Only B

"रेफलोशिया" के बारे में निम्नलिखित कथनों का अध्ययन करें:

A. रेफलोशिया मिजोरम में पाया जाता है और इसे सबसे बड़ा फूल माना जाता है।

B. यह आकार में छतरी के समान होता है और 1 मीटर तक फैल सकता है।

C. इसकी गंध सड़े हुए मांस की तरह होती है, जो कीड़ों को आकर्षित करती है।

D. यह एक परजीवी पौधा है, जो अपने मेजबान पौधे से पोषक तत्व प्राप्त करता है।

सही विकल्प चुनें:

(1) A और D
(2) B और C
(3) A, B, C और D
(4) केवल B

Ans: (3)

- रेफलोशिया: दुनिया का सबसे बड़ा फूल, मिजोरम में पाया जाता है।
- आकार: व्यास में 1 मीटर तक पहुंच सकता है।
- आकार: छाते जैसा दिखता है।
- गंध: सड़ते मांस के समान तेज़ गंध निकलती है, जो परागण के लिए कीड़ों को आकर्षित करती है।
- प्रकृति: परजीवी पौधा; प्रकाश संश्लेषण नहीं करता है और पोषक तत्वों के लिए मेजबान पौधे पर निर्भर रहता है।

236.Kannauj is a city famous for perfume (itr). This city is a district of one of the states of India called

1. Uttar Pradesh
2. Uttarakhand
3. Gujarat
4. Maharashtra

कन्नौज शहर इत्र के लिए प्रसिद्ध है। यह शहर भारत के एक राज्य का जिला है, जिसका नाम है-

1. उत्तर प्रदेश
2. उत्तराखंड
3. गुजरात
4. महाराष्ट्र

Ans: (1)

कन्नौज भारत के उत्तर प्रदेश का एक शहर है, जो अपने इत्र उद्योग, विशेष रूप से अपने पारंपरिक इत्र के लिए प्रसिद्ध है। इस शहर में इत्र बनाने का एक समृद्ध इतिहास है और यह प्राकृतिक सामग्रियों का उपयोग करके उच्च गुणवत्ता वाली सुगंध पैदा करने के लिए जाना जाता है।

237.Identify the pair which are examples of insect larvae:

1. maggots and beetles
2. caterpillar and flies
3. beetles and flies
4. caterpillar and maggots

उस जोड़े की पहचान कीजिए जो कीड़ों के लार्वा के उदाहरण है :

1. इल्ली एवं भृग

2. सूंड़ी एवं मक्खियाँ
3. भुंग एवं मक्खियाँ
4. सूंड़ी एवं इल्ली

Ans: (4)

- कैटरपिलर और मैगॉट्स कीट लार्वा के उदाहरण हैं।
- कैटरपिलर तितलियों और पतंगों के लार्वा हैं, और मैगॉट्स मक्खियों के लार्वा हैं।
- दोनों अपने-अपने कीड़ों के जीवन चक्र में महत्वपूर्ण चरण हैं।
- इल्ली मुख्य रूप से पेड़-पौधों की पत्तियों को खाते हैं।
- ये पत्तियां पोषक तत्वों से भरपूर होती हैं, जो इल्ली की वृद्धि और विकास के लिए आवश्यक होती हैं क्योंकि वे तितलियों या पतंगों में रूपांतरित होने के लिए तैयार होती हैं।

238. A car covers a distance of 1512 kilometers in 28 hours. The average speed of the car is-

1. 15 km/h
2. 15 m/s
3. 30 m/s
4. 54 m/s

एक कार 1512 किलोमीटर की दूरी को 28 घंटे में तय करती है। इस कार की औसत चाल है-

1. 15 km/h
2. 15 m/s
3. 30 m/s
4. 54 m/s

Ans: (2)

चाल = दूरी/समय

चाल = 1512/28

= 54 km/h

{km/h को m/s में बदलने के लिए 5/18 से multiply करेंगे और m/s को km/h में बदलने के लिए 18/5 से multiply करते है।}

54 × 5/18 = 15 meter/second

239. From the following fruits and vegetables select those which have seeds inside.

Bitter-gourd, Cucumber, Chikoo, Lady finger, Onion, Pear, potato, Tomato

1. Cucumber, Chikoo, Lady finger, Onion, Pear
2. Butter-gourd, Cucumber, Chikoo, Lady finger, Potato, Tomato
3. Butter-gourd, Cucumber, Chikoo, Lady finger, Pear, Tomato
4. Bitter-gourd, Chikoo, Ladyfinger, Tomato, Potato

नीचे दिए गए फलों और सब्ज़ियों में से उन्हें चुनिए जिनमें भीतर बीज होते हैं।

करेला, खीरा, चीकू, भिण्डी, प्याज, नाशपाती, आलू, टमाटर

1. खीरा, चीकू, भिण्डी, प्याज, नाशपाती
2. करेला, खीरा, चीकू, भिण्डी, आलू, टमाटर
3. करेला, खीरा, चीकू, भिण्डी, नाशपाती, टमाटर
4. करेला, चीकू, भिण्डी, टमाटर, आलू

Ans: (3)

फल और सब्जियां जिनमे बीज होते है - करेला, खीरा, चीकू, भिण्डी, नाशपाती, टमाटर

240. Which is the following methods of solid waste disposal method releases air pollutants:

1. Landfill
2. Composting
3. Vermi composting
4. Incineration

ठोस अपशिष्ट पदार्थों के निस्तारण की निम्नलिखित विधियों में से किस विधि से वायु में प्रदूषण फैलता है:

1. भूमि की भराई
2. कम्पोस्ट
3. कृमियों से खाद बनाना
4. भस्म करना

Ans: (4)

ठोस अपशिष्ट निपटान की भस्मीकरण विधि अपशिष्ट मात्रा को कम करती है लेकिन हानिकारक वायु प्रदूषकों, जैसे कण पदार्थ, भारी धातु और डाइऑक्सिन को छोड़ सकती है, जो वायु की गुणवत्ता और मानव स्वास्थ्य को नकारात्मक रूप से प्रभावित कर सकती है।

241. Which is the smallest migratory bird to travel from Arctic region to India:

1. Pintail Duck
2. Little Osprey
3. Flamingo
4. Little Stint

निम्नलिखित में से कौन सा सबसे छोटा प्रवासी पक्षी है जो उत्तरध्रुवीय क्षेत्र से भारत आता है:

1. सीखपर बत्तख (पिनटेल डक)
2. छोटी मतस्यकुररी (ऑस्प्रे)
3. हंसावर (फ्लेमिंगो)
4. छोटी जलरंक (स्टिंट)

Ans: (4)

आर्कटिक क्षेत्र से भारत की ओर आने वाला सबसे छोटा प्रवासी पक्षी लिटिल स्टिंट है। यह छोटा वेडर पक्षी अपनी लंबी प्रवासी यात्रा के लिए जाना जाता है और इसे प्रवास के दौरान अक्सर आर्द्रभूमि और तटीय क्षेत्रों में देखा जा सकता है।

242. The main crop of Jharkhand is-

1. wheat
2. Peanut
3. Corn
4. rice

झारखण्ड की मुख्य फसल है-

1. गेहूँ
2. मूंगफली
3. मक्का
4. चावल

Ans: (4)

झारखंड की मुख्य फसल चावल है। राज्य की जलवायु और उपजाऊ मिट्टी चावल की खेती के लिए उपयुक्त परिस्थितियाँ प्रदान करती है, जिससे यह इस क्षेत्र का मुख्य भोजन और एक महत्वपूर्ण कृषि उत्पाद बन जाता है।

243. In which of the following places you can see boats being used as mode of transport:

1. Ladakh and Kargil
2. Kashmir and Kerela
3. Sikkim and Darjeeling
4. Delhi and Mizoram

निम्न में से किन स्थानों पर आप नावों का उपयोग यातायात के साधन के रूप में देख सकते हैं?

1. लद्दाख एवं कारगिल
2. कश्मीर एवं केरल
3. सिक्किम एवं दार्जिलिंग
4. दिल्ली एवं मिज़ोरम

Ans: (2)

कश्मीर और केरल दोनों में नावें परिवहन का एक लोकप्रिय साधन हैं। कश्मीर में, शिकारे और हाउसबोट झीलों पर चलते हैं, जबकि केरल अपने बैकवाटर के माध्यम से माल और पर्यटकों के परिवहन के लिए केट्टुवल्लम (चावल नौकाओं) का उपयोग करता है।

244. Which of the following birds have filtering system in their beaks:

1. Flamingoes
2. Robins
3. Macaws
4. Sparrows

निम्न में से किन पक्षियों कि चोंच में छानने कि प्रणाली होती है-

1. फ्लेमिंगो / हंसावर
2. रोबिन / यूरोपीय छोटी चिड़िया
3. मेकाओ / लंबी पूंछ का तोता
4. गौरैया

Ans: (1)

राजहंस की चोंच में एक अद्वितीय फ़िल्टरिंग प्रणाली होती है, जो उन्हें शैवाल और क्रस्टेशियंस जैसे छोटे जीवों के लिए पानी छानने में सक्षम बनाती है। यह अनुकूलन उन्हें गंदे या उथले जलीय वातावरण में प्रभावी ढंग से भोजन करने में मदद करता है।

245. There is a state in our country where the people grow eatables such as coconut and tapioca in their courtyard and prepare their tasty food using the two. This State is

1. Karnataka
2. Kerala
3. Tamil Nadu
4. Telangana

हमारे देश में एक ऐसा राज्य है जहाँ के लोग नारियल और टैपिओका को अपने घर के आंगन में उगाते हैं और इन दोनों का उपयोग करके अपना स्वादिष्ट भोजन तैयार करते हैं। यह राज्य है:

1. कर्नाटक
2. केरल
3. तमिलनाडु
4. तेलंगाना

Ans: (2)

केरल अपने हरे-भरे परिदृश्य और विविध कृषि, विशेष रूप से नारियल और टैपिओका के लिए प्रसिद्ध है। नारियल का उपयोग तेल, दूध और कसा हुआ जैसे विभिन्न रूपों में किया जाता है, जबकि टैपिओका को अक्सर कप्पा (टैपीओका मैश) या स्नैक्स के रूप में तैयार किया जाता है।

246."Sunbirds and butterflies suck the nectar from flowers. This is part of what process?"

(1) Pollination
(2) making fruits
(3) Search for food
(4) Energy harvesting

"सनबर्ड और तितलियाँ फूलों का रस चूसती हैं। यह किस प्रक्रिया का हिस्सा है?"

(1) परागण
(2) फल बनाने
(3) भोजन की खोज
(4) ऊर्जा संचयन

Ans: (1)

- परागण वह प्रक्रिया है जिसमें सनबर्ड और तितलियाँ फूलों से रस चूसते हुए पराग को स्थानांतरित करने में मदद करती हैं।
- यह अंतःक्रिया न केवल इन प्राणियों को भोजन प्रदान करती है बल्कि निषेचन को सक्षम करके पौधों के प्रजनन में भी सहायता करती है।

247.Consider the following statements given by a student:

"I have come from a place which is a hilly area. At our place it rains heavily and snows as well, when it is cold we like to sit in the sun. Our houses are made of stone or wood". This student must be from:

1. Tinsukhiya (Assam)
2. Chennai (Tamil Nadu)
3. Manali (Himachal Pradesh)
4. Udaipur (Rajasthan)

किसी विद्यार्थी द्वारा नीचे दिए गए कथन पर विचार कीजिए –

"मैं जिस जगह से आयी हूँ वह एक पहाड़ी इलाका है। हमारे यहाँ बहुत बारिश होती है और बर्फ़ भी पड़ती है। जब ठंड अधिक होती है, तो हमें धूप में बैठना अच्छा लगता है। हमारे घर पत्थर तथा लकड़ी से बनते हैं।" यह छात्रा कहाँ से आयी है?

1. तिनसुखिया (असम)
2. चेन्नई (तमिलनाडु)
3. मनाली (हिमाचल प्रदेश)
4. उदयपुर (राजस्थान)

Ans: (3)

छात्र संभवतः मनाली, हिमाचल प्रदेश से है, क्योंकि यह एक पहाड़ी क्षेत्र है जहां भारी वर्षा और बर्फबारी होती है। इसके अतिरिक्त, मनाली में पारंपरिक घर आमतौर पर पत्थर या लकड़ी से बनाए जाते हैं, जो छात्रों द्वारा उनके घर के वातावरण के विवरण के अनुरूप होते हैं।

248.There is a species of birds whose male makes beautifully woven nests. The female looks at all the nests and chooses the one that she likes the most and decides in which to lay her eggs. The name of this species of birds is-

1. Koel
2. Weaver bird
3. Sunbird
4. Barbet

पक्षियों की एक स्पीशीज़ (प्रजाति) ऐसी है, जिसका नर पक्षी सुन्दर-सुन्दर घोंसले बुनता है। मादा पक्षी उन सभी घोंसलों को देखती है। उनमें से वह उसे चुनती है जो उसे सबसे अच्छा लगता है और उसी में अंडे देती है। पक्षियों की इस स्पीशीज़ का नाम है –

1. कोयल

2. वीवर पक्षी
3. शक्कर खोरा
4. बसंत गौरी

Ans: (2)

नर वीवर पक्षी अपना घोंसला बनाते हैं, मादा बुनकर उन सभी घोंसलों को देखती है, फिर वह उस घोंसले में अंडे देती है जो उन्हें सबसे ज्यादा पसंद होता है।

249. In the context of nutrition of human beings, assimilation means

1. absorption of digested food in the intestinal walls and entering the blood stream.
2. absorbed material are transferred to different body parts.
3. digested material is utilized in making complex substances in the body.
4. the undigested material is not absorbed & sent to large intestine.

मानव पोषण के सन्दर्भ में स्वांगीकरण का अर्थ है -

1. पचा हुआ भोजन का क्षुद्रांत्र की भित्ति में अवशोषित होना एवं रुधिर वाहिकाओं में प्रवेश करना
2. अवशोषित पदार्थों का शरीर के विभिन्न भागों में स्थानांतरित होना
3. पचा हुआ पदार्थ शरीर में जटिल पदार्थों को बनाने में उपयोग होना
4. भोजन का वह भाग जिसका पाचन नहीं हो पाता, अवशोषित नहीं होता और बृहदांत्र में भेज दिया जाता है

Ans: (3)

मानव पोषण में, आत्मसातीकरण वह प्रक्रिया है जिसके द्वारा शरीर पचे हुए पदार्थों का उपयोग प्रोटीन, वसा और कार्बोहाइड्रेट जैसे जटिल पदार्थ बनाने के लिए करता है, जो विकास, मरम्मत और ऊर्जा के लिए आवश्यक हैं।

250. Select from the following the kind of houses that should be made by most of the village people living in the regions with heavy rain fall.

1. Bamboo houses with flat wooden roofs
2. Houses made of stone or wood with flat roofs
3. Houses on stilt with sloping roofs
4. Houses of mud and straws. Sloping roofs made of thorny bushes

नीचे दिए गए घरों के प्रकारों में से उसे चुनिये जिसे भारी वर्षा वाले क्षेत्रों के गावों में रहने वाले लोगों को बनाना चाहिए।

1. सपाट छत वाले बांस के घर
2. सपाट छत वाले पत्थर या लकड़ी के घर
3. बांस के खंभों पर बने ढालू छत वाले घर
4. मिट्टी और फूस के घर जिनकी ढालू छतें कंटीली झाड़ियों की बनी होती हैं

Ans: (3)

भारी वर्षा वाले क्षेत्रों के गावों में रहने वाले लोगों को बांस के खंभों पर बने ढालू छत वाले घर बनाने चाहिए। इस प्रकार के घर असम में काफी देखे जा सकते है।

251. The most liked food of the people of which of the following two states of our country is "Idli, Vada, Dosa, Sambhar, Coconut chutney"?

1. Telangana, Gujarat
2. Odisha, Andhra Pradesh
3. Tamil Nadu, Andhra Pradesh
4. Goa, Kerala

हमारे देश के नीचे दिए गए किन दो राज्यों के लोगों का सर्वप्रिय भोजन "इडली, वड़ा, डोसा, सांभर,नारियल की चटनी" है ?

1. तेलंगाना, गुजरात
2. ओडिशा, आंध्र प्रदेश
3. तमिलनाडु, आंध्र प्रदेश
4. गोवा, केरल

Ans: (3)

हमारे देश के तमिलनाडु, आंध्र प्रदेश राज्यों के लोगों का सर्वप्रिय भोजन - "इडली, वड़ा, डोसा, सांभर,नारियल की चटनी" है

252. In which part of our country the big cone shaped tents used for living are known as "Rebo' and the place in which animals are kept are called 'Lekha'?

1. Arunachal Pradesh

2. Meghalaya
3. Jammu and Kashmir
4. Leh and Ladakh

हमारे देश के किस भाग में लोगों के रहने के लिए बने बड़े तिकोने टेंट को 'रेबो' कहते हैं और जानवरों को रहने के स्थान को 'लेखा' कहा जाता है।

1. अरुणाचल प्रदेश
2. मेघालय
3. जम्मू और कश्मीर
4. लेह और लद्दाख

Ans: (4)

हमारे देश के लेह और लद्दाख भाग में लोगों के रहने के लिए बने बड़े तिकोने टेंट को 'रेबो' कहते हैं और जानवरों को रहने के स्थान को 'लेखा' कहा जाता है।

253. Which of the following players is a para-athlete who is a symbol of grit and determination.

1. Neeraj Chopra
2. Lovlina Borgohain
3. Sakshi Malik
4. Deepa Malik

निम्नलिखित खिलाड़ियों में से कौन एक पैरा-एथलीट हैं जो धैर्य और दृढ़-निश्चय के प्रतीक है?

1. नीरज चोपड़ा
2. लवलीना बोरगोहेन
3. साक्षी मलिक
4. दीपा मलिक

Ans: (4)

दीपा मलिक एक पैरा-एथलीट हैं जो अपने उल्लेखनीय धैर्य और दृढ़ संकल्प के लिए जानी जाती हैं। उन्होंने खेलों में महत्वपूर्ण सफलता हासिल की है और चुनौतियों का सामना करने में अपने लचीलेपन और उपलब्धियों से कई लोगों को प्रेरित किया है।

254. There is a place in our country called cold desert. This area is high, dry and flat. This area is in

1. Shillong (Meghalaya)
2. Darjeeling (West Bengal)
3. Shimla (Himachal Pradesh)
4. Leh (Laddakh)

हमारे देश में एक स्थान है जिसे ठंडा रेगिस्तान कहते हैं। यह क्षेत्र ऊँचा सूखा और समतल है। यह क्षेत्र स्थित है:

1. शिलांग (मेघालय)
2. दार्जिलिंग (पश्चिम बंगाल)
3. शिमला (हिमाचल प्रदेश)
4. लेह (लद्दाख)

Ans: (4)

- ➢ लद्दाख भारत का सबसे ठंडा रेगिस्तान हैं। यह क्षेत्र ऊँचा सूखा और समतल है।
- ➢ लाल मिर्च, नारंगी कद्दू और सुनहरे पीले भुट्टे यहाँ मिलते है
- ➢ लद्दाख में जुले-जुले का मतलब वेलकम होता है
- ➢ स्किटपोपुल लद्दाख का एक गांव है

255. The art of 'Pata chitra' is a traditional painting /handicraft of which State?

1. Madhya Pradesh
2. Odisha
3. Gujrat
4. Maharashtra

'पट्टचित्र' की कला किस राज्य की परंपरागत पेंटिंग / हस्तशिल्प है?

1. मध्य प्रदेश
2. उड़ीसा
3. गुजरात
4. महाराष्ट्र

Ans: (2)

'पट्टचित्र' भारत के ओडिशा राज्य की एक पारंपरिक चित्रकला शैली है। इस कला शैली में कपड़े पर जटिल, हाथ से चित्रित डिज़ाइन शामिल हैं, जो अक्सर पौराणिक विषयों, लोक कहानियों और भारतीय संस्कृति के जीवंत दृश्यों को दर्शाते हैं।

256. Study the following statements about Braille script.

I. Braille is written on a thick paper by making dots (raised points).

II. This script is based on eight points.

III. Rows of dots are made with a pointed tool.

IV. It is read by running the fingers on the raised dots.

The correct statements are

(1) I, III and IV

(2) I, II and IV

(3) II, III and IV

(4) I, II and III

ब्रेल लिपि के बारे में नीचे दिए गए कथनों का अध्ययन कीजिए।

I. ब्रेल को मोटे कागज पर बिन्दु (उभरे बिन्दु) बनाकर लिखा जाता है।

II. यह लिपि आठ बिन्दुओं पर आधारित होती है।

III. बिन्दुओं की पंक्तियाँ किसी नुकीले औज़ार से बनाई जाती हैं।

IV. इसे उभरे बिन्दुओं पर हाथ फेरकर पढ़ा जाता है।

सही कथन हैं

(1) I, III और IV

(2) I, II और IV

(3) II, III और IV

(4) I, II और III

Ans: (1)

- लुइस ब्रेल फ्रांस के थे, 3 साल की उम्र में अपने पिता के औजारों से खेलते हुए इनकी आंखों की रोशनी चली गई थी पढ़ाई में बहुत रूचि थी तो यह पढ़ने और लिखने के विभिन्न तरीके सोचने लगे और फिर एक तरीका निकाला जो बाद में लुइस स्क्रिप्ट के नाम से जाना गया
- एक मोटे कागज पर एक नुकीली चीज से 6 बिंदुओं को उभारा जाता है फिर उभरे हुए बिंदुओं पर उंगलियों के सहारे इन्हें स्पर्श करते हुए पढ़ा जाता है यह ब्रेल लिपि कहलाती है
- यह स्क्रिप्ट 6 बिंदुओं पर आधारित होती है

257. In the chapter "Water O' Water" of EVS class III, Uncle gave Hiren and Chhutki mango panna in steel tumblers. Chhutki asked for panna only in a glass tumbler. Uncle poured the panna in a glass tumbler, Chhutki complained, "Uncle you have given me less panna". Chhutki is in which of the following stages according to Piaget's learning theory of cognitive development?

(1) Sensory motor stage

(2) Preoperational stage

(3) Concrete operational stage

(4) Formal operational stage

कक्षा तीसरी के पर्यावरण अध्ययन के पाठ पानी रे पानी में, अंकल ने हिरेन और छुटकी को स्टील के गिलास में आम का पन्ना दिया। छुटकी ने कॉच के गिलास में पन्ना माँगा। अंकल ने पन्ना काँच के गिलास में पलट दिया। छुटकी बोली, "अंकल आपने मुझे कम पन्ना दिया है।" पियाजे के सीखने के संज्ञानात्मक विकास के सिद्धांत के अनुसार छुटकी निम्नलिखित में से कौन-सी अवस्था में है?

(1) संवेदी पेशीय अवस्था

(2) पूर्व-संक्रियात्मक अवस्था

(3) मूर्त-संक्रियात्मक अवस्था

(4) औपचारिक संक्रियात्मक अवस्था

Ans: (2)

विभिन्न कंटेनरों में पन्ना की मात्रा पर छुटकी की प्रतिक्रिया पियाजे के संज्ञानात्मक विकास सिद्धांत के प्रीऑपरेशनल चरण को दर्शाती है, जहां बच्चे अभी भी संरक्षण जैसी अवधारणाओं की समझ विकसित कर रहे हैं।

258. For an EVS teacher at primary level, including students with individual differences:

A. by giving individual home assignments.

B as it is an easy task

C. by making students work in heterogenous groups.

D. by teaching all chapters in a similar manner.

(1) A and B

(2) A and C

(3) C only

(4) Only A is possible

प्राथमिक स्तर पर एक पर्यावरण अध्ययन शिक्षक को वैयक्तिक भिन्नताओं वाले विद्यार्थियों को शामिल करना संभव है।

A. प्रत्येक को घर के लिए नियत कार्य देकर
B. क्योंकि यह एक आसान कार्य है
C. विद्यार्थियों को विषम समूहों में कार्य करा कर
D. सभी अध्यायों को समान तरीके से पता कर

(1) A और B
(2) A और C
(3) केवल C
(4) केवल A

Ans: (3)

व्यक्तिगत भिन्नता वाले छात्रों को शामिल करने का सबसे प्रभावी तरीका उन्हें विषम समूहों में काम करना है, क्योंकि यह विभिन्न प्रकार के सीखने के अनुभवों और सहकर्मी बातचीत की अनुमति देता है, जो विभिन्न आवश्यकताओं को बेहतर ढंग से समायोजित और समर्थन करता है।

259. Shama cannot see. Her mother brings her to school daily, but she does not like coming to school. She tells her mother that she has no friends, and she also does not understand what is being taught in the class. Which of the following will be most appropriate for Shama's teacher to do?

A. Talk with Shama and explain that studying is important for her.
B. Talk with students and ask them to be friends with Shama.
C. Plan a play with all the students of the class, with an important role for Shama in it.
D. Talk with teachers and make sure that Shama understands what is being taught in the class.

(1) B and C only
(2) A and B only
(3) C and D only
(4) A and D only

शमा देख नहीं सकती। उसकी मम्मी उसे रोज स्कूल लेकर आती है, लेकिन उसे स्कूल आना। अच्छा नहीं लगता। वह अपनी मम्मी को कहती है कि उसका कोई दोस्त नहीं है और उसे कक्षा में जो पढ़ाया जाता है, वह समझ में नहीं आता। शमा के शिक्षक को उसके लिए निम्नलिखित में से क्या करना सबसे उपयुक्त होगा?

A. शमा से बात करके समझाए कि उसके लिए पढ़ना महत्त्वपूर्ण है।
B. विद्यार्थियों से बात करके, उन्हें शमा से दोस्ती करने को कहें
C. कक्षा के सभी विद्यार्थियों के साथ मिलकर शमा के लिए महत्त्वपूर्ण भूमिका वाले एक नाटक की योजना बनाएं
D. शिक्षकों के साथ बात करके सुनिश्चित करें कि जो कक्षा में पढ़ाया जाए वह शमा को समझ में आए

(1) केवल B और C
(2) केवल A और B
(3) केवल C और D
(4) केवल A और D

Ans: (3)

एक समावेशी गतिविधि की योजना बनाना सामाजिक समावेशन को बढ़ावा देता है और शमा को रिश्ते बनाने में मदद करता है, साथ ही यह सुनिश्चित करता है कि वह कक्षा की सामग्री को समझे और उसकी शैक्षिक आवश्यकताओं को पूरा करे। साथ में, ये कार्रवाइयां एक सहायक वातावरण बनाती हैं जो सामाजिक एकीकरण और शैक्षणिक जुड़ाव दोनों को बढ़ावा देती हैं।

260. As an EVS teacher, you want to introduce the theme of 'Seasons' to your learners of class II. Which one of the following would be the best pedagogic strategy?

(1) Use charts and books to explain the concept of seasons
(2) Use videos of seasons to later explain seasons on blackboard
(3) Use newspapers to read about articles on seasons
(4) Use food habits, clothes worn and relevant local literature to develop interest in seasons

पर्यावरण अध्ययन के एक शिक्षक के रूप में, आप कक्षा I के अपने विद्यार्थियों के समक्ष विषय 'ऋतुएँ' प्रस्तावित करना चाहते हैं। निम्नलिखित में से कौन एक उत्तम शिक्षणशास्त्रीय युक्ति होगी?

(1) संप्रत्यय ऋतुएँ समझाने के लिए चार्ट एवं पुस्तकों का उपयोग
(2) श्यामपट्ट पर लिखे विषय ऋतुएँ को बाद में समझाने के लिए ऋतुओं के वीडियो का उपयोग
(3) ऋतुओं पर लिखे लेख पढ़ने के लिए समाचार-पत्रों का उपयोग
(4) ऋतुओं के विषय में रुचि का विकास करने के लिए भोजन की आदतों, पहनने के वस्त्रों और संदर्भित स्थानीय साहित्य का उपयोग

Ans: (4)

'ऋतुएँ' की थीम को पेश करने के लिए खान-पान की आदतों, पहने जाने वाले कपड़ों और प्रासंगिक स्थानीय साहित्य का उपयोग करना अत्यधिक प्रभावी है। यह रणनीति ऋतुओं की अवधारणा को उनके रोजमर्रा के अनुभवों और स्थानीय संदर्भ से जोड़कर मूर्त और प्रासंगिक बनाती है।

261. Which of the following statements are the correct description of the nature of assessment?

A. It is a part of teaching-learning process, that is continuous.
B. It acquaints about the achievement level of students and what they don't know.
C. It diagnoses the hindrances in learning and helps in their removal.
D. It acquaints about the tendency to learn, interests and prior experiences of students.

(1) A, B and C
(2) B, C and D
(3) A, C and D
(4) A, B and D

निम्नलिखित में से कौन-से कथन आकलन की प्रकृति की सही व्याख्या करते हैं?

A. शिक्षण-अधिगम की प्रक्रिया का एक अंग है, जो सतत चलता रहता है।
B. विद्यार्थियों के उपलब्धि स्तर तथा उन्हें क्या नहीं आता है, के बारे में अवगत कराता है।
C. सीखने में आई बाधाओं का पता लगाकर उन्हें दूर करने में सहायक है।
D. विद्यार्थियों की सीखने की प्रवृत्ति, रुचि एवं पूर्व अनुभवों के बारे में अवगत कराता है।

(1) A, B और C
(2) B, C और D
(3) A, C और D
(4) A, B और D

Ans: (3)

शिक्षण-सीखने की प्रक्रिया में निरंतर मूल्यांकन महत्वपूर्ण है क्योंकि यह बाधाओं का निदान और समाधान करके छात्र के विकास में सहायता करता है। यह सीखने के अनुभव को छात्रों की प्रवृत्तियों, रुचियों और पूर्व अनुभवों के अनुरूप बनाता है, जिससे शिक्षा अधिक प्रतिक्रियाशील और छात्र-केंद्रित हो जाती है।

262. As EVS teacher of class V, in the chapter 'Walls Tell Stories' you need to introduce learners to historical monuments, which method you think will suit best?

(1) Virtual tours, online games and quiz related to historical monuments
(2) Passage reading on historical monuments
(3) Visits to local historical monuments followed by discussion
(4) Lecture discussion method to explain the past of historical monuments

कक्षा V के पर्यावरण अध्ययन शिक्षक के रूप में, पाठ 'बोलती इमारतें' के लिए आपको विद्यार्थियों को ऐतिहासिक इमारतों को प्रस्तुत करने की आवश्यकता है, आप क्या सोचते हैं कि कौन-सी विधि सर्वथा उत्तम होगी?

(1) ऐतिहासिक इमारतों से संबंधित आभासी सैर, ऑन-लाइन खेल और पहेली
(2) ऐतिहासिक इमारतों पर परिच्छेद पठन
(3) स्थानीय ऐतिहासिक इमारतों का भ्रमण और तत्पश्चात् उन पर चर्चा
(4) ऐतिहासिक इमारतों का भूतकाल समझाने के लिए व्याख्यान चर्चा विधि

Ans: (3)

स्थानीय ऐतिहासिक स्मारकों का दौरा करने से छात्रों को प्रत्यक्ष, वास्तविक दुनिया का अनुभव मिलता है, जिससे इंटरैक्टिव और अनुभवात्मक सीखने की सुविधा मिलती है। इन स्मारकों को व्यक्तिगत रूप से देखने से ऐतिहासिक और सांस्कृतिक संदर्भों के बारे में उनकी समझ बढ़ती है, जिज्ञासा बढ़ती है और इतिहास और विरासत में रुचि गहरी होती है।

263. A teacher asked students to draw an ant. Some students made 4 legs of ant while some made 6 and some 8 legs. What should the teacher do?

(1) Tell them that ants have 6 legs and not 4 or 8 legs

(2) Tell them that students who made 6 legs are correct and all other students are wrong

(3) Show them a picture of an ant and ask them to observe the number of legs

(4) Give them a magnifying lens and ask to them observe the number of legs in an ant

अध्यापक विद्यार्थियों से एक चींटी का चित्र बनाने को कहते हैं। कुछ विद्यार्थी चींटी के चार पैर बनाते हैं, जबकि कुछ छह और कुछ आठ पैर बनाते हैं। अध्यापक को क्या करना चाहिए?

(1) यह कहना चाहिए कि चींटी के छह पैर होते हैं, चार या आठ नहीं होते

(2) यह कहना चाहिए कि जिन विद्यार्थियों ने छह पैर बनाए हैं, वे सही हैं और बाकी सभी विद्यार्थी गलत हैं

(3) उन्हें चींटी का चित्र दिखाकर पैरों की संख्या देखने के लिए कहना चाहिए

(4) उन्हें आवर्धक लेंस देकर, चींटी के पैरों की संख्या को देखने के लिए कहना चाहिए

Ans: (4)

शिक्षार्थी निष्क्रिय रूप से जानकारी प्राप्त करने के बजाय सीधे गतिविधियों या परियोजनाओं में संलग्न होते हैं। इसमें प्रयोग, सिमुलेशन या व्यावहारिक कार्य शामिल हो सकते हैं। शिक्षार्थी यह समझने के लिए अपने अनुभवों पर विचार करते हैं कि उन्होंने क्या सीखा है और वे कैसे सुधार कर सकते हैं।

264. As an EVS teacher of class IV, you have to introduce the concept of astronauts to learners. Which method will you NOT follow?

(1) Explain the definition of astronaut and ask students to memorize

(2) Deliver a lecture on astronauts

(3) Share biographies of astronauts of India and then highlight main features

(4) Share stories on astronauts to help students understand the concept

कक्षा IV के पर्यावरण अध्ययन के शिक्षक के रूप में, आपको विद्यार्थियों को अंतरिक्षयात्रियों का संप्रत्यय प्रस्तावित करना है। इसलिए आप कौन-से प्रक्रम का अनुसरण नहीं करेंगे?

(1) विद्यार्थियों को अंतरिक्षयात्रियों की परिभाषा समझाइए और याद करने के लिए कहिए

(2) अंतरिक्षयात्रियों पर एक व्याख्यान दीजिए

(3) भारत के अंतरिक्षयात्रियों की आत्मकथाएँ साझा कीजिए और उनकी मुख्य विशेषताओं को इंगित कीजिए

(4) अंतरिक्षयात्रियों की कहानियाँ साझा कीजिए और विद्यार्थियों को विषय को समझने में सहायता कीजिए

Ans: (1)

- ➢ युवा शिक्षार्थियों के लिए परिभाषाएँ याद रखना निष्क्रिय और कम आकर्षक है।
- ➢ युवा शिक्षार्थियों को इंटरैक्टिव और संबंधित शिक्षण विधियों से अधिक लाभ होता है।
- ➢ विषय को रटने से ज्यादा, उसे समझना महत्वपूर्ण है।

265. Yash asked his teacher, "Why some food-product packets are labelled with red while some food-product packets are labelled with green dot?". Teacher explained that green dot indicates vegetarian food while red dot indicates non-vegetarian food. She asked students to observe of the various food-product packets and enlist them as vegetarian and non-vegetarian.

Which following processes are involved in this activity?

A. Identification

B. Imagination

C. Bias

D. Classification

(1) A and B

(2) B and C

(3) C and D

(4) A and D

यश ने अपने अध्यापक से पूछा, "कुछ भोजन उत्पादों के पैकेट पर हरे गोले क्यों हैं, जबकि कुछ भोजन उत्पादों के पैकेट पर लाल गोले बने हैं?" । अध्यापक समझाते हैं कि हरे गोले शाकाहारी खाने तथा लाल गोले मांसाहारी खाने को सूचित करते हैं । अध्यापक ने विद्यार्थियों को विभिन्न भोजन उत्पादों के पैकेट देखकर उन्हें शाकाहारी अथवा मांसाहारी में सूचीबद्ध करने को कहा ।

इस गतिविधि में निम्नलिखित में से कौन-सी प्रक्रियाएँ शामिल हैं?

A. पहचान

B. कल्पना

C. पूर्वाग्रह

D. वर्गीकरण

(1) A और B

(2) B और C

(3) C और D

(4) A और D

Ans: (4)

पहचान: पैकेटों पर हरे या लाल बिंदु की उपस्थिति को पहचानना और नोट करना।

वर्गीकरण: खाद्य पैकेटों को पहचाने गए लेबल के आधार पर शाकाहारी और मांसाहारी की श्रेणियों में क्रमबद्ध करना।

266. As an EVS teacher, you decide to familiarise students with contemporary issues related to environment. Which one of the following would you prefer?

(1) Ask students to watch news channels

(2) Ask students to subscribe to newspapers at home

(3) Relate relevant articles in class and also share them

(4) Talk to parents to ensure newspaper reading at home

एक पर्यावरण अध्ययन शिक्षक के रूप में, अपने विद्यार्थियों को पर्यावरण से संबंधित समकालीन मुद्दों से परिचित करवाना है । निम्नलिखित में से आप किसे प्राथमिकता देंगे?

(1) विद्यार्थियों को समाचार चैनल देखने के लिए कहेंगे

(2) विद्यार्थियों को घर पर समाचार-पत्रों का ग्राहक बनने के लिए कहेंगे

(3) कक्षा में संबंधित लेखों का उल्लेख करेंगे एवं उनको साझा भी करेंगे

(4) घर पर समाचार-पत्र पठन को सुनिश्चित करने के लिए माता-पिता से बात करेंगे

Ans: (4)

लेखों को साझा करने और चर्चा करने से छात्रों को महत्वपूर्ण विषयों के माध्यम से मार्गदर्शन करने, उनके प्रश्नों का समाधान करने और यह सुनिश्चित करने में मदद मिलती है कि वे मुद्दों को समझते हैं।

267. John is forming animal shadows with the help of his hands and asks students to guess which animal is being formed in the shadow. Which of the following processes are involved in this activity?

A. Prediction

B. Observation

C. Inference

D. Description

(1) A, B and D

(2) A, B and C

(3) C and D

(4) A and D

जॉन अपने हाथों की सहायता से जंतुओं की परछाई बना रहा है और वह विद्यार्थियों से यह अंदाजा लगाने को कहता है कि परछाई में कौन-सा जानवर बन रहा है । इस गतिविधि में निम्नलिखित में से कौन-सी

प्रक्रियाएँ शामिल हैं?

A. अनुमान
B. अवलोकन
C. निष्कर्ष
D. वर्णन

(1) A, B और D
(2) A, B और C
(3) C और D
(4) A और D

Ans: (2)

छात्र छाया द्वारा दर्शाए गए जानवर के आकार और विवरण को देखकर भविष्यवाणी और अनुमान लगाते हैं।

268. Integrated perspective in EVS denotes which of the following?

(1) Draw insights from science and social studies
(2) Draw insights from social studies and environment education
(3) Draw insights from science and environment education
(4) Draw insights from science, social studies and environment education

पर्यावरण अध्ययन में एकीकृत / संगठित परिप्रेक्ष्य, निम्नलिखित में से किसे निर्दिष्ट करता है?

(1) विज्ञान एवं सामाजिक अध्ययन से पूरी जानकारी
(2) सामाजिक अध्ययन एवं पर्यावरण शिक्षा से पूरी जानकारी
(3) विज्ञान एवं पर्यावरण शिक्षा से पूरी जानकारी
(4) विज्ञान, सामाजिक अध्ययन एवं पर्यावरण शिक्षा से पूरी जानकारी

Ans: (4)

विज्ञान, सामाजिक अध्ययन और पर्यावरण शिक्षा की अंतर्दृष्टि में पर्यावरणीय मुद्दों और वैज्ञानिक अवधारणाओं और सामाजिक संदर्भों दोनों से उनके संबंधों की समग्र समझ प्रदान करने के लिए विभिन्न विषयों से ज्ञान और अंतर्दृष्टि का संयोजन शामिल है।

269. Which of the following is the most important component of Environmental Studies in primary classes?

(1) Concept formation
(2) Habit formation
(3) Joy of exploring
(4) Information

निम्नलिखित में से कौन-सा प्राथमिक कक्षा में पर्यावरण अध्ययन का सर्वाधिक महत्त्वपूर्ण घटक है?

(1) अवधारणा निर्माण
(2) आदत निर्माण
(3) खोजने का आनंद
(4) सूचना

Ans: (3)

अन्वेषण का आनंद सबसे महत्वपूर्ण घटक है क्योंकि यह जिज्ञासा और जुड़ाव को बढ़ाता है, प्राथमिक स्तर पर पर्यावरण अध्ययन में प्रभावी सीखने और समझने की नींव रखता है।

270. "_______ rest on the branches of trees and make their homes."

(1) Deer and bear
(2) Bat and leopard
(3) Goats and dogs
(4) All of the above

"_______ पेड़ों की शाखाओं पर आराम करते हैं और अपना आवास बनाते हैं।"

(1) हिरन और भालू
(2) चमगादड़ और तेंदुआ
(3) बकरियां और कुत्ते
(4) उपरोक्त सभी

Ans: (2)

➢ चमगादड़ और तेंदुए पेड़ की शाखाओं को अपने घर के रूप में उपयोग करते हैं, जिससे चमगादड़ों को आश्रय और सुरक्षा मिलती है और तेंदुओं को अपने शिकार की रक्षा के लिए एक सुविधाजनक स्थान मिलता है।

271. Incomplete burning of Fossils fuel emits -

1. CO
2. CO_2
3. SO_2
4. NO

अधूरे जले जीवाश्मी ईंधन से फैलती है
1. CO
2. CO_2
3. SO_2
4. NO

Ans: (1)

जीवाश्म ईंधन के अधूरे जलने से दहन के दौरान अपर्याप्त ऑक्सीजन के कारण कार्बन मोनोऑक्साइड (सीओ) उत्पन्न होता है। CO एक हानिकारक गैस है जो गंभीर स्वास्थ्य जोखिम पैदा कर सकती है।

272. PNR on train ticket shows
1. Passenger number record
2. Passenger name record
3. Personal name record
4. Personal number record

ट्रेन टिकट पर पीएनआर दर्शाता है।
1. यात्री संख्या रिकॉर्ड
2. यात्री का नाम रिकॉर्ड
3. व्यक्तिगत नाम रिकॉर्ड
4. व्यक्तिगत नंबर रिकॉर्ड

Ans: (1)

पी एन आर का मतलब पैसेंजर नंबर रिकॉर्ड है, जो ट्रेन टिकट पर यात्री की बुकिंग के लिए निर्दिष्ट अद्वितीय नंबर को संदर्भित करता है।

273. The paintings that depict a story in which only natural colours are used. Paintings are called as Chitra Kathi. Paintings belong to
1. Maharashtra
2. Rajasthan
3. Andhra Pradesh
4. Kashmir

जो रंग-चित्र किसी कथा का चित्रण करते हैं जिनमें केवल प्राकृतिक रंगों का उपयोग किया जाता है उस चित्रकला को चित्र काठी कहते हैं। चित्रकला संबंधित है –
1. महाराष्ट्र
2. राजस्थान
3. आन्ध्र प्रदेश
4. कश्मीर

Ans: (1)

चित्रा काठी महाराष्ट्र की एक पारंपरिक चित्रकला शैली है जो विशेष रूप से प्राकृतिक रंगों का उपयोग करती है। ये पेंटिंग अक्सर लोककथाओं, धार्मिक विषयों और जीवंत आख्यानों को दर्शाती हैं, जो क्षेत्र की समृद्ध सांस्कृतिक विरासत को प्रदर्शित करती हैं।

274. Which of the following is not true about water:
1. Water is a universal solvent
2. It has capacity to dissolve variety of different substances.
3. Density of water is maximum at 100° C.
4. Water exist in all the three states of matter.

निम्न में से जल के विषय में कौन सा सही नहीं है?
1. जल एक सार्वभौमिक विलायक है।
2. इसमें विभिन्न पदार्थों को घोलने कि क्षमता है।
3. जल का घनत्व 100° सै. पर सर्वाधिक होता है।
4. पदार्थ कि तीनो अवस्थाओं में जल विद्यमान होता है।

Ans: (3)

यह कथन गलत है कि पानी का घनत्व 100°C पर अधिकतम होता है। पानी लगभग 4°C पर अपने उच्चतम घनत्व तक पहुँच जाता है। 100°C पर, पानी सामान्य वायुमंडलीय परिस्थितियों में अपनी गैसीय अवस्था (भाप) में परिवर्तित हो जाता है, जिससे यह अपने तरल रूप की तुलना में कम सघन हो जाता है।

275. Select true statement about sloth from the following.
1. Sloths live for about 40 years and spend almost 17 hours a day sleeping while hanging upside down on a tree branch.
2. Sloths live for about 10 years and spend almost 20 hours a day sleeping while hanging down on a tree branch.
3. Sloths live for about 17 years and spend almost 20 hours a day sleeping under a tree. They also eat the leaves of some tree.
4. Sloths live for about 10 years and spend almost 20 hours a day sleeping while hanging on a tree branch. They also eat the leaves of some tree on which they live.

निम्नलिखित में से स्लॉथ के बारे में सही कथन चुनिए –

1. स्लॉथ लगभग 40 वर्ष जीते हैं और दिन के लगभग 17 घंटे वृक्षों की शाखाओं पर उलटे सिर लटकाकर मस्ती से सोते हैं।
2. स्लॉथ लगभग 10 वर्ष जीते है और दिन के लगभग 20 घंटे वृक्षों की शाखाओं पर उलटे सिर लटकाकर मस्ती से सोते हैं।
3. स्लॉथ लगभग 17 वर्ष जीते है और दिन के लगभग 20 घंटे किसी वृक्ष के नीचे सोते है तथा उसी वृक्ष के पत्ते खाकर पलते हैं।
4. स्लॉथ लगभग 40 वर्ष जीते हैं ओर दिन के लगभग 20 घंटे किसी वृक्ष की शाखा से लटककर सोते हैं। ये जिस वृक्ष पर रहते हैं उसी के पत्ते खाकर पलते हैं।

Ans: (1)

- स्लॉथ लगभग 40 वर्ष जीते हैं और दिन के लगभग 17 घंटे वृक्षों की शाखाओं पर उलटे सिर लटकाकर मस्ती से सोते हैं।
- स्लॉथ दिखने में भालू की तरह होते है पर ये भालू से अलग होते है।
- 40 वर्ष के अपने जीवन में ये सिर्फ 8 पेड़ों पर ही घूमते हैं।

276. In which of the following States / Union territory Of India, the Village Council of forests on the hills hold a special meeting and through a lottery decide which family will get how much land that year for farming?

1. Ladakh
2. Mizoram
3. Arunachal Pradesh
4. Jharkhand

भारत के किस राज्य संघ शासित प्रदेश में पहाड़ों पर जंगलों के निवासियों की ग्राम-सभा (पंचायत) एक विशेष सभा में लॉटरी निकालकर यह निश्चित करती है कि किस परिवार को उस साल खेती की कितनी ज़मीन मिलेगी?

1. लद्दाख
2. मिज़ोरम
3. अरुणाचल प्रदेश
4. झारखण्ड

Ans: (2)

भारत के मिज़ोरम राज्य में पहाड़ों पर जंगलों के निवासियों की ग्राम-सभा (पंचायत) एक विशेष सभा में लॉटरी निकालकर यह निश्चित करती है कि किस परिवार को उस साल खेती की कितनी ज़मीन मिलेगी।

277. Select from the following the correct statements about Al-Biruni, a scholar who visited our country more than a thousand years ago.

A. He was a traveler who visited our country and noted down the details of all that he observed.

B. He came from Afghanistan.

C. He wrote about those things that he found very different from things in his own country

D. His book is helpful in knowing about our past and cultural heritage

E. He had specially mentioned about the skills of the people of our country in making ponds

1. A, B, and C
2. B, C, and D
3. A, C, D and E
4. A, B, C, and E

नीचे दिए गए कथनों में से अल-बरूनी, जो एक विद्वान थे और जिन्होंने हमारे देश का भ्रमण हज़ार वर्षों से भी पूर्व किया था, के बारे में सही कथनों को चुनिये:

A. वह एक यात्री थे जिन्होंने हमारे देश का भ्रमण किया और जो प्रेक्षण किया उसके बारे में लिखा।

B. वह अफगानिस्तान से आए थे।

C. उन्होंने उन चीजों के बारे में लिखा जो उन्हें अपने देश से भिन्न लगीं।

D. उनकी पुस्तक से हम अपने देश के भूतकाल और सांस्कृतिक विरासत के बारे में बहुत कुछ जानकारी प्राप्त कर सकते हैं।

E. उन्होंने विशेष रूप से हमारे देश के लोगों के तालाब बनाने में कुशलताओं का उल्लेख किया है।

1. A, B, और C
2. B, C और D

3. A, C, D और E
4. A, B, C, और E

Ans: (3)

अल-बिरूनी एक फ़ारसी विद्वान थे जिनका जन्म 973 ई. में वर्तमान उज्बेकिस्तान में हुआ था, उनके बारे में सही कथन ये है –

- वह एक यात्री थे जिन्होंने हमारे देश का भ्रमण किया और जो प्रेक्षण किया उसके बारे में लिखा।
- अल-बिरूनी ने किताब- उल-हिन्द नामक किताब लिखी।
- उन्होंने उन चीजों के बारे में लिखा जो उन्हें अपने देश से भिन्न लगीं।
- उनकी पुस्तक से हम अपने देश के भूतकाल और सांस्कृतिक विरासत के बारे में बहुत कुछ जानकारी प्राप्त कर सकते हैं।
- उन्होंने विशेष रूप से हमारे देश के लोगों के तालाब बनाने में कुशलताओं का उल्लेख किया है।

278. Name of the lady weightlifter who has won 29 medals in the international events is

1. Wahida Prism
2. Sunita Williams
3. Bachhendri pal
4. Karnam Malleshwari

उस महिला वेट-लिफ्टर का नाम क्या है जिसने अंतरराष्ट्रीय खेल प्रतियोगिताओं में 29 मेडल जीते हैं?

1. वाहिदा प्रिज़्म
2. सुनीता विलियम्स
3. बछेंद्रीपाल
4. कर्णम मल्लेश्वरी

Ans: (4)

कर्णम मल्लेश्वरी

- ये एक वेटलिफ्टर है आंध्र प्रदेश की रहने वाली है
- ये 130 किलोग्राम तक का भार उठा लेती है
- अंतरराष्ट्रीय खेल प्रतियोगिताओं में इन्होंने 29 मेडल जीते हैं

279. Select from the following responsibilities of a group leader who leads in mountaineering

(A) Let the group follow you and keep to the front
(B) Ask those participants to stay back who are not able to climb properly
(C) Help the participants in carrying their bags
(D) Find a suitable place where participants may stop and take rest
(E) Look after those who are unwell and arrange proper food for the group.

1. A, B, and C
2. C, D, and E
3. A, B, D and E
4. A, C, D and E

निम्नलिखित में से उन जिम्मेदारियों को चुनिए जिन्हें पर्वतरोहण (माउंटेनियरिंग) के ग्रुप लीडर निभाते हैं -

(A) ग्रुप के आगे चलना ताकि ग्रुप पीछे-पीछे चले।
(B) उन प्रतिभागियों को रुकने के लिए कहना जो उचित प्रकार से चढ़ने योग्य नहीं हैं।
(C) सामान उठाने में प्रतिभागियों की सहायता करना।
(D) प्रतिभागियों के रुकने और विश्राम करने के लिए उचित स्थान ढूंढना।
(E) जो अस्वस्थ हैं उनका ध्यान रखना और ग्रुप के लिए उचित भोजन की व्यवस्था करना।

1. A, B और C
2. C, D और E
3. A, B, D और E
4. A, C, D और E

Ans: (2)

पर्वतरोहण में एक ग्रुप लीडर की भूमिका

- बाकी लोगों का सामान उठाने में मदद करना।
- पूरे ग्रुप के आगे बढ़ जाने पर ही आगे बढ़ना।
- जो चल न पाए उसे हाथ पकड़कर चढ़ाना।
- रुकने के लिए जगह ढूँढना।
- साथी के बीमार पड़ने पर उसका ध्यान रखना।
- सब के खाने-पीने का इंतज़ाम देखना।

280. Consider the following statements about "Gray Wagtail":

A. It is seen in a town called Valparai in Tamil Nadu.

B. When gray wagtails arrive in Valparai, children and teachers celebrate their arrival by taking out a procession to welcome these birds.

C. Children and teachers distribute sweets to each other to welcome these birds.

D. Throughout the year, children and teachers in all the schools of Valparai search for birds coming to the city and collect data about them.

E. In winter, gray wagtails come from the mountainous regions to the warmer regions of India and stay here for a few months.

Choose the correct option:

(1) B and C
(2) A, B, C and D
(3) A, C, D and E
(4) A and D

" ग्रे वाग्टेल" के बारे में निम्नलिखित कथनों पर विचार करें:

A. यह तमिलनाडु के वल्पराई नामक नगर में देखा जाता है।

B. जब ग्रे वाग्टेल वल्पराई पहुंचते हैं, तो बच्चे और शिक्षक इन पक्षियों के स्वागत के लिए जुलूस निकालकर उनके आगमन का जश्न मनाते हैं।

C. इन पक्षियों के स्वागत के लिए बच्चे और शिक्षक एक-दूसरे को मिठाइयाँ बाँटते हैं।

D. वल्पराई के सभी स्कूलों में बच्चे और शिक्षक साल भर शहर में आने वाले पक्षियों की खोज करते हैं और उनके बारे में डेटा इकट्ठा करते हैं।

E. शीतऋतु में ग्रे वाग्टेल पर्वतीय क्षेत्रों से भारत के गर्म प्रदेशों में आती हैं और कुछ महीनों के लिए यहीं रुकती हैं।

सही विकल्प चुनें:

(1) B और C
(2) A, B, C और D
(3) A, C, D और E
(4) A और D

Ans: (3)

- स्थान: ग्रे वाग्टेल पक्षी तमिलनाडु के वल्पराई नगर में देखा जाता है।
- सर्वेक्षण: साल भर, वल्पराई के स्कूलों के बच्चे और शिक्षक इन पक्षियों की खोज करते हैं और उनके आँकड़े इकट्ठा करते हैं।
- स्वागत की तैयारी: बारिश के बाद, सर्दियों में इन पक्षियों का विशेष स्वागत करने की तैयारी की जाती है।
- स्थानीय नाम: स्थानीय भाषा में इन पक्षियों को "वालट्टी कुरुवी" कहते हैं।
- आवागमन: शीतऋतु में ग्रे वाग्टेल पर्वतीय क्षेत्रों से भारत के गर्म इलाकों में आती है और कुछ महीनों तक रुकती है।
- उत्सव: जब पहली ग्रे वाग्टेल पहुँचती है, तो बच्चे और शिक्षक बड़े पोस्टर लगाकर उनका स्वागत करते हैं और मिठाई बाँटते हैं।

281. Roland Ross received Nobel Prize in medicine in 1902 for discovering that:

1. Dengue is transmitted by mosquito
2. Malaria is transmitted by mosquito
3. Chikungunya is transmitted by mosquito
4. Plague is transmitted by fleas

रोनॉल्ड रोस को 1902 में चिकित्सा के क्षेत्र में नोबल पुरस्कार ______ शोध करने के लिए मिला।

1. डेंगू मच्छर से फैलता है
2. मलेरिया मच्छर से फैलता है
3. चिकनगुनिया मच्छर से फैलता है
4. प्लेग पिस्सुओं से फैलता है

Ans: (2)

रोनॉल्ड रोस को 1902 में चिकित्सा के क्षेत्र में नोबल पुरस्कार यह शोध करने के लिए मिला हैं की मलेरिया मच्छर से फैलता है.

282. On the map of Golconda Fort given in the class V textbook, 1cm distance is equal to a distance of 110 meters on the ground. On this map the distance between Fateh Darwâja and Jamali Darwaja is 10.7 cm. On the ground, the minimum distance between the two would be

1. 1.070 km
2. 1.177 km
3. 10.70 km
4. 11.77 km

कक्षा V की पाठ्य पुस्तक में दिए गए गोलकोण्डा किले के मानचित्र में 1 cm जमीन पर 110 m की दूरी को दर्शाता है। इस मानचित्र में फतेह दरवाजे से जमाली दरवाजे की दूरी 10.7 cm है। जमीन पर इन दोनों दरवाजों के बीच की कम से कम दूरी होगी

1. 1.070 km
2. 1.177 km
3. 10.70 km
4. 11.77 km

Ans: (2)

प्रश्न के अनुसार,

1 cm = 110m

फ़तेह दरवाजे और जमाली दरवाजे के बीच की दूरी = 10.7 cm

ज़मीन पर इन दोनों दरवाजों के बीच कम-से-कम दूरी = 10.7×110 m = 1177m

{1km = 1000m}

1177m = 1.177 km

जमीन पर फतेह दरवाजे से जमाली दरवाजे की दूरी 1.177 km है।

283. The village got its name from the many khejdi trees growing there. The people of this village take great care of the plants, trees and animals. In India this village is

1. Uttaranchal
2. Uttar Pradesh
3. Rajasthan
4. Maharashtra

गांव का नाम वहां उगने वाले कई खेजड़ी पेड़ों के कारण पड़ा। इस गांव के लोग पौधों, पेड़ों और जानवरों की बहत देखभाल करते हैं। भारत में यह गांव है

1. उत्तरांचल
2. उत्तर प्रदेश
3. राजस्थान
4. महाराष्ट्र

Ans: (3)

- भारत में यह गांव राजस्थान में खेजड़ली गांव में खेजड़ी पेड़ पाए जाते हैं
- यह पेड़ रेगिस्तानी इलाकों में खूब पाया जाता है
- इसे ज्यादा पानी की जरूरत नहीं होती है
- इसकी छाल दवा बनाने के काम आती है
- इसकी लकड़ी को कभी कीड़ा नहीं लगता
- इसकी फलियो से सब्जी बनती है पत्तियों को वहां रहने वाले जानवर खाते है

284. During the pandemic times doctors advised to increase the 'vitamin C' rich food as

1. it is essential for synthesis of visual pigment.
2. keeps teeth and bones healthy.
3. its intake sharpens appetite.
4. It builds resistance against infections.

वैश्विक महामारी के समय में डॉक्टरों ने विटामिन 'सी' से भरपूर भोजन ग्रहण करने कि मात्रा को बढाने के लिए कहा। क्योंकि –

1. यह दृष्टि वर्णक के निर्माण के लिए आवश्यक है।
2. यह दांतों एवं अस्थियों को स्वस्थ रखता है।
3. इससे भूख बढ़ती है।
4. यह संक्रमण के विरुद्ध लड़ने की ताकत प्रदान करता है।

Ans: (4)

वैश्विक महामारी के समय में डॉक्टरों ने विटामिन 'सी' से भरपूर भोजन ग्रहण करने कि मात्रा को बढाने के लिए इसलिए कहा क्योंकि यह संक्रमण के विरुद्ध लड़ने की ताकत प्रदान करता है विटामिन रोगों से हमारे शरीर की

रक्षा करते हैं। विटामिन हमारी आँख, अस्थियों, दाँत और मसूढ़ों को स्वस्थ रखने में भी सहायता करते हैं।

285. Excess cutting of forests can lead to the following possibilities-

A. Nearby areas will be cooler

B. Percolation of rainwater will be reduced

C. Run off rainwater will carry away soil

D. level of ground water will increase

Choose the correct option.

1. A and B
2. C and D
3. A, B, C and D
4. B and C

जंगलों के ज़्यादा कटने से निम्न में से क्या स्थितियाँ सम्भावित हैं?

A. आस-पास की जगह ज़्यादा ठंडी होगी

B. वर्षा जल का रिसाव कम होगा

C. बहता वर्षा जल मृदा को बहा ले जाएगा

D. भौम जल का स्तर बढ़ जाएगा।

सही विकल्प का चुनाव कीजए –

1. A और B
2. C और D
3. A, B, C और D
4. B और C

Ans: (4)

जंगलों के ज़्यादा कटने से वर्षा जल का रिसाव कम होगा और बहता वर्षा जल मृदा को बहा ले जाएगा।

286. Family plays an important role in socialization of the young generation. In this regard, the family is an agency of:

1. primary socialization
2. secondary socialization
3. primary and secondary socialization
4. tertiary socialization

भावी पीढ़ी के सामाजीकरण में परिवार की महत्वपूर्ण भूमिका होती है। इस परिस्थिति में परिवार माध्यम है -

1. प्राथमिक सामाजीकरण का
2. द्वितीयक सामाजीकरण का
3. प्राथमिक और द्वितीयक सामाजीकरण का
4. तृतीयक सामाजीकरण का

Ans: (1)

परिवार प्राथमिक सामाजीकरण का माध्यम है क्यूंकि भावी पीढ़ी के सामाजीकरण में परिवार की महत्वपूर्ण भूमिका होती है।

287. Which of the following is true for astronauts travelling in spaceship?

1. They drink water directly from water taps
2. They eat food sitting on dining table
3. They need to be strapped themselves to stay at a place
4. They sleep while standing and floating

अन्तरिक्ष यान में यात्रा करते हुए अंतरिक्ष-यात्रियों के बारे में निम्न से क्या सही है?

1. पानी के नल से वे सीधे पानी पीते हैं।
2. डाईनिंग-टेबल पर बैठ कर वे खाना खाते हैं।
3. एक जगह पर टिक कर रहने के लिए वे अपने आप को बेल्ट से बाँधते हैं।
4. खड़े रह कर तैरते हुए वे सोते हैं।

Ans: (3)

अंतरिक्ष यान में अंतरिक्ष यात्रियों के बारे में सही कथन यह है कि उन्हें अपनी जगह पर बने रहने के लिए खुद को बांधने की जरूरत होती है। सूक्ष्मगुरुत्वाकर्षण वातावरण में, वस्तुएं और लोग तैर सकते हैं, इसलिए खुद को सुरक्षित रखना उन्हें दूर जाने से रोकता है। यह उनकी सुरक्षा और कार्यों को प्रभावी ढंग से करने के लिए आवश्यक है।

288. Collection of rainwater for future use is called

1. Rainwater collection
2. Rainwater pumping
3. Rain digging
4. Rainwater harvesting

वर्षा के पानी को भविष्य में उपयोग करने के लिए संचित करना ______ कहलाता है

1. वर्षा के पानी को इकट्ठा करना
2. वर्षा के पानी को पंप करना
3. वर्षा का उत्खनन
4. वर्षा के पानी का संचयन

Ans: (4)

भविष्य में उपयोग के लिए वर्षा जल के संग्रहण को वर्षा जल संचयन के रूप में जाना जाता है। इस अभ्यास में पानी को संरक्षित करने और इसे सिंचाई या पीने जैसे विभिन्न उपयोगों के लिए उपलब्ध कराने के लिए छतों जैसी सतहों से वर्षा जल को एकत्र करना और संग्रहीत करना शामिल है।

289. Ajay is in Bhopal, and he wants to attend conferences in Gangtok and Puducherry. What is the position of Gangtok and Puducherry from where Ajay is:

1. Northwest and Southwest
2. Northwest and Southeast
3. Northeast and Southeast
4. Northeast and Southwest

अजय भोपाल में है और उसे गैंगटॉक और पुडुचेरी के सम्मेलन में उपस्थित होना है। जहां पर अजय है वहां से गैंगटॉक और पुडुचेरी की क्या स्थिति है?

1. उत्तर पश्चिम और दक्षिण पश्चिम
2. उत्तर पश्चिम और दक्षिण पूर्व
3. उत्तर पूर्व और दक्षिण पूर्व
4. उत्तर पूर्व और दक्षिण पश्चिम

Ans: (3)

गंगटोक भोपाल के उत्तर-पूर्व में स्थित है, जबकि पुडुचेरी भोपाल के दक्षिण या दक्षिण-पूर्व में स्थित है। यह भोपाल से इन दोनों स्थानों की सापेक्ष दिशाओं को इंगित करता है।

290. In 'Cheraw' dance, people sit in pairs in front of each other, holding bamboo sticks on the ground. As the drumbeats, the bamboos are beaten to the ground. Dancers step in and out of the bamboo sticks and dance to the beat. In which of the following states is 'Cheraw' dance performed?

1. Manipur
2. Mizoram
3. Assam
4. Odisha

'चेराओ' नृत्य में व्यक्ति बाँस की डंडियों को पकड़ कर युग्मों में एक-दूसरे के आमने-सामने ज़मीन पर बैठते हैं। जैसे ही ढोल बजता है, बाँस को जमीन पर पीटा जाता है। नर्तक बाँस की डंडियों के अंदर और बाहर पैर रखते हैं (कूदते हैं) और ताल पर नाचते हैं। निम्नलिखित में से कहाँ पर 'चेराओ' नृत्य किया जाता है?

1. मणिपुर
2. मिज़ोरम
3. असम
4. ओडिशा

Ans: (2)

'चेराओ' नृत्य मिज़ोरम में किया जाता है इस नृत्य में व्यक्ति बॉस की डंडियों को पकड़ कर जोड़े में एक-दूसरे के आमने-सामने ज़मीन पर बैठते हैं। जैसे ही ढोल बजता है, बाँस को जमीन पर पीटा जाता है। नर्तक बाँस की डंडियों के अंदर और बाहर पैर रखते हैं (कूदते हैं) और ताल पर नाचते हैं।

291. The two most used ingredients in our food, which come from neither plants nor animals, are _________?

(1) Salt and sugar
(2) Spices and oil
(3) Milk and curd
(4) Grains and fruits

हमारे भोजन में सबसे अधिक उपयोग में लाई जाने वाली दो सामग्रियाँ, जो न तो पौधों से मिलती हैं और न ही जानवरों से, _________ हैं?

(1) नमक और चीनी
(2) मसाले और तेल
(3) दूध और दही
(4) अनाज और फल

Ans: (1)

नमक और चीनी आवश्यक खाद्य सामग्री हैं; नमक एक खनिज है, और चीनी को पौधों से संसाधित किया जाता है, जो उन्हें विशिष्ट पौधों या पशु उत्पादों से अलग बनाता है।

292. Which is the largest rail route in India:

1. Kashmir to Bangalore

2. Dibrugarh to Kanyakumari
3. Mizoram to Gujarat
4. Maharashtra to Manipur

भारत का सबसे बड़ा रेल मार्ग कौन सा है?

1. कश्मीर से बंगलौर
2. डिब्रूगढ़ से कन्याकुमारी
3. मिज़ोरम से गुजरात
4. महाराष्ट्र से मणिपुर

Ans: (2)

डिब्रूगढ़ से कन्याकुमारी भारतीय रेलवे का सबसे बड़ा मार्ग है और वर्तमान में दुनिया का 24 वां सबसे लंबा मार्ग है।

293. Woolens keep us warm in winters. The reason for woolens being insulators is that

1. Woolen fibers are tightly wrapped with each other and do not allow cold air to pass.
2. Woolen fibers have air trapped within them and air is an insulator.
3. Woolen fibers are thick and control the outside temperature.
4. Woolen fibers are thick and do not allow cold air to pass through.

सर्दियों में ऊनी वस्त्र हमें गरम रखते हैं। ऊन के ऊष्मा रोधी होने का कारण है--

1. ऊनी रेशे आपस में कस कर जुड़े हुए हैं और ठंडी हवा को गुजरने नहीं देते।
2. ऊनी रेशों के बीच वायु फँसी (ट्रैप) होती है एवं वायु ऊष्मा रोधी है
3. ऊनी रेशे मोटे होते हैं और बाहरी ऊष्मा को नियंत्रित करते हैं।
4. ऊनी रेशे मोटे होते हैं और ठंडी हवा को गुज़रने नहीं देते।

Ans: (2)

सर्दियों में ऊनी वस्त्र हमें गरम रखते हैं। ऊन के ऊष्मा रोधी होने का कारण है ऊनी रेशों के बीच वायु फँसी (ट्रैप) होती है एवं वायु ऊष्मा रोधी है।

ऊनी कपड़े, रेशमी वस्त्र, गहरे वस्त्र ऊष्मा के अच्छे अवशोषक होते हैं।

294. Select the correct statement from the following about the famous Indian festivals namely Holi and Diwali.

1. Both are celebrated on full moon day (Purnima)
2. Both are celebrated on no moon day (Amavasya)
3. Diwali is celebrated on full moon day and Holi is celebrated on no moon day.
4. Diwali is celebrated on no moon day and Holi is celebrated on full moon day.

प्रसिद्ध भारतीय त्यौहारों- होली और दीपावली के विषय में नीचे दिए गए कथनों में से सही कथन को चुनिए –

1. ये दोनों त्यौहार पूर्णिमा को मनाए जाते हैं।
2. ये दोनों त्यौहार अमावस्या को मनाए जाते हैं।
3. दीपावली पूर्णिमा को तथा होली अमावस्या को मनाई जाती है।
4. दीपावली अमावस्या को तथा होली पूर्णिमा को मनाई जाती है।

Ans: (4)

दिवाली एक त्योहार है जो अमावस्या के दिन मनाया जाता है, जो नए चंद्र महीने की शुरुआत का प्रतीक है, जबकि होली पूर्णिमा के दिन मनाई जाती है, जो वसंत के आगमन का प्रतीक है।

295. A child at X wants to play with her friend who is located at Y. For this she first goes 40m due-south to reach at O. After this she goes towards due-east and reaches at Y after covering a distance of 30m. The distance of X from Y and the direction of X with respect to Y are respectively-

1. 50m; North-west
2. 50m; North-east
3. 70m; North-east
4. 70m; North-west

कोई बच्ची X पर है और वह अपनी सहेली के साथ जो Y पर स्थित है, के साथ खेलना चाहती है। इसके लिए, पहले वह 0 पर पहुँचती है जो X के ठीक दक्षिण में 40 m की दूरी पर है। इसके पश्चात वह ठीक पूर्व दिशा में 30 m दूरी तय करके 0 से Y पर पहुँचती है। Y से X की दूरी और Y के सापेक्ष X की दिशा क्रमशः क्या हैं?

1. 50 m; उत्तर-पश्चिम
2. 50 m; उत्तर-पूर्व
3. 70 m; उत्तर-पूर्व
4. 70 m; उत्तर-पश्चिम

Ans: (1)

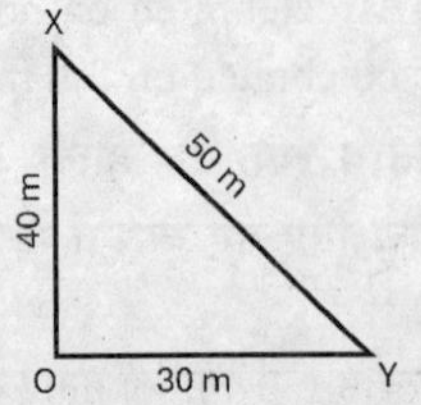

बच्चा बिंदु O तक पहुंचने के लिए 40 मीटर दक्षिण की ओर चलता है और फिर बिंदु Y तक पहुंचने के लिए 30 मीटर पूर्व की ओर चलता है।

यह 40 मीटर (दक्षिण) और 30 मीटर (पूर्व) भुजाओं वाला एक समकोण त्रिभुज बनाता है।

$$XY = \sqrt{(40^2 + 30^2)} = \sqrt{(1600 + 900)} = \sqrt{2500} = 50m$$

Y के संबंध में X की दिशा उत्तर-पश्चिम की ओर है क्योंकि X, Y के उत्तर और पश्चिम में है।

296. Identify a reversible change from the following:

1. Preparing a coating of Plaster of Paris (POP)
2. Preparing molten wax
3. Preparing paneer from milk
4. Preparing Biogas from cow dung

नीचे दिए गए विकल्पों में उस परिवर्तन को पहचानें जिसे उत्क्रमित किया जा सकता है।

1. प्लास्टर ऑफ़ पेरिस के परत बनाना
2. मोम का घोल बनाना
3. दूध से पनीर बनाना
4. गाय के गोबर से बायोगैस का बनना

Ans: (2)

पहचाना गया प्रतिवर्ती परिवर्तन पिघला हुआ मोम तैयार करना है। जब मोम को गर्म किया जाता है और पिघलाया जाता है, तो यह ठंडा हो सकता है और जम कर वापस अपने मूल रूप में आ सकता है। राज्यों के बीच आगे और पीछे बदलने में सक्षम होने की यह विशेषता इसे एक प्रतिवर्ती प्रक्रिया के रूप में परिभाषित करती है।

297. Following organisms respectively belong to which class of animals?

Lizards, Bat, Indian Robin, Scorpion

1. Reptile, Bird, Mammal, Insect
2. Mammal, Reptile, Bird, Insect
3. Mammal, Reptile, Insect, Bird
4. Reptile, Mammal, Bird, Insect

नीचे दिए गए जीव क्रमशः जन्तुओं के किस वर्ग के हैं?

छिपकली, चमगादड़, कलचिड़ी, बिच्छू

1. सरीसृप, पक्षी, स्तनधारी, कीट
2. स्तनधारी, सरिसृप, पक्षी, कीट
3. स्तनधारी, सरिसृप, कीट, पक्षी
4. सरीसृप, स्तनधारी, पक्षी, कीट

Ans: (4)

छिपकली सरीसृप वर्ग से संबंधित हैं, चमगादड़ को स्तनधारी के रूप में वर्गीकृत किया गया है, भारतीय रॉबिन पक्षी हैं, और बिच्छू कीट वर्ग का हिस्सा हैं।

298. Consider the following animals

Snake, Turtle, Frog, Crocodile

Select from the following the common characteristic found in all these animals

1. They have three chambered hearts
2. They lay eggs
3. They can live on land as well as in water
4. Their bodies are covered with scales

नीचे दिए गए जानवरों पर विचार कीजिए:

सांप, छिपकली, मेंढक, घड़ियाल (मगरमच्छ)

निम्नलिखित में से वह विशेषता चुनिए जो इन सभी जानवरों में पायी जाती है।

1. इनका तीन कोष्ठकों का हृदय होता है।
2. ये अंडे देते हैं।
3. ये जल और स्थल दोनों पर रह सकते हैं।
4. इनके शरीर शल्क से ढके रहते हैं।

Ans: (2)

साँपों, कछुओं, मेंढकों और मगरमच्छों की सबसे आम विशेषता यह है कि वे सभी अंडे देते हैं। यह प्रजनन विधि

सरीसृपों और उभयचरों के बीच विशिष्ट है, जो उन्हें शरीर के बाहर अपने बच्चों को प्रजनन और विकसित करने की अनुमति देती है।

299. For EVS teaching, a teacher should select which of the following?

(1) Providing students opportunity to work alone
(2) Helping students in doing work
(3) Providing students opportunity to work in small groups
(4) Providing students opportunity to work in large groups

पर्यावरण अध्ययन शिक्षण हेतु, अध्यापक को निम्नलिखित में से किसका चयन करना चाहिए?

(1) बच्चों को अकेले कार्य करने के अवसर प्रदान करें
(2) बच्चों को कार्य करने में मदद करें
(3) बच्चों को छोटे समूहों में कार्य करने के अवसर प्रदान करें
(4) बच्चों को बड़े समूहों में कार्य करने के अवसर प्रदान करें

Ans: (3)

छोटे समूहों में काम करने से छात्रों को निकटता से सहयोग करने, विचार साझा करने और व्यावहारिक गतिविधियों में संलग्न होने की अनुमति मिलती है, जो बातचीत और चर्चा के माध्यम से सीखने को बढ़ाती है।

300. The key concepts/issues addressed in the theme 'Water' in class III EVS are:

(1) Local sources of water, uses of water, gender roles, distance estimates
(2) Local sources of water, uses of water, gender roles, distance estimates, social discrimination, clean water for drinking
(3) Local sources of water, uses of water, gender roles, distance estimates, purification of water
(4) Local sources of water, uses of water, gender roles, distance estimates, rainwater harvesting

कक्षा III की पर्यावरण अध्ययन में विषय / पाठ 'जल' में जिन महत्त्वपूर्ण संप्रत्ययों / विषयों पर ध्यान दिया गया है, वे हैं

(1) जल के स्थानीय स्रोत, जल के उपयोग, लिंग भूमिका, दूरी के अनुमान
(2) जल के स्थानीय स्रोत, जल के उपयोग, लिंग भूमिका, दूरी के अनुमान, सामाजिक भेदभाव, पीने के लिए स्वच्छ जल
(3) जल के स्थानीय स्रोत, जल के उपयोग, लिंग भूमिका, दूरी के अनुमान, जल का शुद्धीकरण
(4) जल के स्थानीय स्रोत, जल के उपयोग, लिंग भूमिका, दूरी के अनुमान, वर्षा जल संग्रहण

Ans: (2)

कक्षा III ईवीएस में 'जल' थीम में पानी के स्रोत और उपयोग, जल प्रबंधन पर लैंगिक भूमिकाओं का प्रभाव, जल परिवहन से संबंधित चुनौतियाँ, पानी तक पहुंच को प्रभावित करने वाले सामाजिक भेदभाव के मुद्दे और स्वच्छ पेयजल सुनिश्चित करने का महत्व शामिल है।

301. Which of the following process describes the nature of assessment?

A. Interactive
B. Constructive
C. Summative
D. Evaluation

(1) A, B and C
(2) B, C and D
(3) A, Cand D
(4) A, B and D

निम्नलिखित में से कौन-सी प्रक्रियाएँ आकलन की प्रकृति की व्याख्या करती हैं?

A. संवादात्मक
B. रचनात्मक
C. योगात्मक
D. मूल्यांकन

(1) A, B और C
(2) B, C और D
(3) A, C और D
(4) A, B और D

Ans: (1)

मूल्यांकन की प्रकृति में शिक्षक और छात्रों के बीच इंटरैक्टिव फीडबैक, कौशल बढ़ाने के लिए रचनात्मक मार्गदर्शन और सीखने की अवधि के अंत में समग्र उपलब्धि को मापने के लिए योगात्मक मूल्यांकन शामिल है।

302. Heredity is an abstract concept for students of class - V. Heena, an EVS teacher will organise ______for creating an understanding of heredity for her students.

(1) hands on activities
(2) role play
(3) exploratory activities
(4) analysis of examples

कक्षा V के विद्यार्थियों के लिए वंशानुक्रम/आनुवंशिकता एक अमूर्त प्रत्यय है। एक पर्यावरण अध्ययन की शिक्षिका हीना अपने विद्यार्थियों में आनुवंशिकता की समझ पैदा करने के लिए ______ का आयोजन करेंगी।

(1) हाथों से क्रियाकलाप
(2) भूमिका निभाना
(3) अन्वेषणात्मक क्रियाकलाप
(4) उदाहरणों का विश्लेषण

Ans: (4)

आनुवंशिकता को स्पष्ट करने के लिए ठोस उदाहरणों का उपयोग करना, जैसे कि माता-पिता से विरासत में मिले लक्षण, छात्रों को अवधारणा की कल्पना करने और समझने में मदद करते हैं। इन उदाहरणों का विश्लेषण आनुवंशिकता के अमूर्त विचार को अधिक मूर्त और प्रासंगिक बनाता है।

303. Identify the features of EVS curriculum at the primary level from the following:

A. Inclusive
B. Contextual
C. Experiential
D. Global to local/subject-centred

(1) A and B
(2) B and C
(3) A, C and D
(4) A, B and C

निम्नलिखित में से प्राथमिक स्तर पर पर्यावरण अध्ययन की पाठ्यचर्या की विशेषताओं की पहचान कीजिए:

A. समावेशित
B. संदर्भ सहित
C. अनुभवात्मक
D. वैश्विक से स्थानीय/विषय-केन्द्रित

(1) A और B
(2) B और C
(3) A, C और D
(4) A, B और C

Ans: (4)

प्राथमिक स्तर का ईवीएस पाठ्यक्रम समावेशी, प्रासंगिक और अनुभवात्मक है। यह सुनिश्चित करता है कि सभी छात्र भाग ले सकें, पाठों को उनके स्थानीय परिवेश से जोड़ें, और व्यावहारिक शिक्षा के लिए व्यावहारिक गतिविधियों का उपयोग करें।

304. Kalyani shows experiment using globe and explains her class 5 students that part of the Earth facing the Sun has day and the part of the Earth away from the Sun has night. Ayesha was fascinated by this. She asked, "If we start walking and keep on moving in that direction can we find night? In which direction will we meet night? All the students laughed. What should be the response of Kalyani?

(1) She should instruct the class to stop laughing and maintain disciplines
(2) She should explain that this is not possible since that part of Earth will be very far.
(3) She should encourage students to find out the answer to this question
(4) She should tell that today they will study only the occurrence of day and night and discuss this in next class

कल्याणी अपनी कक्षा पाँचवीं के बच्चों को ग्लोब की सहायता से एक प्रयोग दिखाती है और समझाती है कि पृथ्वी के उस भाग पर जो सूरज की ओर होता है, दिन होता है और उस भाग की ओर जो सूरज से दूर होता है, रात होती है। आयशा इससे प्रभावित हुई। उसने पूछा, "अगर हम उस दिशा में चलना शुरू करें और चलते रहें, तो क्या हमें रात मिलेगी? किस दिशा में हमें रात मिलेगी?" कक्षा के सभी विद्यार्थी हँसने लगे। कल्याणी की प्रतिक्रिया क्या होनी चाहिए?

(1) उसे कक्षा को हँसना बंद करने और अनुशासन बनाए रखने का निर्देश देना चाहिए
(2) उसे यह समझाना चाहिए कि ऐसा संभव नहीं है क्योंकि पृथ्वी का वह भाग बहुत दूर होगा
(3) उसे विद्यार्थियों से इस प्रश्न का उत्तर खोजने को कहना चाहिए
(4) उसे यह कहना चाहिए कि आज वो दिन और रात का होना ही पड़ेगे और इसकी चर्चा अगली कक्षा में करेंगे

Ans: (3)

छात्रों को खोज करने और उत्तर खोजने के लिए प्रोत्साहित करने से जिज्ञासा बढ़ती है, आलोचनात्मक सोच को बढ़ावा मिलता है, उन्हें सक्रिय रूप से संलग्न करता है, समस्या-समाधान कौशल विकसित करता है, और समग्र शिक्षा को बढ़ाता है, जिससे शैक्षिक अनुभव अधिक इंटरैक्टिव और सार्थक हो जाता है।

305. Nida is punished for coming late to school daily. Her teacher asks why she came late while her brother comes on time. She says that her mother tells her that sweeping, mopping, looking after household and other home-chores are the responsibility of girls. Hence, she completes all her house-work due to which she gets late. What will you do if you are Nida's class teacher?
(1) Tell Nida to rise early so that she can complete all her work and come school on time
(2) Talk to Nida's mother and tell her to help her come to school on time
(3) Tell Nida that looking after household and home-chores are the responsibility of all family members
(4) Arrange a classroom discussion and ask students about whose responsibility it is to look after household

निदा को रोज स्कूल देर से आने के लिए सजा मिलती। उसकी अध्यापिका ने पूछा कि वह देर से क्यों आती है, जबकि उसका भाई तो समय से आता है। उसने कहा कि उसकी मम्मी कहती है कि झाड़ू लगाना, पोछा लगाना, घर की देखभाल करना और अन्य घर के काम करना लड़कियों की जिम्मेदारी होती है। इसलिए वह अपना सारा घर का काम करके फिर आती है जिसकी वजह से उसे देर हो जाती है। अगर आप निदा की अध्यापिका है, तो क्या करेंगे?
(1) निदा से कहेंगे कि वह जल्दी उठे जिससे सारा काम करके वह समय पर स्कूल आ सके
(2) निदा की मम्मी से बात करेंगे और कहेंगे कि उसे समय पर स्कूल आने में सहायता करें
(3) निंदा से कहेंगे कि घर की देखभाल करना और घर के काम करना परिवार के सभी सदस्यों की जिम्मेदारी है।
(4) कक्षा में चर्चा का आयोजन कर विद्यार्थियों से पूछेंगे कि घर की देखभाल करना और घर के काम करना किसकी जिम्मेदारी है।

Ans: (4)

घरेलू जिम्मेदारियों पर एक कक्षा चर्चा का आयोजन करने से छात्रों को काम के उचित वितरण की अवधारणा का पता लगाने और समझने, पारंपरिक लिंग भूमिकाओं को चुनौती देने और साथियों के बीच जागरूकता और सहानुभूति को बढ़ावा देने की अनुमति मिलती है।

306. In an EVS classroom, teaching aids should be:
A. easily available and from the surroundings
B. high-definition three-dimensional movies only
C. always based on using one of the senses of learners.
D. always experiments based.
(1) Only A
(2) B only
(3) A and C
(4) C and D

एक पर्यावरण अध्ययन की कक्षा में शिक्षण साधनों को कैसा होना चाहिए?
A. आसानी से उपलब्ध तथा अपने आस-पास से प्राप्त
B. केवल हाई डेफिनेशन तीन आयामी चलचित्र
C. सदैव शिक्षार्थी की इन्द्रियों में से किसी एक के उपयोग पर आधारित
D. सदैव प्रयोगों पर आधारित

(1) केवल A
(2) केवल B
(3) A तथा C
(4) C तथा D

Ans: (3)

ईवीएस कक्षा में शिक्षण सहायक सामग्री आसपास से आसानी से उपलब्ध होने के कारण व्यावहारिक और प्रासंगिक होनी चाहिए और विविध शिक्षण शैलियों का प्रभावी ढंग से समर्थन करने और समझ बढ़ाने के लिए एक या अधिक इंद्रियों को शामिल करना चाहिए।

307. If you find that some students of your class are very bright and intelligent, then how will you teach such students?

(1) No special strategy will be used.
(2) They will be made to sit with higher-class students
(3) They will be taught separately
(4) They will be taught using enriched curriculum.

यदि आपको ज्ञात हो जाये कि आपकी कक्षा के कई विद्यार्थी बहुत होनहार और बुद्धिमान है, तब आप ऐसे विद्यार्थियों को कैसे पायेंगे?

(1) कोई विशिष्ट परियोजना/मुक्ति प्रयुक्त नहीं की जाएगी।
(2) उन्हें उच्च कक्षा के विद्यार्थियों के साथ बैठाया जाएगा।
(3) उन्हें अलग पढ़ाया जाएगा।
(4) उन्हें समृद्ध पाठ्यचर्या का उपयोग कर पढ़ाया जाएगा।

Ans: (4)

एक समृद्ध पाठ्यक्रम गहन अन्वेषण के लिए उन्नत सामग्री और अवसर प्रदान करता है, मेधावी और बुद्धिमान छात्रों को अधिक चुनौतीपूर्ण और आकर्षक सामग्री प्रदान करके उनकी जरूरतों को पूरा करता है।

308. Which of the following statements are the connect explanation of an activity?

A. An activity is a physical, social and mental act
B. Activity for primary classes and difficult for higher classes.
C. By activity the syllabus cannot be completed on time.
D. Activity is the process to learn from experience and help in learning.

(1) A and B only
(2) A and C only
(3) A and D only
(4) B and C only

निम्नलिखित में से कौन-से कथन, गतिविधि की उपयुक्त व्याख्या करते हैं?

A. गतिविधि एक शारीरिक, सामाजिक और मानसिक क्रियाकलाप हैं।
B. गतिविधि प्राथमिक कक्षाओं के लिए उपयुक्त है और बड़ी कक्षाओं में मुश्किल है।
C. गतिविधि द्वारा पाठ्यक्रम नियत समय पर पूर्ण नहीं करवाया जा सकता है।
D. गतिविधि अनुभवों से सीखने की प्रक्रिया है और सीखने में सहायक होती है।

(1) केवल A और B
(2) केवल A और C
(3) केवल A और D
(4) केवल B और C (1) A B

Ans: (3)

एक गतिविधि एक बहुआयामी प्रक्रिया है जिसमें शारीरिक, सामाजिक और मानसिक जुड़ाव शामिल होता है। यह प्रत्यक्ष अनुभव के माध्यम से सीखने में सक्षम बनाता है, जिससे छात्रों को ज्ञान को अधिक प्रभावी ढंग से समझने और बनाए रखने में मदद मिलती है।

309. Rini asked his teacher, "Why are the stems of plants round and not square shaped?" What should the teacher do?

A. Teacher should tell students that they will learn about this in higher classes.
B. Teacher should explain students that the reason of round stems is the gravity.
C. Teacher should ask students to think about the reason for the round shape of stem.

D. **Teacher should take students for a garden visit and ask to observe the shape of various stems.**

(1) A and B

(2) B and C

(3) C and D

(4) A and D

रिनी ने अध्यापक से पूछा, "पौधों के तने गोल क्यों होते हैं, चौकोर क्यों नहीं"? अध्यापक को क्या करना चाहिए'

A. **अध्यापक को विद्यार्थियों से कहना चाहिए कि वे इस बारे में उच्च कक्षाओं में सीखेंगे।**

B. **अध्यापक को विद्यार्थियों को समझाना चाहिए कि गोल तने का कारण गुरुत्वाकर्षण है।**

C. **अध्यापक को विद्यार्थियों से तने के गोल आकार होने के कारण सोचने के बारे में कहना चाहिए।**

D. **अध्यापक को विद्यार्थियों को बाग में घूमने ले जाना चाहिए तथा विभिन्न तनों के आकार देखने के लिए कहना चाहिए।**

(1) A और B

(2) B और C

(3) C और D

(4) A और D

Ans: (3)

छात्रों को गंभीर रूप से सोचने और संभावित कारणों का पता लगाने के लिए प्रोत्साहित करने से उनकी समस्या-समाधान कौशल और जिज्ञासा विकसित करने में मदद मिलती है। वास्तविक दुनिया के संदर्भ में विभिन्न तनों का अवलोकन करने से छात्रों को प्रत्यक्ष जानकारी इकट्ठा करने और पौधों की संरचनाओं की विविधता को समझने की अनुमति मिलती है।

310. Which of the following methods can be effective in transaction of EVS?

A. **Chalk and Talk method**

B. **Lecture method**

C. **Role play**

D. **Story telling**

(1) A and B

(2) B and C

(3) C and D

(4) A, B, C and D

निम्नलिखित में से कौन-सी विधियाँ पर्यावरण अध्ययन के सम्पादन में प्रभावी हो सकती हैं?

A. **चॉक एवं टॉक विधि**

B. **व्याख्यान विधि**

C. **भूमिका निर्वहन**

D. **कहानी सुनाना**

(1) A और B

(2) B और C

(3) C और D

(4) A, B, C और D

Ans: (3)

रोल प्ले छात्रों को पर्यावरणीय मुद्दों से संबंधित वास्तविक जीवन के परिदृश्यों का अनुकरण करके, अनुभवात्मक शिक्षा के माध्यम से उनकी समझ को बढ़ाकर सामग्री के साथ सक्रिय रूप से जुड़ने में मदद करता है। कहानी सुनाना जटिल अवधारणाओं को एक कथात्मक रूप में प्रस्तुत करके अधिक प्रासंगिक और यादगार बनाता है जो छात्रों की रुचि और कल्पना को पकड़ लेता है।

311. An EVS teacher asked students to write a poem describing their mother. Pammi read her poem, "My mother is sweet like sugar and honey". Some students don't know the meaning of sugar and honey.

What will you do if you are Pammi's teacher?

(1) Bring sugar and honey and make the students eat

(2) Tell students meaning of sugar and honey in local language

(3) Bring sugar and honey and show them to students

(4) Explain students how sugar and honey are made

एक पर्यावरण अध्ययन अध्यापक विद्यार्थियों को उनकी मम्मी का वर्णन करने वाली कविता लिखने को कहती है। पम्मी अपनी कविता पढ़ती है, "मेरी मम्मी मीठी है, जैसे मिष्टी दोई"। कुछ विद्यार्थी मिष्टी दोई का अर्थ नहीं जानते हैं।

यदि आप पम्मी के अध्यापक हैं, तो आप क्या करेंगे?

(1) विद्यार्थियों को मिष्टी दोई लाकर खिलाएँगे
(2) विद्यार्थियों को मिष्टी दोई का अर्थ स्थानीय भाषा में बताएँगे
(3) विद्यार्थियों को मिष्टी दोई लाकर दिखाएँगे
(4) विद्यार्थियों को मिष्टी दोई कैसे बनता है समझाएँगे

Ans: (2)

परिचित शब्दों में परिभाषाएँ प्रदान करना यह सुनिश्चित करता है कि छात्र कविता में इच्छित तुलना को समझ सकें, जिससे साहित्यिक अभिव्यक्ति की उनकी समझ बढ़े।

312. Match the following

Location	Common Houses
A. Assam	I. House boats
B. Ladakh	II. made of stones with wooden floor / ceiling
C. Manali (Himachal Pradesh)	III. Made of mud, roofs made of thorny bushes
D. Rajasthan	IV. Made of stones/wood with slanting roofs
	V. Made on strong bamboo pillars, sloping roofs

1. A - V, B - II, C - IV, D - III
2. A - V, B - I, C - III, D - IV
3. A - V, B - II, C - III, D - I
4. A - V, B - IV, C - II, D - III

निम्नलिखित का मिलान कीजिए -

स्थान	सामान्य घर
A. असम	I. हाउस बोट
B. लद्दाख	II. पत्थर के बने, फर्श छतें / लकड़ी की बनी
C. मनाली (हिमाचल प्रदेश)	III. मिट्टी के घर, कटीली झाड़ियों की बनी छतें
D. राजस्थान	IV. पत्थर / लकड़ी के बने, ढालू छतें
	V. मजबूत बाँसों के बने, ढालू

1. A-V, B-II, C-IV, D-III
2. A-V, B-I, C-III, D-IV
3. A-V, B-II, C-III, D-I
4. A-V, B-IV, C-II, D-III

Ans: (1)

असम- मजबूत बाँसों के बने, ढालू

लद्दाख- पत्थर के बने, फर्श छतें / लकड़ी की बनी

मनाली (हिमाचल प्रदेश) - पत्थर / लकड़ी के बने, ढालू छतें

राजस्थान- मिट्टी के घर, कटीली झाड़ियों की बनी छतें

313. Consider the following statement given by a student

"I have come from an area where rainfall is very scarce. It is very hot too. Our houses are made of mud. The walls of the houses are very thick and plastered with mud. The roofs are made of thorny bushes."

This student must be from a village of

1. Laddakh
2. Assam
3. Rajasthan
4. Uttar Pradesh

किसी छात्र द्वारा नीचे दिए गए कथन पर विचार कीजिए –

"मैं जिस क्षेत्र से आया हूँ वहाँ बारिश बहुत कम होती है। गर्मी बहुत पड़ती है। हमारे घर मिट्टी के बने होते हैं। घरों की दीवारें बहुत मोटी होती हैं और इन्हें मिट्टी से ही पोतकर सुंदर किया जाता है घरों की छतें कैंटीली झाड़ियों से बनायी जाती हैं।"

यह छात्र निम्नलिखित में से किस राज्य से आया हो सकता है?

1. लद्दाख
2. असम
3. राजस्थान
4. उत्तर प्रदेश

Ans: (3)

- राजस्थान में मिट्टी के घर बनाए जाते हैं, घरों की दीवारें बहुत मोटी होती हैं और उनकी छतें कंटीली झाड़ियों से बनी होती हैं।
- राजस्थान में टैंक को टांका भी कहा जाता है

> ➢ वे अपने आंगन में जमीन में गड्ढा खोदकर एक टैंक बनाते हैं और अपनी छतों की ढाल बनाते हैं ताकि बारिश का सारा पानी इन टैंकों में गिरे और फिर उसे छानकर उपयोग में लें।
>
> ➢ यहां बहुत कम बारिश होती है
>
> ➢ तेकला गांव 1600 मीटर ऊंचा है जो राजस्थान के झालरापाटन या झालवाड़ में है।
>
> ➢ 300 साल पहले राजस्थान के जोधपुर के खेजड़ली गांव के लोग पेड़ों को लेकर खड़े हो गए थे

314. Suppose you are in Madhya Pradesh. With respect to this state the direction of our country's thickest forest is

1. Due North
2. North-East
3. North-West
4. South-West

मान लीजिए आप मध्य प्रदेश में हैं। इस राज्य के सापेक्ष किस दिशा में हमारे देश के सर्वाधिक घने जंगल हैं?

1. ठीक उत्तर
2. उत्तर – पूर्व
3. उत्तर – पश्चिम
4. दक्षिण – पश्चिम

Ans: (2)

भारत का सबसे घना जंगल, जिसे सुंदरवन के नाम से जाना जाता है, मध्य प्रदेश के उत्तर-पूर्व में स्थित है। यह इस बात का संकेत है कि यदि आप मध्य प्रदेश से उत्तर-पूर्व दिशा में यात्रा करते हैं।

315. The part of the plant that can be used for the treatment of toothache.

1. Fennel
2. Clove
3. Fenugreek
4. poppy seeds

पौधे का वह भाग जो दांत दर्द के उपचार के लिए उपयोग किया जा सकता है ?

1. सौंफ
2. लौंग
3. मेथी
4. अफीम के बीज

Ans: (2)

लौंग को दांत दर्द के उपचार के लिए उपयोग किया जा सकता है।

पौधे का भाग जिसे हम खाते है

जड़	मूली, गाजर, चुकन्दर, टेपियोका, शकरकंदी
तना	आलू, प्याज, अदरक
पत्ती	धनिया, पत्ता गोभी, अरबी, पालक, कड़ी-पत्ता
बीज	चना, बाजरा, सरसों, गेहूं, धान
फू	सहजन, केला, कचनार
फली	मटर

316. In dance the main poses and expressions demonstrates

1. dance performance
2. Feelings
3. confidence
4. hand and face movements

नृत्य में मुख्य रूप से मुद्रा और भावनाएं ______ प्रदर्शित करती हैं।

1. नृत्य प्रदर्शन
2. भावनाएं
3. आत्मविश्वास
4. हाथों और चेहरे की गति

Ans: (2)

नृत्य में, मुख्य मुद्राएँ और अभिव्यक्तियाँ भावनाओं और संवेदनाओं को व्यक्त करती हैं, जिससे नर्तकों को गति के माध्यम से कहानियों और अनुभवों को संप्रेषित करने की अनुमति मिलती है।

317. In many places 'Acid Rain' is affecting the aquatic biodiversity. The main chemicals causing Acid Rain are:

1. Hydrochloric acid and sulphuric acid
2. Nitric acid and sulphuric acid

3. Acetic acid and sulphuric acid
4. Hydrochloric acid Nitric acid

कई स्थानों पर "अम्ल वर्षा जलीय विविधता को प्रभावित कर रही है। अम्ल वर्षा निम्न में से किन प्रमुख रासायनों के कारण होती है

1. हाइड्रोक्लोरिक अम्ल तथा सल्फ्यूरिक अम्ल
2. नाइट्रिक अम्ल तथा सल्फ्यूरिक अम्ल
3. एसिटिक अम्ल तथा सल्फ्यूरिक अम्ल
4. हाइड्रोक्लोरिक अम्ल तथा नाइट्रिक अम्ल

Ans: (2)

अम्लीय वर्षा वायुमंडल में नाइट्रिक और सल्फ्यूरिक एसिड के कारण होती है, जो वाहनों और उद्योगों द्वारा छोड़े गए नाइट्रोजन ऑक्साइड और सल्फर डाइऑक्साइड जैसे प्रदूषकों से बनती है। जब ये प्रदूषक जलवाष्प के साथ प्रतिक्रिया करते हैं, तो वे अधिक अम्लीय वर्षा बनाते हैं, जो जलीय पारिस्थितिकी तंत्र और पर्यावरण को नुकसान पहुंचा सकता है।

318. Animals with sharp flat and broad front teeth have different preference for food. Which of the following food preference do these animals go for:

1. Flesh of other animals
2. Grass and herbs
3. Fruits
4. Grains

पैने, चपटे एवं चौड़े आगे के दाँतों वाले पशुओं की भोजन के लिए प्राथमिकता भिन्न होती है। ये पशु निम्न में से कौन-सी खाद्य संबंधी प्राथमिकता को चुनेंगे -

1. दूसरे पशुओं का मांस
2. घास एवं शाक
3. फल
4. अनाज

Ans: (2)

नुकीले, चपटे और चौड़े सामने वाले दाँत वाले जानवर मुख्य रूप से घास, जड़ी-बूटियाँ और सब्जियाँ खाते हैं। ये दाँत पौधों की सामग्री को पीसने और चबाने के लिए अनुकूलित होते हैं।

319. The three neighbouring states surrounding Mizoram are-

1. Assam, Bihar, Chhattisgarh
2. Bihar, Chhattisgarh, Assam
3. West Bengal, Arunachal Pradesh, Assam
4. Tripura, Assam, Manipur

मिज़ोरम के निकटवर्ती प्रतिवेशी तीन राज्य हैं –

1. असम, बिहार, छत्तीसगढ़
2. बिहार, छत्तीसगढ़, असम
3. पश्चिम बंगाल, अरुणाचल प्रदेश, असम
4. त्रिपुरा, असम, मणिपुर

Ans: (4)

मिजोरम की सीमाएँ तीन राज्यों से लगती हैं: पश्चिम में त्रिपुरा, उत्तर में असम और पूर्व में मणिपुर। यह भौगोलिक स्थिति मिजोरम को पूर्वोत्तर भारत के एक विविध क्षेत्र में रखती है, जो इसे विभिन्न सांस्कृतिक और पारिस्थितिक परिदृश्यों से जोड़ती है।

320. A shooting star is a _____.

1. Star
2. Comet
3. Meteor
4. Asteroid

टूटता तारा होता है कोई -

1. तारा
2. धूमकेतु
3. उल्का
4. क्षुद्रग्रह

Ans: (3)

उल्का ही टूटता तारा होता है। सूर्य के चारों ओर चक्कर लगाने वाले पत्थरों के छोटे-छोटे टुकड़ों को उल्कापिंड कहते हैं। कभी-कभी ये उल्कापिंड पृथ्वी के इतने नजदीक आ जाते हैं कि इनकी प्रवृत्ति पृथ्वी पर गिरने की होती है। इस प्रक्रिया के दौरान वायु के साथ घर्षण होने के कारण ये गर्म होकर जल जाते हैं

321. A technique of watering plants by making use of narrow tubing which delivers water directly at the base of the plant is called

1. Nano-irrigation
2. Micro-irrigation
3. Femto-irrigation

4. Drip-irrigation

पौधों में पानी देने के लिए प्रयुक्त तकनीक जिसमें संकीर्ण नलियों से पानी सीधा पौधे के आधार में दिया जाता है, कहलाती है

1. नैनो – सिंचाई
2. माइक्रो (लघु) - सिंचाई
3. फेमटो – सिंचाई
4. ड्रिप – सिंचाई

Ans: (4)

ड्रिप सिंचाई पौधों को पानी देने की एक विधि है जिसमें प्रत्येक पौधे के आधार तक सीधे पानी पहुंचाने के लिए संकीर्ण ट्यूब का उपयोग करना शामिल है। यह कुशल तकनीक पानी की बर्बादी को कम करती है और यह सुनिश्चित करती है कि पौधों को उनकी जड़ों में सही मात्रा में नमी मिले।

322. In winters, grandmothers often use a solution of the following to protect the Skin form dryness.

1. rose water and distilled water
2. Rose water, glycerin and lemon juice
3. Lemon juice and milk
4. rose water and vinegar

सर्दियों में, दादी अक्सर निम्नलिखित के घोल से त्वचा को रूखेपन से बचाने के लिए उपयोग करती हैं।

1. गुलाब जल और आसुत जल
2. गुलाब जल, ग्लिसरीन और नींबू का रस
3. नींबू का रस और दूध
4. गुलाब जल और सिरका

Ans: (2)

गुलाब जल, ग्लिसरीन और नींबू के रस का मिश्रण त्वचा को हाइड्रेट करके, नमी को आकर्षित करके और एक ताज़ा खुशबू जोड़कर सर्दियों में शुष्कता से बचाने में मदद करता है। उपयोग करने के लिए गुलाब जल और ग्लिसरीन को बराबर मात्रा में नींबू के रस की कुछ बूंदों के साथ मिलाएं और त्वचा पर लगाएं।

323. What is the main reason for depletion of ground water levels?
Select the right answer.

1. The rains are less frequent.
2. Tree cover has reduced.
3. Tube wells and hand pumps are used for irrigation.
4. The course of the rivers is being changes and dams built.

भूमिगत जल के स्तर की क्षीणता का मुख्य कारण क्या है?
सही उत्तर का चुनाव कीजिए -

1. वर्षा का कम होना।
2. वृक्षों का आवरण कम होना।
3. सिंचाई हेतु ट्यूब वैल तथा हाथ के पंपों का उपयोग होना।
4. नदियों का रुख बदल रहा है तथा बाँध बनाए जा रहे हैं।

Ans: (3)

भूजल की कमी आमतौर पर ट्यूबवेलों और हैंडपंपों के माध्यम से बार-बार पानी पंप करने के कारण होती है। इस अत्यधिक दोहन से जल स्तर में गिरावट आती है, जिससे उपलब्धता और स्थिरता प्रभावित होती है।

324. Rita lives with her working mother, father, younger brother, grandparents, father's brother and his family. This kind of family format is:

1. Maternal family with Rita's mother as the head
2. Paternal family with Rita's Dad as the head.
3. Nuclear family where both her parents are working.
4. Joint family where all the members live together.

रीता अपने नौकरी वाले माता, पिता, छोटे भाई, दादा, दादी, चाचा एवं उनके परिवार के साथ रहती है। इस प्रकार की परिवार व्यवस्था को कहते हैं -

1. मातृवंश परिवार जिसमें रीता कि माता मुखिया हैं।
2. पितृवंश परिवार जिसमें रीता के पिता मुखिया हैं।
3. एकल परिवार जिसमें उसके माता-पिता दोनों काम करते हैं।
4. संयुक्त परिवार जिसमें परिवार के सभी सदस्य एक साथ रहते हैं।

Ans: (4)

- एकल परिवार में माँ-बाप और उनके बच्चे होते है
- जबकि संयुक्त परिवार में दादा-दादी चाचा, बुआ, माँ-बाप और बच्चे होते है या नाना-नानी, मामा-मामी, मौसी, माँ-बाप और बच्चे होते है

325. Glass jars and bottles are dried well in the sun before filling them with pickles. Why is it so?

(1) To increase their temperature
(2) To remove the dust from them
(3) To remove the moisture completely
(4) To make pickles tasty

काँच के जार तथा बोतलों को, उनमें अचार भरने से पूर्व, सूर्य की धूप में अच्छी तरह सुखाया जाता है। ऐसा क्यों है?

(1) उनके तापमान में वृद्धि करने के लिए
(2) उनमें से धूल को हटाने के लिए
(3) नमी को पूर्णतः हटाने के लिए
(4) अचार को स्वादिष्ट बनाने के लिए

Ans: (3)

काँच के जार तथा बोतलों को अचार से भरने से पहले धूप में अच्छी तरह से सुखाया जाता है ताकि यह सुनिश्चित हो सके कि सारी नमी निकल जाए। इससे अचार को ख़राब होने से बचाने में मदद मिलती है और अचार लंबे समय तक ताज़ा रहता है।

326. When you pour milk through a piece of cloth, cream remains on it. The method of separation here is -

1. Filtration
2. Sieving
3. Sedimentation
4. Decantation

जब किसी एक कपड़े पर दूध को उड़ेलते है मलाई उस पर ही रह जाती है पृथक्करण की यह प्रक्रिया हैं –

1. निस्यंदन
2. चालन
3. अवसादन
4. निस्तारण

Ans: (1)

निस्पंदन का उपयोग ठोस पदार्थों को तरल पदार्थों से अलग करने के लिए किया जाता है, जैसे दूध से क्रीम। निस्सारण का उपयोग तेल और पानी जैसे दो अमिश्रणीय तरल पदार्थों को अलग करने के लिए किया जाता है। अवसादन उस प्रक्रिया को संदर्भित करता है जहां निलंबित कण एक तरल पदार्थ से बाहर निकलते हैं और एक बाधा के खिलाफ आराम करते हैं।

327. Read the options carefully:

(I) hollow bones
(II) Feathers and wings
(III) Perching feet and moving neck
(IV) Streamlined body

Which among the following adaptive features helps birds in flying?

(1) I and II only
(2) I, II, III
(3) I, II, IV
(4) All of the above

विकल्पों को ध्यान से पढ़ें:

(I) खोखली हड्डियां
(II) पंख और पर
(III) पचिंग पैर और चलनशील गर्दन
(IV) सुडौल शरीर

निम्नलिखित अनुकूलीय विशेषताओं में से कौन सी पक्षियों की उड़ान भरने में मदद करती है?

(1) केवल I और II
(2) I, II, III
(3) I, II, IV
(4) उपर्युक्त सभी

Ans: (3)

पक्षी, अपने नाव के आकार के शरीर (सुडौल शरीर), खोखली हड्डियों, पंखों और परों के कारण उड़ान भरने में सक्षम होते हैं। पंख उन्हें गर्म रखने में भी मदद करते हैं। पचिंग पैर से उन्हें पेड़ की शाखाओं पर खुद को बैठाने में मदद मिलती है, जबकि एक चलनशील गर्दन उन्हें स्थिर आंखों के बावजूद भी अलग-अलग दिशाओं में देखने में मदद करती है।

328. Consider the following statement made by a student while giving her introduction in a meeting.
"I am from a place where most of the people prefer to eat fish cooked in mustard oil."
The student must be from
1. Goa
2. Kerala
3. Kashmir
4. Mizoram

किसी सभा में अपना परिचय देते समय किसी छात्र के कथन पर विचार कीजिए –
"मैं जिस जगह से आया हूँ वहाँ के अधिकतर लोग सरसों के तेल में बनी (पकी) मछली खाना पसन्द करते है।"
यह छात्र किस जगह से आया हो सकता है –
1. गोवा
2. केरल
3. कश्मीर
4. मिज़ोरम

Ans: (3)
कश्मीर में बहुत से लोग सरसों के तेल में पकाई गई मछली का आनंद लेते हैं, क्योंकि यह पकवान में एक अलग स्वाद जोड़ता है। खाना पकाने की यह विधि कश्मीरी व्यंजनों में लोकप्रिय है, जिसमें अक्सर समृद्ध और सुगंधित स्वाद होते हैं।

329. Match the following

Column I	Column II
(i) Chholey - Bhature	A. Goa
(ii) Boiled tapioca with curry made using coconut	B. Kerala
(iii) Fish cooked in mustard oil	C. Uttarakhand
(iv) Sea fish cooked in coconut oil	D. Kashmir
	E. Punjab

1. (i)-E, (ii)-D, (iii)-B, (iv)-A
2. (i)-C, (ii)-D, (iii)-B, (iv)-A
3. (i)-E, (ii)-A, (iii)-B, (iv)-D
4. (i)-E, (ii)-B, (iii)-D, (iv)-A

निम्नलिखित का मिलान कीजिए -

कॉलम I	कॉलम II
(i) छोले-भठूरे	A. गोवा
(ii) नारियल डली करी के साथ उबला टैपिओका	B. केरल
(iii) सरसों के तेल में बनी (पकी) मछली	C. उत्तराखण्ड
(iv) नारयल के तेल में बनी पकी मछली	D. कश्मीर
	E. पंजाब

1. (i)-E, (ii)-D, (iii)-B, (iv)-A
2. (i)-C, (ii)-D, (iii)-B, (iv)-A
3. (i)-E, (ii)-A, (iii)-B, (iv)-D
4. (i)-E, (ii)-B, (iii)-D, (iv)-A

Ans: (4)
छोले-भठूरे – पंजाब
नारियल डली करी के साथ उबला टैपिओका – केरल
सरसों के तेल में बनी (पकी) मछली – कश्मीर
नारयल के तेल में बनी पकी मछली - गोवा

330. Which of the following part of cinchona tree is used to treat malaria?
1. Root
2. Bark
3. Leaves
4. Seed

सिंकोना पेड़ के किस भाग का उपयोग मलेरिया के उपचार के लिए किया जाता है?
1. जड़
2. छाल
3. पत्ते
4. बीज

Ans: (2)
सिनकोना पेड़ की छाल में कुनैन होता है, जिसका उपयोग मलेरिया के इलाज के लिए दवा बनाने में किया जाता है। यह पारंपरिक उपाय कई वर्षों से बीमारी से निपटने में प्रभावी रहा है।

331. Pashmina variety of wool is obtained from which animal?
1. Sheep
2. Camel
3. Goat
4. Alpaca

पशमीना ऊन किस जानवर से मिलती है?
1. भेड़
2. ऊँट
3. बकरी
4. ऐल्पेका

Ans: (3)

पश्मीना ऊन चांगथांगी बकरियों के बारीक बालों से प्राप्त होता है, जिन्हें लद्दाख के ऊंचाई वाले क्षेत्रों में चांगपा खानाबदोशों द्वारा पाला जाता है। यह अपनी कोमलता और गर्माहट के लिए बेशकीमती है, जो इसे उच्च गुणवत्ता वाले शॉल और वस्त्रों के लिए आदर्श बनाता है।

332. Crocodiles are mainly killed by poachers
1. for horns
2. for skin
3. for teeth
4. for scent

मगरमच्छ मुख्य रूप से शिकारियों द्वारा मारे जाते हैं।
1. सींगो के लिए
2. त्वचा के लिए
3. दांतो के लिए
4. खुशबू के लिए

Ans: (2)

➢ हाथी को उसके दाँतों, गैंडे को सींग,शेर, मगरमच्छ और साँप को उनकी खाल (त्वचा) के लिए मार दिया जाता है।

➢ कस्तूरी हिरन को थोड़ी-सी खुशबू के लिए मारा जाता है।

333. Bora is a common variety of 'glutinous' rice. It is mainly found in
1. Assam
2. Bihar
3. Odisha
4. Tamil Nadu

बोरा 'चिपचिपे' चावल की एक सामान्य किस्म है। यह मुख्य रूप से पाया जाता है।
1. असम
2. बिहार
3. ओडिशा
4. तमिलनाडु

Ans: (1)

➢ 'बोरा' असम में खाए जाने वाले चावलों की एक किस्म है, जो पकने के बाद चिपचिपे हो जाते है।

➢ चेवा चावल मुख्य रूप से असम में खाए जाते है।

334. Which one of the following places is in Kerala?
1. Valsad
2. Kozhikode
3. Udupi
4. Malakheda

निम्नलिखित में से कौन सा एक स्थान केरल में है ?
1. वलसाड
2. कोझिकोड
3. उडुपी
4. मालाखेड़ा

Ans: (2)

➢ कोझिकोड केरल में है

➢ मल्लापुरम जिला केरल में है

➢ केरल के निकटवर्ती राज्य तमिलनाडु और कर्नाटक है इसकी राजधानी तिरुअनंतपुरम है

➢ तमिलनाडु भारत के दक्षिण में स्थित है इसके पडोसी राज्य केरल, कर्नाटक तथा आंध्रप्रदेश है

335. Read the following statements and choose the correct option:

Assertion (A): Chhappan Bhog consists of 56 types of dishes and a mixture of 6 tastes of food.

Reason (R): Chhappan Bhog is made on

special festivals and auspicious occasions to welcome family members, relatives, friends and guests.

(1) (A) is false, but (R) is true.
(2) Both (A) and (R) are true and (R) is the correct explanation of (A).
(3) Both (A) and (R) are true, but (R) is not the correct explanation of (A).
(4) (A) is true, but (R) is false.

निम्नलिखित कथनों को पढ़िए तथा सही विकल्प का चयन कीजिए:

अभिकथन (A): छप्पन भोग में 56 प्रकार के व्यंजन होते हैं तथा भोजन के 6 रसों का मिश्रण होता है।

कारण (R): छप्पन भोग को विशेष त्योहारों व शुभ अवसरों पर परिवार के सदस्यों, रिश्तेदारों, मित्रों व अतिथियों की आवभगत के लिए बनाया जाता है।

(1) (A) ग़लत है, परन्तु (R) सही है।
(2) (A) और (R) दोनों सही हैं तथा (R), (A) की सही व्याख्या है।
(3) (A) और (R) दोनों सही हैं, परन्तु (R), (A) की सही व्याख्या नहीं है।
(4) (A) सही है, परन्तु (R) ग़लत है।

Ans: (2)

- छप्पन भोग एक विशेष प्रकार का भोजन है।
- इसे विशेष त्योहारों व शुभ अवसरों पर परिवार के सदस्यों, रिश्तेदारों, मित्रों व अतिथियों की आवभगत के लिए बनाया जाता है।
- इस भोग में 56 प्रकार के व्यंजन होते हैं तथा भोजन के 6 रसों का मिश्रण होता है।
- छह रस हैं - मीठा, तीखा, कसैला, खट्टा, नमकीन और कड़वा।

336. 'Nepenthes' is a plant which traps and eats frogs, insects and even mice. In our country this plant is found in

(1) Assam
(2) Odisha
(3) Arunachal Pradesh
(4) Meghalaya

'नेपेन्थिस' एक ऐसा पौधा है, जो मेंढकों, कीड़े-मंकोड़ों और चूहे जैसे छोटे जीवों को अपने अन्दर फंसा कर खा जाता है, हमारे देश में यह पौधा पाया जाता है

(1) असम में
(2) ओडिशा में
(3) अरुणाचल प्रदेश में
(4) मेघालय में

Ans: (4)

- नेपेंथिस नाम का पौधा इंडोनेशिया, ऑस्ट्रेलिया और भारत में मेघालय में पाया जाता है।
- यह पौधा कीड़ों और छोटे जीवों का शिकार करता है।
- यह पौधा एक लंबे घड़े की तरह दिखता है जिसके ऊपर पत्तों का ढक्कन लगा होता है और इसमें से खुशबू आती है, जिससे इसमें कीड़े फंस जाते हैं।
- नीपेंथिस पौधे को घटपर्णी पौधा भी कहा जाता है।
- अन्य कीटभक्षी पौधे हैं - ड्रोसेरा या सनड्यूज, डायोनिया, सेरोसेनिया, यूट्रीकुलेरिया आदि।

337. The gastric juice in the stomach of human beings is and aids in the digestion of food.

(1) alkaline
(2) amphoteric
(3) neutral
(4) acidic

मानवों के पेट में आमाशय रस की प्रकृति होती है और वह भोजन के पाचन में सहायता करता है।

(1) क्षारीय
(2) उभयधर्मी
(3) उदासीन
(4) अम्लीय

Ans: (4)

मनुष्य के पेट में अम्लीय रस को गैस्ट्रिक एसिड कहा जाता है, जो मुख्य रूप से हाइड्रोक्लोरिक एसिड से बना होता है। यह प्रोटीन को तोड़कर, पाचन एंजाइमों को सक्रिय करके और एक अम्लीय वातावरण प्रदान करके भोजन के पाचन में सहायता करता है जो हानिकारक बैक्टीरिया को मारने में मदद करता है।

338. Consider the following characteristics of the houses:

A. Ground floor without windows

B. Slanting wooden roofs made of tree trunks

C. House made almost 10-12 feet above the ground on stone pillars

D. Thick walls made of stone, mud and lime

E. Wooden floors

Which of the above characteristics can be found in the houses of Leh and Ladakh?

(1) A, B, C
(2) B, C, D
(3) C, D, E
(4) A, D, E

घरों की नीचे दी गई विशिष्टताओं पर विचार कीजिए:

A. निचली मंजिल में कोई खिड़की नहीं

B. पेड़ के तनो की लकड़ी से बनी ढालू छतें

C. पत्थर के खम्भों पर जमीन से लगभग 10-12 फुट ऊँचाई पर बने घर

D. पत्थर, गारा और चूने से बनी मोटी दीवारें

E. लकड़ी के फर्श

लेह और लद्दाख के घरों में ऊपर दी गई कौन-कौन सी विशिष्टताएँ पाई जा सकती हैं?

(1) A, B, C
(2) B, C, D
(3) C, D, E
(4) A, D, E

Ans: (4)

लेह और लद्दाख के घरों की विशेषताएं:

➢ यहां 1 या 2 फ्लोर की बिल्डिंग होती है घर पत्थर के होते है जिनकी छत और फर्श लकड़ी की होती है दीवार मिट्टी की और उस पर चुने की मोटी परत चढ़ी होती है

➢ ग्राउंड फ्लोर में जानवरों को रखा जाता है। जब ज्यादा सर्दी पड़ती है तो खुद भी ग्राउंड फ्लोर में रहने आ जाते हैं ग्राउंड फ्लोर में विंडो नहीं होती है

➢ लकड़ियों की सीढ़ी का प्रयोग होता है

339. High fever with shiver which can be treated with the bark of Cinchona tree is

(1) typhoid
(2) malaria
(3) chikungunya
(4) dengue

उच्च ज्वर (तेज बुखार) के साथ कँपकँपी, जिसका उपचार सिनकोना पेड़ की छाल से किया जा सकता है, वह है

(1) मियादी बुखार
(2) मलेरिया
(3) चिकनगुनिया
(4) डेंगू

Ans: (2)

मलेरिया में तेज बुखार और कंपकंपी होती है और इसका इलाज सिनकोना पेड़ की छाल से किया जा सकता है। छाल में कुनैन होता है, जिसका उपयोग ऐतिहासिक रूप से मलेरिया के प्रभावी उपचार के लिए किया जाता रहा है।

340. A bird makes its nest high up on a tree. This bird could be

(1) Sunbird
(2) Indian Robin
(3) Crow
(4) Dove

कोई पक्षी पेड़ की ऊँची डाल पर अपना घोंसला बनाता है। यह पक्षी हो सकता है

(1) शकरखोरा
(2) कलचिड़ी
(3) कौआ
(4) फाखता

Ans: (3)

- कौआ के घोंसले में लोहे के तार और लकड़ी की टहनियां जैसी चीजें भी होती है
- कौआ पेड़ की ऊंची डाल पर घोंसला बनाता है

341. Mira and Divya are young girls. Mira likes to eat samosas, cutlets and bread. Divya, on the other hand, takes an iron deficient diet. Which of the following disorders are Mira

and Divya likely to suffer from respectively?

(1) Obesity and scurvy

(2) Scurvy and anemia

(3) Anemia and night blindness

(4) Obesity and anemia

मीरा और दिव्या छोटी लड़कियाँ हैं। मीरा समोसे, कटलेट और डबलरोटी खाना पसन्द करती है, जबकि दिव्या ऐसा भोजन पसन्द करती है, जिसमें लौह तत्त्व की कमी है। मीरा और दिव्या को निम्नलिखित बीमारियों में से क्रमशः कौन-सी बीमारी होगी?

(1) मोटापा और स्कर्वी

(2) स्कर्वी ओर ऐनीमिया

(3) ऐनीमिया और रतौंधी

(4) मोटापा और ऐनीमिया

Ans: (4)

मीरा, जो कैलोरी से भरपूर खाद्य पदार्थ खाती है, को मोटापे का सामना करना पड़ सकता है, जबकि आयरन की कमी वाले आहार से दिव्या एनीमिया से पीड़ित हो सकती है।

342. Characteristic of a good EVS curriculum at primary level is to

(1) engage learners in inventing new products

(2) focus on acquiring knowledge

(3) develop socio-emotional skills learners

(4) help learners to earn their livelihood

प्राथमिक स्तर पर एक अच्छे पर्यावरण अध्ययन के पाठ्यचर्या की विशेषता है

(1) विद्यार्थियों को नए उत्पादों के आविष्कार में लगाना

(2) ज्ञान अर्जित करने पर केन्द्रित होना

(3) विद्यार्थियों में सामाजिक भावनात्मक कौशलों को विकसित करना

(4) विद्यार्थियों को जीविकोपार्जन में सहायता करना

Ans: (3)

प्राथमिक स्तर पर, ईवीएस को न केवल शैक्षणिक ज्ञान बल्कि सहानुभूति, पर्यावरणीय मुद्दों के बारे में जागरूकता और सामाजिक जिम्मेदारी जैसे सामाजिक-भावनात्मक कौशल विकसित करने पर भी ध्यान केंद्रित करना चाहिए।

343. In EVS group discussion should be conducted, this creates meaningful knowledge. Which of the following statement best describes this fact?

(1) Learning is facilitated due to social contact.

(2) Thoughts and experiences are shared with others.

(3) Every child is free to express his/her view.

(4) Every response is accepted without criticism.

पर्यावरण अध्ययन में समूह चर्चा कराना चाहिए, इससे सार्थक ज्ञान का निर्माण होता है। निम्नलिखित में से कौन-सा कथन इस तथ्य की सर्वोत्तम व्याख्या है?

(1) सामाजिक संपर्क के माध्यम से अधिगम सरल हो जाता है।

(2) विचार और अनुभव दूसरों के साथ साझा किए जाते हैं।

(3) प्रत्येक बच्चा अपनी राय व्यक्त करने हेतु स्वतंत्र है।

(4) प्रत्येक प्रतिक्रिया को बिना आलोचना स्वीकार किया जाता है।

Ans: (2)

समूह चर्चा से छात्रों को पर्यावरणीय मुद्दों से संबंधित अपने विचार व्यक्त करने और व्यक्तिगत अनुभव साझा करने का मौका मिलता है। विचारों का यह आदान-प्रदान उन्हें विविध दृष्टिकोणों के माध्यम से विषय की अधिक व्यापक समझ बनाने में मदद करता है।

344. Which of the following statements explains the fact that Environmental Studies is an inter-disciplinary subject?

A. It integrates the knowledge of various subjects for understanding all the aspects of environments.

B. It is an interdisciplinary area which includes concepts in various forms

C. It is an area of interaction between biological, social and cultural environments.

D. It is an area of interaction and mutual dependence between living and non-living components.

E. It is the prior preparation of science and social science subjects of upper primary classes.

(1) A, B and C
(2) B, C and D
(3) C, D and E
(4) A, B and E

निम्नलिखित में से कौन-से कथन इस तथ्य को स्पष्ट करते हैं कि पर्यावरण अध्ययन एक अंतः अनुशासनिक विषय है?

A. यह पर्यावरण के सभी पहलुओं को समझने के लिए विभिन्न विषयों के ज्ञान को एकीकृत करता है।
B. यह विविध रूप में अवधारणाओं को शामिल करने वाला एक अंतः अनुशासनिक क्षेत्र है।
C. यह जैविक, सामाजिक व सांस्कृतिक पर्यावरण में होने वाली अंतः क्रिया का क्षेत्र है।
D. यह जैविक और जीवेत्तर घटकों के मध्य परस्पर आश्रितता एवं अंतः क्रिया करने वाला क्षेत्र है।
E. यह उच्च प्राथमिक कक्षाओं के विज्ञान एवं सामाजिक विज्ञान विषयों की पूर्व तैयारी है।

(1) A, B और C
(2) B, C और D
(3) C, D और E
(4) A, B और E

Ans: (1)

पर्यावरण अध्ययन पर्यावरण के सभी पहलुओं को समझने के लिए विभिन्न विषयों के ज्ञान को एकीकृत करता है। इसमें जैविक, सामाजिक और सांस्कृतिक अवधारणाएँ शामिल हैं, जो इसकी अंतःविषय प्रकृति को दर्शाती हैं।

345. Theme-based approach in EVS helps in

(1) covering all concepts and issues
(2) developing sensitivity towards the environment
(3) developing student-teacher relationship
(4) accessing knowledge holistically

पर्यावरण अध्ययन में थीम आधारित पद्धति सहायक होती है।

(1) सभी प्रत्ययों एवं विषयों को शामिल करने में
(2) पर्यावरण के प्रति संवेदनशीलता विकसित करने में
(3) विद्यार्थी अध्यापक संबंध विकसित करने में
(4) ज्ञान को संपूर्णता से अर्जित करने में

Ans: (4)

समग्र रूप से ज्ञान तक पहुंच छात्रों को एक सामान्य विषय के तहत विभिन्न प्रकार के परस्पर जुड़े विषयों का पता लगाने की अनुमति देती है, जिससे विषय वस्तु की व्यापक समझ मिलती है।

346. Which of the following statements explain the nature of CCE?

A. This is an assessment which is done at the end of lesson and year.
B. This is an assessment of what has been learnt instead of assessment for learning.
C. This is providing an opportunity to learn constructively.
D. This is an assessment for learning instead of assessment of what has been learnt.

(1) A and B
(2) B and C
(3) C and D
(4) A and D

निम्नलिखित में से कौन-से कथन सतत एवं समग्र मूल्यांकन की प्रकृति को स्पष्ट करते हैं?

A. यह पाठ तथा साल के अंत में होने वाला आकलन है।
B. यह सीखने के लिए के बजाय सीखे गए का आकलन है।
C. यह रचनात्मक रूप से सीखने के अवसर उपलब्ध कराना है।
D. यह सीखे गए के बजाय सीखने के लिए का आकलन है।

(1) A और B
(2) B और C
(3) C और D
(4) A और D

Ans: (3)

सीसीई रचनात्मक सीखने के लिए निरंतर अवसर प्रदान करता है और सीखने के लिए मूल्यांकन पर ध्यान केंद्रित

करता है, जिसका लक्ष्य केवल जो सीखा गया है उसका मूल्यांकन करने के बजाय छात्रों के सीखने में सुधार और मार्गदर्शन करना है।

347.CCE in EVS stands for

(1) Continuous and Cumulative Evaluation
(2) Cumulative and Cognitive Evaluation
(3) Comprehensive and Cumulative Evaluation
(4) Continuous and Comprehensive Evaluation

EVS में CCE का अर्थ है

(1) सतत एवं संचयी मूल्यांकन
(2) संचयी एवं संज्ञानात्मक मूल्यांकन
(3) व्यापक एवं संचयी मूल्यांकन
(4) सतत एवं व्यापक मूल्यांकन

Ans: (4)

ईवीएस में सीसीई का मतलब सतत और व्यापक मूल्यांकन है। यह दृष्टिकोण चल रहे मूल्यांकन और छात्र सीखने और विकास के विभिन्न पहलुओं के व्यापक मूल्यांकन पर जोर देता है।

348.Which of the following statements are the objective of EVS?

A. To provide direct information, definitions & description about the environment.
B. To develop sensitivity towards current environmental issues.
C. To generate situations to interact with environment and acquire knowledge by self.
D. To develop the efficiency to remove the environmental problems.

(1) A and B
(2) B and C
(3) B, C and D
(4) A, B and D

निम्नलिखित में से कौन-से कथन पर्यावरण अध्ययन के उद्देश्य हैं?

A. पर्यावरण के बारे में प्रत्यक्ष जानकारी, परिभाषाएँ और विवरण प्रदान करना।
B. मौजूदा पर्यावरणीय मुद्दों के प्रति संवेदनशीलता विकसित करना।
C. परिवेश से अंतः क्रिया करके स्वयं ज्ञानार्जन करने की स्थितियाँ बनाना।
D. पर्यावरणीय समस्याओं को दूर करने की कुशलता विकसित करना।

(1) A और B
(2) B और C
(3) B, C और D
(4) A, B और D

Ans: (3)

वर्तमान पर्यावरणीय मुद्दों के बारे में जागरूकता बढ़ाना, पर्यावरणीय बातचीत के माध्यम से स्व-निर्देशित शिक्षा को बढ़ावा देना और पर्यावरणीय समस्याओं से निपटने और हल करने के लिए कौशल विकसित करना।

349.In EVS, an environment as a concept is meant to include:

(1) physical environment and biological environment
(2) biological environment, physical environment, socio-cultural environment
(3) physical environment and socio-cultural environment.
(4) biological environment, life processes and systems, socio-cultural environment

पर्यावरण अध्ययन में संप्रत्यय के रूप में पर्यावरण सम्मिलित करता है।

(1) भौतिक पर्यावरण और जैविक पर्यावरण
(2) जैविक पर्यावरण, भौतिक पर्यावरण, सामाजिक-सांस्कृतिक पर्यावरण
(3) भौतिक पर्यावरण और सामाजिक-सांस्कृतिक पर्यावरण
(4) जैविक पर्यावरण, जीवन प्रक्रम और तंत्र, सामाजिक-सांस्कृतिक पर्यावरण

Ans: (2)

ईवीएस में, पर्यावरण की अवधारणा में जैविक, भौतिक और सामाजिक-सांस्कृतिक पहलू शामिल हैं, जो जीवित जीवों, उनके परिवेश और सामाजिक प्रभावों के बीच बातचीत को दर्शाते हैं।

350. While waiting for the school bus in the morning, Mona was asking her son Jayesh, facts and definitions for the EVS test to be held today. Which of the following statements are big barriers for learning of Jayesh?

A. Mona is helping Jayesh by doing so, because by revising, Jayesh will learn facts and definitions by heart.

B. Mona is helping Jayesh by doing so, because facts and definitions are learnt better in the morning hours.

C. Mona is making Jayesh anxious by asking facts and definitions, instead of nurturing natural curiosity.

D. Mona is making Jayesh anxious by asking facts and definitions instead of developing process skills.

(1) A, B and C
(2) B, C and D
(3) C and D
(4) A and B

सुबह स्कूल बस का इंतजार करते समय मोना अपने बेटे जयेश को आज आयोजित होने वाली पर्यावरण अध्ययन परीक्षा के लिए तथ्य और परिभाषाएँ पूछ रही थी। निम्नलिखित में से कौन-से कथन जयेश के सीखने में सबसे बड़ी बाधाएँ हैं?

A. ऐसा करके मोना जयेश की सहायता कर रही है, क्योंकि दोहराने से जयेश तथ्यों और परिभाषाओं को अच्छी तरह याद करेगा।

B. ऐसा करके मोना जयेश की सहायता कर रही है, क्योंकि तथ्यों और परिभाषाओं को सुबह के समय अच्छी तरह से याद किया जा सकता है।

C. ऐसा करके मोना प्राकृतिक जिज्ञासा का पोषण कर रही है।

D. ऐसा करके मोना प्रक्रिया कौशल विकसित कर रही है।

(1) A, B और C
(2) B, C और D
(3) C और D
(4) A और B

Ans: (4)

रटकर याद करने और समय-विशिष्ट सीखने पर ध्यान केंद्रित करने का मोना का दृष्टिकोण जयेश की गहरी समझ और व्यापक शैक्षिक आवश्यकताओं को सीमित करता है।

351. EVS textbook is:

A. Child-centered

B. Teacher-centered

C. Subject-centered

D. Community-centered

(1) Only A
(2) A and C
(3) A and B
(4) A and D

EVS की पाठ्यपुस्तक उद्देशित है

A. बाल-केंद्रित

B. शिक्षक-केंद्रित

C. विषय-केंद्रित

D. समुदाय केंद्रित

(1) केवल A
(2) A और C
(3) A और B
(4) A और D

Ans: (4)

ईवीएस पाठ्यपुस्तकें बाल-केंद्रित और समुदाय-केंद्रित दोनों हैं, जो सामुदायिक संदर्भों और मुद्दों को शामिल करते हुए बच्चों की जरूरतों और हितों पर ध्यान केंद्रित करती हैं।

352. While teaching "Foods" to class IV students, Rukmini made the students eat 'Chaat a popular food. She asked students to describe the taste and guess the ingredients used in the chaat. This approach will help in the development of which of the following type of process skill?

(1) Theoretical skill
(2) Practical skill
(3) Observation skill

(4) Skill of describing

कक्षा IV के विद्यार्थियों को "भोजन" पढ़ाते हुए रुक्मिणी ने विद्यार्थियों को एक लोकप्रिय भोजन "चाट" खिलाया। उसने विद्यार्थियों से इसके स्वाद का वर्णन करने तथा चाट में प्रयोग की गई सामग्री का अनुमान लगाने को कहा। यह उपागम निम्नलिखित में से किस प्रकार के प्रक्रिया कौशल को विकसित करने में सहायक है?

(1) सैद्धांतिक कौशल
(2) प्रायोगिक कौशल
(3) अवलोकन कौशल
(4) व्याख्या करने का कौशल

Ans: (3)

छात्रों से स्वाद का वर्णन करने और सामग्री का अनुमान लगाने के लिए कहकर, रुक्मिणी उन्हें संवेदी विवरणों का निरीक्षण और विश्लेषण करने के लिए प्रोत्साहित करती हैं, जिससे उनकी अवलोकन क्षमता बढ़ती है।

353. The skills developed by students when they conduct the activity given in the topic what floats, what sinks are:

(1) Observation, Discovery, Discussions
(2) Interviewing, Questioning, Cooperation
(3) Observation, Recording, Analysis
(4) Explanation, Discussion, Concern for Justice & Equality

जब विद्यार्थी, विषय क्या तैरता है क्या डूब जाता है' में दिए गए क्रियाकलाप को संचालित करते हैं, तब उनमें जिन कौशलों का विकास होता है, वे हैं

(1) प्रेक्षण, खोज, चर्चा करना
(2) साक्षात्कार करना, प्रश्न करना, सहयोग
(3) प्रेक्षण, अभिलेखन, विश्लेषण
(4) व्याख्या करना, चर्चा करना, न्याय एवं समानता से संबंध

Ans: (3)

जब छात्र "क्या तैरता है, क्या डूबता है" विषय पर गतिविधि संचालित करते हैं तो उनमें अवलोकन, रिकॉर्डिंग, विश्लेषण जैसे कौशल विकसित होते हैं। इन कौशलों में यह देखना शामिल है कि विभिन्न वस्तुएं पानी में कैसे व्यवहार करती हैं, परिणामों को रिकॉर्ड करना और यह विश्लेषण करना कि कुछ वस्तुएं तैरती क्यों हैं जबकि अन्य डूब जाती हैं।

354. Radha, an EVS teacher was making "Poori" at her home on Diwali. Her daughter Geeta wondered why the poori puffed on frying. As a teacher what should Radha do?

A. Tell her that water molecules get converted into steam and poori gets puffed due to steam thus formed.
B. Ask her to think about other similar eatables that get puffed like "chapati" and think about the reason.
C. Ask her to think about the reason and explain why poori gets puffed upon frying in oil.
D. Show her that plate covering the rice utensil during cooking also moves upwards and ask why it moves upwards.

(1) A and B
(2) B and C
(3) C and D
(4) B and D

राधा, एक ई.वी.एस. की अध्यापिका, दिवाली पर अपने घर पूड़ी बना रही थी। उसकी बेटी । गीता को यह आश्चर्य हुआ कि पूड़ी तलने पर फूली क्यों? राधा को एक शिक्षक होने के नाते क्या करना चाहिए?

A. उससे कहे कि पानी के अणु भाप में बदल जाते हैं और इस तरह से बनी भाप के कारण पूड़ी फूल जाती है।
B. उससे इस तरह की अन्य फूलने वाली खाने की वस्तुओं जैसे "चपाती के बारे में सोचने को कहें और इसका कारण खोजने को कहें।
C. उससे इसका कारण सोचने और यह समझाने को कहें कि तेल में तलने पर पूड़ी क्यों फूल जाती है।
D. उसे यह दिखाएं कि चावल पकाने के दौरान, चावल के बरतन को ढकने वाली थाली भी ऊपर उठती है, और उससे उसके ऊपर उठने का कारण पूछें।

(1) A और B
(2) B और C

(3) C और D

(4) B और D

Ans: (4)

राधा को गीता से चपाती जैसे अन्य समान फूले हुए खाद्य पदार्थों के बारे में सोचने के लिए कहना चाहिए, और पता लगाना चाहिए कि वे क्यों फूलते हैं। इसके अतिरिक्त, वह दिखा सकती है कि खाना पकाने के दौरान चावल के बर्तन को ढकने वाली प्लेट कैसे ऊपर की ओर बढ़ती है और गीता से इसके कारणों पर विचार करने के लिए कह सकती है।

355. 'Gir Sher Project' is located at-

(1) Gujarat

(2) Maharashtra

(3) Uttar Pradesh

(4) Madhya Pradesh

'गिर शेर परियोजना' अवस्थित है-

(1) गुजरात में

(2) महाराष्ट्र में

(3) उत्तर प्रदेश में

(4) मध्य प्रदेश में

Ans: (1)

गुजरात के सौराष्ट्र क्षेत्र में स्थित गिर शेर परियोजना, लुप्तप्राय एशियाई शेर और उसके आवास की रक्षा के उद्देश्य से संरक्षण प्रयासों के लिए जानी जाती है।

356. Which layer of the atmosphere transmits ultraviolet rays of light to preventing it from reaching the surface?

(1) Stratosphere

(2) Troposphere

(3) Ionosphere

(4) Mesosphere

वायुमंडल की कौन-सी परत प्रकाश की पराबैंगनी किरणों को पृथ्वी की सतह पर आने से रोकती है?

(1) समतापमंडल

(2) क्षोभमंडल

(3) आयनमंडल

(4) मध्यमंडल

Ans: (1)

वायुमंडल की परत 'समतापमंडल' में ओजोन परत (प्रमुखतया 15-35 किमी. की ऊंचाई पर) सूर्य से आने वाली पराबैंगनी विकिरण का अवशोषण कर उसे पृथ्वी पर आने से रोकती है।

357. Which disease is spread by drinking contaminated water?

(1) AIDS

(2) Typhoid

(3) Anemia

(4) Tetanus

कौन-सी बीमारी दूषित जल पीने से फैलती है?

(1) एड्स

(2) टायफॉइड

(3) एनीमिया

(4) टिटेनस

Ans: (2)

टायफॉइड बीमारी सालमोनेला टाइफी नामक जीवाणु से होती है। यह बीमारी दूषित जल व भोजन से होती है।

358. Chipko Movement was strengthened under the leadership of

(1) AK Banerjee

(2) Sunder Lal Bahuguna

(3) Amrita Devi Bishnoi

(4) Medha Patkar

किसके नेतृत्व में 'चिपको आन्दोलन' को बल मिला?

(1) ए.के. बैनर्जी

(2) सुन्दर लाल बहुगुणा

(3) अमृता देवी बिश्नोई

(4) मेधा पाटकर

Ans: (2)

वन संरक्षण पर केंद्रित चिपको आंदोलन को सुंदर लाल बहुगुणा द्वारा काफी मजबूत किया गया, जिन्होंने भारत में पर्यावरणीय मुद्दों पर प्रकाश डालते हुए लोगों को पेड़ों को गले लगाकर उनकी रक्षा करने के लिए प्रेरित किया।

359. What are the objects through which we can see called?

(1) opaque
(2) transparent
(3) Semi-transparent
(4) blurry

जिन वस्तुओं से आर-पार देख सकते हैं, उन्हें क्या कहा जाता है?

(1) अपारदर्शी
(2) पारदर्शी
(3) अर्ध-पारदर्शी
(4) धुंधले

Ans: (2)

➤ पारदर्शी वस्तुएं: ये वे वस्तुएं हैं जो प्रकाश को बिना रुकावट के अपने बीच से गुजरने देती हैं।

➤ स्पष्ट दृश्यता: पारदर्शी वस्तुओं के कारण हम दूसरी तरफ की चीजें साफ-साफ देख सकते हैं।

➤ पारदर्शी वस्तुओं के उदाहरण में शामिल हैं:

1. कांच: जैसे खिड़कियों में प्रयोग किया जाने वाला कांच।
2. प्लास्टिक: पारदर्शी प्लास्टिक की बोतलें।
3. पानी: साफ पानी पारदर्शी होता है।
4. साफ फिल्म: जैसे कि रैप या प्लास्टिक की फिल्म जो खाने की चीजों को लपेटने के लिए इस्तेमाल होती है।

360. The hypothesis is not found to be false by repeated testing, then it is a

(1) Principle
(2) Law
(3) Discovery
(4) Basic Concept

परिकल्पना को बार-बार परीक्षण करने से गलत नहीं पाया जाता है, तो वह है एक

(1) सिद्धांत
(2) कानून
(3) खोज
(4) मूल संकल्पना

Ans: (1)

एक वैज्ञानिक सिद्धांत बार-बार प्रयोग और अवलोकन के माध्यम से स्थापित एक मौलिक सत्य है, जो प्रकृति में लगातार संबंधों का वर्णन करता है। यह आगे की जांच के लिए एक आधार के रूप में कार्य करता है, जिसमें बताया गया है कि प्राकृतिक दुनिया के पहलू कैसे विश्वसनीय रूप से व्यवहार करते हैं।

361. 'Green Muffler' is related to-

(1) Soil pollution
(2) Air pollution
(3) Noise pollution
(4) Water pollution

'ग्रीन मफ्लर' संबंधित है-

(1) मृदा प्रदूषण से
(2) वायु प्रदूषण से
(3) ध्वनि प्रदूषण से
(4) जल प्रदूषण से

Ans: (3)

'ग्रीन मफ्लर' ध्वनि प्रदूषण से संबंधित है। इसके तहत विशालकाय हरे पौधे, अधिक ध्वनि प्रदूषण वाले क्षेत्रों में लगाए जाते हैं, क्योंकि उनमें ध्वनि तरंगों को अवशोषित करने की क्षमता होती है।

362. How should the teacher deal with these responses?

(1) Initiate a discussion to revisit their ideas.
(2) Tell the children that they are wrong.
(3) Show the standard water cycle chart.
(4) Give the definition of evaporation and ask the children to memorize it.

शिक्षक को इन उत्तरों का सामना किस प्रकार करना चाहिए?

(1) उनके विचारों तक पुनः पहुँचने के लिए एक चर्चा प्रारंभ करें।
(2) बच्चों को बता दें कि वे ग़लत हैं।
(3) जलचक्र का एक मानक चार्ट प्रदर्शित करें।
(4) वाष्पीकरण की परिभाषा दें और बच्चों को उसे याद रखने के लिए कहें।

Ans: (1)

शिक्षक को छात्रों के विचारों पर दोबारा गौर करने के लिए चर्चा शुरू करनी चाहिए। यह विधि आलोचनात्मक सोच को बढ़ावा देती है, छात्रों को अपनी समझ को स्पष्ट करने में सक्षम बनाती है, और गलतफहमियों को प्रभावी ढंग से संबोधित करने के लिए एक सहयोगी वातावरण बनाती है।

363. Environmental factors that shape the development of a child include all of the following except

(1) quality of education
(2) quality of nutrition
(3) physique
(4) culture

______के अलावा बच्चे के विकास को आकार देने वाले वातावरणीय कारकों में निम्नलिखित सभी शामिल हैं।

(1) शिक्षा की गुणवत्ता
(2) पोष्टिकता क़ी गुणवत्ता
(3) शारीरिक गठन
(4) संस्कृति

Ans: (3)

बच्चे के विकास को प्रभावित करने वाले पर्यावरणीय कारकों में शिक्षा की गुणवत्ता, पोषण और संस्कृति शामिल हैं। हालाँकि, काया मुख्य रूप से आनुवंशिकी द्वारा निर्धारित होती है, पर्यावरणीय कारकों से नहीं।

364. Consider the following list:
Tortoise, Crocodile, Crow, Duck, Fish
In this list which one of the following is different from the others?

(1) Fish
(2) Crow
(3) Crocodile
(4) Tortoise

नीचे दी गई सूची पर विचार कीजिए
कछुआ, घड़ियाल, कौआ, बत्तख, मछली
इस सूची में से निम्न में से कौन-सा दूसरों से भिन्न है?

(1) मछली
(2) कौआ
(3) घड़ियाल
(4) कछुआ

Ans: (2)

सूची में, कौआ सबसे अलग है क्योंकि यह एक स्थलीय पक्षी है, जबकि कछुआ, मगरमच्छ, बत्तख और मछली मुख्य रूप से जलीय या अर्ध-जलीय हैं। यह अंतर दूसरों की तुलना में कौवे के अनूठे आवास और जीवनशैली पर जोर देता है, जो जलीय वातावरण के अनुकूल होते हैं।

365. Select the correct statements about Madhubani paintings

I. To make these paintings, indigo, turmeric, colours from flowers and trees etc. are used.
II. The paintings show human beings, animals, trees, flowers, birds, fish etc.
III. It is a very old form of folk art and is named after the place Madhubani.
IV. Madhubani is a well-known district of Rajasthan.

(1) I, III and IV
(2) I, II and IV
(3) II, III and IV
(4) I, II and III

मधुबनी चित्रकला के बारे में सही कथन चुनिए।

A. इन चित्रों को बनाने में नील, हल्दी, फूल-पेड़ों के रंग आदि का इस्तेमाल किया जाता है।
B. इन चित्रों में इन्सान, जानवर, पेड़, फूल, पंछी, मछलियाँ आदि दिखाए जाते हैं।
C. यह लोक चित्रकला बहुत पुरानी है और इसका नाम मधुबनी नामक स्थान के नाम पर पड़ा।
D. मधुबनी राजस्थान का अति-प्रसिद्ध जिला है।

(1) A, C और D
(2) A, B और D
(3) B, C और D
(4) A, B और C

Ans: (4)

➤ बिहार में मधुबनी नाम का एक जिला है, जहां त्योहारों और खुशियों के मौके पर घर की दीवारों और आंगन में कई तरह की पेंटिंग बनाई जाती है।

> ➢ यह चित्र चावल के घोल के मिश्रण में रंग मिलाकर बनाया गया है
>
> ➢ इन रंगों को बनाने के लिए नील, हल्दी, फूल, पेड़ के रंग आदि का उपयोग किया जाता है।
>
> ➢ चित्रों में मनुष्य, जानवर, पेड़, फूल, पक्षी, मछलियाँ आदि एक साथ बने होते हैं। मधुबनी पेंटिंग बहुत पुरानी है और इसका नाम इसी जिले के नाम पर पड़ा है।

366. A farmer wanted to separate the grains from the chaff. This can be achieved by the process called
(1) harvesting
(2) handpicking
(3) threshing
(4) winnowing

एक किसान दानों को भूसे से अलग करना चाहता है, जिस प्रक्रिया से यह किया जा सकता है, वह कहलाती है
(1) फसल की कटाई
(2) हस्त चयन
(3) थ्रेशिंग
(4) निष्पावन

Ans: (4)

विनोइंग एक पारंपरिक कृषि प्रक्रिया है जहां किसान हवा या वायु का उपयोग करके अनाज को भूसी से अलग करते हैं। यह तकनीक हल्के भूसे को उड़ा देती है जबकि भारी अनाज वहीं रह जाता है, जिससे अनाज प्रभावी ढंग से साफ हो जाता है।

367. This plant has leaves which are used as vegetables. Its seeds are used to produce oil. The plant is
(1) Coconut
(2) Cabbage
(3) Mustard
(4) Spinach

इस पौधे में पत्तियाँ हैं जिन्हें सब्ज़ी की तरह प्रयोग में लाया जाता है। इसके बीजों से तेल प्राप्त किया जाता है। यह पौधा है
(1) नारियल
(2) बंदगोभी
(3) सरसों
(4) पालक

Ans: (3)

सरसों की पत्तियां पौष्टिक होती हैं और इन्हें खाना पकाने या सलाद में इस्तेमाल किया जा सकता है, जबकि सरसों के तेल का उत्पादन करने के लिए बीजों की कटाई की जाती है, जो पाक और कृषि दोनों उपयोगों में पौधे के महत्व पर जोर देती है।

368. Which one of the following pairs of life processes occurs both in plants and animals?
(1) Growth and food making
(2) Reproduction and food making
(3) Reproduction and germination
(4) Growth and reproduction

निम्नलिखित में से जीवन-प्रक्रियाओं का कौन-सा युग्म पेड़-पौधों और जीव-जन्तुओं दोनों में मिलता है?
(1) वृद्धि और भोजन बनाना
(2) प्रजनन और भोजन बनाना
(3) प्रजनन और अंकुरण
(4) वृद्धि और प्रजनन

Ans: (4)

विकास और प्रजनन पौधों और जानवरों दोनों के लिए आवश्यक जीवन प्रक्रियाएं हैं। वृद्धि का तात्पर्य किसी जीव के आकार और द्रव्यमान में वृद्धि से है, जबकि प्रजनन प्रजातियों की निरंतरता सुनिश्चित करने के लिए संतान पैदा करने की प्रक्रिया है।

369. In which one of the following cities the mountains of sand called "Sand Dunes' are found?
(1) Afghanistan
(2) Kabul
(3) Abu Dhabi
(4) Berlin

नीचे दिए गए शहरों में से किस एक में रेत के पहाड़, जिन्हें रेत के टीले' कहा जाता है, पाए जाते हैं?
(1) अफगानिस्तान
(2) काबूल
(3) आबूधाबी
(4) बर्लिन

Ans: (3)

अबू धाबी अपने व्यापक रेगिस्तानी परिदृश्य और उल्लेखनीय रेत के टीलों के लिए पहचाना जाता है, जो इस क्षेत्र के भूगोल की विशिष्ट विशेषताएं हैं।

370. Consider the following statements A and B:

Statement A: The objects through which we cannot see are called opaque.

Statement B: A lamp shade made of paper is an example of an opaque object.

Choose the correct option:

(1) A is incorrect, but B is correct

(2) Both A and B are correct

(3) Both A and B are incorrect

(4) A is correct, but B is incorrect

निम्नलिखित कथन A और B पर विचार करें:

कथन A: वे वस्तुएँ जिनके आर-पार हम नहीं देख सकते, अपारदर्शी कहलाती हैं।

कथन B: कागज से बना लैंप शेड एक अपारदर्शी वस्तु का उदाहरण है।

सही विकल्प चुनें:

(1) A ग़लत है, परन्तु B सही है

(2) A और B दोनों सही हैं

(3) A और B दोनों ग़लत हैं

(4) A सही है, परन्तु B ग़लत है

Ans: (4)

कथन A सही है क्योंकि अपारदर्शी वस्तुएं प्रकाश को बिल्कुल भी गुजरने नहीं देती हैं। हालाँकि, कथन B गलत है क्योंकि कागज से बना लैंप शेड आम तौर पर पारभासी होता है, जो अपारदर्शी होने के बजाय कुछ प्रकाश को गुजरने देता है।

371. Which one of the following best describes the features on the surface of the Moon?

(1) No air, no gravity, smooth surface

(2) No water, enough air, high mountains

(3) No water, deep craters, high mountains

(4) No air, no gravity, no water

निम्नलिखित में से कौन-सा चाँद की सतह की विशेषताओं के बारे में सबसे अच्छा वर्णन करता हैं?

(1) हवा नहीं, गुरुत्व नहीं, समतल सतह

(2) पानी नहीं, पर्याप्त हवा, ऊँचे पहाड़ी

(3) पानी नहीं, गहरे गह्वर, ऊँचे पहाड़ी

(4) हवा नहीं, गुरुत्व नहीं, पानी नहीं

Ans: (3)

चंद्रमा की सतह को पानी की अनुपस्थिति, गहरे प्रभाव वाले क्रेटर और ऊंचे पहाड़ों द्वारा परिभाषित किया गया है, जो इसकी प्रमुख भौतिक विशेषताओं और परिदृश्य को उजागर करता है।

372. The birds move their neck very often because

(1) they can fly.

(2) the bird's eyes are fixed.

(3) the birds have small eyes.

(4) their ears are covered with feathers.

पक्षी अपनी गर्दन बहुत अधिक हिलाते हैं । इसका कारण है कि:

(1) उड़ सकते हैं।

(2) पक्षियों की आँखों की पुतली घूम नहीं सकती।

(3) पक्षियों की आँख छोटी होती हैं।

(4) उनके कान पंखों से ढके होते हैं ।

Ans: (2)

पक्षी अक्सर अपनी गर्दन हिलाते हैं क्योंकि उनकी आँखें उनकी जेबों के भीतर अपनी जगह पर टिकी होती हैं, जिससे आँखों की गति सीमित हो जाती है। परिणामस्वरूप, अपने परिवेश का बेहतर दृश्य प्राप्त करने के लिए, पक्षियों को अपना सिर घुमाना पड़ता है। यह अनुकूलन उन्हें अपने पर्यावरण को प्रभावी ढंग से नेविगेट करने और निरीक्षण करने में मदद करता है।

373. 'Worli' is a traditional art form. The place 'Worli' is in the State of

(1) Maharashtra

(2) Odisha

(3) Rajasthan

(4) Bihar

'वरली' एक पारंपरिक कला का प्रकार है। 'वरली' नामक स्थान किस राज्य में है?

(1) महाराष्ट्र

(2) ओडिशा

(3) राजस्थान

(4) बिहार

Ans: (1)

'वर्ली' महाराष्ट्र की एक विशिष्ट पारंपरिक कला है, जो अभिव्यंजक और रंगीन चित्रों के माध्यम से क्षेत्र की सांस्कृतिक समृद्धि को प्रदर्शित करती है।

374. In a hilly area it was observed that the people have built their houses using stones; mud, lime and wood. These houses have two floors. On the ground floor they provide space for animals to live and also store necessary things, on the first floor they stay. The roofs of the houses are flat and made of thick tree trunks. This hilly area is a part of

(1) Jammu and Kashmir
(2) Arunachal Pradesh
(3) Meghalaya
(4) Himachal Pradesh

किसी पर्वतीय क्षेत्र में प्रेक्षण करने पर यह पाया गया कि लोगों ने अपने घर पत्थर, मिट्टी, लकड़ी और चूने से बनाए हैं। यह घर दो मन्जिलें हैं। नीचे की मन्जिल पर जानवरों को रखते हैं तथा जरूरत का सामान भी इकट्ठा करके रखते हैं। वह स्वयं पहली मन्जिल पर रहते हैं। सभी घरों की छतें समतल हैं तथा इन्हें पेड़ों के मोटे तनों से बनाया गया है। यह पर्वतीय क्षेत्र नीचे दिए गए किस प्रदेश का भाग है। ।

(1) जम्मू-कश्मीर
(2) अरुणाचल प्रदेश
(3) मेघालय
(4) हिमाचल प्रदेश

Ans: (1)

जम्मू और कश्मीर में घरों का निर्माण पत्थर, लकड़ी और रेत के साथ मिट्टी से किया जाता है, जो इस क्षेत्र की जलवायु और पर्यावरण के अनुकूल अनुकूलन को दर्शाता है। यह वास्तुशिल्प शैली स्थानीय संसाधनों के व्यावहारिक उपयोग को प्रदर्शित करती है, जो इसे क्षेत्र के आवास डिजाइनों के लिए विशिष्ट बनाती है।

375. Where is Jharkhand located on the map of our country?

(1) South-East of Chhattisgarh
(2) West of Uttar Pradesh
(3) East of West Bengal
(4) North of Odisha

हमारे देश के मानचित्र में झारखण्ड कहाँ स्थित है?

(1) छत्तीसगढ़ के दक्षिण-पूर्व में
(2) उत्तर प्रदेश के पश्चिम में
(3) पश्चिम बंगाल के पूर्व में
(4) ओडिशा के उत्तर में

Ans: (4)

भारत के मानचित्र पर झारखण्ड उड़ीसा के उत्तर में स्थित है। यह अपने समृद्ध प्राकृतिक संसाधनों, जंगलों और आदिवासी संस्कृति के लिए जाना जाता है।

376. Select from the following a group of diseases caused by mosquitoes.

(1) Dengue, Malaria, Chikungunya
(2) Malaria, Cholera, Typhoid
(3) Malaria, Dengue, Cholera
(4) Malaria, Chikungunya, Typhoid

निम्नलिखित में से रोगों का वह समूह चुनिए जो मच्छरों से फैलता है –

(1) डेंगू, मलेरिया, चिकनगुनिया
(2) मलेरिया, हैजा, मियादी बुखार
(3) मलेरिया, डेंगू, हैजा
(4) मलेरिया, चिकनगुनिया, मियादी बुखार

Ans: (1)

डेंगू, मलेरिया और चिकनगुनिया मच्छर जनित रोग हैं जो विभिन्न रोगजनकों के कारण होते हैं। मलेरिया प्लास्मोडियम परजीवियों के कारण होता है, जबकि डेंगू और चिकनगुनिया एडीज मच्छरों द्वारा प्रसारित वायरस के कारण होता है।

377. The territorial states of Haryana are:

(1) Himachal Pradesh, Rajasthan, Uttar Pradesh
(2) Uttar Pradesh, Uttarakhand, Madhya Pradesh
(3) Himachal Pradesh, Punjab, Bihar
(4) Bihar, Punjab, Uttar Pradesh

हरियाणा के सीमान्तवर्ती राज्य हैं :

(1) हिमाचल प्रदेश, राजस्थान, उत्तर प्रदेश

(2) उत्तर प्रदेश, उत्तराखण्ड, मध्य प्रदेश
(3) हिमाचल प्रदेश, पंजाब, बिहार
(4) बिहार, पंजाब, उत्तर प्रदेश

Ans: (1)

हरियाणा की सीमा हिमाचल प्रदेश, राजस्थान और उत्तर प्रदेश से लगती है, जो इन राज्यों के साथ इसके भौगोलिक संबंधों को उजागर करता है।

378. In which articles of the constitution the right to equality is mentioned?
(1) Article 23 – 24
(2) Article 14 – 18
(3) Article 19 – 22
(4) Article 25 – 28

समता के अधिकार का उल्लेख संविधान के किन अनुच्छेदों में मिलता
(1) अनुच्छेद 23 – 24
(2) अनुच्छेद 14 – 18
(3) अनुच्छेद 19 – 22
(4) अनुच्छेद 25 – 28

Ans: (2)

समानता का अधिकार भारतीय संविधान के अनुच्छेद 14 से 18 में विस्तृत है, जो कानून के तहत समान व्यवहार की गारंटी देता है, धर्म, नस्ल, जाति, लिंग या जन्म स्थान के आधार पर भेदभाव पर रोक लगाता है और सार्वजनिक रोजगार में समान अवसर सुनिश्चित करता है। साथ में, ये लेख समाज में निष्पक्षता और समानता को बढ़ावा देते हैं।

379. Wildlife Protection Act was passed in-
(1) 1960
(2) 1962
(3) 1972
(4) 1975

वन्यजीव सुरक्षा अधिनियम पारित किया गया था-
(1) 1960 में
(2) 1962 में
(3) 1972 में
(4) 1975 में

Ans: (3)

भारत सरकार ने देश के वन्य-जीव की रक्षा करने और प्रभावी ढंग से अवैध शिकार, तस्करी और वन्य-जीव तथा उससे व्युत्पन्न अवैध व्यापार को नियंत्रित करने के उद्देश्य से 'वन्य जीव (संरक्षण) अधिनियम, 1972 लागू किया गया।

380. Sariska National Park is located at-
(1) West Bengal
(2) Gujarat
(3) Rajasthan
(4) Assam

सरिस्का राष्ट्रीय उद्यान अवस्थित है-
(1) पश्चिम बंगाल
(2) गुजरात में
(3) राजस्थान में
(4) असम में

Ans: (3)

'सरिस्का राष्ट्रीय उद्यान' राजस्थान के अलवर जिले में स्थित है। इस उद्यान को वर्ष 1955 में वन्यजीव अभयारण्य घोषित किया गया, जबकि वर्ष 1992 में इसे राष्ट्रीय पार्क का दर्जा मिला।

381. When is "National Sanitation Day" celebrated in India?
(1) 1 January
(2) 2 October
(3) 15 August
(4) 30 January

भारत में "राष्ट्रीय स्वच्छता दिवस" कब मनाया जाता है?
(1) 1 जनवरी
(2) 2 अक्टूबर
(3) 15 अगस्त
(4) 30 जनवरी

Ans: (2)

- भारत में राष्ट्रीय स्वच्छता दिवस 2 अक्टूबर को महात्मा गांधी की जयंती पर मनाया जाता है।
- इस दिन का उद्देश्य स्वच्छता और पर्यावरण जागरूकता के महत्व पर प्रकाश डालते हुए देश भर में स्वच्छता को बढ़ावा देना है।

382. Consider the following description of houses:

A. In Rajasthan the villagers live in mud houses with roofs of thorny bushes.

B. In Manali (Himachal Pradesh) houses are made on bamboo pillars.

C. In Leh two floor houses are made of stones. The ground floor is for animals and for storing necessary things.

The correct statement(s) is/are

(1) A and B
(2) B and C
(3) A and C
(4) Only C

घरों के नीचे दिए गए विवरणों पर विचार कीजिए

A. राजस्थान में गाँव के लोग मिट्टी के घरों, जिनकी छतें कँटीली झाड़ियों की होती हैं, में रहते हैं।

B. मनाली (हिमाचल प्रदेश) में घर बाँसों के खम्भों पर बनाए जाते हैं।

C. लेह में पत्थर के दो मंजिलें घर बनाए जाते हैं। नीचे की मंजिल पर जरूरत का सामान और जानवरों को रखते हैं।

सही कथन है/हैं

(1) A और B
(2) B और C
(3) A और C
(4) केवल C

Ans: (3)

सही कथन A और C हैं। कथन A सटीक है, क्योंकि राजस्थान में ग्रामीण कंटीली झाड़ियों वाली छतों वाले मिट्टी के घरों में रहते हैं। कथन C भी सही है, जो लेह के दो मंजिल के पत्थर के घरों का वर्णन करता है, जहां भूतल का उपयोग जानवरों और भंडारण के लिए किया जाता है। कथन B गलत है क्योंकि मनाली में घर आमतौर पर बांस के खंभों के बजाय पत्थर और लकड़ी से बनाए जाते हैं।

383. Which of the following makes a correct pair

(1) Karnataka - Kathak
(2) Assam - Bihu
(3) Orissa - Bharatnatyam
(4) Tamil Nadu - Lavani

निम्नलिखित में से कौन-सा जोडा ठीक है?

(1) कर्नाटक-कथक
(2) असम - बिहू
(3) उड़ीसा – भरतनाट्यम
(4) तमिलनाडु- लावणी

Ans: (2)

बिहू त्यौहार असम में चावल की नई फसल की कटाई के उपलक्ष्य में मनाया जाता है। यह एक महत्वपूर्ण सांस्कृतिक कार्यक्रम है जिसमें विभिन्न उत्सव, पारंपरिक नृत्य, संगीत और दावत शामिल हैं, जो क्षेत्र की कृषि विरासत और सामुदायिक भावना को दर्शाते हैं।

384. An object in which no light rays can pass through is called

(1) convex
(2) opaque
(3) translucent
(4) transparent

एक ऐसी वस्तु, जिसमें से कोई प्रकाश-किरण गुजर नहीं सकती, कहलाती है

(1) उत्तल
(2) अपारदर्शी
(3) पारभासी
(4) पारदर्शी

Ans: (2)

एक अपारदर्शी वस्तु वह होती है जो प्रकाश को आर-पार नहीं जाने देती, जिससे सारा प्रकाश अवरुद्ध हो जाता है और आर-पार देखना असंभव हो जाता है। उदाहरणों में लकड़ी, धातु और कुछ प्लास्टिक शामिल हैं।

385. In class IV, chapter on 'Changing Times', students are expected to interact with their grandparents to find out about their childhood. This approach relies on

(1) History
(2) Archaeology
(3) Written records
(4) Oral history

कक्षा IV के पाठ बदलते समय में विद्यार्थियों से यह अपेक्षा की जाती है कि वे अपने दादा-दादी से संवाद करें और उनसे उनके बाल्यकाल के विषय में जानें। यह उपागम निर्भर है।

(1) इतिहास पर
(2) पुरातत्त्व पर
(3) लिखित अभिलेखों पर
(4) मौखिक इतिहास पर

Ans: (4)

दादा-दादी के साथ उनके बचपन के बारे में जानने के लिए बातचीत करना मौखिक इतिहास का एक उदाहरण है, जहां व्यक्तिगत अनुभवों और कहानियों को बोले गए शब्दों के माध्यम से व्यक्त किया जाता है।

386. In a camp, during evening Nayeema asked students to sweep their room for cleaning it. Mani said. "My grandmother says that if we sweep the house after sunset, we will become poor." What should Nayeema do?

(1) Tell Mani that no such thing happens if we sweep the house in the evening.
(2) Tell Mani that keeping the place where we live clean is essential and so sweeping must be done.
(3) Ask Mani if she has swept the house earlier to see what happens when sweeping is done after sunset.
(4) Tell Mani to sweep the room and test whether she becomes poor by doing so.

कैम्प में, शाम के दौरान, नाईमा अपने विद्यार्थियों से उनके कमरे साफ करने के लिए झाड़ू लगाने को कहती हैं। मणि कहता है, "मेरी दादी कहती है अगर हम सूर्यास्त के बाद झाड़ू लगाएँ, तो हम ग़रीब हो जाएंगे।" नाईमा को क्या करना चाहिए?

(1) मणि से कहे कि अगर हम शाम को घर में झाड़ू लगाते हैं, तो ऐसा कुछ नहीं होता है।
(2) मणि से कहे कि जहाँ हम रहते हैं, उस जगह को साफ रखना चाहिए, इसलिए झाड़ू लगाना चाहिए।
(3) मणि से पूछे कि क्या उसने यह देखने के लिए कि अगर सूर्यास्त के बाद झाड़ू लगाया जाए तो क्या होता है, कभी झाड़ू लगाया है।
(4) मणि से कहे कि वह झाड़ू लगाकर इस बात की जाँच करे कि ऐसा कर के क्या वह ग़रीब हो जाता है।

Ans: (4)

नईमा को इस बात पर जोर देना चाहिए कि साफ-सफाई बनाए रखना महत्वपूर्ण है और अंधविश्वासों पर ध्यान दिए बिना कमरे में झाड़ू लगाने के काम को संबोधित करना चाहिए।

387. Students are encouraged to actively engage in the learning process thus developing practical skills that will be of help in their lives later. Such an idea depends upon

(1) Discovery approach
(2) Inquiry method
(3) Conceptual approach
(4) Experiential learning

विद्यार्थियों को अधिगम प्रक्रिया में सक्रिय भाग लेने के लिए प्रोत्साहित किया जाता है जिससे उनमें प्रक्रिया कौशलों का विकास होता है, जो उन्हें जीवन में मदद करेगा। ऐसा विचार निर्भर है

(1) खोज उपागम पर
(2) अन्वेषण विधि पर
(3) संप्रत्ययात्मक उपागम पर
(4) अनुभवात्मक अधिगम पर

Ans: (4)

अनुभवात्मक शिक्षा सक्रिय जुड़ाव और व्यावहारिक अनुभव पर जोर देती है, जिससे छात्रों को ऐसे कौशल विकसित करने में मदद मिलती है जो वास्तविक जीवन की स्थितियों में उपयोगी होते हैं।

388. While on a visit to the zoo, students were observing rabbits. Kiran asked the teacher, "Which is the rabbit who ran the race with the tortoise? Where is the tortoise?"

Kiran's questions indicate which of the following objectives of EVS learning?

(1) To connect children with the explorative activities
(2) To nourish the creativity of children
(3) To develop an awareness towards environmental issues

(4) To develop sensitivity towards wild animals

चिड़ियाघर की सैर के दौरान विद्यार्थी खरगोश देख रहे थे। किरण ने अध्यापिका से पूछा, "वह खरगोश कौन-सा है, जिसने कछुए के साथ दौड़ लगाई थी? वह कछुआ कहाँ है?" किरण के प्रश्न पर्यावरण अध्ययन अधिगम के किन उद्देश्यों को इंगित करते हैं?

(1) बच्चों को अन्वेषणात्मक गतिविधियों से जोड़ना
(2) बच्चों की सृजनात्मकता का पोषण करना
(3) परिवेशीय मुद्दों पर जागरूकता का विकास करना
(4) वन्य जीवों के प्रति संवेदनशीलता विकसित करना

Ans: (1)

किरण के प्रश्न जानवरों और उनसे जुड़ी कहानियों के बारे में बच्चों की जिज्ञासा को बढ़ाते हुए उन्हें खोजपूर्ण गतिविधियों से जोड़ने के प्रयास का संकेत देते हैं।

389. The approach in teaching-learning of EVS that uses both conceptual and process approach is:

(1) Collaborative approach
(2) Integrated approach
(3) Activity approach
(4) Lecture-cum-demonstration

ई.वी.एस. के शिक्षण अधिगम का वह उपागम जो संप्रत्ययी और प्रक्रिया उपागम दोनों का उपयोग करता है, वह है

(1) सहयोगात्मक उपागम
(2) समाकलित उपागम
(3) क्रियाकलाप उपागम
(4) व्याख्यान-संग-प्रदर्शन

Ans: (2)

ईवीएस में एकीकृत दृष्टिकोण वैचारिक समझ और प्रक्रिया कौशल दोनों को जोड़ता है, जिससे छात्रों को विचारों को जोड़ने और उन्हें विभिन्न गतिविधियों और वास्तविक दुनिया के संदर्भों के माध्यम से लागू करने की अनुमति मिलती है।

390. Rama plans to teach germination of seeds to her students by showing them real seeds. She makes her children feel the different seeds by touching them. Then she asks them to identify the seeds and name them. This way she is using which method of teaching?

(1) Problem solving
(2) Cooperative learning
(3) Demonstration
(4) Lecture method

रमा अपने विद्यार्थियों को बीजों के अंकुरण पाठ के शिक्षण की योजना बनाती है। वह विभिन्न बीजों को छू कर अपने बच्चों को उन्हें महसूस कराती हैं। तब वह बीजों को पहचानने एवं उनका नाम बताने को कहती है। वह शिक्षण की किस विधि का उपयोग कर रही है ?

(1) समस्या समाधान
(2) सहयोगात्मक अधिगम
(3) प्रदर्शन
(4) व्याख्यान विधि

Ans: (3)

रमा वास्तविक बीज दिखाकर प्रदर्शन पद्धति का उपयोग कर रही है, जिससे छात्रों को उन्हें छूने और पहचानने की अनुमति मिलती है, जो व्यावहारिक सीखने का अनुभव प्रदान करता है।

391. Tina, an EVS teacher, is stating an advantage of using checklists as reporting method of assessment of students. Which is Tina's statement?

(1) It is easy to use checklists
(2) Checklists require detailed record keeping
(3) Checklists give details of students' achievement
(4) Checklists are easy to interpret for promotion to higher class

टीना, एक ई.वी.एस. शिक्षिका, विद्यार्थियों के आकलन में रिपोर्ट करने के लिए जाँच सूची के प्रयोग के लाभ बता रही है। निम्नलिखित में से टीना का कथन कौन-सा है?

(1) जाँच सूचियों का प्रयोग आसान है।
(2) जाँच सूचियों के लिए विस्तृत रिकॉर्ड रखने की आवश्यकता है।
(3) जाँच सूचियाँ छात्रों की उपलब्धियों का विवरण देती हैं।
(4) उच्च कक्षाओं में भेजने के लिए जाँच सूचियों की व्याख्या करना आसान है

Ans: (4)

टीना का कहना है कि चेकलिस्ट छात्रों के प्रदर्शन की सीधी व्याख्या की सुविधा प्रदान करती है, जिससे अगली कक्षा में पदोन्नति पर निर्णय लेना आसान हो जाता है।

392. Which of the following is an example of dialogic teaching while teaching the topic Travel'?

(1) Asking students to collect pictures of 'Travel'
(2) Asking students to demonstrate 'Travel' among themselves
(3) Teacher showing digital presentation on 'Travel' and types of tickets
(4) Teachers and students listen and respond together regarding their experience of travel

'यात्रा' का विषय पढ़ाते समय निम्नलिखित में से कौन-सा उदाहरण संवादात्मक शिक्षण का है?

(1) विद्यार्थियों से 'यात्रा' से संबंधित चित्र एकत्र करने के लिए कहना
(2) विद्यार्थियों से आपस में 'यात्रा' पर प्रदर्शन करने के लिए कहना
(3) 'यात्रा' तथा टिकटों के प्रकार पर शिक्षिका द्वारा डिजिटल प्रस्तुतीकरण दिखाना
(4) शिक्षिका तथा विद्यार्थी मिल कर सुनते हैं तथा यात्रा संबंधी अपने अनुभवों के संदर्भ में प्रतिक्रिया देते हैं।

Ans: (4)

संवाद शिक्षण में इंटरैक्टिव और पारस्परिक संचार शामिल होता है, जहां शिक्षक और छात्र दोनों चर्चा में शामिल होते हैं, अनुभव साझा करते हैं और एक-दूसरे के इनपुट पर प्रतिक्रिया देते हैं।

393. Which of the teaching of EVS at primary level follows the social constructivist approach?

A. Stories, poems and real-life narratives are incorporated in textbooks to cater to diverse classrooms.
B. Lessons are given in simple and standard language.
C. Local language and terms are used to facilitate understanding of context.
D. State-level standardized assessments are held to ensure quality EVS education to students.

(1) A and C
(2) A and B
(3) B and D
(4) A, B and C

प्राथमिक स्तर पर ई.वी.एस. का कौन-सा शिक्षण सामाजिक रचनावादी उपागम का अनुगमन करता है ?

A. कहानी, कविताएँ तथा असल जीवन के वर्णनों को पाठ्य पुस्तकों में शामिल करना जिससे विविध कक्षाओं के अनुसार हो सकें
B. पाठों को सरल एवं मानक भाषा में प्रस्तुत किया जाए
C. संदर्भ की समझ को बढ़ाने के लिए स्थानीय भाषा एवं शब्दावली का प्रयोग किया जाए
D. ई.वी.एस. शिक्षण की गुणवत्ता को सुनिश्चित करने के लिए राज्य स्तर के मानकीकृत आकलन हों

(1) A तथा C
(2) A तथा B
(3) B तथा D
(4) A, B तथा C

Ans: (1)

सामाजिक रचनावादी दृष्टिकोण सामाजिक अंतःक्रियाओं और वास्तविक जीवन के संदर्भों के माध्यम से सीखने पर जोर देता है। कहानियों, कविताओं और वास्तविक जीवन की कहानियों को शामिल करना और स्थानीय भाषा और शब्दों का उपयोग करना, सीखने को छात्रों के अनुभवों और सांस्कृतिक पृष्ठभूमि से जोड़कर इस दृष्टिकोण के अनुरूप है।

394. Which of the following is not an appropriate approach to teach EVS?

A. Role play
B. Survey
C. Field trips
D. Instruction through teacher
E. Dialogic Teaching

(1) D

(2) E
(3) C
(4) B

निम्नलिखित में से कौन-सा ई.वी.एस. के शिक्षण के लिए उपयुक्त उपागम नहीं है?

A. भूमिका निभाना
B. सर्वेक्षण
C. क्षेत्र भ्रमण
D. व्याख्यानों द्वारा शिक्षण / निर्देशन
E. संवादात्मक शिक्षण

(1) D
(2) E
(3) C
(4) B

Ans: (1)

शिक्षक के माध्यम से निर्देश सूचीबद्ध अन्य दृष्टिकोणों की तुलना में उतना इंटरैक्टिव या छात्र-केंद्रित नहीं है, जैसे कि भूमिका निभाना, सर्वेक्षण, क्षेत्र यात्राएं और संवाद शिक्षण, जो छात्रों को सीखने की प्रक्रिया में सक्रिय रूप से संलग्न करते हैं।

395. Sheena is visually impaired and takes a lot of interest in EVS classes. You are taking a field trip to hilly areas and Sheena is interested to go on the trip. What will you do?

A. Talk to her parents to dissuade her because hilly areas can be risky for her.
B. Counsel her parents to allow her to go.
C. Give responsibility to her best friend to take care of her safety in the trip.
D. Make groups of 4-6 students and give defined responsibilities of the trip to each group.

(1) C and D
(2) A and C
(3) B
(4) A

शीना दृष्टि बाधित है तथा ई.वी.एस. की कक्षाओं में बहुत रुचि लेती है। आप पहाड़ी क्षेत्रों में । विद्यार्थियों को क्षेत्र भ्रमण के लिए ले जा रही हैं तथा शीना इस भ्रमण पर जाना चाहती है। आप क्या करेंगी ?

A. उसके अभिभावको से कहें कि उसे मना करें क्योंकि पहाड़ी क्षेत्र में उसके लिए जोखिम हो सकता है
B. उसके अभिभावकों को सलाह दें कि वे उसे जाने की अनुमति दे दें
C. उसकी सबसे अच्छी मित्र को जिम्मेदारी सौंपें कि वह यात्रा के दौरान उसकी सुरक्षा का ध्यान रखे
D. 4-6 विद्यार्थियों के समूह बनाएँ तथा प्रत्येक समूह को यात्रा से संबंधित निर्धारित जिम्मेदारियाँ सौंपें

(1) C तथा D
(2) A तथा C
(3) B
(4) A

Ans: (1)

शीना की सहायता के लिए एक जिम्मेदार सहकर्मी को नियुक्त करना और स्पष्ट समूह जिम्मेदारियों के साथ यात्रा का आयोजन करना उसकी सुरक्षा और समावेश सुनिश्चित करता है, साथ ही क्षेत्र यात्रा में उसकी भागीदारी को भी सक्षम बनाता है।

396. Which of the following is the indicator for assessment in EVS related to affective domain?

(1) Observation
(2) Discussion
(3) Sharing and working together
(4) Experiment

निम्नलिखित में से कौन ई.वी.एस. में भावात्मक पक्ष से संबंधित आकलन का संकेतक है?

(1) अवलोकन
(2) चर्चा करना
(3) साथ मिलकर काम करना सीखना
(4) प्रयोग

Ans: (3)

भावात्मक डोमेन दृष्टिकोण, मूल्यों और सामाजिक अंत:क्रियाओं पर केंद्रित है। साझा करना और एक साथ काम करना छात्रों के भावनात्मक और सामाजिक विकास को दर्शाता है, जिससे वे इस क्षेत्र में प्रमुख संकेतक बन जाते हैं।

397. Teaching of EVS would be more effective if the teacher

(1) has command on his/her subject.
(2) tells objectives to students at the beginning of topic.
(3) uses various meaningful, illustrative, and relevant learning resources.
(4) gives home assignment after finishing the topic.

पर्यावरण अध्ययन ज्यादा प्रभावशाली होगा यदि शिक्षक

(1) विषय में पारंगत होगा/ होगी।
(2) शिक्षक ने उद्देश्य पाठ के प्रारंभ में ही बता दिए हैं।
(3) विभिन्न अर्थपूर्ण और महत्त्वपूर्ण सीखने के संसाधनों का प्रयोग करता/करती है।
(4) विषय पूरा करने पर घर के लिए दत्त कार्य देता/देती है।

Ans: (3)

विविध और प्रासंगिक शिक्षण संसाधनों का उपयोग छात्रों को व्यावहारिक और प्रासंगिक शिक्षण अनुभव प्रदान करके ईवीएस शिक्षण को अधिक आकर्षक और प्रभावी बनाता है।

398. Which one of the following should not be done by the EVS teacher while assessing students?

(1) Write qualitative statements about students' work.
(2) Compare with previous assessment record of students.
(3) Record information in the light of the student's learning potential.
(4) Focus only on a few aspects of students' work.

शिक्षार्थियों का आकलन करते समय पर्यावरण अध्ययन की शिक्षिका को निम्नलिखित में से क्या नहीं करना चाहिए?

(1) बच्चों के कार्य से संबंधित गुणात्मक उल्लेख करना
(2) बच्चों के पूर्व आकलन के साथ तुलना करना
(3) शिक्षार्थियों की सीखने की क्षमताओं को ध्यान में रखकर सूचना दर्ज करना
(4) बच्चों के कार्य के केवल कुछ पक्षों पर ध्यान केंद्रित करना

Ans: (4)

ईवीएस शिक्षक को मूल्यांकन में छात्रों के काम के केवल कुछ पहलुओं पर ध्यान केंद्रित करने से बचना चाहिए। एक व्यापक मूल्यांकन में पर्यावरण अध्ययन में समग्र शिक्षा और विकास का सटीक आकलन करने के लिए अवधारणाओं की समझ, ज्ञान का अनुप्रयोग, भागीदारी और महत्वपूर्ण सोच कौशल शामिल होना चाहिए।

399. A person living in New Delhi wants to visit first Bhopal (Madhya Pradesh) and then Ranchi (Jharkhand). The directions of his journey will be first towards

(1) west and then towards south
(2) south and then towards east
(3) south and then towards west
(4) east and then towards south

नई दिल्ली में रहने वाला कोई व्यक्ति पहले भोपाल (मध्य प्रदेश) और फिर राँची (झारखंड) का भ्रमण करन चाहता है। उसकी यात्रा की दिशा होगी पहले

(1) पश्चिम दिशा में और फिर दक्षिण दिशा में
(2) दक्षिण दिशा में और फिर पूर्व दिशा में
(3) दक्षिण दिशा में और फिर पश्चिम दिशा में
(4) पूर्व दिशा में और फिर दक्षिण दिशा में

Ans: (2)

यात्रा की दिशा पहले दक्षिण और फिर पूर्व की ओर रहेगी। नई दिल्ली से, कोई व्यक्ति भोपाल पहुँचने के लिए दक्षिण की ओर यात्रा करेगा, और फिर भोपाल से, रांची पहुँचने के लिए पूर्व की ओर बढ़ेगा।

400. Which one of the following is not a seed?

(1) Aniseed
(2) Wheat
(3) Black Pepper
(4) Sago (Sabudana)

निम्नलिखित में से कौन बीज नहीं है?

(1) सौंफ
(2) गेहूँ
(3) काली मिर्च

(4) साबूदाना

Ans: (4)

साबूदाना, साबूदाने के गूदे से निकाला गया एक स्टार्च है और यह बीज नहीं है। इसका उपयोग आमतौर पर भारतीय व्यंजनों में किया जाता है, खासकर उपवास वाले खाद्य पदार्थों में, और यह अपनी उच्च कार्बोहाइड्रेट सामग्री के लिए जाना जाता है।

401. A Shooting Star is a ________.

(1) meteoroid which catches fire as it enters the Earth's atmosphere
(2) star which moves with a constant speed
(3) shining object which moves with a constant speed in the atmosphere
(4) star with a tail at the end

टूटता तारा (उल्का) है

(1) उल्काभ जो पृथ्वी के वायुमण्डल में प्रवेश करते ही आग पकड़ लेता है
(2) एकसमान गति से चलने वाला तारा
(3) एक चमकता पिण्ड जो वायुमण्डल में एकसमान गति से चलता है
(4) एक तारा जिसके एक सिरे पर पूँछ होती है

Ans: (1)

टूटता तारा एक उल्कापिंड है जो घर्षण से उत्पन्न तीव्र गर्मी के कारण पृथ्वी के वायुमंडल में प्रवेश करते ही प्रज्वलित हो जाता है और प्रकाश की एक चमकदार रेखा बनाता है।

402. Consider the following statements:

A. Lieutenant Commander Wahida Prism is a doctor in the Indian Navy.
B. Wahida Prism comes from a very small village and has done her schooling from a government school.
C. Wahida Prism is the first woman to lead a parade.
D. Wahida Prism is a medical officer and just gives medicine to the patients.

The correct statements is/are:

(1) Only A
(2) A and D
(3) A, B and C
(4) A, B and D

नीचे दिए गए कथनों पर विचार कीजिए:

A. लेफ्टीनेंट कमांडर वहीदा प्रिज्म भारतीय नौसेना में डॉक्टर हैं।
B. वहीदा प्रिज्म एक बहुत छोटे गाँव से हैं और उनकी पढ़ाई सरकारी विद्यालय में हुई है।
C. वहीदा प्रिज़्म पहली महिला हैं जिन्होंने एक परेड की कमान संभाली।
D. वहीदा प्रिज़्म मेडिकल ऑफिसर हैं और रोगियों को दवा ही देती हैं।

सही कथन है / हैं :

(1) केवल A
(2) A और D
(3) A, B और C
(4) A, B और D

Ans: (3)

ये भारतीय नौसेना में डॉक्टर हैं। ये पहली महिला हैं, जिन्होंने एक पूरी परेड की कमान संभाली। किसी भी सेना में यह बहुत बड़ी बात मानी जाती है। इनका गाँव थन्नामंडी है जो जम्मू-कश्मीर के राजौरी जिले में है। नौसेना के जहाज में जब परेड होती है, तो पीछे चार टुकड़ियाँ चलती हैं। इस पूरी परेड में 36 निर्देश देने होते हैं। निर्देश इतनी ज़ोर से देने होते हैं कि सबसे पीछे वाली टुकड़ी के लोग भी सुन पाएँ। देखने वाले तक भी आवाज़ सुने, जो मैदान के दूसरी तरफ़ बैठते हैं।

403. On which of the following has the maximum depletion of the ozone layer occurred?

(1) North Pole
(2) South Pole
(3) Equator
(4) none of the above

ओजोन परत का अधिकतम ह्रास निम्न में से किस पर हुआ है?

(1) उत्तरी ध्रुव
(2) दक्षिणी ध्रुव
(3) भूमध्यरेखा
(4) उपर्युक्त में से कोई नहीं

Ans: (2)

ओजोन परत का अधिकतम ह्रास दक्षिणी ध्रुव (The South Pole) पर हुआ है। उल्लेखनीय है कि दक्षिणी ध्रुव पृथ्वी का सबसे दक्षिणी छोर (किनारा) है। इसे अंटार्कटिका के नाम से भी जाना जाता है। ओजोन परत मुख्यत: समतापमंडल (स्ट्रेटोस्फीयर) में अवस्थित होती है।

404. What things are put in green dustbin, which easily get mixed with soil?

(1) Plastic and paper
(2) Dry leaves, pieces of twigs, peels of fruits and vegetables, eggshells
(3) Metal and glass
(4) Electronic goods

हरे कूड़ेदान में कौन-कौन सी चीजें डाली जाती हैं, जो आसानी से सड़कर मिट्टी में मिल जाती हैं?

(1) प्लास्टिक और कागज़
(2) सूखी पत्तियाँ, टहनियों के टुकड़े, फल-सब्जियों के छिलके, अंडों के छिलके
(3) धातु और कांच
(4) इलेक्ट्रॉनिक सामान

Ans: (2)

- हरे कूड़ेदान में सूखी पत्तियाँ, टहनियों के टुकड़े, फल-सब्जियों के छिलके, अंडों के छिलके आदि डालते हैं।
- ये सभी चीजें आसानी से सड़कर मिट्टी में मिल जाती हैं।
- हरे कूड़ेदान के कचरे से मिट्टी में मिलाकर पौधों के लिए खाद तैयार की जा सकती है।
- इससे मिट्टी में रहने वाले छोटे-छोटे जीवों को भोजन मिल जाता है।

405. Juhi's mother adds phitkari (alum) to water collected from the pond every day in order to

(1) decolorize water
(2) sediment light suspended impurities
(3) change hard water into soft water
(4) kill germs in water

जूही की माँ के लिए रोजाना तालाब से लाए पानी में फिटकरी डालती है।

(1) पानी को रंगरहित करने
(2) हल्के निलम्बित अपद्रव्यों को अवसादित करने
(3) कठोर जल को मृदु जल में परिवर्तित करने
(4) पानी में मौजूद रोगाणुओं को खत्म करने

Ans: (2)

जूही की मां तालाब की अशुद्धियों को दूर करने के लिए रोजाना तालाब के पानी में फिटकरी मिलाती थीं। फिटकरी एक स्कंदक के रूप में कार्य करती है, जिससे अशुद्धियाँ एकत्रित होकर जम जाती हैं, जिससे पानी साफ हो जाता है और सुरक्षित उपयोग के लिए इसकी गुणवत्ता में सुधार होता है।

406. A teacher of Class IV asks students to put their worksheet, observation reports and material collected during a term in a folder. These folders can be called:

(1) Anecdotal records
(2) Portfolios
(3) Assignments
(4) Projects

कक्षा IV की एक शिक्षिका शिक्षार्थियों से कहती है कि वे अपने कार्य-पत्रक, अवलोकन-रिपोर्ट और सत्र में एकत्रित की गई सामग्री को एक फोल्डर में डाल दें। इन फोल्डरों को ________ कहा जा सकता है।

(1) घटना-वृत्तांत अभिलेख
(2) पोर्टफोलियो
(3) दत्त कार्य
(4) परियोजना कार्य

Ans: (2)

पोर्टफोलियो किसी छात्र के काम का व्यवस्थित संग्रह होता है, जैसे कार्यपत्रक, अवलोकन रिपोर्ट और पूरे सत्र में एकत्र की गई सामग्री। वे छात्र की शिक्षा, प्रगति और उपलब्धियों को संरचित तरीके से प्रदर्शित करने का काम करते हैं।

407. In which one of the following states the meaning of "Torang" is jungle?

(1) Mizoram

(2) Jharkhand
(3) Assam
(4) Odisha

नीचे दिये गये कौन से एक राज्य में तोरांग का अर्थ है - जंगल?
(1) मिज़ोरम
(2) झारखण्ड
(3) असम
(4) ओडिशा

Ans: (2)

कुडुक झारखंड में एक आदिवासी समुदाय है, और कुडुक भाषा में जंगल के लिए शब्द "तोरंग" है। यह कुडुक लोगों के लिए वनों के सांस्कृतिक महत्व को उजागर करता है और प्राकृतिक पर्यावरण से उनके संबंध को दर्शाता है।

408. The word 'ecology' (Ökologie) was coined in 1866 by:
(1) Charles Darwin
(2) Robert Whittaker
(3) Arthur Tansley
(4) Ernst Haeckel

शब्द 'इकोलॉजी (Ökologie) की रचना वर्ष 1866 में किसके द्वारा की गयी थी?
(1) चार्ल्स डार्विन
(2) रॉबर्ट व्हिटकर
(3) आर्थर टैन्सले
(4) अर्नस्ट हेकेल

Ans: (4)

शब्द 'इकोलॉजी (Ökologie) 1866 में अर्न्स्ट हेकेल द्वारा जीवित जीवों और उनके पर्यावरण के बीच संबंधों के अध्ययन का वर्णन करने के लिए गढ़ा गया था, जिसने पारिस्थितिकी के क्षेत्र की नींव स्थापित की थी।

409. The use of microorganism metabolism to remove pollutants such as oil spills in the water bodies is known as:
(1) Biomagnification
(2) Bioremediation
(3) Bio methanation
(4) Bio reduction

जल निकायों में तेल रिसाव जैसे प्रदूषकों को हटाने के लिए सूक्ष्मजीव उपापचय के उपयोग को किस रूप में जाना जाता है?
(1) बायोमैग्नाइजेशन
(2) बायोरेमेडिएशन
(3) बायोमैथेनेशन
(4) बायोरीडक्शन

Ans: (3)

बायोरेमेडिएशन जल निकायों से तेल रिसाव जैसे प्रदूषकों को हटाने के लिए सूक्ष्मजीव चयापचय का उपयोग करने की प्रक्रिया है। यह हानिकारक पदार्थों को तोड़ने और विषहरण करने, दूषित वातावरण को प्रभावी ढंग से साफ करने के लिए रोगाणुओं की प्राकृतिक क्षमताओं का उपयोग करता है।

410. Arti noticed the following precautions related to prevention of spread of a disease on a poster
a. Do not let water collect around you.
b. Keep water pots, coolers and tanks clean.
c. Spray oil if water has collected at some place.
d. Use nets to protect yourself. The poster is aimed at creating awareness about the spread of
(1) dengue and Japanese encephalitis
(2) smallpox and malaria
(3) dengue and eye flu
(4) typhoid and cholera

आँचल एक पोस्टर पर एक बीमारी की रोकथाम से सम्बन्धित निम्नलिखित सावधानियाँ पढ़ती है
(a) अपने आस-पास पानी को जमा न होने दें।
(b) पानी के बर्तनों, कूलरों और टंकियों को साफ रखें।
(c) यदि कुछ जगहों पर पानी इकट्ठा हो जाता है तो तेल का छिड़काव करें।
(d) स्वयं के बचाव के लिए जाली का प्रयोग करें।
पोस्टर का उद्देश्य है _____ के फैलने के बारे में जागरूकता पैदा करना।

(1) डेंगू और जापानी मस्तिष्क-ज्वर
(2) चेचक और मलेरिया
(3) डेंगू और आई फ्लू
(4) टायफाइड और हैजा

Ans: (1)

पोस्टर का उद्देश्य डेंगू और जापानी एन्सेफलाइटिस के बारे में जागरूकता बढ़ाना, जनता को उनके कारणों, लक्षणों, रोकथाम के तरीकों और समय पर चिकित्सा सहायता लेने के महत्व के बारे में सूचित करना है।

411. A doctor prescribed some medicines to a patient and also suggested him to eat jaggery, amla and more green leafy vegetables. This patient must be suffering from

(1) Anemia
(2) Fever
(3) Typhoid
(4) Malaria

कोई डॉक्टर एक मरीज़ को खाने के लिए कुछ दवाइयाँ लिखता है और साथ ही गुड़, आँवला और हरी पत्तेदार सब्ज़ियाँ ज़रूर खाने का सुझाव देता है। यह मरीज़ किस रोग से पीड़ित होना चाहिए?

(1) अनीमिया
(2) बुख़ार
(3) मियादी बुखार
(4) मलेरिया

Ans: (1)

रोगी संभवतः एनीमिया से पीड़ित है, क्योंकि डॉक्टर ने आहार में बदलाव की सलाह दी है जिसमें गुड़, आंवला और हरी पत्तेदार सब्जियाँ शामिल हैं। ये खाद्य पदार्थ आयरन और विटामिन से भरपूर होते हैं, जो रक्त स्वास्थ्य में सुधार और एनीमिया के इलाज के लिए आवश्यक हैं।

412. An egret sits on a buffalo, because

(1) the egret and the buffalo have symbiotic relationship
(2) the egret sits on the buffalo for fun
(3) the buffalo helps in the transportation of the egret from one place to another
(4) the egret wants to scare the buffalo

बगुला भैंस पर बैठता है, क्योंकि

(1) बगुला तथा भैंस में सहजीवी का संबंध है
(2) बगुला मनोरंजन के लिए भैंस पर बैठता है
(3) भैंस बगुले को एक स्थान से दूसरे स्थान तक आने-जाने में मदद करती है
(4) बगुला भैंस को डराना चाहता है

Ans: (1)

पारस्परिक सहजीवी संबंध के कारण बगुला भैंस पर बैठता है। भैंस द्वारा परेशान किए गए कीड़ों को खाने से बगुला को लाभ होता है, जबकि भैंस को परजीवियों और कीटों से राहत मिलती है। यह अंतःक्रिया दर्शाती है कि विभिन्न प्रजातियाँ प्रकृति में कैसे सह-अस्तित्व में रह सकती हैं और एक-दूसरे का समर्थन कर सकती हैं।

413. Malaria can be detected by testing the blood for the presence of

(1) eggs of mosquito in red blood cells
(2) plasmodium in red blood cells
(3) ruptured liver cells in blood
(4) larvae of mosquito in blood

रक्त की जाँच द्वारा किसकी उपस्थिति में मलेरिया की पहचान होती है?

(1) लाल रक्त कोशिकाओं में मच्छर के अण्डे
(2) लाल रक्त कोशिकाओं में मलेरिया परजीवी (प्लाज्मोडियम)
(3) रक्त में क्षतिग्रस्त यकृत कोशिकाएँ
(4) रक्त में मच्छर के लार्वे

Ans: (2)

लाल रक्त कोशिकाओं में प्लास्मोडियम की उपस्थिति के लिए रक्त का परीक्षण करके मलेरिया का पता लगाया जाता है। यह मलेरिया परजीवी के कारण होने वाले संक्रमण का संकेत देता है।

414. What things are put in the "Blue Dustbin"?

(1) Dry leaves and peels of fruits and vegetables
(2) Clothes and shoes
(3) Organic waste
(4) Paper, plastic

नीले कूड़ेदान में कौनसी चीजें डाली जाती हैं?

(1) सूखी पत्तियाँ और फल-सब्जियों के छिलके
(2) कपड़े और जूते
(3) जैविक कचरा

(4) कागज़, प्लास्टिक और धातु

Ans: (4)

- धातु, काँच, प्लास्टिक, कागज से बनी चीजें नीले कूड़ेदान में डाली जाती हैं।
- इन फेंकी गई चीजों में मौजूद धातुओं, काँच, प्लास्टिक से नई वस्तुओं को बनाया जा सकता है। इसे पुनर्चक्रण कहते हैं।
- कुछ जगहों में इन सामग्रियों के लिए अलग-अलग कूड़ेदान होते हैं जिससे इन्हें पुनर्चक्रण के लिए भिन्न-भिन्न स्थानों पर भेजने में सुविधा हो।
- पुनर्चक्रण पुरानी वस्तुओं या सामग्रियों को नए उत्पाद बनाने के लिए पुन: संसाधित करने की प्रक्रिया है।
- यह अभ्यास नई सामग्रियों को निकालने के बजाय मौजूदा सामग्रियों का पुन: उपयोग करके कचरे को कम करने और प्राकृतिक संसाधनों के संरक्षण में मदद करता है।

415. The difference between boiling and evaporation is that:

(1) boiling causes reduction in volume of liquid while evaporation does not
(2) changing of boiling liquid into vapour can be seen but evaporation cannot be seen
(3) boiling causes a change of state of water while evaporation does not
(4) evaporation can take place at any temperature while boiling cannot

क्वथन (उबलना) और वाष्पीकरण में अन्तर है

(1) क्वथन से द्रव का आयतन कम हो जाता है जबकि वाष्पीकरण में नहीं
(2) क्वथन में द्रव से वाष्प में परिवर्तन देखा जा सकता है जबकि वाष्पीकरण देखा नहीं जा सकता
(3) क्वथन से जल की अवस्था बदल जाती है जबकि वाष्पीकरण में नहीं
(4) वाष्पीकरण किसी भी तापमान पर हो सकता है जबकि क्वंथन नहीं

Ans: (4)

उबलने और वाष्पीकरण के बीच अंतर यह है कि वाष्पीकरण किसी भी तापमान पर हो सकता है जबकि उबालना नहीं। वाष्पीकरण एक सतही घटना है जो किसी भी तापमान पर हो सकती है, जबकि उबलना एक बड़ी घटना है जो एक विशिष्ट तापमान पर होती है।

416. Which one of the following is not a function of roots for the plant?

(1) To store food
(2) To provide humus
(3) To give support to the plant
(4) To absorb water and minerals

निम्नलिखित में से जड़ का कौन-सा कार्य पौधे के लिए नहीं है?

(1) भोजन भंडारण/संचित करना
(2) ह्यूमस उपलब्ध कराना
(3) पौधे को सहारा देना
(4) जल तथा खनिजों का अवशोषण करना

Ans: (2)

ह्यूमस प्रदान करना पौधों की जड़ों का कार्य नहीं है। जड़ें मुख्य रूप से पौधे को सहारा देती हैं, पानी और पोषक तत्वों को अवशोषित करती हैं और ऊर्जा का भंडारण करती हैं। ह्यूमस, एक मिट्टी का घटक, मिट्टी के सूक्ष्मजीवों द्वारा कार्बनिक पदार्थों के अपघटन से बनता है।

417. Study the following statements about "Desert Oak":

A. Desert Oak is a tree that grows almost as tall as our classrooms, i.e., about 4 meters.
B. The roots of this tree go down nearly 30 times its height till they reach water.
C. Water is stored in the trunk of this tree.
D. This tree is found in Abu Dhabi.

The correct statements are

(1) B, C and D
(2) Only A and B
(3) A, B and C
(4) A, B and D

"रेगिस्तानी ओक" के बारे में निम्नलिखित कथनों का अध्ययन कीजिए:

A. रेगिस्तानी ओक एक वृक्ष है जिसकी ऊँचाई हमारी कक्षा के कमरे के लगभग बराबर अर्थात् लगभग 4 मीटर होती है।

B. इस वृक्ष की जड़ें नीचे वृक्ष की ऊँचाई की लगभग 30 गुनी गहराई तक जमीन में भीतर जाती हैं जब तक कि पानी तक न पहुँच जाएँ।

C. इस वृक्ष के तने में पानी एकत्रित होता है।

D. यह वृक्ष अबू धाबी में पाया जाता है।

इनमें सही कथन हैं

(1) B, C और D
(2) केवल A और B
(3) A, B और C
(4) A, B और D

Ans: (3)

- ➢ ऑस्ट्रेलिया में रेगिस्तानी ओक पेड़ पाया जाता है जिसकी ऊंचाई 11 से 12 फीट होती है और इसकी पत्तियां बहुत कम होती है।
- ➢ इसकी जड़ें जमीन के अंदर 250 से 300 फीट तक जाती है जब तक पानी तक ना पहुंच जाए यह पानी पेड़ के तने में जमा होता रहता है।
- ➢ जब कभी इस इलाके में पानी नहीं होता या पानी की कमी पड़ जाती है तो वहां के लोग इसके तने के अंदर पतला पाइप डालकर पानी निकाल लेते हैं।

418. Which one of the following is NOT a Union Territory of India?

(1) Manipur
(2) Chandigarh
(3) Ladakh
(4) Jammu & Kashmir

निम्नलिखित में से कौन सा एक भारत का संघ शासित प्रदेश नहीं है?

(1) मणिपुर
(2) चंडीगढ़
(3) लद्दाख
(4) जम्मू और कश्मीर

Ans: (1)

मणिपुर भारत का एक राज्य है, केंद्र शासित प्रदेश नहीं, इसे 21 जनवरी 1972 को राज्य का दर्जा दिया गया था। केंद्र शासित प्रदेश सीधे भारत की केंद्र सरकार द्वारा शासित होते हैं।

419. Which one of the following did experiments with pea plants and found that pea plants have some traits which come in pairs - such as rough or smooth, tall or short, yellow or green etc.?

(1) George Mistral
(2) Charles Darwin
(3) Dr. M.S. Swaminathan
(4) Gregor Johann Mendel

निम्नलिखित में से किसने मटर के पौधों के साथ प्रयोग किए और यह पाया कि मटर के पौधों में कुछ ऐसे लक्षण होते हैं जो जोड़ियों में पाए जाते हैं जैसे चिकने या खुरदरे, लम्बे या बौने, पीले या हरे, आदि

(1) जॉर्ज मेस्ट्रल
(2) चार्ल्स डार्विन
(3) डॉ. एम.एस. स्वामीनाथन
(4) ग्रगोर जॉहन मेण्डल

Ans: (4)

ग्रेगर जॉहन मेण्डल ने 19वीं शताब्दी के मध्य में मटर के पौधों के साथ महत्वपूर्ण प्रयोग किए, जिससे आनुवंशिकी की नींव स्थापित हुई हालाँकि उनके जीवनकाल के दौरान उनके काम को काफी हद तक मान्यता नहीं मिली, लेकिन बाद में यह आनुवंशिकता की हमारी समझ के लिए मौलिक बन गया।

420. Tribal people have been using bronze to make many things for thousands of years. Bronze is still used in our houses. Select from the following the most correct statement about bronze.

(1) It is a mixture of copper and tin
(2) It is an element like aluminum and copper
(3) It is a mixture of copper and brass
(4) It is a mixture of copper, zinc and aluminum

आदिवासी हजारों साल पहले से काँसा की चीजें बनाते आए हैं। आज भी हमारे घरों में काँसा का उपयोग होता है। काँसा के विषय में निम्नलिखित में से सबसे सही कथन चुनिए

(1) यह ताँबे (कॉपर) और टिन का मिश्रण है
(2) यह एल्युमीनियम और ताँबे (कॉपर) की भाँति एक तत्त्व है
(3) यह पीतल और ताँबे (कॉपर) का मिश्रण है।
(4) यह ताँबे (कॉपर), जस्ता (जिंक) तथा एल्युमीनियम का मिश्रण है

Ans: (1)

कांस्य मुख्य रूप से तांबे और टिन से बना एक मिश्र धातु है, जिसमें आमतौर पर लगभग 90% तांबा और 10% टिन होता है। यह मिश्रण शुद्ध तांबे की तुलना में ताकत, स्थायित्व और संक्षारण प्रतिरोध को बढ़ाता है, जिससे कांस्य ऐतिहासिक रूप से औजारों, हथियारों और कला के लिए महत्वपूर्ण हो जाता है।

421. With respect to the location of Delhi on the map of India the directions of the locations of Gandhinagar (Capital of Gujarat) and. Patna (Capital of Bihar) respective are
(1) north-east and south-west
(2) south-west and north-east
(3) south-east and south-west
(4) south-west and south-east

भारत के मानचित्र में दिल्ली की स्थिति के सापेक्ष गांधीनगर (गुजरात की राजधानी) और पटना (बिहार की राजधानी) की दिशाएँ क्रमशः हैं
(1) उत्तर-पूर्व और दक्षिण-पश्चिम
(2) दक्षिण-पश्चिम और उत्तर-पूर्व
(3) दक्षिण-पूर्व और दक्षिण-पश्चिम
(4) दक्षिण-पश्चिम और दक्षिण-पूर्व

Ans: (4)

भारत के मानचित्र पर दिल्ली के संबंध में गांधीनगर (गुजरात की राजधानी) दिल्ली के दक्षिण-पश्चिम में स्थित है। पटना (बिहार की राजधानी) दिल्ली के दक्षिण-पूर्व में स्थित है। यह दिशात्मक संदर्भ दिल्ली के संबंध में इन शहरों की सापेक्ष स्थिति को समझने में मदद करता है।

422. Study the following statements about the Jhoom farming practiced in Mizoram:
A. After cutting one crop, the land is left as it is for some years.
B. The bamboo or weeds which grow on that land are cut and burnt.
C. The land is deeply ploughed before sowing the seeds.
D. In one farm three or four different types of crops are grown.
E. Chemical fertilizers and pesticides are also used as per need.
The correct statements are
(1) A, B and D
(2) Only A and B
(3) Only B and D
(4) C, D and E

मिज़ोरम में की जाने वाली झूम खेती के विषय में निम्नलिखित कथनों का अध्ययन कीजिए।
A. एक फसल को काटने के पश्चात्, भूमि को कुछ वर्षों तक खुला छोड़ देते हैं।
B. इस भूमि पर उगने वाले बांस और खरपतवार को काटकर जला दिया जाता है।
C. बीज बोने से पहले भूमि की गहरी जुताई की जाती है
D. एक ही खेत में तीन-चार भिन्न-भिन्न प्रकार की फसलें उगाई जाती हैं।
E. आवश्यकतानुसार रासायनिक उर्वरकों और कीटनाशकों का उपयोग भी किया जाता हैं।
इनमें सही कथन हैं।
(1) A, B और D
(2) केवल A और B
(3) केवल B और D
(4) C, D और E

Ans: (1)

मिजोरम में की जाने वाली झूम खेती के बारे में निम्नलिखित तथ्य

- एक फसल को काटने के पश्चात, भूमि को कुछ वर्षों तक खुला छोड़ दिया जाता है।
- इस भूमि पर उगने वाले बांस और खरपतवार को काटकर जला दिया जाता है।
- एक ही खेत में भिन्न-भिन्न प्रकार अर्थात तीन चार फसलें उगाई जाती

423. Select the correct statements about elephant herd:

A. An elephant herd has mainly females and baby elephants upto 14-15 years old.

B. An elephant herd comprises members of a particular family.

C. The oldest female is the leader of the herd.

D. An elephant herd may accommodate any number of female elephant and the young ones.

(1) A and B

(2) A and C

(3) Band D

(4) Cand D

हाथियों के झुन्ड के बारे में सही कथनों को चुनिए:

A. हाथियों के झुंड में केवल हथिनियाँ और 14-15 वर्ष के बच्चे ही रहते हैं।

B. हाथियों के एक झुंड में किसी एक ही परिवार के सदस्य होते हैं।

C. झुंड की सबसे बुज़ुर्ग हथिनी ही पूरे झुंड की नेता होती है।

D. एक झुंड में हथिनियों और बच्चों की संख्या कितनी भी हो सकती है।

(1) A तथा B

(2) A तथा C

(3) B तथा D

(4) C तथा D

Ans: (2)

- हाथी को पानी और कीचड़ में खेलना बहुत पसंद है इससे उसके शरीर को ठंडक मिलती है
- हाथी के कान पंखे जैसे होते हैं गर्मी लगने पर हाथी अपने कान हिला कर हवा करता है
- 3 महीने का हाथी 200 किलोग्राम वजन का होता है
- एक बड़ा हाथी दिन में 100 किलोग्राम से ज्यादा पत्ते और झाड़ियां खा लेता है
- हाथी बहुत कम आराम करता है 1 दिन में केवल 2 से 4 घंटे सोता है
- हाथी परेशानी आने पर एक दूसरे की मदद करते है
- इस झुंड में 10 या 12 हथिनी और बाकी बच्चे होते हैं
- झुंड की सबसे बुजुर्ग हथिनी ही पूरे झुंड की नेता होती है
- इस झुंड में 10 या 12 हथिनी और बाकी बच्चे होते हैं
- 14-15 साल तक हाथी इस झुंड में रहता है फिर वह झुंड छोड़कर चला जाता है

424. Which one of the following statements is NOT true for the honeybees and beehives?

(1) Most of the bees in the hive are worker bees.

(2) There are only a few males in the hive.

(3) Every beehive has one queen bee that lays eggs.

(4) Male bees are very important for the hives.

नीचे दिया गया कौन सा कथन मधुमक्खियों और छत्तों के विषय में सही नहीं है?

(1) छत्ते में बहुत सारी काम करने वाली मक्खियाँ होती हैं।

(2) छत्ते में केवल कुछ नर मक्खियाँ होती

(3) प्रत्येक छत्ते में एक रानी मक्खी होती है जो अण्डे देती है।

(4) नर मक्खियाँ छत्तों के लिए अत्यन्त महत्त्वपूर्ण होती हैं।

Ans: (4)

- अक्टूबर से दिसंबर मधुमक्खी के अंडे देने का समय होता है और यही मधुमक्खी पालन शुरू करने का भी सही समय होता है।
- मधुमक्खी पालन को एपीकल्चर कहते हैं।
- लीची के फूल फरवरी में खिलते हैं
- मधुमक्खी के हर छत्ते में एक रानी होती है जो अंडे देती है छत्ते में कुछ नर मक्खी भी होती है
- छत्ते में बहुत सारे काम करने वाली मक्खियां भी होती है यह दिन भर काम करती है शहद के लिए फूलों का रस ढूंढती है जब किसी मक्खी को रस मिल जाता है तो वह एक तरह का नाच करती है उससे दूसरी मक्खियों को पता चल जाता है कि रस कहां पर है

> ➢ मधुमक्खी रस से शहद बनाती है छत्ता बनाने का काम भी इन्ही का होता है और बच्चों को पालने का भी
>
> ➢ मधुमक्खी पालन में बक्से का प्रयोग किया जाता है इस बक्से में चीनी का मीठा घोल डाला जाता है
>
> ➢ नर मक्खी छत्ते के लिए कुछ खास काम नहीं करते
>
> ➢ मधुमक्खी के डंक में फार्मिक अम्ल होता है

425. Insects find their fellow mates and other things mostly through smell or by specific type of secretion known as -

(1) Antennae
(2) Pheromones
(3) chromosomes
(4) Hormones

कीट अधिकतर अपने साथी और अन्य चीजों को सामान्यत: गंध के माध्यम से या विशिष्ट प्रकार के स्राव से ढूंढ़ते हैं जिन्हें __________ के रूप में जाना जाता है -

(1) एंटीना
(2) फेरोमोन
(3) गुणसूत्रों
(4) हार्मोन

Ans: (2)

कीट, कॉलोनी में रहते हैं। ये जीव अपने साथी और अन्य चीजों को उनकी गंध के माध्यम से या विशिष्ट प्रकार के स्राव के माध्यम से ढूंढ़ लेते हैं जिन्हें फेरोमोन के रूप में जाना जाता है, उदाहरण: चींटी, मधुमक्खियों, रेशमकीट आदि हैं। मकड़ी अकेले रहती है और यह कॉलोनी नहीं बनाती है।

426. Which one of the following is responsible for turning Taj Mahal yellow?

(1) Chlorine STO
(2) Nitrogen dioxide
(3) Sulphur dioxide
(4) Sulphur

ताजमहल के पीले होने के लिए निम्नलिखित में से कौन-सा कारक जिम्मेदार है?

(1) क्लोरीन
(2) नाइट्रोजन डाइऑक्साइड
(3) सल्फर डाइऑक्साइड
(4) सल्फर

Ans: (3)

ताजमहल के पीले होने के लिए सल्फर डाइऑक्साइड कारक जिम्मेदार है। औद्योगिक उत्सर्जन और वाहन निकास से उत्पन्न, यह नमी के साथ प्रतिक्रिया करके सल्फ्यूरिक एसिड बनाता है, जिससे अम्लीय वर्षा होती है। इस प्रदूषण के कारण समय के साथ सफेद संगमरमर का रंग फीका पड़ जाता है।

427. Golconda fort was built by

(1) Nizams of Hyderabad
(2) Mughals
(3) Qutubshahi Sultans
(4) Rulers of Delhi Sultanate

गोलकुण्डा किले का निर्माण किया गया था

(1) हैदराबाद के निज़ामों द्वारा
(2) मुगलों द्वारा
(3) कुतुबशाही सुल्तानों द्वारा
(4) दिल्ली सल्तनत के शासकों द्वारा

Ans: (3)

> ➢ गोलकुंडा फोर्ट हैदराबाद में है।
>
> ➢ गोलकुण्डा किले का निर्माण कुतुबशाही सुल्तानों द्वारा किया गया था।
>
> ➢ कुतुब शाही सुल्तानों ने गोलकुंडा में 1518 से 1687 तक शासन किया।
>
> ➢ दीवार का भाग एक गोलाकार शेप में है जिसे बेसंश या बुर्ज कहते है गोलकुंडा की बाहरी दीवारों पर ऐसे 87 बुर्ज है।
>
> ➢ औरंगजेब यहाँ आक्रमण करने आया था पर असफल रहा।
>
> ➢ औरंगजेब लगभग 8 महीने तक किले के बाहर अपनी सेना के साथ रहा किले के चारों तरफ खाई थी जिस वजह से आक्रमण नहीं कर पाया।
>
> ➢ उस समय कांस्य (Bronze) की बंदूके बनती थी।

428. Mendel's experiments have been included in EVS textbooks. The reason for this is:

A. to draw students' attention to steps of scientific inquiry.

B. to teach students that traits are transmitted from one generation to another.

C. to draw students' attention towards how traits are inherited by successive generations.

D. to help students find resemblances between themselves and their parents or relatives.

(1) A and C
(2) A and B
(3) B and C
(4) C and D

पर्यावरण अध्ययन की पाठ्यपुस्तकों में मेंडल के प्रयोगों को शामिल किया गया है। इसका कारण है:

A. वैज्ञानिक पड़ताल के चरणों की ओर छात्रों का ध्यान आकर्षित करना

B. छात्रों को सिखाना कि गुण एक पीढ़ी से दूसरी को संचरित किए जाते हैं

C. छात्रों का ध्यान आकर्षित करना कि कैसे गुण उत्तरोत्तर पीढ़ियों द्वारा वंशागत होते हैं

D. अपने तथा अपने अभिभावकों एवं रिश्तेदारों के बीच समानताएँ खोजने में छात्रों की सहायता करना

(1) A तथा C
(2) A तथा B
(3) B तथा C
(4) C तथा D

Ans: (1)

मेंडल के प्रयोग ईवीएस पाठ्यपुस्तकों में छात्रों को वैज्ञानिक जांच की प्रकृति और आनुवंशिक विरासत के सिद्धांतों के बारे में सिखाने, सैद्धांतिक अवधारणाओं को व्यावहारिक समझ के साथ जोड़ने के लिए एक मूल्यवान शैक्षिक उपकरण के रूप में काम करते हैं।

429. Nazli likes to eat jaggery. In the afternoon, when her mother was sleeping, she went to the kitchen and located the jaggery jar hidden by her mother. This is an example of which of the following types of learning?

A. Classical conditioning

B. Operant conditioning

C. Cognitive learning

D. Instrumental learning

(1) A and B
(2) B and C
(3) B and D
(4) C and D

नाज़ली को गुड़ खाना पसंद है। दोपहर में, जब उसकी मम्मी सो रही थी, तो नाज़ली रसोई में गई और उसने मम्मी द्वारा छिपाई गई गुड़ की बर्नी खोज ली। यह सीखने के निम्नलिखित प्रकारों में से कौन-सा एक उदाहरण है?

A. शास्त्रीय अनुबंधन

B. क्रियाप्रसूत अनुबंधन

C. संज्ञानात्मक अधिगम

D. यांत्रिक अधिगम

(1) A और B
(2) B और C
(3) B और D
(4) C और D

Ans: (3)

गुड़ के लिए नाज़ली का खोज व्यवहार संचालक कंडीशनिंग द्वारा आकार दिया गया है, जहां प्रत्याशित इनाम उसके कार्यों को सुदृढ़ करता है। वाद्य सीखना स्पष्ट है क्योंकि उसकी खोज गुड़ खाने के उद्देश्य को प्राप्त करने के लिए एक लक्ष्य-निर्देशित प्रयास है।

430. Which of the following statements are related with the term, "continuous" of CCE?

A. Periodic evaluation of known aspects of growth and development

B. Evaluation of curricular and cocurricular aspects of growth and development

C. Diagnosis of learning gaps and provision of corrective measures

D. Measurement of abilities, attitude and aptitude

(1) A and B
(2) B and C
(3) C and D
(4) A and C

निम्नलिखित में से कौन-से कथन सतत और समग्र मूल्यांकन अवधारणा के "सतत" पद से संबंधित हैं?

A. वृद्धि और विकास के अभिज्ञात पक्षों का आवधिक मूल्यांकन

B. वृद्धि और विकास के पाठ्यचर्या सम्बन्धी और सहपाठ्यचर्या सम्बन्धी पक्षों का मूल्यांकन

C. अधिगम अंतरालों का निदान और उपचारात्मक उपायों का प्रावधान

D. क्षमताओं, मनोवृत्ति और अभिरुचि का मापन

(1) A और B
(2) B और C
(3) C और D
(4) A और C

Ans: (4)

सीसीई में "निरंतर" शब्द दर्शाता है कि मूल्यांकन एक छिटपुट या पृथक घटना के बजाय एक सतत प्रक्रिया है। इसमें छात्र वृद्धि और विकास के विभिन्न पहलुओं का नियमित रूप से आकलन करना और समय पर हस्तक्षेप के माध्यम से सीखने के अंतराल की लगातार पहचान करना और उसे संबोधित करना शामिल है।

431. EVS is the study of the environment that refers to the surroundings in which we live. It consists of themes and sub-themes. Which of the following is a main theme?

(1) Relationships
(2) Plants
(3) Work and play
(4) Things we make and do

पर्यावरण अध्ययन पर्यावरण का वह अध्ययन है जो संबंधित है हमारे पास-पड़ोस से जिसमें हम रहते हैं। इसके अंतर्गत मूल विषय तथा उप-विषय होते हैं। निम्नलिखित में से कौन-सा मुख्य विषय है?

(1) संबंध
(2) पौधे
(3) कार्य एवं खेलकूद
(4) चीजें जो हम बनाते हैं तथा करते

Ans: (4)

"चीज़ें जो हम बनाते हैं और करते हैं" ईवीएस में एक मुख्य विषय है क्योंकि यह पर्यावरण पर मानवीय गतिविधियों और रचनाओं के व्यापक प्रभावों को समाहित करता है।

432. The EVS textbook has a chapter on displacement of people, titled as 'no place for us'. It is intended to make children aware and be sensitize

(1) about sufferings of people who are displaced from their native place in the name of development
(2) that displacement of people is necessary for development of country
(3) that city people do not create garbage, cities are dirty because of the slums
(4) that the life of village people will be better in a big city

पर्यावरण अध्ययन की पाठ्यपुस्तक में एक पाठ लोगों के विस्थापन पर है, जिसका शीर्षक है 'हमारे लिए कोई स्थान नहीं। यह बच्चों को जानकार और संवेदनशील बनाने के लिए उद्देशित है

(1) उन लोगों की पीड़ा के बारे में जिन्हें उनकी जन्मभूमि से विकास के नाम पर विस्थापित कर दिया गया है
(2) कि देश के विकास हेतु लोगों का विस्थापन आवश्यक है
(3) कि शहरी लोग कूड़ा-करकट उत्पन्न नहीं करते, शहर झुग्गियों के कारण गंदे हैं
(4) कि एक बड़े शहर में ग्रामीण लोगों का जीवन बेहतर होगा

Ans: (1)

अध्याय "हमारे लिए कोई जगह नहीं" विकास परियोजनाओं से विस्थापित लोगों की पीड़ा पर केंद्रित है। इसका उद्देश्य छात्रों को इन व्यक्तियों द्वारा सामना की जाने वाली कठिनाइयों के बारे में जागरूक करना और ऐसे विस्थापन की मानवीय लागतों के बारे में सहानुभूति और समझ को बढ़ावा देना है।

433. Which of the following statements is the most accurate explanation for including lots of pictures in EVS books for classes 3 to 5?

A. Pictures attract children.

B. Children are in the concrete operational stage of development.

C. Children understand the concept faster through pi pictures.

D. Pictures make the book attractive.

(1) A and B
(2) B and C
(3) C and D
(4) A and D

निम्नलिखित में से कौन-से कथन पर्यावरण अध्ययन की कक्षा तीसरी से पाँचवीं तक की पुस्तकों में ढेर सारे चित्रों को शामिल करने की सर्वाधिक सटीक व्याख्या करते हैं ?

A. चित्र बच्चों को आकर्षित करते हैं

B. बच्चे विकास की मूर्त संक्रियात्मक अवस्था में हैं

C. बच्चे चित्रों के माध्यम से अवधारणाओं को जल्दी समझते हैं

D. चित्रों से किताब आकर्षक बनती है

(1) A और B
(2) B और C
(3) C और D
(4) A और D

Ans: (2)

ठोस परिचालन चरण में बच्चे ईवीएस पुस्तकों में चित्रों से लाभान्वित होते हैं क्योंकि ये दृश्य सामग्री उन्हें ठोस उदाहरणों को समझने और उनसे जुड़ने में मदद करती है। चित्र जटिल विचारों को सरल बनाते हैं, जिससे अवधारणाओं को समझना आसान हो जाता है और जल्दी समझ में आ जाता है।

434. An effective way for a teacher to teach the topic 'germination of seed' will be by:

(1) asking students to watch an animated video of germination of moong seeds
(2) making a chart of germination of moong seeds
(3) asking students to sprout moong seeds and record the observation
(4) showing a model of germination of moong seeds

एक अध्यापक के लिए 'बीज का अंकुरण' का विषय पढ़ाने के लिए प्रभावी तरीका होगा

(1) विद्यार्थियों को एक सजीवक (ऐनीमेटेड) वीडियो देखने के लिए कहना जिसमें साबुत मूँग के बीजों का अंकुरण दिखाया गया हो
(2) मूँग के बीजों का अंकुरण का चार्ट बनाना
(3) विद्यार्थियों से मूँग के बीजों का अंकुरण करने के लिए कहना तथा अपने अवलोकन रिकॉर्ड करने को कहना
(4) मूँग के बीजों के अंकुरण का मॉडल दिखाना

Ans: (3)

अंकुरित मूंग के बीजों के माध्यम से हाथ से सीखने से छात्रों को अंकुरण प्रक्रिया में सक्रिय रूप से जुड़ने की अनुमति मिलती है। यह आलोचनात्मक सोच को भी बढ़ावा देता है क्योंकि छात्र विकास का विश्लेषण और दस्तावेजीकरण करते हैं, जिससे उन्हें सूचित निष्कर्ष निकालने में मदद मिलती है।

435. The National Curriculum Framework (NCF), 2005 emphasizes that learning of EVS should take place through:

(1) interactions with the environment around us, nature, things and people, both through actions and through language
(2) only EVS textbooks prepared by NCERT and State boards
(3) teachers and students involved in activities related to the environment
(4) activities selected by the teachers suitable for the students

राष्ट्रीय पाठ्यचर्या की रूपरेखा (एन. सी. एफ.), 2005 इस बात पर जोर देती है कि पर्यावरण अध्ययन की शिक्षा होनी चाहिए

(1) हमारे आस-पास के वातावरण, प्रकृति, चीजों और लोगों के साथ बातचीत, क्रियाओं और भाषा दोनों के माध्यम से
(2) केवल एन.सी.ई.आर.टी. और राज्य बोर्डों द्वारा तैयार की गई पर्यावरण अध्ययन की पाठ्यपुस्तकों द्वारा

(3) पर्यावरण से संबंधित गतिविधियों में शामिल शिक्षक और विद्यार्थियों द्वारा
(4) विद्यार्थियों के लिए शिक्षकों द्वारा चयनित उपयुक्त गतिविधियों द्वारा

Ans: (1)

एनसीएफ, 2005 पर्यावरण के साथ सीधे संपर्क के माध्यम से सीखने पर जोर देता है, छात्रों को अपने परिवेश का पता लगाने, निरीक्षण करने और उससे जुड़ने के लिए प्रोत्साहित करता है। यह एक समग्र दृष्टिकोण का समर्थन करता है, जिसमें सैद्धांतिक ज्ञान को व्यावहारिक अनुभवों से जोड़ने के लिए चर्चाओं के साथ व्यावहारिक गतिविधियों का संयोजन किया जाता है।

436. Fill in the blank with the most appropriate option.

_______ should become a medium for engaging young minds in first-hand observation of nature and understanding the pattern and processes in the natural and social worlds.

(1) Parents
(2) Peers
(3) Environment
(4) Teachers

सबसे उपयुक्त विकल्प से रिक्त स्थान की पूर्ति कीजिए।

_______ प्रकृति के प्रत्यक्ष अवलोकन और प्राकृतिक और सामाजिक दुनिया में पैटर्न और प्रक्रियाओं को समझने में युवा दिमाग को शामिल करने का एक माध्यम बनना चाहिए।

(1) माता-पिता को
(2) साथियों को
(3) पर्यावरण को
(4) शिक्षकों को

Ans: (3)

शिक्षा के लिए प्राथमिक संसाधन के रूप में पर्यावरण का उपयोग करना, छात्रों को प्राकृतिक और सामाजिक प्रक्रियाओं का प्रत्यक्ष अनुभव और समझ प्राप्त करने की अनुमति देता है। पर्यावरण ही अनुभवात्मक शिक्षा के लिए आदर्श माध्यम के रूप में कार्य करता है।

437. This year lots of mangoes were collected from the school's garden. Julie thought to utilize mangoes for teaching the chapter "Mangoes around the year" of class V environmental studies.

What will be the most appropriate approach to teach this chapter?

A. Visit to a food processing unit in which students are briefed about processing process by an expert.

B. Organizing a "mango eatables fest," where students put stalls of various dishes of mangoes prepared by them.

C. Inviting an expert from food processing unit for an expert lecture in your class.

D. Organize an exhibition in which various food items prepared from mango are displayed.

(1) A and B
(2) A, C and D
(3) B and C
(4) C and D

इस साल स्कूल के बगीचे से खूब सारे आम इकट्ठा हुए। जूली ने पर्यावरण अध्ययन कक्षा V के पाठ "खाएँ आम बारहों महीने" पढ़ाने के लिए इन आमों का उपयोग करने के बारे में सोचा। इस पाठ को पढ़ाने के लिए सर्वाधिक उपयुक्त तरीका कौन-सा होगा?

A. खाद्य प्रसंस्करण इकाई भ्रमण, जिसमें विशेषज्ञ विद्यार्थियों को प्रसंस्करण प्रक्रिया के बारे में बताएँ

B. "आम खाद्य पदार्थ उत्सव" का आयोजन, जिसमें विद्यार्थी उनके द्वारा बनाए हुए आम के विभिन्न व्यंजनों का स्टॉल लगाएँ

C. खाद्य प्रसंस्करण इकाई के विशेषज्ञ को आपकी कक्षा में विशेषज्ञ वार्ता के लिए आमंत्रित करें

D. एक प्रदर्शनी का आयोजन, जिसमें आम से बने विभिन्न खाद्य पदार्थों को प्रदर्शित किया जाए

(1) A और B
(2) A, C और D
(3) B और C
(4) C और D

Ans: (1)

छात्र खाद्य प्रसंस्करण इकाई की यात्रा के माध्यम से आम प्रसंस्करण में व्यावहारिक अंतर्दृष्टि प्राप्त करेंगे, जहां वे एक विशेषज्ञ से औद्योगिक तकनीकों के बारे में सीखेंगे। "मैंगो ईटेबल्स फेस्ट", फलों की बहुमुखी प्रतिभा और मौसमी महत्व के बारे में उनकी समझ को बढ़ाएगा।

438. Project method in teaching-learning of EVS is useful because

(1) it enables a teacher to be a guide and facilitator
(2) it requires a variety of resources.
(3) children are overwhelmed with the doing and the action" part of project.
(4) it provides an opportunity for work experience and divergent thinking.

ई.वी.एस. के शिक्षण अधिगम में प्रायोजना प्रक्रम लाभकारी है क्योंकि:

(1) यह शिक्षक को एक मार्गदर्शक और सुगमकर्ता बनाता है।
(2) इसे विविध संसाधनों की आवश्यकता होती है।
(3) बच्चे प्रायोजना के करने वाले भाग और क्रिया के भाग से अभिभूत हो जाते हैं।
(4) यह कार्यानुभव एवं अभिसारी चिंतन के अवसर प्रदान करता है।

Ans: (4)

ईवीएस में प्रोजेक्ट पद्धति मूल्यवान है क्योंकि यह छात्रों को व्यावहारिक गतिविधियों में संलग्न होने, व्यावहारिक कार्य अनुभव को बढ़ावा देने और रचनात्मक, भिन्न सोच को प्रोत्साहित करने की अनुमति देती है।

439. Arrange the steps involved in problem-solving in correct sequence:

(A) Define the problem
(B) Discuss possible strategy for action
(C) Evaluate the result
(D) Analyse the problem
Choose the correct sequence.

(1) (A)-(D)-(B)-(C)
(2) (A)-(B)-(C)-(D)
(3) (D)-(C)-(B)-(A)
(4) (A)-(D)-(C)-(B)

समस्या समाधान में सम्मिलित / निहित चरणों को सही क्रम में व्यवस्थित कीजिए:

(A) समस्या को परिभाषित कीजिए
(B) क्रिया के लिए संभावित योजना पर चर्चा कीजिए
(C) परिणाम का मूल्यांकन कीजिए
(D) समस्या का विश्लेषण कीजिए
सही क्रम का चयन कीजिए

(1) (A) (D) (B)-(C)
(2) (A) (B) (C) (D)
(3) (D) (C) (B)-(A)
(4) (A) (D) (C)-(B)

Ans: (1)

समस्या-समाधान अनुक्रम में शामिल हैं:

- समस्या की जरूरतों को समझने के लिए उसे परिभाषित करना,
- कारणों और निहितार्थों की पहचान करने के लिए इसका विश्लेषण करना,
- समाधान विकसित करने के लिए रणनीतियों पर चर्चा करना, और
- चुने गए समाधान की प्रभावशीलता का आकलन करने के लिए परिणामों का मूल्यांकन करना।

440. Which of the following are examples of community resources of learning in EVS? Choose the correct group of resources:

(1) University, River, Radio, Computer
(2) Carpenter, Shopkeeper, Teachers, Parents
(3) University, Waste material, Parents, Office
(4) Mobile phone, Newspaper, Jingle, Radio

ई.वी.एस. में निम्नलिखित में अधिगम के सामुदायिक संसाधनों के उदाहरण कौन से है?

(1) विश्वविद्यालय, नदी, रेडियो, अभिकलित्र
(2) बढ़ई, दुकानदार, शिक्षक, माता-पिता
(3) विश्वविद्यालय, अपशिष्ट सामग्री, माता-पिता, ऑफिस
(4) मोबाइल फोन, समाचार पत्र, विज्ञापन गीत रेडियो

Ans: (2)

ईवीएस में सामुदायिक संसाधनों में लोग और स्थानीय विशेषज्ञ शामिल हैं, जैसे बढ़ई, दुकानदार, शिक्षक और माता-पिता, जो वास्तविक दुनिया का ज्ञान और अनुभव प्रदान करते हैं।

441. What is a beautiful village "Silluk" in Arunachal Pradesh called?

(1) Garbage free village
(2) Village of flowers
(3) Paradise village
(4) Village of lakes

अरुणाचल प्रदेश के एक सुंदर गाँव "सिल्लुक" को क्या कहा जाता है?

(1) कचरा मुक्त गाँव
(2) फूलों का गाँव
(3) स्वर्ग का गाँव
(4) झीलों का गाँव

Ans: (1)

- सिल्लुक, जो अरुणाचल प्रदेश का एक खूबसूरत गाँव है, जिसे 'कचरा मुक्त गाँव' कहा जाता है।
- यह गाँव अपनी स्वच्छता और पर्यावरण संरक्षण के लिए प्रसिद्ध है।
- यहाँ के निवासियों ने मिलकर गाँव को साफ-सुथरा रखने में महत्वपूर्ण प्रयास किए हैं।

442. Which one of the following is not a characteristic feature of the roots of a Banyan tree?

(1) Roots provide support to trees like pillars.
(2) Roots hang down from the branches.
(3) There are underground roots.
(4) Roots store food.

निम्नलिखित में से कौन-सी विशेषता बरगद के पेड़ की जड़ों की नहीं है?

(1) जड़ें खम्भों की तरह पेड़ को सहायता प्रदान करती हैं।
(2) जड़ें शाखाओं से नीचे लटकती हैं।
(3) इसमें ज़मीन के भीतर जड़ें होती हैं।
(4) जड़ें भोजन का भंडारण करती है।

Ans: (4)

बरगद के पेड़ की जड़ें भोजन का भंडारण नहीं करती हैं। बरगद की जड़ें शाखाओं में नीचे लटककर खंभों की तरह पेड़ को सहायता प्रदान करती हैं। इसकी जड़ें जमीन के भीतर होती हैं।

443. Who built the Golconda Fort?

(1) Pallava Dynasty
(2) Chola Dynasty
(3) Chalukya Dynasty
(4) Kakatiya Dynasty

गोलकोण्डा किला किसने बनवाया?

(1) पल्लव राजवंश
(2) चोल राजवंश
(3) चालुक्य राजवंश
(4) काकतीय राजवंश

Ans: (4)

गोलकोंडा किला हैदराबाद शहर में स्थित है। यह किला तेरहवीं शताब्दी में काकतीय राजवंश द्वारा निर्मित किया गया था। आगे चलकर गोलकोंडा का किला बहमनी राजवंश के अधिकार में आ गया। कुछ समय बाद कुतुबशाही राजवंश ने इस पर कब्जा किया और गोलकोंडा को अपनी राजधानी बनाया।

444. Select the correct statements about Abu Dhabi.

I. It is in a desert area.
II. Water is costlier than petrol in Abu Dhabi.
III. Arabic is the local language here.
IV. Money used in Abu Dhabi is called Dinar.

(1) I, II and III
(2) I, III and IV
(3) II, III and IV
(4) I, II and IV

अबूधाबी के विषय में सही कथन चुनिए

A. यह रेगिस्तानी इलाके में हैं।
B. अबूधाबी में पानी पेट्रोल से महँगा है।
C. यहाँ की स्थानीय भाषा अरबी है।
D. अबूधाबी की मुद्रा (रुपये) को दीनार कहते हैं।

(1) A, B और C
(2) A, C और D

(3) B, C और D
(4) A, D और B

Ans: (1)

संयुक्त अरब अमीरात (UAE) की राजधानी अबू धाबी है। अबू धाबी रेगिस्तानी इलाके में हैं। यहाँ की मुद्रा दिरहम है। यहाँ की स्थानीय भाषा अरबी है और यहाँ पेट्रोल काफी सस्ता है।

445. Which one of the following is not one of the six broad themes of EVS in the present syllabus?
(1) Work and play
(2) Food
(3) Shelter
(4) Things we make and do

निम्नलिखित में से कौन-सा वर्तमान पर्यावरण अध्ययन पाठ्यक्रम के छः मुख्य थीमों में से एक नहीं है?
(1) काम और खेल
(2) भोजन
(3) आवास
(4) हम चीजें कैसे बनाते हैं?

Ans: (1)

पर्यावरण-अध्ययन पाठ्यक्रम की छः मुख्य थीम है-
1. परिवार और मित्र
2. भोजन
3. आश्रय या आवास
4. जल
5. यात्रा तथा
6. हम चीजें कैसे बनाते हैं

काम और खेल, पर्यावरण अध्ययन पाठ्यक्रम के छः मुख्य थीमों में से नहीं।

446. The name of the scientist who first peeped into a mosquito stomach and proved that mosquitoes spread malaria and for his research was awarded Nobel Prize in medicine in December 1902 is
(1) Charles Darwin
(2) Gregor Mendel
(3) George Mistral
(4) Ronald Ross

उस वैज्ञानिक का क्या नाम है जिसने सर्वप्रथम मच्छर के पेट के अन्दर ताक-झांक की और यह सिद्ध किया कि मलेरिया मच्छर से फैलता है तथा इस अनुसंधान के लिए दिसम्बर 1902 में चिकित्सा के क्षेत्र में नोबल पुरस्कार दिया गया।
(1) चार्ल्स डार्विन
(2) ग्रेगोर मेंडल
(3) जॉर्ज मिस्ट्रल
(4) रोनाल्ड रॉस

Ans: (4)

रोनाल्ड रॉस ने सर्वप्रथम मच्छर के पेट के अन्दर ताक-झांक की और यह सिद्ध किया कि मलेरिया मच्छर से फैलता है। रोनाल्ड रॉस एक अंग्रेजी वैज्ञानिक थे जिनका जन्म 13 मई 1857 को हुआ था।

447. The group called Tarun Bharat Sangh is associated with
(1) providing cooked mid-day meal in schools
(2) running free coaching classes for the children belonging to EWS
(3) rebuilding old lakes
(4) helping especially abled children in learning

तरुण भारत संघ, नामक समूह सम्बन्धित है
(1) स्कूलों में दोपहर का पका हुआ भोजन उपलब्ध करवाने में
(2) आर्थिक रूप से कमजोर वर्गों के बच्चों के लिए निः शुल्क पर कोचिंग कक्षाएँ चलवाने में
(3) पुरानी झीलें पुनर्निर्मित करने में
(4) विशेष रूप से सक्षम बच्चों को सीखने में मदद करने में

Ans: (3)

➢ तरुण भारत संघ भारत का गैर सरकारी संगठन है जो जल संरक्षण व जल के अनुशासित उपयोग को लेकर लोगों को जागरूक करने का काम करता है।
➢ तरुण भारत संघ' ने पिछले 25 वर्षों में देशभर में दस हजार से ज्यादा जोहड़-तालाब बनवाये हैं।

448."People who have been living in the forest for at least 25 years have a right to the forestland and what is grown on it." This is mandated by:
(1) the Land Acquisition Act, 1894
(2) the Constitution (Scheduled Castes) Orders (Amendment) Bill, 2012
(3) the Indian Forest Act, 1927
(4) the Right to Forest Act, 2007

"जो व्यक्ति जंगल में कम-से-कम 25 वर्षों से रह रहे हैं उनका उस जंगल-भूमि पर और उसमें पैदा होने वाली वस्तुओं पर अधिकार है।" यह जनादेश किसके द्वारा दिया गया है?
(1) भूमि अधिग्रहण अधिनियम, 1894
(2) संविधान (अनुसूचित जाति) आदेश (संशोधन) विधेयक, 2012
(3) भारतीय जंगल अधिनियम, 1927
(4) जंगल अधिकार अधिनियम, 2007

Ans: (4)

- जंगल अधिकार कानून 2007 के अनुसार जो लोग 25 सालों से जंगलों में एक जगह रह रहे हैं तो यह कानून उन्हें अधिकार देता है कि वह इस जगह पर जो चाहे वह उगा सकते हैं उन्हें हटाया नहीं जाएगा
- जंगल का संरक्षण वहां की ग्रामसभा करती है
- खानों की खुदाई और बांधो का निर्माण करने से जंगल खत्म होते जा रहे है

449.Which cities and towns of the country are known for their cleanliness?
(1) Varanasi and Agra
(2) Mysuru and Indore
(3) Delhi and Mumbai
(4) Kolkata and Chennai

देश के कौनसे शहर और कस्बे अपनी स्वच्छता के लिए जाने जाते हैं?
(1) वाराणसी और आगरा
(2) मैसूरु और इंदौर
(3) दिल्ली और मुंबई
(4) कोलकाता और चेन्नई

Ans: (2)

- मैसूरु और इंदौर साफ-सफाई और स्वच्छता के उच्च मानकों के लिए पहचाने जाते हैं।
- उन्होंने भारत में आयोजित विभिन्न स्वच्छता सर्वेक्षणों में अक्सर अच्छा प्रदर्शन किया है, जो उनके प्रभावी स्वच्छता प्रयासों और सार्वजनिक जागरूकता को दर्शाता है।

450.Which is most relevant to the mid-day mealtime in school?
(1) It wastes a lot of precious time of teaching-learning
(2) It has nothing to do with teaching-learning
(3) It is a good teaching-learning opportunity for EVS teaching-learning
(4) It is for children who come empty stomach to school

विद्यालय में मिड-डे मील के समय के लिए कौन-सा सबसे प्रासंगिक है?
(1) यह शिक्षण-अधिगम के बहुत ही मूल्यवान समय को बर्बाद करता है
(2) शिक्षण-अधिगम के साथ इसका कोई लेना-देना नहीं है
(3) यह ईवीएस शिक्षण-अधिगम के लिए एक अच्छा शिक्षण-अधिगम का अवसर है।
(4) यह उन बच्चों के लिए है, जो विद्यालय में खाली पेट आते है।

Ans: (3)

व्याख्या :- विद्यालय में मिड-डे मील का समय EVS शिक्षण अधिगम के लिए एक

अच्छा शिक्षण अधिगम का अवसर है। इस स्कीम को 15 अगस्त, 1995 में स्टार्ट किया गया था और सबसे पहले इस स्कीम को 2000 से अधिक ब्लॉकों के स्कूलों में लागू किया गया था। इस स्कीम के सफल होने के बाद इस स्कीम को साल 2004 में पूरे देश के सरकारी स्कूलों में लागू कर दिया था।

451.Read the following statements and choose the correct option:

Assertion (A): At the primary level EVS has themes instead of topics.

Reason (R): Theme-based EVS learning is easy for teachers and students as compared to topics.

(1) (A) is false, but (R) is true.
(2) Both (A) and (R) are true and (R) is the correct explanation of (A).
(3) Both (A) and (R) are true, but (R) is not the correct explanation of (A).
(4) (A) is true, but (R) is false.

निम्नलिखित कथनों को पढ़िए तथा सही विकल्प का चयन कीजिए:

अभिकथन (A): प्राथमिक स्तर पर ईवीएस में विषयों के बजाय थीम हैं।

कारण (R): विषयों की तुलना में थीम-आधारित ईवीएस सीखना शिक्षकों और विद्यार्थियों के लिए आसान है।

(1) (A) ग़लत है, परन्तु (R) सही है।
(2) (A) और (R) दोनों सही हैं तथा (R), (A) की सही व्याख्या है।
(3) (A) और (R) दोनों सही हैं, परन्तु (R), (A) की सही व्याख्या नहीं है।
(4) (A) सही है, परन्तु (R) ग़लत है।

Ans: (3)

दावा (A) सत्य है क्योंकि ईवीएस विषयों के बजाय थीम का उपयोग करता है। कारण (R) सत्य है क्योंकि विषय-आधारित शिक्षा शिक्षण और सीखने को सरल बनाती है लेकिन यह पूरी तरह से स्पष्ट नहीं करती है कि विषयों का उपयोग क्यों किया जाता है।

452. You want to encourage hands-on activities for students of EVS. Which of the following is the most appropriate activity?

(1) Map reading from a globe
(2) Collecting coins of different countries
(3) Developing an EVS kit from available material
(4) Drawing parts of different plants on a chart

आप ईवीएस के विद्यार्थियों के लिए व्यावहारिक गतिविधियों को प्रोत्साहित करना चाहते हैं। निम्नलिखित में से कौन-सी क्रिया सबसे उपयुक्त है?

(1) ग्लोब से नक्शा पढ़ना
(2) विभिन्न देशों के सिक्के एकत्रित करना
(3) उपलब्ध सामग्री से ईवीएस किट विकसित करना
(4) एक चार्ट पर विभिन्न पौधों के भागों का चित्र बनाना

Ans: (3)

उपलब्ध सामग्री से ईवीएस किट विकसित करने में सीधे सामग्री बनाना और उपयोग करना शामिल है, जो व्यावहारिक अनुभव प्रदान करता है और छात्रों को व्यावहारिक सीखने में संलग्न करता है।

453. An EVS teacher demonstrates an experiment in class in which an egg sinks in a tumbler with water, but floats upon adding salt to the water. Which of the following is the most appropriate explanation she can give to students' enquiry?

(1) Allow each student to conclude on their own by adding different items in water.
(2) The egg floats due to density of water.
(3) You will learn the correct reason in higher classes.
(4) Conduct and observe the experiment with different amounts of salt.

एक ईवीएस शिक्षक कक्षा में एक प्रयोग प्रदर्शित करता है जिसमें एक अंडा पानी के गिलास में डूब जाता है, लेकिन पानी में नमक मिलाने पर तैरता है। विद्यार्थियों की पूछताछ के लिए वह निम्नलिखित में से कौन-सी सबसे उपयुक्त व्याख्या दे सकती है?

(1) प्रत्येक विद्यार्थी को पानी में विभिन्न वस्तुएँ डालकर स्वयं निष्कर्ष निकालने दें।
(2) पानी के घनत्व के कारण अंडा तैरता है।
(3) आप उच्च कक्षाओं में सही कारण सीखेंगे।
(4) अलग-अलग मात्रा में नमक के साथ प्रयोग करें और उसका अवलोकन करें।

Ans: (4)

अलग-अलग मात्रा में नमक के साथ प्रयोग करने से छात्रों को यह देखने में मदद मिलती है कि पानी के घनत्व में परिवर्तन कैसे उछाल को प्रभावित करता है, जिससे अवधारणा की उनकी समझ बढ़ती है।

454. Read the following statements and choose the correct option:

Assertion (A): Field trips are an effective pedagogical strategy in EVS.

Reason (R): Field trips promote memorisation of objects, events and places.

(1) (A) is false, but (R) is true.
(2) Both (A) and (R) are true and (R) is the correct explanation of (A).
(3) Both (A) and (R) are true, but (R) is not the correct explanation of (A).
(4) (A) is true, but (R) is false.

निम्नलिखित कथनों को पढ़िए तथा सही विकल्प का चयन कीजिए:

अभिकथन (A): ईवीएस में क्षेत्र भ्रमण प्रभावी शिक्षणशास्त्रीय रणनीति हैं।

कारण (R): क्षेत्र भ्रमण वस्तुओं, घटनाओं और स्थानों की याददाश्त को बढ़ावा देती हैं।

(1) (A) ग़लत है, परन्तु (R) सही है।
(2) (A) और (R) दोनों सही हैं तथा (R), (A) की सही व्याख्या है।
(3) (A) और (R) दोनों सही हैं, परन्तु (R), (A) की सही व्याख्या नहीं है।
(4) (A) सही है, परन्तु (R) ग़लत है।

Ans: (4)

फील्ड यात्राएं व्यावहारिक, वास्तविक दुनिया के अनुभव प्रदान करने के लिए एक प्रभावी ईवीएस रणनीति हैं, लेकिन वे मुख्य रूप से याद रखने के बारे में नहीं हैं; वे समझ को गहरा करने के लिए अनुभवात्मक शिक्षा पर ध्यान केंद्रित करते हैं।

455. Read the following statements and choose the correct option:

Assertion (A): Learning of EVS needs to be oriented to process skills relating to observation, identification, classification, etc.

Reason (R): Through acquiring various process skills, the learning outcomes of EVS learning are expected to be achieved.

(1) (A) is false, but (R) is true.
(2) Both (A) and (R) are true and (R) is the correct explanation of (A).
(3) Both (A) and (R) are true, but (R) is not the correct explanation of (A).
(4) (A) is true, but (R) is false.

निम्नलिखित कथनों को पढ़िए तथा सही विकल्प का चयन कीजिए:

अभिकथन (A): ईवीएस के सीखने को अवलोकन, पहचान, वर्गीकरण, आदि से संबंधित प्रक्रिया कौशल के लिए उन्मुख होने की आवश्यकता है।

कारण (R): विभिन्न प्रक्रिया कौशल प्राप्त करने के माध्यम से, ईवीएस के सीखने के परिणामों को हासिल करने की संभावना होती है।

(1) (A) ग़लत है, परन्तु (R) सही है।
(2) (A) और (R) दोनों सही हैं तथा (R), (A) की सही व्याख्या है।
(3) (A) और (R) दोनों सही हैं, परन्तु (R), (A) की सही व्याख्या नहीं है।
(4) (A) सही है, परन्तु (R) ग़लत है।

Ans: (2)

दावा (A) सच है क्योंकि ईवीएस अवलोकन और वर्गीकरण जैसे प्रक्रिया कौशल पर जोर देता है, और कारण (R) सच है क्योंकि ये कौशल दावे को सही ढंग से समझाते हुए ईवीएस सीखने के परिणामों को प्राप्त करने में मदद करते हैं।

456. An EVS teacher should lay emphasis on ______ while preparing question paper for summative assessment.

(1) Length and objectives of the question paper
(2) Content coverage and objectives of the question paper
(3) Total marks and content coverage of the question paper
(4) Length and total marks of the question paper

एक ईवीएस शिक्षक को योगात्मक मूल्यांकन के लिए प्रश्न पत्र तैयार करते समय ______ पर ज़ोर देना चाहिए।

(1) प्रश्न पत्र की लंबाई और उद्देश्य
(2) प्रश्न पत्र की सामग्री कवरेज और उद्देश्य

(3) प्रश्न पत्र के कुल अंक और सामग्री कवरेज

(4) प्रश्न पत्र की लंबाई और कुल अंक

Ans: (2)

सामग्री कवरेज पर ध्यान केंद्रित करने से यह सुनिश्चित होता है कि प्रश्न सिखाई गई सामग्री को प्रतिबिंबित करते हैं, जबकि उद्देश्यों के साथ संरेखित करने से यह सुनिश्चित होता है कि मूल्यांकन इच्छित सीखने के परिणामों को मापता है।

457. If theme Travel: Railway Station depicts utilisation of a community resource in EVS, which of the following will complete theme Food: ________?

(1) Agricultural farm

(2) Forest

(3) Shopkeeper

(4) Farmer

यदि थीम यात्रा : रेलवे स्टेशन ईवीएस में एक सामुदायिक संसाधन के उपयोग को दर्शाता है, तो निम्नलिखित में से कौन पूरा करेगा - थीम भोजन : ______ ?

(1) कृषि फार्म

(2) जंगल

(3) दुकानदार

(4) किसान

Ans: (1)

थीम "भोजन" के लिए, एक कृषि फार्म एक उपयुक्त सामुदायिक संसाधन है, उसी प्रकार जैसे एक रेलवे स्टेशन "यात्रा" थीम के लिए सामुदायिक संसाधन के रूप में कार्य करता है।

458. While teaching EVS, a teacher's statement/ question, which encourages students to elaborate on an answer either on their own or from the response of their peers, is:

(1) Probing

(2) Conditioning

(3) Chaining

(4) Trial and error

ईवीएस शिक्षण के दौरान, एक शिक्षक का बयान/ प्रश्न जो विद्यार्थियों को स्वयं या अपने साथियों की प्रतिक्रियाओं से उत्तर को विस्तृत करने के लिए प्रोत्साहित करता है :

(1) खोजपूर्ण प्रश्न

(2) कंडीशनिंग

(3) चेनिंग

(4) परीक्षण और त्रुटि

Ans: (1)

जांच में ऐसे प्रश्न पूछना शामिल है जो छात्रों को अधिक गहराई से सोचने और अपनी प्रतिक्रियाओं पर विस्तार करने के लिए प्रेरित करते हैं।

459. Which of the following is not a learning outcome in EVS for students of Class III?

(1) Voice's opinion on good and bad touch

(2) Voice's opinion on Issues observed/ experienced and relates to social practices such as discrimination in ownership of resources

(3) Observes rules in few local, indoor, outdoor games

(4) Identifies directions of classroom

कक्षा III के विद्यार्थियों के लिए ईवीएस में निम्नलिखित में से कौन-सा सीखने का परिणाम (अधिगम प्रतिफल) नहीं है ?

(1) अच्छे और बुरे स्पर्श पर अपनी राय व्यक्त करना

(2) देखे गए/अनुभव किए गए मुद्दों पर आवाज़ उठाना और समाज की प्रथाओं से संबंधित करना जैसे संसाधनों के स्वामित्व में भेदभाव

(3) कुछ स्थानीय, इनडोर, आउटडोर खेलों में नियमों का अवलोकन करना

(4) कक्षा की दिशाओं की पहचान करना

Ans: (2)

सामाजिक मुद्दों को संबोधित करना महत्वपूर्ण है, यह आम तौर पर अधिक उन्नत है और कक्षा III ईवीएस के लिए प्राथमिक फोकस नहीं है, जो खेलों में नियमों का पालन करने और दिशाओं की पहचान करने जैसे अधिक आयु-उपयुक्त विषयों पर ध्यान केंद्रित करता है।

460. You have to select EVS textbooks for your students of classes III to V. Which of the following criteria is most appropriate for this purpose?

(1) Pictures in the book should be big and colourful.

(2) The language should be simple and according to the mental level of students.

(3) The textbook should be illustrated and appealing to students.

(4) The textbook should be child-oriented and devoid of any stereotypes or derogatory attitudes based on gender, caste, class and religion.

आपको कक्षा III से V तक के अपने विद्यार्थियों के लिए ईवीएस पाठ्य-पुस्तकों का चयन करना है । इस उद्देश्य के लिए निम्नलिखित में से कौन-सा मानदंड सबसे उपयुक्त है?

(1) पुस्तक में चित्र बड़े और रंगीन होने चाहिए।

(2) भाषा सरल और विद्यार्थियों के मानसिक स्तर के अनुसार होनी चाहिए।

(3) पाठ्य-पुस्तक को सचित्र और विद्यार्थियों के लिए आकर्षक होना चाहिए।

(4) पाठ्य-पुस्तक बाल-उन्मुख होनी चाहिए तथा लिंग, जाति, वर्ग और धर्म के आधार पर किसी भी रूढ़िवादिता या अपमानजनक व्यवहार से रहित होनी चाहिए।

Ans: (4)

यह सुनिश्चित करना कि पाठ्यपुस्तक बाल-उन्मुख है और पूर्वाग्रहों से मुक्त है, एक समावेशी और सम्मानजनक सीखने के माहौल के लिए आवश्यक है, जबकि सादगी, आकर्षक चित्र और रंगीन चित्र भी महत्वपूर्ण हैं लेकिन गौण हैं।

461. A teacher wants to select synchronous communication with her students for teaching EVS. Which of the following will she choose?

(1) Phone calls, pre-recorded videos, tele-conferencing

(2) E-mail, social media posts, phone calls

(3) Instant messaging, blogs, tele-conferencing

(4) Video conferencing, online chat sessions, phone calls

एक शिक्षिका ईवीएस शिक्षण के लिए अपने विद्यार्थियों के साथ तुल्यकालिक (सिन्क्रोनस) सम्प्रेषण का चयन करना चाहती है। वह निम्नलिखित में से किसे चुनेगी?

(1) फोन कॉल, प्री-रिकॉर्डेड वीडियो, टेली-कॉन्फ्रेंसिंग

(2) ई-मेल, सोशल मीडिया पोस्ट, फोन कॉल

(3) त्वरित संदेश, ब्लॉग, टेली-कॉन्फ्रेंसिंग

(4) वीडियो कॉन्फ्रेंसिंग, ऑनलाइन चैट सत्र, फोन कॉल

Ans: (4)

वीडियो कॉन्फ्रेंसिंग, ऑनलाइन चैट सत्र, फोन कॉल में वास्तविक समय की बातचीत शामिल होती है, जो समकालिक संचार की विशेषता है।

MATHS

(गणित)

&

PEDAGOGY

(शिक्षाशास्त्र)

PAPER-1

1. What is the result when 7 kg 7 g is subtracted from 9 kg?
9 kg में से 7 kg 7 g को घटाने पर क्या परिणाम प्राप्त होता है?
(1) 1.093 kg
(2) 1.3 kg
(3) 1.993 kg
(4) 1.93 kg

Ans (3)

7kg 7g = 7.007kg [1kg = 1000g]

So, 9 kg – 7 kg 7g = 9 kg – 7.007 kg = 1.993 kg

2. The smallest four-digit number which is a multiple of 6, 7 and 4 is:
चार अंकों की वह न्यूनतम संख्या, जो 6, 7 और 4 का गुणज है, निम्न है:
(1) 1008
(2) 1000
(3) 1002
(4) 1006

Ans (1)

LCM of 6, 7 and 4 = 84

Smallest four-digit number is 1000 (चार अंकों की सबसे छोटी संख्या 1000 है।).

We will divide 1000 by 84 to find the smallest multiple(छोटा गुणज) of 84 that is atleast 1000

$= \frac{1000}{84} = 11.90 \approx 12$

Now, multiply 12 by 84 = 12 × 84 = 1008

3. The product of the predecessor of 201 and the successor of 4781 is:
201 के पूर्ववर्ती और 4781 के परवर्ती का गुणनफल है :
(1) 965650
(2) 956200
(3) 956400
(4) 965560

Ans (3)

Predecessor of 201 (201 के पूर्ववर्ती) = 201 – 1 = 200

Successor of 4781 (4781 के परवर्ती) = 4781 + 1 = 4782

So, the product of the predecessor of 201 and the successor of 4781 (201 के पूर्ववर्ती और 4781 के परवर्ती का गुणनफल) = 200 × 4782 = 956400

4. How many planks of size 2 m×35 cm.×8 cm can be made from a wooden block 8 m long, 70 cm wide and 40 cm thick?
8 m लम्बे, 70 cm चौड़े और 40 cm मोटे लकड़ी के एक ब्लॉक से 2m × 35 cm × 8 cm माप वाले कितने फट्टे बनाए जा सकते हैं?
(1) 40
(2) 50
(3) 48
(4) 45

Ans (1)

Number of planks (फट्टे की संख्या) =

$$\frac{8\text{m} \times 70\text{ cm} \times 40\text{ cm}}{2\text{m} \times 35\text{ cm} \times 8\text{ cm}} = \frac{800\text{cm} \times 70\text{ cm} \times 40\text{ cm}}{200\text{cm} \times 35\text{ cm} \times 8\text{ cm}} = 40$$

5. Radha walks 3 km 725 m per day on Monday, Wednesday and Friday, whereas she walks 2 km 9 m per day on Tuesday and Thursday. Total distance covered by her from Monday to Friday is:
राधा सोमवार, बुधवार और शुक्रवार को प्रतिदिन 3 km 725 m चलती है, जबकि मंगलवार और बृहस्पतिवार को वह प्रतिदिन 2 km 9 m चलती है। उसके द्वारा सोमवार से शुक्रवार तक चली गई कुल दूरी है:
(1) 15.193 km
(2) 16.975 km
(3) 16.202 km
(4) 15.355 km

Ans (1)

Radha walks on Monday, Wednesday and Friday (राधा सोमवार, बुधवार और शुक्रवार को चलती है)= 3 km 725 m per day = 3.725 km per day

Radha walks on Tuesday and Thursday (राधा मंगलवार और बृहस्पतिवार को चलती है)= 2 km 9 m per day = 2.009 km per day

Total distance covered by her from Monday to Friday (उसके द्वारा सोमवार से शुक्रवार तक चली गई कुल दूरी) = 3 × 3.725 + 2 × 2.009

= 11.175 + 4.018

= 15.193 km

6. The value of 25.3 × 5 - 35 ÷ 5 - 3 × 18.5 is :

25.3 × 5 – 35 ÷ 5 – 3 × 18.5 का मान है :

(1) 283.05

(2) 64.0

(3) 95.0

(4) -26.5

Ans : (2)

= 25.3 × 5 - 35 ÷ 5 - 3 × 18.5

= 126.5 – 7 - 55.5

= 126.5 – 62.5

= 64.0

7. A frog jumps 3 steps and a rabbit jumps 7 steps at a time starting from a place O. At which of the following steps, they both will be jumping together?

किसी स्थान O से आरंभ करके एक मेढ़क 3 कदम और एक खरगोश 7 कदम की छलांग लगाते हैं। निम्न में से किस कदम पर वे दोनों एक साथ छलांग लगाएँगे ?

(1) 343

(2) 371

(3) 378

(4) 354

Ans : (3)

LCM of 3 and 7 = 21

In the given options 378 is the only number which is divisible by 21.

8. The number of degrees in $2\frac{2}{3}$ right angles is :

$2\frac{2}{3}$ समकोणों में डिग्रियों की संख्या है :

(1) 210

(2) 285

(3) 240

(4) 330

Ans : (3)

The number of degrees in $2\frac{2}{3}$ right angles ($2\frac{2}{3}$ समकोणों में डिग्रियों की संख्या) = $2 \times 90 + \frac{2}{3} \times 90$

= 180 + 60 = 240

9. Which one of the following costs least ?

(1) 75 packets of ₹750 each

(2) 750 packets of ₹7.50 each

(3) 7.5 dozen items of ₹ 750 each item

(4) 75 dozen items of ₹7.50 each item

निम्नलिखित में से किसकी लागत सबसे कम है ?

(1) ₹750 प्रत्येक पैकेट वाले 75 पैकेट

(2) ₹7.50 प्रत्येक पैकेट वाले 750 पैकेट

(3) ₹750 प्रत्येक वस्तु वाली 7.5 दर्जन वस्तुएँ

(4) ₹7.50 प्रत्येक वस्तु वाली 75 दर्जन वस्तुएँ

Ans : (2)

Taking option(1) ,

Cost of 75 packets (75 पैकेट की कीमत) = 75 × 750 = 56250

Taking option(2) ,

Cost of 750 packets (750 पैकेट की कीमत) = 7.50 × 750 = 5625

Taking option(3) ,

Cost of 7.5 dozen items (7.5 दर्जन वस्तुओं की लागत) = 7.5 × 12 × 750 = 67500

Taking option(4) ,

Cost of 75 dozen items (75 दर्जन वस्तुओं की लागत) = 75 × 12 × 7.50 = 6750

Thus, option (2) 750 packets of ₹7.50 each costs the least.

10. Which of the following statements is correct?

(1) 1 is a prime number
(2) 1 is a composite number
(3) 1 is both, a prime and a composite number
(4) 1 is neither prime nor a composite number

निम्नलिखित कथनों में से कौन-सा कथन सही है ?

(1) 1, एक अभाज्य संख्या है।
(2) 1, एक भाज्य संख्या है।
(3) 1 दोनों है, एक भाज्य और अभाज्य संख्या।
(4) 1 न तो अभाज्य है और न ही भाज्य है।

Ans : (4)

1 is neither prime nor a composite number is correct statement.

1 न तो अभाज्य है और न ही भाज्य है कथन सही है।

11. See the number pattern given below:

1, 8, 27, 64, 125, _______, _________.

What will be the next two terms?

नीचे दिए गए संख्या पैटर्न को देखिए :

1, 8, 27, 64, 125, ______, ________.

अगले दो पद क्या होंगे ?

(1) 256 और 289
(2) 216 और 28
(3) 256 और 343
(4) 216 और 343

Ans : (4)

$1^3 = 1$

$2^3 = 8$

$3^3 = 27$

$4^3 = 64$

$5^3 = 125$

$6^3 = 216$

$7^3 = 343$

12. Brij had a wire of length 100 metres to cover the land of his choice. He wanted to take the biggest land. Which of the following measurements should he choose to take the biggest area?

बृज के पास अपनी पसंद की ज़मीन घेरने के लिए 100 मीटर का तार था। वह सबसे बड़ा ज़मीन का टुकड़ा लेना चाहता था। निम्नलिखित में से उसे किस माप का टुकड़ा लेना चाहिए ताकि उसकी ज़मीन का क्षेत्रफल अधिकतम हो ?

(1) 15m × 35 m
(2) 30m × 20 m
(3) 25 m × 25 m
(4) 5m × 45m

Ans : (3)

Length of wire = Perimeter of land

Taking option(1),

Area of land (ज़मीन का क्षेत्रफल) = l × b = 15 × 35 = 525 m^2

Taking option(2),

Area of land (ज़मीन का क्षेत्रफल) = l × b = 30 × 20 = 600 m^2

Taking option(3),

Area of land (ज़मीन का क्षेत्रफल) = l × b = 25 × 25 = 625 m^2

Taking option(4),

Area of land (ज़मीन का क्षेत्रफल) = l × b = 5 × 45 = 225 m^2

Here, 25m × 25m has the biggest area of land.

13. How many packets of $\frac{1}{12}$ kg salt can be made from $7\frac{1}{2}$ kg of salt ?

$7\frac{1}{2}$ kg नमक से $\frac{1}{12}$ kg नमक के कितने पैकेट बनाए जा सकते हैं?

(1) 45
(2) 60
(3) 72
(4) 90

Ans : (4)

Total number of packets of salt (नमक के पैकेटों की कुल संख्या) = $7\frac{1}{2} \div \frac{1}{12} = \frac{15}{2} \times 12 = 90$

14. Yamina threw a die 10 times and got the following results:

5, 3, 6, 6, 1, 4, 5, 3, 3, 2

Which of the following numbers she got the maximum number of times?

यामिना ने एक पासा 10 बार उछाला और उसे निम्नलिखित परिणाम प्राप्त हुए :

5, 3, 6, 6, 1, 4, 5, 3, 3, 2

निम्नलिखित संख्याओं में से उसे अधिकतम बार कौन सी संख्या प्राप्त हुई ?

(1) 6
(2) 3
(3) 1
(4) 5

Ans : (2)

Number 3 occurs three times (maximum no. of times) (संख्या 3 तीन बार (अधिकतम बार) आती है।).

15. The parcel sending rates are given below : Parcel weighing (50 grams or less) : ₹ 15.00 parcel weighing (for every additional 50 grams) : ₹ 7.00 Meena wants to send a parcel to her friend Charu in Delhi. The parcel weighs 350 g. Look at the charges and select the correct cost of sending the parcel :

पार्सल भेजने की दरें नीचे दी गई हैं : पार्सल का भार (50 ग्राम और उससे कम) : ₹15.00 पार्सल का भार (प्रत्येक अतिरिक्त 50 ग्राम के लिए) : ₹7.00 मीना अपनी सहेली चारू को पार्सल भेजना चाहती है, जो दिल्ली में है। पार्सल का भार 350g है। दरों को देखकर पार्सल भेजने की सही राशि का चुनाव कीजिए :

(1) ₹42
(2) ₹50
(3) ₹55
(4) ₹57

Ans : (4)

Correct cost of sending the parcel (पार्सल भेजने की सही राशि) = 15 + 7 × 6 = 15 + 42 = ₹57

16. A ______ is always a regular polygon.

(1) Isosceles triangle
(2) Square
(3) Pentagon
(4) Circle

एक ______ सदैव सम बहुभुज होता है।

(1) समद्विबाहु त्रिभुज
(2) वर्ग
(3) पंचभुज
(4) वृत्त

Ans : (2)

A square is always a regular polygon because its all sides are equal and all angles are equal.

एक वर्ग सदैव सम बहुभुज होता है क्योंकि इसकी सभी भुजाएँ समान हैं तथा सभी कोण भी समान हैं।

17. The difference between the greatest and smallest 6-digit numbers formed by using the digits 5, 1, 0 3,9 and 6 is:

अंकों 5, 1, 0,3, 9 और 6 से बनी सबसे बड़ी और सबसे छोटी 6-अंकों की संख्या का अंतर है:

(1) 951741
(2) 851731
(3) 861741
(4) 862731

Ans : (3)

By using the digits 5, 1, 0 3,9 and 6 (अंकों 5, 1, 0,3, 9 और 6 से बनी).

The greatest 6-digit number (सबसे बड़ी 6-अंकों की संख्या) = 965310

The smallest 6-digit number (सबसे छोटी 6-अंकों की संख्या) = 103569

Now, the difference between the greatest and smallest 6-digit numbers (सबसे बड़ी और सबसे छोटी 6-अंकों की संख्या का अंतर) = 965310 − 103569 = 861741

18. Which of the following letters has no line of symmetry?
निम्नलिखित में से किस अक्षर की कोई सममित रेखा नहीं है?

(1) M
(2) X
(3) L
(4) A

Ans : (3)

Line of symmetry in alphabets M, X and A (अक्षर M, X और A में सममिति रेखाएँ).

So, letter L has no line of symmetry (अक्षर L में कोई सममित रेखा नहीं है).

19. Arrangement of fractions $\frac{1}{9}, \frac{1}{21}, \frac{3}{7}, \frac{12}{63}$ in decreasing order is:
$\frac{1}{9}, \frac{1}{21}, \frac{3}{7}, \frac{12}{63}$ को अवरोही क्रम में भिन्न प्रकार से लिखा जाता है :

(1) $\frac{12}{63}, \frac{3}{7}, \frac{1}{21}, \frac{1}{9}$

(2) $\frac{1}{9}, \frac{12}{63}, \frac{3}{7}, \frac{1}{9}$

(3) $\frac{3}{7}, \frac{1}{9}, \frac{12}{63}, \frac{1}{21}$

(4) $\frac{3}{7}, \frac{12}{63}, \frac{1}{9}, \frac{1}{21}$

Ans : (4)

LCM of 7, 9, 21 and 63 = 63

$$\frac{1\times7}{9\times7} = \frac{7}{63}$$

$$\frac{1\times3}{21\times3} = \frac{3}{63}$$

$$\frac{3\times9}{7\times9} = \frac{21}{63}$$

$$\frac{12\times1}{63\times1} = \frac{12}{63}$$

Arrange in descending order (अवरोही क्रम),

$$\frac{21}{63}, \frac{12}{63}, \frac{7}{63}, \frac{3}{63}$$

$$\frac{3}{7}, \frac{12}{63}, \frac{1}{9}, \frac{1}{21}$$

20. If (7*2) × (123) = 92496, then value of * is:
यदि (7*2) × (123)=92496 है, तो का मान है:

(1) 4
(2) 5
(3) 2
(4) 1

Ans : (2)

The multiplication symbol " * " was meant to represent a number that, when multiplied with 123, equals 92496 (गुणन चिह्न " * " का मतलब एक संख्या को दर्शाना था, जिसे 123 से गुणा करने पर 92496 के बराबर होता है).

$$\frac{92496}{123} = 752$$

This means that 7*2 should actually equal

752 (इसका मतलब है कि 7*2 वास्तव में 752 के बराबर होना चाहिए)।

Therefore, "*" represents the number 5 ("*" संख्या 5 को दर्शाता है)।

21. Two columns are given as shown below:

Column – I	Column - II
(a) face of a black-board	(i) two end points
(b) a line has	(ii) one end point
(c) a ray has	(iii) represents a part of a plane
(d) a line segment has	(iv) no definite length

Column I and II are matched as:

दो स्तंभ दिए गए हैं:

स्तंभ – 1	स्तंभ II
(a) श्यामपट्ट का एक फलक	(i) दो अंत बिंदु होते हैं।
(b) एक रेखा	(ii) एक अंत बिंदु है।
(c) एक किरण के	(iii) एक तल का एक भाग निरूपित करता है।
(d) एक रेखाखंड के	(iv) की निश्चित लंबाई नहीं होती है।

स्तंभ -I और II का मिलान है:

(1) (a)-(iii), (b)-(iv), (c)-(ii), (d)-(i)
(2) (a)-(i), (b)-(iii), (c)-(iv), (d)-(ii)
(3) (a)-(ii), (b)-(iii), (c)-(i), (d)-(iv)
(4) (a)-(iii), (b)-(ii), (c)-(i), (d)-(iv)

Ans : (1)

(a) face of a black-board represents a part of a plane (श्यामपट्ट का एक फलक एक तल का एक भाग निरूपित करता है)।

(b) a line has no definite length (एक रेखा की निश्चित लंबाई नहीं होती है)।

(c) a ray has one end point (एक किरण के एक अंत बिंदु है)।

(d) a line segment has two end points (एक रेखाखंड के दो अंत बिंदु होते हैं)।

22. 1233210 ÷ 5555 - 222 is equal to:

1233210 ÷ 5555 - 222 बराबर है:

(1) 2
(2) 3
(3) 1
(4) 0

Ans : (4)

$= 1233210 \div 5555 - 222$

$= 222 - 222$

$= 0$

23. One egg has a mass of about 65 g, what is the mass of 2 dozen eggs?

एक अंडे का द्रश्यमान लगभग 65 g है। 2 दर्जन अंडों का द्रव्यमान कितना है ?

(1) 1.304 kg
(2) 1 kg 544 g
(3) 1.56 kg
(4) 1 kg 56 g

Ans : (3)

Mass of 1 egg (1 अंडे का द्रश्यमान) = 65 g

Mass of 2 dozen (24 eggs) [2 दर्जन (24 अंडे) का द्रश्यमान] = 24 × 65 = 1560 g

= 1.56 kg

24. One crore is:

(1) one billion
(2) hundred million
(3) ten million
(4) one million

एक करोड़ है:

(1) एक बिलियन
(2) सौ मिलियन
(3) दस मिलियन
(4) एक मिलियन

Ans : (3)

One crore (एक करोड़) = 1,00,00,000

Ten million (एक करोड़) = 10, 000, 000

Thus, One crore is ten million (इस प्रकार, एक करोड़ दस मिलियन होता है।).

25. 12 thousand +13 hundred +2 tens is equal to:

12 हजार+13 सौ+2 दस बराबर है:

(1) 13320

(2) 121320

(3) 12132

(4) 130132

Ans : (1)

= 12,000 + 13,00 + 20

= 13320

26. Raju has turpentine oil in 5 containers each of 20 L size. He fills them in 10 cans of 5 L., 10 cans of 2 L and rest in 1 L cans. Number of 1 L cans filed is:

राजू के पास प्रत्येक 20 L वाले प्रत्येक 5 बर्तनों में तारपीन का तेल है। उसने इसे 5 L वाले 10 बर्तनों, 2 L वाले 10 बर्तनों और बाकी को 1 L वाले बर्तनों में भरा। 1 L वाले बर्तनों की संख्या है:

(1) 22

(2) 28

(3) 25

(4) 30

Ans : (4)

Total turpentine oil Raju have (राजू के पास कुल तारपीन का तेल) = 5 × 20 = 100 L

Quantity of turpentine oil filled in 10 cans of 5L (5 लीटर के 10 डिब्बों में भरे तारपीन के तेल की मात्रा) = 5 × 10 = '50'L

Let the number of cans of 1L be 'Z' (माना 1 लीटर के डिब्बों की संख्या 'Z' है),

Quantity of turpentine oil filled in Z cans of 1L (1 लीटर के Z डिब्बों में भरे तारपीन तेल की मात्रा) = 100 – 50 – 20 = '30'L

Thus, Number of 1 L cans (इस प्रकार, 1 लीटर के डिब्बों की संख्या) = Z = 30 L

27. If x : y = p : q , then which of the following is true?

यदि x : y=p: q तो निम्नलिखित में से कौन-सा सत्य है?

(a) x + y : y = p + q : q

(b) x – y : y = p – q : q

(c) x : p = y : q

(d) x + y : x – y = p – q : p + q

(1) (a) और (d)

(2) (a), (b) और (c)

(3) (a) और (b)

(4) केवल (c)

Ans : (2)

If x : y = p : q , then

(a) $\frac{x}{y}=\frac{p}{q}$

$\frac{x+y}{y}=\frac{p+q}{q}$

x + y : y = p + q : q

(b) $\frac{x-y}{y}=\frac{p-q}{q}$

x - y : y = p - q : q

(c) $\frac{x}{p}=\frac{y}{q}$

x : p = y : q

Thus, (a), (b) and (c) are true.

28. The missing number (?) in the following: 43, 47, 53, 59, ? , 67, 71, 73 is:

43, 47, 53, 59, ? ,67, 71, 73 में लुप्त संख्या (?) है:

(1) 63

(2) 65

(3) 61

(4) 60

Ans : (3)

All these numbers are prime numbers (ये सभी संख्याएँ अभाज्य संख्याएँ हैं।).

Prime number between 59 and 67 is 61 (59 और 67 के बीच अभाज्य संख्या 61 है।).

29. Two angles of a triangle are 50 and 30°. Then, the third angle of the triangle is:

एक त्रिभुज के दो कोण 50° और 30° हैं। तब त्रिभुज का तीसरा कोण है :

(1) 60°
(2) 80°
(3) 100°
(4) 40°

Ans : (3)

Sum of all three angles of triangle is 180°(त्रिभुज के तीनों कोणों का योग 180° होता हैI),

Let the third angle be 'x' (मान लीजिए तीसरा कोण 'x' है।).

$50° + 30° + x° = 180°$

$80° + x = 180°$

$X = 180° - 80°$

$X = 100°$

30. 22 hm 8 dam is equal to:

22 hm 8 dam बराबर है:

(1) 2280 m
(2) 22080 m
(3) 22800 m
(4) 2208 m

Ans : (1)

22 hm = 22 × 100 m = 2200 m

8 dam = 8 × 10 m = 80 m

22 hm 8 dam = 2200 + 80 = 2280 m

31. In a certain week, the number of patients in a dental clinic was as follows:

Day	Number of patients
Monday	25
Tuesday	38
Wednesday	45
Thursday	18
Friday	36
Saturday	39

Based on above table, choose the wrong statement:

(1) Difference between the number of patients on Monday and Wednesday is 20
(2) Total number of patients was 200
(3) Range of the data is 27
(4) On most of the days, number of patients was more than 30

किसी सप्ताह में एक दंत चिकित्सालय में मरीजों की संख्या इस प्रकार थी :

दिन	मरीजों की संख्या
सोमवार	25
मंगलवार	38
बुधवार	45
बृहस्पतिवार	18
शुक्रवार	36
शनिवार	39

इस तालिका के आधार पर, गलत कथन को चुनिए:

(1) सोमवार और बुधवार को मरीजों की संख्या का अंतर 20 है।
(2) मरीजों की कुल संख्या 200 थी।
(3) आँकड़ों का परिसर 27 है।
(4) अधिकतर दिनों में मरीजों की संख्या 30 से अधिक थी।

Ans : (2)

Taking option (1), Difference between the number of patients on Monday and Wednesday = 45 – 25 (लेते हुए, सोमवार और बुधवार को मरीजों की संख्या के बीच अंतर) = 20 (right)

Taking option (2), Total number of patients (लेते हुए, मरीजों की कुल संख्या) = 25 + 38 + 45 + 18 + 36 + 39 = 201 (wrong)

Taking option (3), Range of the data (लेते हुए, डेटा की सीमा) = 45 – 18 = 27 (right)

Taking option (4), On most of the days (4 days), number of patients was more than 30 (right) (लेते हुए, अधिकांश दिनों (4 दिन) में, मरीजों की संख्या 30 से अधिक थी। (सही)).

32. Saumya joined her job on 13-01-1992 and she took retirement on 31-03-2023. Duration of her service was:
सौम्या ने 13-01-1992 को नौकरी करना आरंभ किया और 31-03-2023 को उसने सेवानिवृत्ति ले ली। उसकी नौकरी की अवधि थी:
(1) 31 वर्ष 2 मास और 19 दिन
(2) 31 वर्ष 2 मास और 18 दिन
(3) 30 वर्ष 10 मास और 19 दिन
(4) 30 वर्ष 9 मास और 18 दिन

Ans : (1)

13-01-1992 से 13-01-2023 तक = 31 वर्ष।

13-01-2023 से 31-03-2023 तक = 2 महीने और 19 दिन।

Therefore, the total duration of Saumya's service is 31 years, 2 months, and 19 days.

इसलिए, सौम्या की सेवा की कुल अवधि 31 वर्ष, 2 महीने और 19 दिन है।

33. Study the following pattern:
1×1=1
11×11 = 121
111×111=12321
What is the number of digits in 11111 × 11111?
निम्नलिखित पैटर्न का अध्ययन कीजिए:
1×1=1
11×11 = 121
111 × 111=12321
11111 × 11111 में अंकों की संख्या क्या है ?
(1) 7
(2) 8
(3) 9
(4) 10

Ans : (3)

11111 × 11111 = ?

ऐसे प्रश्न में जितने 1 है उतनी गिनती (counting) लिख देंगे जैसे – 12345

फिर इसके बाद घटते क्रम (decreasing order) में गिनती लिखेंगे जैसे – 4321

11111 × 11111 = 123454321

123454321 इसमें अंकों की संख्या 9 है।

34. Which of the following evaluation methods would help unmotivated students in mathematics classroom?
(1) A common class test
(2) A questionnaire
(3) Activity based evaluation
(4) Instructive teaching

निम्नलिखित में से मूल्यांकन की कौन-सी विधि गणित की कक्षा में उन विद्यार्थियों की सहायता करेगी जो अभिप्रेरित नहीं हैं?
(1) एक सार्व कक्षा परीक्षा
(2) एक प्रश्नावली
(3) क्रियाकलाप आधारित मूल्यांकन
(4) निर्देशित शिक्षण

Ans : (3)

गतिविधि-आधारित मूल्यांकन इंटरैक्टिव गतिविधियों के माध्यम से प्रेरित छात्रों को संलग्न करता है, जिससे गणित में उनकी प्रेरणा और रुचि बढ़ती है।

35. The primary level NCERT mathematics textbooks include a variety of stories, poems, riddles and games. The most appropriate purpose of including them is:
(1) to reduce the mathematics syllabus.
(2) to relate mathematics to daily life of children.
(3) to provide leisure activities to children.

(4) to provide for humor in a mathematics class.

प्राथमिक स्तर की एन.सी.ई.आर.टी. की गणित की पाठ्यपुस्तकों में विविध रूप से कहानियाँ, कविताएँ, पहेलियाँ और खेल शामिल हैं। इनको सम्मिलित करने का सर्वाधिक उपयुक्त उद्देश्य है।

(1) गणित के पाठ्यक्रम को कम करना।

(2) गणित को बच्चों के दैनिक जीवन से जोड़ना।

(3) बच्चों को अवकाश गतिविधियाँ प्रदान करना।

(4) गणित की कक्षा में हास्य परिहास के लिए अवसर प्रदान करना।

Ans : (2)

प्राथमिक एनसीईआरटी गणित पाठ्यपुस्तकों में कहानियाँ, कविताएँ, पहेलियाँ और खेल शामिल करने से गणितीय अवधारणाओं को बच्चों के दैनिक जीवन से जोड़ने में मदद मिलती है, जिससे सीखना अधिक प्रासंगिक और आकर्षक हो जाता है।

36. Which of the following does not represent a mathematical activity in a "Constructivist" classroom?

(1) A child sorting different shape

(2) A child creating a story based on a mathematical concept

(3) A child drawing graphs based on the collected data

(4) A child copying questions from the blackboard

निम्नलिखित में से कौन-सा एक "रचनावादी" कक्षा में गणितीय गतिविधि को निरूपित नहीं करता है?

(1) एक बच्चा विभिन्न आकृतियों को वर्गीकृत कर रहा है

(2) एक बच्चा गणितीय अवधारणा पर आधारित एक कहानी की रचना कर रहा है।

(3) एक बच्चा एकत्रित आँकड़ों के आधार पर ग्राफ बना रहा है।

(4) एक बच्चा श्यामपट्ट से प्रश्नों की नकल करके लिख रहा है।

Ans : (4)

रचनावादी कक्षा में, ब्लैकबोर्ड से प्रश्नों की नकल करना गणितीय गतिविधि नहीं माना जाता है, क्योंकि इसमें सक्रिय सहभागिता और व्यक्तिगत अन्वेषण का अभाव होता है। रचनावादी कक्षाएँ नकल जैसी निष्क्रिय गतिविधियों के बजाय सक्रिय जुड़ाव और व्यक्तिगत अन्वेषण पर जोर देती हैं।

37. Which of the following is most appropriate for a Diagnostic test?

(1) Helps to know the gaps in the child's understanding

(2) Used for giving feedback to the parents

(3) Helps to label the children

(4) Helps to make questions to be asked in the term-end examinations

निम्नलिखित में से कौन-सा नैदानिक परीक्षाओं के लिए सबसे उपयुक्त है?

(1) बच्चे की समझ में रह गई कमियों को पहचानने में मदद करता है।

(2) माता-पिता को प्रतिपुष्टि देने में उपयोगी है।

(3) बच्चों का नामीकरण करने में मदद करता है।

(4) सत्र-अंत परीक्षाओं में पूछे जाने वाले प्रश्नों को बनाने में मदद करता है

Ans : (1)

डायग्नोस्टिक परीक्षण उन विशिष्ट क्षेत्रों का पता लगाने के लिए छात्रों के ज्ञान का मूल्यांकन करते हैं जहां उन्हें कठिनाई होती है या समझ में कमी होती है। इससे शिक्षकों को उन कमजोरियों को प्रभावी ढंग से संबोधित करने और लक्षित करने में मदद मिलती है।

38. In a classroom a teacher introduces the concept of areas to fifth grade students using only rectangular and square shapes. A child gets up and asks the teacher "What if I want to find the area of my room which is not a rectangle or a square"?

Which of the following skills/behaviors is being displayed by the child?

(1) Lack of complete understanding of the concept of area

(2) Child is displaying a rebellious behavior

(3) Child is being mischievous in the class

(4) Child is posing a meaningful and logical mathematical problem

एक शिक्षक/शिक्षिका पाँचवीं कक्षा के विद्यार्थियों को क्षेत्रफल की अवधारणा का परिचय देने हेतु केवल आयताकार एवं वर्गाकार आकृतियों का प्रयोग करता/करती है। एक विद्यार्थी खड़ा होता है और शिक्षक/शिक्षिका से पूछता है "यदि मेरा कक्ष न ही आयताकार और न ही वर्गाकार है और मैं उसका क्षेत्रफल ज्ञात करना चाहता हूँ तो यह कैसे ज्ञात होगा"? बच्चे द्वारा निम्नलिखित में से कौन-सा कौशल/व्यवहार प्रदर्शित किया गया है?

(1) क्षेत्रफल की अवधारणा की पूरी समझ में कमी
(2) बच्चा विद्रोहपूर्ण व्यवहार प्रदर्शित कर रहा है।
(3) बच्चा कक्षा में शरारती हो रहा है।
(4) बच्चा एक अर्थपूर्ण एवं तर्कपूर्ण गणितीय समस्या पूछ रहा है

Ans : (4)

बच्चे का प्रश्न केवल याद रखने के तरीकों के बजाय अवधारणा को वास्तविक जीवन की स्थितियों में लागू करके आलोचनात्मक सोच और क्षेत्र की गहरी समझ को दर्शाता है।

39. According to the National Curriculum Framework, 2005, one of the major systemic problems in teaching-learning of mathematics is that of compartmentalization. What does it imply?

(1) There is systematic division of students in different sections in the same class on the basis of their abilities.
(2) There is little systematic communication between primary school and high school teachers of mathematics.
(3) There is a systematic appointment of teachers at different levels for the school system.
(4) There is a systematic division of the school and college curriculum for mathematics.

राष्ट्रीय पाठ्यचर्या रूपरेखा 2005 के अनुसार, गणित के शिक्षण-अधिगम में मुख्य व्यवस्थागत समस्याओं में से एक है कोष्ठीकरण (कंपार्टमेंटलाइजेशन) । यह क्या दर्शाता है?

(1) उनकी क्षमताओं/योग्यताओं के आधार पर यहाँ एक ही कक्षा के विद्यार्थियों का विभिन्न खण्डों (सेक्शन्स) में व्यवस्थित रूप से विभाजन है।
(2) यहाँ प्राथमिक विद्यालय और हाईस्कूल के गणित शिक्षकों के मध्य बहुत ही कम व्यवस्थित संवाद है।
(3) यहाँ स्कूली व्यवस्था के लिए सुव्यवस्थित रूप से विभिन्न स्तरों पर शिक्षकों की नियुक्ति होती है।
(4) यहाँ विद्यालय और कॉलेज के गणित के पाठ्यक्रम में व्यवस्थित रूप से विभाजन है।

Ans : (2)

राष्ट्रीय पाठ्यचर्या रूपरेखा, 2005, प्राथमिक और उच्च विद्यालय के गणित शिक्षकों के बीच अपर्याप्त संचार को एक प्रमुख प्रणालीगत समस्या के रूप में पहचानती है, जो गणित निर्देश की निरंतरता और सुसंगतता को बाधित कर सकती है।

40. Which of the following statements is most appropriate for standardized tests in mathematics?

(1) The subjectivity of these tests make them contextual.
(2) These tests can be administered on small populations only.
(3) They are highly biased.
(4) They do not give an overall picture of child's ability.

निम्नलिखित में से कौन-सा कथन गणित में मानकीकृत परीक्षाओं (टेस्ट्स) के लिए सर्वाधिक उपयुक्त है?

(1) इन परीक्षाओं (टेस्ट्स) की व्यक्तिनिष्ठता उन्हें संदर्भात्मक बनाती है।
(2) इन परीक्षाओं (टेस्ट्स) को केवल कम आबादी पर ही संचालित कर सकते हैं।
(3) ये बहुत अधिक रूप से पक्षपाती होते हैं।
(4) ये बच्चों की क्षमता का समग्र चित्र प्रस्तुत नहीं करते हैं।

Ans : (4)

गणित में मानकीकृत परीक्षण बच्चे की समग्र क्षमताओं का संपूर्ण दृष्टिकोण प्रदान नहीं कर सकते हैं, क्योंकि वे अक्सर विशिष्ट कौशल या ज्ञान क्षेत्रों पर ध्यान केंद्रित करते हैं।

41. Which of the following statements is NOT true with respect to the concept of Fractions ?

(1) The mathematical notation of a fraction can be represented as a ratio
(2) It represents a part of a whole which is greater than 1
(3) The mathematical notation of a fraction can be represented as a division problem
(4) It represents a part of a collection of same objects

भिन्नों की अवधारणा के संदर्भ में निम्नलिखित में से कौन-सा कथन सत्य नहीं है?

(1) एक भिन्न का गणितीय चिन्ह (नोटेशन) एक अनुपात के रूप में निरूपित किया जा सकता है
(2) यह एक पूर्ण का वह भाग निरूपित करता है जो कि '1' से बड़ा हो
(3) एक भिन्न का गणितीय चिन्ह (नोटेशन) एक विभाजन समस्या को निरूपित करने के लिए किया जा सकता है
(4) यह एक समान वस्तुओं वाले समूह के भाग को निरूपित करता है

Ans (2)

यह एक पूर्ण का वह भाग निरूपित करता है जो कि '1' से बड़ा हो: यह कथन सत्य नहीं है। अंश एक पूरे के भागों को दर्शाते हैं, जो आम तौर पर 1 से कम होते हैं। यदि मान 1 से अधिक है, तो इसे मिश्रित संख्या या अनुचित अंश माना जाएगा।

42. Which of the following is most appropriate for including open ended questions in mathematics class?

(1) Answers to these questions are not given in the book.
(2) These questions take more time to solve
(3) These questions are not easy to copy from each other
(4) These questions develop critical thinking in students

गणित की कक्षा में मुक्त सिरे वाले प्रश्नों को समाकलित करने के लिए निम्नलिखित में से क्या सबसे अधिक उपयुक्त है?

(1) इन प्रश्नों के उत्तर पुस्तक में नहीं दिए होते
(2) इन प्रश्नों को हल करने में समय अधिक लगता है
(3) इन प्रश्नों की एक-दूसरे से नकल करना आसान नहीं है
(4) ये प्रश्न विद्यार्थियों में आलोचनात्मक चिंतन का विकास करते हैं

Ans (4)

गणित की कक्षा में मुक्त सिरे वाले (ओपन-एंडेड) प्रश्नों को शामिल करने का सबसे अधिक उपयुक्त कारण यह है कि ये प्रश्न छात्रों में आलोचनात्मक चिंतन विकसित करते हैं। ओपन-एंडेड प्रश्न छात्रों को गहराई से सोचने, विभिन्न रणनीतियों का पता लगाने और अपने तर्क को सही ठहराने के लिए प्रोत्साहित करते हैं, जिससे उनकी समझ और आलोचनात्मक चिंतन कौशल में वृद्धि होती है।

43. A 3rd standard student, when asked to write one hundred and five in numeral form, s/he writes it as '1005'. This SHIN indicates that:

(1) s/he is unfit to learn mathematics
(2) The student is a slow learner
(3) s/he is mischievous
(4) s/he needs more help in understanding the concept of place value

तीसरी कक्षा के एक विद्यार्थी से जब एक रूप में लिखने को कहा जाता है तो वह इसे '1005' लिखता / लिखती है। यह इंगित करता है :

(1) वह गणित सीखने में अयोग्य है
(2) विद्यार्थी सीखने में कमज़ोर है
(3) वह शरारती है
(4) उसे स्थानीय मान की अवधारणा को समझने में और सहायता की आवश्यकता है

Ans (4)

विद्यार्थी द्वारा '105' के स्थान पर '1005' लिखने का उत्तर यह इंगित करता है कि उसे स्थानीय मान की अवधारणा को समझने में अधिक सहायता की आवश्यकता है।

युवा शिक्षार्थियों में यह एक आम गलती है। इससे पता चलता है कि छात्र ने अभी तक यह नहीं समझा है कि किसी संख्या में प्रत्येक अंक को उसकी स्थिति के आधार पर सही ढंग से मान कैसे दिया जाए।

44. What is the most appropriate cognitive skill that help students to recognize and group shapes according to their attributes and properties?

(1) Decomposition
(2) Classification
(3) Seriation
(4) Conservation

सबसे उपयुक्त संज्ञानात्मक कौशल क्या है जो विद्यार्थियों को विशेषताओं और गुणों के अनुसार आकृतियों को पहचानने और उनका समूह बनाने में मदद करता है?

(1) अपघटन
(2) वर्गीकरण
(3) क्रमबद्धता
(4) संरक्षण

Ans (2)

सबसे उपयुक्त संज्ञानात्मक कौशल है जो विद्यार्थियों को उनकी विशेषताओं और गुणों के अनुसार आकृतियों को पहचानने और समूहीकृत करने में मदद करता है, वह है वर्गीकरण। वर्गीकरण में साझा विशेषताओं और गुणों के आधार पर वस्तुओं को छांटना और समूहीकृत करना शामिल है, जो ज्यामितीय आकृतियों को समझने के लिए आवश्यक है।

45. According to National Education Policy 2020 Mathematics and Computational Thinking is to be given increased importance as:

(1) It can be a substitute for a teacher
(2) It is the most difficult aspect of learning in school
(3) It is foundational to human survival
(4) It is foundational to evolving technologies like Artificial Intelligence (AI), machine learning and Data Science etc.

राष्ट्रीय शिक्षा नीति 2020 गणित और कम्प्यूटेशनल सोच के महत्व को बढ़ावा देती हैं क्योंकि

(1) यह एक शिक्षक का स्थान ले सकता है
(2) यह स्कूल में सीखने का सबसे कठिन पहलू है
(3) यह मानव अस्तित्व के लिए मूलभूत है
(4) यह एआई (AI), मशीन लर्निंग और डेटा साइंस आदि जैसी उभरती हुई तकनीकों का आधार है

Ans (4)

राष्ट्रीय शिक्षा नीति 2020 के अनुसार, गणित और कम्प्यूटेशनल (Mathematics and Computational) सोच को दिया जाने वाला महत्व इसलिए बढ़ा है क्योंकि यह आर्टिफिशियल इंटेलिजेंस (AI), मशीन लर्निंग और डेटा साइंस आदि जैसी उभरती हुई तकनीकों का आधार है।

यह जोर सुनिश्चित करता है कि छात्र भविष्य की तकनीकी प्रगति और इन तेजी से बढ़ते क्षेत्रों में करियर के लिए अच्छी तरह से तैयार हों। यह नई तकनीकों (technological) को समझने और विकसित करने में गणित और कम्प्यूटेशनल (computational) सोच की भूमिका पर प्रकाश डालता है।

46. Which of the following statements are true with respect to 'Data handling'?

(1) A histogram is used to compare the parts of a whole.
(2) A graphical representation of data is easier to understand when there is a trend or comparis to be shown.
(3) A bar graph displays data that changes continuously over periods of time.
(4) A line graph is used to show comparison among categories of data.

'आँकड़ों का प्रबंधन' के संबंध में निम्नलिखित में से कौन-सा सही है?

(1) एक आयत चित्र किसी एक संपूर्ण के विभिन्न भागों की तुलना करने के लिए उपयोग किया जाता है।
(2) आँकड़ों का आलेखों द्वारा प्रदर्शन समझने में बहुत आसान होता है, जब भी आँकड़ों का रूझान या तुलना दिखानी हो
(3) एक दंड-आलेख ऐसे आँकड़ें प्रस्तुत करता है, जो समय के साथ-साथ लगातार बदलते रहते हैं।
(4) एक रेखा-आलेख आँकड़ों की विभिन्न श्रेणियों के बीच तुलना करने के काम आता है।

Ans (2)

आँकड़ों का आलेखों द्वारा प्रदर्शन समझने में बहुत आसान होता है, जब भी आँकड़ों का रूझान या तुलना दिखानी हो

: यह सच है। रेखा ग्राफ़, बार ग्राफ़ और हिस्टोग्राम जैसे ग्राफ़िकल निरूपण डेटा में प्रवृत्तियों और तुलनाओं को दर्शाने में मदद करते हैं, जिससे इसे समझना आसान हो जाता है।

47. A child performs the subtraction and addition problems in the following way:

6-3=4

6+4=10

2+7=9

9-7=3

Which of the following concepts are being incorrectly applied by the child in the above situations?

(1) Place value
(2) Proportionality
(3) Counting backward
(4) Numerals and sense of the numbers

एक बच्चा योग और घटाव के प्रश्न निम्नलिखित प्रकार से करता है:

6-3=4

6+4=10

2+7=9

9-7=3

उपर्युक्त परिस्थितियों में, बच्चा निम्नलिखित में से किन अवधारणाओं का गलत तरीके से अनुप्रयोग कर रहा है?

(1) स्थानीय मान
(2) समानुपातिकता
(3) पश्चगामी/पश्च गिनती करना
(4) संख्यांक एवं संख्याओं का बोध

Ans : (3)

बच्चा घटाव के प्रश्नों में उल्टी गिनती की अवधारणा को ग़लत ढंग से लागू करता है। उदाहरण के लिए, 6-3=4 में, अपेक्षित परिणाम सटीक है, लेकिन संचालन के संदर्भ में पीछे की ओर गिनती करने के लिए बच्चे का दृष्टिकोण सुसंगत या सही ढंग से समझा नहीं गया है।

48. Which of the following is least relevant for assessment in mathematics?

(1) Check for just separate components of mathematical proficiency rather than its valued aspects.
(2) Measure what is important, not just what is easy to measure.
(3) Open-ended questions are also important in assessing mathematical understanding.
(4) Assessments should provide feedback to the learners and teacher.

निम्नलिखित में से कौन-सा गणित में आकलन के लिए सबसे कम प्रासंगिक है?

(1) गणितीय दक्षता के पृथक संघटकों का परीक्षण कीजिए बजाय उसके महत्त्वपूर्ण / मूल्यवान पहलुओं के।
(2) जो महत्त्वपूर्ण हो उसे मापिए, उसे नहीं जो मापने में सरल हो।
(3) गणितीय समझ के आकलन में खुले सिरे वाले प्रश्न भी महत्त्वपूर्ण होते हैं।
(4) आकलन को शिक्षक और अधिगमकर्ताओं को प्रतिपुष्टि प्रदान करनी चाहिए।

Ans : (1)

गणित मूल्यांकन में सबसे कम प्रासंगिक दृष्टिकोण केवल दक्षता के पृथक घटकों पर ध्यान केंद्रित करना है। प्रभावी मूल्यांकन में गणितीय अवधारणाओं की समग्र समझ और अनुप्रयोग का मूल्यांकन किया जाना चाहिए।

49. A teacher in her class discusses various examples from daily life situations like a railway line crossing several other lines, a road crossing two or more roads, alphabets like 'H', 'Z', etc.

Which of the following concept(s) can be introduced through these examples?

A. Line segment
B. Transversal
C. Parallel lines
D. Right angles

Choose the correct option:

(1) B and C
(2) Only A

(3) A and D
(4) Only B

एक शिक्षिका अपनी कक्षा में दैनिक जीवन की परिस्थितियों में से विभिन्न उदाहरणों की चर्चा करती है, जैसे कई अन्य पटरियों को पार करती हुए एक रेल पटरी, दो अथवा अधिक सड़कों को पार करती हुई एक सड़क, अंग्रेजी वर्णमाला जैसे 'H', 'Z', इत्यादि। निम्नलिखित में से किस/किन अवधारणा/अवधारणाओं का परिचय इन उदाहरणों द्वारा दिया जा सकता है ?

A. रेखाखंड
B. तिर्यक छेदी रेखा
C. समांतर रेखाएँ
D. समकोण

सही विकल्प का चयन कीजिए:
(1) B और C
(2) केवल A
(3) A और D
(4) केवल B

Ans : (1)

अन्य लाइनों को पार करने वाली रेलवे लाइन और कई सड़कों को पार करने वाली सड़क के उदाहरण ट्रांसवर्सल (B) और समानांतर रेखाओं (C) की अवधारणाओं को चित्रित कर सकते हैं, क्योंकि वे चौराहे और समानता दिखाते हैं।

50. Which among the following is the most appropriate way to teach mathematics?

(1) Find the gaps in learning and address them only
(2) Find the low performers and make them sit in the front row of the class
(3) Teach every student with the same approach
(4) Motiyate the learners to develop their existing capabilities

निम्नलिखित में से कौन-सा गणित शिक्षण का सर्वाधिक उपयुक्त तरीका है?

(1) अधिगम में रह गई कमियों को ज्ञात कर केवल उन्हें ही संबोधित करना
(2) अल्प प्रदर्शन करने वालों की पहचान कर उन्हें कक्षा की अग्रिम पंक्ति में बैठाना
(3) एक जैसे उपागम द्वारा प्रत्येक विद्यार्थी को पढ़ाना
(4) अधिगमकर्ताओं को उनकी विद्यमान क्षमताओं को विकसित करने के लिए प्रोत्साहित करना

Ans : (4)

छात्रों को अपने मौजूदा कौशल को विकसित करने के लिए प्रोत्साहित करना और उन्हें बेहतर सीखने के लिए प्रेरित करना एक सकारात्मक सीखने के माहौल को बढ़ावा देता है और विविध सीखने की जरूरतों को प्रभावी ढंग से संबोधित करने में मदद करता है।

51. Which of the following is true for Continuous and Comprehensive Evaluation (CCE)?

(1) In CCE, assessment process includes assessment of previous knowledge, understanding level and learning process.
(2) For CCE, teachers feel that each one of them has to give some home assignment every day to assess children's learning.
(3) CCE is all about converting marks into grades.
(4) In CCE, there is more testing and less teaching.

निरंतर और व्यापक मूल्यांकन (CCE) के लिए निम्नलिखित में से क्या सही है?

(1) निरंतर और व्यापक मूल्यांकन में, आकलन प्रक्रिया में पूर्व ज्ञान, समझने के स्तर और अधिगम प्रक्रिया का आकलन सम्मिलित होना चाहिए।
(2) निरंतर और व्यापक मूल्यांकन के लिए, शिक्षक महसूस करते हैं कि उनमें से हर एक को बच्चों के अधिगम का आकलन करने के लिए प्रतिदिन कुछ गृह-कार्य देना चाहिए।
(3) निरंतर और व्यापक मूल्यांकन केवल अंकों को ग्रेड में परिवर्तित करने के बारे में है।
(4) निरंतर और व्यापक मूल्यांकन में, जाँच/परीक्षण अधिक है और शिक्षण कम है।

Ans : (1)

सीसीई केवल परीक्षण और ग्रेडिंग के बजाय छात्रों के पूर्व ज्ञान, समझ और सीखने की प्रक्रिया सहित उनके समग्र विकास का मूल्यांकन करने पर केंद्रित है।

52. Which of the following is/are essential features of a concept map in mathematics?

A. It represents a conceptual analysis of a concept using contributory sub-concepts.

B. They are directional, with arrows showing which concepts are prerequisite for which others.

C. They cannot be used for diagnostic purposes to identify difficulties in learning a particular concept.

D. They cannot be used frequently as they are very time consuming.

Choose the correct option:

(1) B and D
(2) Only C
(3) C and D
(4) A and B

निम्नलिखित में से कौन-सी गणित में एक अवधारणा मानचित्र की आवश्यक विशेषता/एँ है/हैं?

A. यह अंशदायी उप- अवधारणाओं का उपयोग करके एक अवधारणा के वैचारिक विश्लेषण को निरूपित करता है।

B. ये संकेत चिह्नों के साथ दिशात्मक हैं और दर्शाते हैं कि कौन-सी अवधारणाएँ किसके लिए पूर्व-अपेक्षित हैं।

C. एक विशिष्ट अवधारणा के सीखने में रह गई कमी को पहचानने के लिए इनका उपयोग नैदानिक प्रयोजनों के लिए नहीं किया जा सकता।

D. इन्हें बारंबार उपयोग नहीं किया जा सकता क्योंकि यह बहुत समय व्यय करते हैं।

सही विकल्प का चयन कीजिए :

(1) B और D
(2) केवल C
(3) C और D
(4) A और B

Ans : (4)

अवधारणा मानचित्र एक मुख्य अवधारणा और उससे संबंधित उप-अवधारणाओं का प्रतिनिधित्व करते हैं, और इन अवधारणाओं के बीच संबंधों और पूर्वपिक्षाओं को दिखाने के लिए तीरों का उपयोग करते हैं।

53. The difference between the Smallest Common Multiple and the Highest Common Factor of 15, 20 and 25 is

15, 20 तथा 25 के सबसे छोटे सार्व गुणज़ और सबसे बड़े सार्व गुणनखंड का अंतर है

(1) 115
(2) 140
(3) 275
(4) 295

Ans : (4)

$15 = 3 \times 5$

$20 = 2 \times 2 \times 5$

$25 = 5 \times 5$

Highest Common Factor (सबसे बड़े सार्व गुणनखंड) = 5

L.C.M (सबसे छोटे सार्व गुणज़) of 15, 20 and 25 = 300

H.C.F (सबसे बड़े सार्व गुणनखंड) of 15, 20 and 25 = 5

Difference between L.C.M and H.C.F = 300 - 5 = 295

(15, 20 तथा 25 के सबसे छोटे सार्व गुणज़ (Smallest Common Multiple) और सबसे बड़े सार्व गुणनखंड (Highest Common Factor) का अंतर है 295).

54. What will be the next number in the pattern $\frac{1}{4}, \frac{3}{16}, \frac{5}{64}, \frac{7}{256}$, ______?

पैटर्न $\frac{1}{4}, \frac{3}{16}, \frac{5}{64}, \frac{7}{256}$, में अगली संख्या क्या आएगी ?

(1) $\frac{8}{125}$

(2) $\frac{9}{284}$

(3) $\frac{9}{1024}$

(4) $\frac{11}{4096}$

Ans : (3)

$\frac{1}{4}, \frac{3}{16}, \frac{5}{64}, \frac{7}{256},$

$\frac{1}{4} = \frac{1}{2^2}$

$\frac{3}{16} = \frac{1+1}{2^4}$

$\frac{5}{64} = \frac{3+2}{2^6}$

$\frac{7}{256} = \frac{5+2}{2^8}$

Next term (अगली संख्या) = $\frac{7+2}{2^{10}} = \frac{9}{1024}$

So , option (3) is correct answer.

55. Identify the next number by observing the digits in each number: 910, 821, 732, 643,-

प्रत्येक संख्या के अंकों को पहचानकर अगली संख्या बताएं: 910, 821, 732,643, —

1. 554
2. 444
3. 555
4. 454

Ans : (1)

9+1+0=10

8+2+1=11

7+3+2=12

6+4+3=13

5+5+4=14

56. The number at "?" in the given number pattern is

1, 6, 15, ?, 45, 66, 91

दिए गए संख्या पैटर्न में कौन-सी संख्या "?" के स्थान पर है ?

1, 6, 15, ?, 45, 66, 91

(1) 20

(2) 25

(3) 28

(4) 32

Ans : (3)

1

1 + 5 = 6

6 + 9 = 15

15 +13 = 28

28 + 17 = 45

45 + 21 = 66

66 + 25 = 91

By observing pattern (पैटर्न का अवलोकन करके), Option (3) is correct answer.

57. Identify the next number 2, 3, 4, 6, 6, 9, 8, 12, 10 –

अगली संख्या पहचानिए 2, 3, 4, 6, 6, 9, 8, 12, 10, ——

(1) 11

(2) 12

(3) 14

(4) 15

Ans : (4)

2, 3, 4, 6, 6, 9, 8, 12, 10

+3 +3 +3 +3

2 +2 4 +2 6 +2 8 +2 10 15

इसलिए अगली संख्या (next number) 15 होगी।

58. When a rectangle is rotated about the centre of the rectangle, it looks exactly the same at the following angle of rotation:
जब एक आयत को इसके केन्द्र के परितः घुमाया जाता है, तो वह निम्न घूर्णन कोण पर बिल्कुल पहले जैसा दिखाई देता है :
(1) 60°
(2) 90°
(3) 180°
(4) 270°

Ans : (3)

For a rectangle (आयत), we get the same figure when we

rotate it from the centre at 180°.

So, the angle of rotation(घूर्णन कोण) is 180 °.

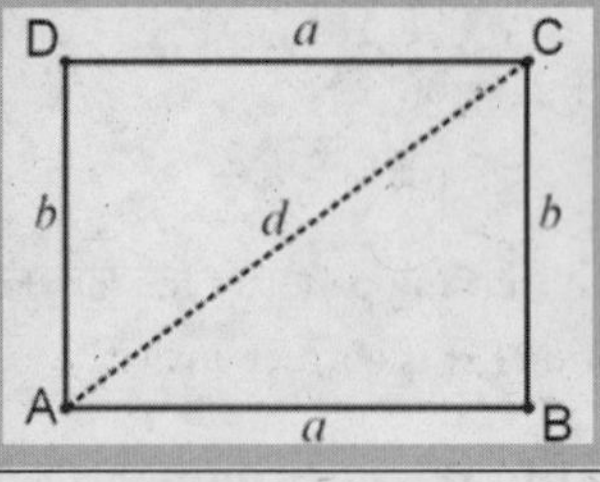

59. How many capital letters of the English alphabets have rotational symmetry?
अंग्रेजी वर्णमाला के कितने बड़े अक्षरों में घूर्णन सममिति होती है ?
(1) 4
(2) 6
(3) 7
(4) 8

Ans : (3)

7 capital letters of the English alphabets have rotational symmetry (7 अंग्रेजी वर्णमाला के बड़े अक्षरों में घूर्णन सममिति होती है)I
H, I , N , O , S , X , Z have rotational symmetry (घूर्णन सममिति).
So, option (3) is correct answer.

60. What is the next term of the sequence 0,1,1,2,3,5,8,13,21,34......?
अनुक्रम 0,1,1,2,3,5,8,13,21,34,_____ की अगली संख्या क्या है ?
1. 43
2. 47
3. 55
4. 68

Ans : (3)

In the sequence we see that each term is the sum of its previous two terms (अनुक्रम में हम देखते है की प्रत्येक पद उसके पिछले दो पदों का योग है।).
0+1=1, 1+1=2, 1+2=3, 2+3=5, 3+5=8, 5+8=13, 8+13=21, 13+21=34
अगला पद (next term) होगा = (21+34) = 55
श्रृंखला का अगला पद 55 होगा।

61. Ten crore twenty thousand two hundred three is written in figures as
दस करोड़ बीस हजार दो सौ तीन को अंकों में लिखा जाता है
(1) 100002203
(2) 1020203
(3) 1002203
(4) 100020203

Ans : (4)

Ten crore twenty thousand two hundred three (दस करोड़ बीस हजार दो सौ तीन) = 100020203.
So, option (4) is correct answer.

62. The difference between the greatest four-digit number and the smallest four-digit number, when divided by 15, leaves the remainder :
चार अंकों की सबसे बड़ी संख्या तथा चार अंकों की सबसे छोटी संख्या के अंतर को जब 15 से भाग दिया जाए, तो शेषफल होगा:
(1) 11
(2) 12
(3) 13
(4) 14

Ans : (4)

Smallest four digit number is 1000(चार अंकों की सबसे छोटी संख्या)

According to question =

$$\frac{9999-1000}{15} = \frac{8999}{15} = 599\frac{14}{15} = Q\frac{R}{D}$$

Here, Remainder is 14.

63. In which of the following divisions, will the remainder be more than the remainder you get when you divide 176 by 3?

निम्नलिखित में से किस विभाजन में, शेष उससे अधिक होगा जो आप 176 को 3 से विभाजित करने पर प्राप्त करते हैं ?

(1) $173 \div 5$

(2) $174 \div 4$

(3) $175 \div 3$

(4) $176 \div 2$

Ans : (1)

$176 \div 3 = 58\frac{2}{3}$, remainder (शेष) = 2

(1) $173 \div 5 = 34\frac{3}{5}$, remainder (शेष) = 3

(2) $174 \div 4 = 43\frac{2}{4}$, remainder (शेष) = 2

(3) $175 \div 3 = 58\frac{1}{3}$, remainder (शेष) = 1

(4) $176 \div 2 = 88$, remainder (शेष) = 0

So, $173 \div 5$ have remainder more than the remainder we get $176 \div 3$.

64. Two fifth of a kilometre is same as

एक किलोमीटर का दो-पांचवां भाग बराबर है।

1. 300 मीटर
2. 400 मीटर
3. 500 मीटर
4. 450 मीटर

Ans : (2)

1 kilometer (किलोमीटर) = 1000 meter (मीटर)

$1000 \times \frac{2}{5} = 400$ meter

65. Ankit runs on a circular track of length 400 m. He makes 3 rounds daily on it. How much distance (in km) does he cover on the track in a week?

अंकित 400 m लम्बे एक वृत्ताकार पथ पर दौड़ लगाता है। वह उसके प्रतिदिन 3 चक्कर लगाता है। वह एक सप्ताह में उस पथ पर कितनी दूरी (km में) तय करता है ?

(1) 7.2

(2) 8.4

(3) 8.8

(4) 9.4

Ans : (2)

Distance travelled by Ankit in 1 round on circular track (वृत्ताकार पथ पर 1 चक्कर में अंकित द्वारा तय की गई दूरी) = 400 m

Distance travelled by Ankit in 3 rounds on circular track in 1 day (अंकित द्वारा 1 दिन में वृत्ताकार पथ पर 3 चक्करों में तय की गई दूरी) = 400×3 = 1200 m

Distance travelled by Ankit on circular track in 7 days = 1200×7

अंकित द्वारा वृत्ताकार पथ पर 7 दिनों में तय की गई दूरी = 8400 m = 8.4 km

66. From a 12 cm long and 8 cm wide rectangular sheet, squares of sides of 3 cm are cut off from all the corners. What is the area (in cm²) of the remaining sheet?

एक 12 cm लम्बी और 8 cm चौड़ी आयताकार शीट के सभी कोनों से 3 cm भुजा के वर्ग काट लिए गए। इस प्रकार शेष बची शीट का क्षेत्रफल (cm² में) क्या होगा ?

(1) 50

(2) 60

(3) 72

(4) 84

Ans : (2)

Length of rectangle (आयताकार की लंबाई) = 12 cm

Breadth of rectangle (आयताकार की चौड़ाई) = 8 cm

Area of rectangle (आयताकार का क्षेत्रफल) = l×b = 12×8 = 96 cm^2

Side of square (वर्ग की भुजा) = 3 cm

Area of square (वर्ग का क्षेत्रफल) = side × side = 3×3 = 9 cm^2

squares of sides of 3 cm are cut off from all the corners (सभी कोनों से 3 cm भुजा के वर्ग काट लिए गए).

Area of remaining portion =

Area of rectangle – 4x area of square

= 96 – 4 × 9 = 96 – 36 = 60 cm^2.

67. The number of cubes of side 30 cm which can be fitted in a cubical box with measurements 7.2 m × 5.4 m × 1.8 m is:
30 cm भुजा वाले घनों की संख्या, जो एक घनाभाकार बक्से, जिसकी विमाएँ 7.2m × 5.4 m × 1.8m हैं, में रखे जा सकते हैं, निम्न है :

(1) 2592
(2) 2594
(3) 2596
(4) 2598

Ans : (1)

Volume of cube (घन का आयतन) = 30cm × 30cm × 30cm = 27000cm^3

Volume (आयतन) of cubical box = 7.2m × 5.4m × 1.8m = 69.984 m^3

× $(100cm)^3$ = 69984000000cm^3

cubical box में cubes की संख्या फिट की जा सकती है = $\frac{69984000000 cm^3}{27000 cm^3}$

= 2592

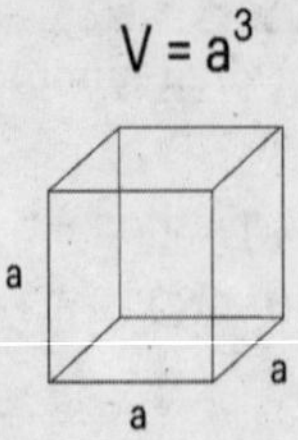

68. What must be added to (6+0.6+0.06+0.006) to obtain the number 7?
(6 +0.6+ 0.06 +0.006) में क्या जोड़ा जाए कि संख्या 7 प्राप्त हो जाए ?

(1) 0.034
(2) 0.334
(3) 0.340
(4) 0.343

Ans : (2)

Let the number be (माना संख्या है).

(6 +0.6+ 0.06 +0.006) + x= 7

6.666 + x = 7

x = 7 – 6.666

x = 0.334

69. (11 ones + 10 tens + 12 hundreds - one thousand) is equal to
(11 इकाइयाँ + 10 दहाइयाँ + 12 सैकड़े - एक हजार) बराबर है

(1) 310
(2) 311
(3) 312
(4) 313

Ans : (2)

= 11×1 + 10×10 + 12×100 - 1000

= 1311 -1000 = 311

70. School NSS unit has decided to distribute $\frac{3}{4}$ kg of sugar to every needy student.

They got 28 $\frac{1}{2}$ kg sugar from a sponsor for this purpose. To how many students this sugar can be distributed?

स्कूल की एन. एस. एस. इकाई ने प्रत्येक ज़रूरत मंद बच्चे को $\frac{3}{4}$ किग्रा. चीनी देने का फैसला किया। एक प्रायोजक से उन्हें इस काम के लिए 28 $\frac{1}{2}$ किग्रा. चीनी मिली। कितने बच्चों को यह चीनी बाँटी जा सकती है?

1. 38
2. 39
3. 40
4. 36

Ans : (1)

वितरित की जाने वाली चीनी की कुल मात्रा (Total quantity of sugar to be distributed)

$= 28\frac{1}{2} kg = \frac{57}{2} kg$

हर जरूरतमंद छात्र को बांटी चीनी की मात्रा(Amount of sugar distributed to every needy student)

$= \frac{3}{4}$ kg

छात्रों की संख्या जिन्हे चीनी वितरित की जानी है (Number of students this sugar can be distributed) =

$$\frac{\frac{57}{2}}{\frac{3}{4}} = \frac{57}{2} \times \frac{4}{3} = 38$$

71. Which of the following weights cannot be measured by the weights of 100 g, 200 g and 500 g ?

निम्न में से कौन-से भार को 100g, 200 g और 500g के बाँटों से मापा नहीं जा सकता है?

(1) 300 g

(2) 400 g

(3) 700 g

(4) 750 g

Ans : (4)

750g of weight cannot be measured by the weights of 100 g, 200 g and 500 g because there is no weight of 50g.

So, option (4) is correct answer.

72. $\frac{2}{5}+\frac{3}{4}$ is equal to

$\frac{2}{5}+\frac{3}{4}$ बराबर है

(1) $\frac{6}{5}$

(2) $\frac{22}{20}$

(3) $1\frac{3}{20}$

(4) $\frac{5}{9}$

Ans : (3)

$$\frac{2}{5}+\frac{3}{4}=\frac{8+15}{20}$$

$$=\frac{23}{20}=1\frac{3}{20}$$

73. Two third of three twentieth is:

तीन बीसवें का दो तिहाई है :

1. दो बीसवां
2. तीन दसवां
3. एक बीसवां
4. चार दसवां

Ans : (1)

Two third of three twentieth (तीन बीसवें का दो तिहाई).

$\frac{3}{20} \times \frac{2}{3} = \frac{2}{20}$ दो बीसवां

74. How many 3/8 are there in 9/4?

9/4 में कितने 3/8 हैं ?

(1) 3

(2) 6

(3) 9

(4) 12

Ans : (2)

$$=\frac{\frac{9}{4}}{\frac{3}{8}}=\frac{9}{4}\times\frac{8}{3}=6$$

75. The perimeter of a square is 120 cm. The length of a rectangle is two times the side of the square. The perimeter of the rectangle is 156 cm. What is the difference between the areas of the rectangle and the square?

एक वर्ग का परिमाप 120 cm है। किसी आयत की लंबाई इस वर्ग की भुजा की दुगुनी है । आयत का परिमाप 156 cm है । आयत और वर्ग के क्षेत्रफलों में अंतर क्या है ?

(1) 90 cm^2

(2) 145 cm^2

(3) 150 cm^2

(4) 180 cm^2

Ans : (4)

[Perimeter of square = 4a]

Perimeter of square (वर्ग की परिमाप) =120cm

4 × side = 120cm

Side = 30cm

Length of rectangle (आयत की लंबाई) = 2 × 30cm = 60cm

[Perimeter of rectangle = 2(l+b)]

Perimeter of rectangle (आयत का परिमाप)

= 156cm

2(l+b) = 156cm

2(60 + b) = 156cm

60cm + b = 78cm

b = 18cm

Area of square (वर्ग का क्षेत्रफल) = side × side

= 30cm × 30cm

= 900 cm^2

Area of rectangle (वर्ग का आयत) = l × b

= 60cm ×18cm

=1080cm^2

Difference (अंतर) between Area of square and Area of rectangle

= 1080cm^2 - 900cm^2

= 180cm^2

76. In a school, there are 1260 students, out of which two-third are boys and the rest are girls. Three-fourth of the number of boys are players and half of the number of girls are also players. The number of students who are not players in the school is:

किसी विद्यालय में, 1260 विद्यार्थी हैं, जिनमें से दो-तिहाई लड़के हैं और शेष लड़कियाँ हैं । लड़कों की संख्या के तीन-चौथाई खिलाड़ी हैं और लड़कियों की संख्या के आधा भी खिलाड़ी हैं । विद्यालय में विद्यार्थियों की संख्या, जो खिलाड़ी नहीं हैं, निम्न है :

(1) 380

(2) 400

(3) 420

(4) 450

Ans : (3)

Total students (कुल छात्र) = 1260

Number of boys (लड़कों की संख्या)

$$= 1260\times\frac{2}{3}=840$$

Number of girls (लड़कियों की संख्या)

$= 1260 - 840 = 420$

Number of boys player (लड़कों की संख्या, जो खिलाड़ी हैं) $840 \times \frac{3}{4} = 630$

Number of boys who are not player (लड़कों की संख्या, जो खिलाड़ी नहीं हैं) = 840 - 630 = 210

Number of girls player (लड़कियों की संख्या, जो खिलाड़ी हैं) $420 \times \frac{1}{2} = 210$

Number of girls who are not player (लड़कियों की संख्या, जो खिलाड़ी नहीं हैं)

$= 420 - 210 = 210$

The number of students who are not players in the school (विद्यालय में विद्यार्थियों की संख्या, जो खिलाड़ी नहीं हैं)

$= 210 + 210 = 420$

77. Which of the following letters has two lines of symmetry?"

निम्न में से किस अक्षर की दो सममिति रेखाएं हैं?

(1) U
(2) H
(3) B
(4) E

Ans (2)

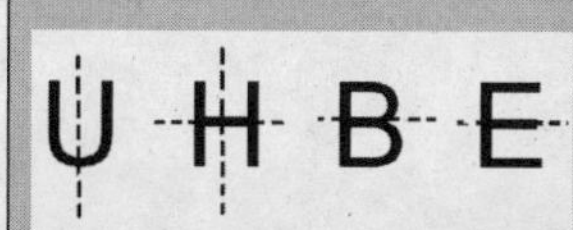

"H" letter has two lines of symmetry(H अक्षर की दो सममिति रेखाएं हैं।).

78. The value of $\frac{4}{7}+\frac{5}{14}-\frac{7}{8}$ is :

$\frac{4}{7}+\frac{5}{14}-\frac{7}{8}$ **का मान है :**

(1) $\frac{5}{56}$

(2) $\frac{3}{14}$

(3) $\frac{5}{28}$

(4) $\frac{3}{56}$

Ans (4)

$\frac{4}{7}+\frac{5}{14}-\frac{7}{8}=\frac{8+5}{14}-\frac{7}{8}=\frac{13}{14}-\frac{7}{8}=\frac{52-49}{56}=\frac{3}{56}$

79. Which of the following has a definite length ?

(1) a plane
(2) a line
(3) a line segment
(4) a ray

निम्न में से किस की एक निश्चित लम्बाई होती है?

(1) एक समतल
(2) एक रेखा
(3) एक रेखाखंड
(4) एक किरण

Ans (3)

एक रेखाखंड के दो अंत बिंदु होते हैं और इस प्रकार इसकी एक निश्चित लम्बाई होती है।

एक समतल सभी दिशाओं में अनंत तक फैलता है और इसकी कोई निश्चित लंबाई नहीं होती है।

एक रेखा दोनों दिशाओं में अनंत तक फैलती है और इसकी कोई निश्चित लंबाई नहीं होती है।

एक किरण एक बिंदु से शुरू होती है और एक दिशा में अनंत तक फैलती है, इसलिए इसकी भी कोई निश्चित लंबाई नहीं होती है।

80. The difference of the place values of 5 and 7 in the number 352876 is:

संख्या 352876 में 5 और 7 के स्थानीय मानों का अंतर है :

(1) 50007
(2) 49930
(3) 49993
(4) 49997

Ans (2)

Place value of 5 in 352876 (संख्या 352876 में 5 का स्थानीय मान) = 50000

Place value of 7 in 352876 (संख्या 352876 में 7 का स्थानीय मान) = 70

So, the difference of the place values of 5 and 7 in the number 352876 (संख्या 352876 में 5 और 7 के स्थानीय मानों का अंतर) = 50000 – 70 = 49930

81. In class III, 150 children were asked to name their one favourite fruit and results for 5 favourite fruits were written in the form of the following table:

Name of the Fruit	Number of Children
Apple	28
Guava	26
Mangoes	44
Banana	14
Grapes	28

Choose the correct option:

(1) The difference between the number of childrens who like grapes and those who like bananas is 16.

(2) The number of children who like Mangoes and Banana is two times the number of children who like Guava.

(3) Ten children do not like any fruit given in the table.

(4) Equal number of children have Apple and Guava as their favourite fruit.

कक्षा III में 150 बच्चों से उनके पसंदीदा एक फल के बारे में पूछा गया और 5 पसंदीदा फलों के परिणामों को निम्न में लिखा गया :

फल के नाम	बच्चो की संख्या
सेब	28
अमरुद	26
आम	44
केला	14
अंगूर	28

सही विकल्प को चुनिए:

(1) अंगूर और केलों को पसंद करने वाले बच्चों की संख्याओं का अंतर 16 है।

(2) आम और केला पसंद करने वाले बच्चों की संख्या, अमरूद पसंद करने वाले बच्चों की संख्या की दुगुनी है।

(3) 10 बच्चे, इस तालिका में दिए गए किसी भी फल को पसंद नहीं करते हैं।

(4) सेब और अमरूद पसंद करने वाले बच्चों की संख्या समान है।

Ans (3)

विकल्प (1) लेने पर, अंगूर पसंद करने वाले बच्चों और केले पसंद करने वाले बच्चों की संख्या के बीच का अंतर = 28 + 14 = 42

विकल्प (2) लेने पर,

आम और केला पसंद करने वाले बच्चों की संख्या = 44 + 14 = 58

अमरूद पसंद करने वाले बच्चों की संख्या = 26

इसलिए, $58 \neq 2 \times 26$

विकल्प (3) लेने पर,

कुल बच्चों की संख्या = 150

कोई भी फल पसंद न करने वाले बच्चों की संख्या = 150 – (28 + 26 + 44 + 14 + 28) = 150 – 140 = 10

विकल्प (4) लेने पर,

सेब पसंद करने वाले बच्चों की संख्या = 28

अमरूद पसंद करने वाले बच्चों की संख्या = 26

$28 \neq 26$

82. What will be the value of K in the six digit number 56234K, if the number is divisible by 6?

छ: अंकों की संख्या 56234K, में K का क्या मान होगा, यदि यह संख्या 6 से विभाज्य हो?

(1) 0
(2) 1
(3) 4
(4) 6

Ans : (3)

A number is divisible by 6 if it is divisible by both 2 and 3 (एक संख्या 6 से विभाज्य होगी यदि वह 2 और 3 दोनों से विभाज्य हो।).

5+6+2+3+4+K = 20 + k

56234K When we divide this number by 6, by placing 4 in place of K, this number will be completely divided (56234K जब इस संख्या को 6 से Divide करेंगे तो K के स्थान पर 4 रखने से ये संख्या पूरी विभाजित हो जाएगी।).

83. If x and y are two numbers such that their sum is 110 and difference is 100, then
यदि x और y दो संख्याएँ इस प्रकार हैं कि इनका योगफल 110 है और इनका अंतर 100 है, तो

(1) x=100, y = 10
(2) x = 105, y=5
(3) x=90, y=20
(4) x=85, y=15

Ans : (2)

If x and y are two numbers (यदि x और y दो संख्याएँ हैं),

Let be a greater no. and y be a smaller number,

$$x + y = 110 \quad ....(1)$$
$$x - y = 100 \quad ....(2)$$

By using substitution method (प्रतिस्थापन विधि),

$$x = 100 + y$$

Substitute the value of x in equation (1)

$$100 + y + y = 110$$
$$2y = 110 - 100$$
$$2y = 10$$
$$y = 5$$

Now, put the value of y in quation (2), we get

$$x - 5 = 100$$
$$x = 100 + 5 = 105$$

84. A library has 5690 books. 425 books were issued to students on Monday and 273 new books were deposited in the library on the same day. What is the number of books now present in the library?
एक पुस्तकालय में 5690 पुस्तकें हैं। सोमवार के दिन विद्यार्थियों को 425 पुस्तकें पढ़ने के लिए दी गई और उसी दिन 273 नई किताबें पुस्तकालय में जमा की गई। पुस्तकालय में अब कितनी पुस्तकें हैं?

(1) 5842
(2) 5822
(3) 5538
(4) 5558

Ans : (3)

Library has books (लाइब्रेरी में किताबें हैं) = 5690

Issued books (जारी की गई पुस्तकें) = 425

New books deposited (नई पुस्तकें जमा की गई) = 273

Present number of books (पुस्तकों की वर्तमान संख्या) = 5690 - 425 + 273 = 5538

85. In a school, there are 320 students, out of which one-fourth are girls and the rest are boys. Two-third of the number of boys are players. The number of boys who are not players is :
किसी विद्यालय में, 320 विद्यार्थी हैं, जिनमें से एक-चौथाई लड़कियाँ हैं और शेष लड़के हैं । लड़कों की संख्या के दो-तिहाई खिलाड़ी हैं। जो खिलाड़ी नहीं हैं, उन लड़कों की संख्या है :

(1) 80
(2) 160
(3) 40
(4) 90

Ans : (1)

Total No. of students (विद्यार्थियो की कुल संख्या) = 320

No. of girls (लड़कियो की संख्या) = $\frac{1}{4} \times 320 = 80$

No.of boys (लड़कों की संख्या) = 320 - 80 = 240

No.of boys that are players (लड़कों की संख्या जो खिलाड़ी हैं) = $\frac{2}{3} \times 240 = 160$

No.of boys that are not players (लड़कों की संख्या जो खिलाड़ी नहीं हैं) = 240 - 160 = 80

86. Which of the following is not true about nature of mathematics?

(1) Mathematics at school level requires special aptitude in learners.

(2) Primary concepts in mathematics are abstract in nature.

(3) Mathematics is based on deductive reasoning.

(4) Mathematics is much more abstract and hierarchic than most of the other subjects which children learn at the same age.

गणित की प्रकृति के बारे में निम्नलिखित में से क्या सही नहीं है?

(1) स्कूली स्तर पर गणित में शिक्षार्थियों में विशिष्ट अभिवृत्ति आवश्यक होती है।

(2) गणित में प्राथमिक अवधारणाएँ प्रकृति में अमूर्त होती हैं।

(3) गणित निगमनात्मक विवेचन पर आधारित है।

(4) गणित उन अधिकांश विषयों की तुलना में बहुत अधिक अमूर्त और पदानुक्रमित है जो बच्चे उसी उम्र में सीखते हैं।

Ans : (1)

स्कूल स्तर पर गणित को सभी छात्रों के लिए सुलभ बनाने के लिए डिज़ाइन किया गया है, और इसमें स्वाभाविक रूप से विशेष योग्यता की आवश्यकता नहीं होती है। इसमें सीखने की अवधारणाएँ शामिल हैं जिन्हें प्रभावी शिक्षण विधियों के माध्यम से विभिन्न स्तर की क्षमता वाले छात्रों द्वारा समझा और लागू किया जा सकता है।

87. Which of the following statements are appropriate regarding "Argumentation" in a mathematics classroom?

A. It can be understood as a line of reasoning that intends to show or explain why a mathematical result is true.

B. It is always helpful in mathematics in the same manner as in other empirical disciplines.

C. It can also be a part of the heuristic approach in mathematics education.

D. It is less useful for elementary grade students as its assessment will be difficult.

Choose the correct option:

(1) A and C

(2) B and C

(3) A and B

(4) A and D

गणित की कक्षा में "तर्क-वितर्क" के संबंध में निम्नलिखित में से कौन-से कथन उपयुक्त हैं?

A. इसे तर्क की एक पंक्ति के रूप में समझा जा सकता है जो यह दिखाने या समझाने का इरादा रखता है कि गणितीय परिणाम सत्य क्यों है।

B. यह अन्य अनुभवजन्य विषयों की तरह ही हमेशा गणित में मददगार होता है।

C. यह गणित शिक्षा में स्वतः शोध दृष्टिकोण का भी एक हिस्सा हो सकता है।

D. प्रारंभिक कक्षा के विद्यार्थियों के लिए यह कम उपयोगी है क्योंकि इसका मूल्यांकन कठिन होगा।

सही विकल्प का चयन कीजिए:

(1) A और C

(2) B और C

(3) A और B

(4) A और D

Ans : (1)

तर्क-वितर्क में गणितीय परिणामों को मान्य करने के लिए तर्क शामिल है और अनुमानी दृष्टिकोण के माध्यम से गणितीय अवधारणाओं की खोज का एक महत्वपूर्ण हिस्सा है।

88. Which of the following statements is not correct with regard to a mathematics textbook?

(1) Examples in a mathematics textbook should be related to daily life of the students.
(2) A mathematics textbook should have solved examples only.
(3) A textbook of mathematics should not be very thick or heavy.
(4) A mathematics textbook should have varied exercises to give practice to students.

निम्नलिखित में से कौन-सा कथन गणित की पाठ्य-पुस्तक के संबंध में सही नहीं है?

(1) गणित की पाठ्य-पुस्तक के उदाहरण विद्यार्थियों के दैनिक जीवन से सम्बन्धित होने चाहिए।
(2) एक गणित की पाठ्य-पुस्तक में केवल हल किंए हुए उदाहरण होने चाहिए।
(3) गणित की पाठ्य-पुस्तक बहुत मोटी या भारी नहीं होनी चाहिए।
(4) विद्यार्थियों को अभ्यास देने के लिए गणित की पाठ्य-पुस्तक में विभिन्न प्रश्नावलियाँ होनी चाहिए।

Ans : (2)

गणित की पाठ्यपुस्तक में अवधारणाओं को समझाने के लिए हल किए गए उदाहरण और अभ्यास और अनुप्रयोग प्रदान करने के लिए अनसुलझे अभ्यास दोनों होने चाहिए।

89. A conjecture in mathematics is:

(1) not important at all as it does not help in developing mathematical understanding.
(2) a proposition or conclusion that has been proved.
(3) important for students of secondary level only.
(4) a proposition or conclusion that is assumed to be true on a tentative basis without proof.

गणित में एक कन्जेक्चर:

(1) बिल्कुल भी महत्त्वपूर्ण नहीं है क्योंकि यह गणितीय समझ विकसित करने में मदद नहीं करता है।
(2) एक प्रतिज्ञप्ति या निष्कर्ष है जो सिद्ध हो चुका हो।
(3) केवल माध्यमिक स्तर के विद्यार्थियों के लिए महत्त्वपूर्ण है।
(4) एक प्रतिज्ञप्ति या निष्कर्ष है जो बिना प्रमाण के एक अस्थायी आधार पर सत्य माना जाता है।

Ans : (4)

अनुमान एक प्रारंभिक धारणा या प्रस्ताव है जो अभी तक सिद्ध नहीं हुआ है। यह गणितीय अन्वेषण और समस्या-समाधान का एक महत्वपूर्ण हिस्सा है।

90. The statement "1 less than or 1 more than a multiple of 6 are prime numbers" is an example of:

(1) Generalization
(2) Theorem
(3) Conjecture
(4) Axiom

कथन: "6 के गुणज से 1 कम या 1 अधिक अभाज्य संख्याएँ हैं," एक _____ का उदाहरण है।

(1) सामान्यीकरण
(2) प्रमेय
(3) कन्जेक्चर
(4) अभिगृहीत

Ans : (3)

अनुमान एक ऐसा प्रस्ताव है जो अवलोकन के आधार पर प्रस्तावित किया गया है लेकिन अभी तक सिद्ध या असिद्ध नहीं हुआ है। यह कथन एक पैटर्न का सुझाव देता है लेकिन प्रमेय के रूप में स्थापित करने के लिए प्रमाण की आवश्यकता होती है।

91. A mathematics teacher posed the following problems to her students:

A. Simrat pays ₹ 60,000 as rent for three months. How much will she have to pay for a whole year if the rent per month remains same?

B. Cost of three dozen bananas is ₹45. Calculate the number of bananas that can be purchased for ₹ 12.50.

C. Joey and Jenny are going to school. Joey started walking before Jenny. When Joey was at the third block, Jenny was at the first block. If both are walking with the same speed, then where would Jenny be if Joey is at the ninth block?

Which of the following is correct with respect to the above three questions?

(1) Only A is based on unitary method.

(2) B and C are daily life problems based on unitary method.

(3) A and C are daily life problems based on unitary method.

(4) A and B are daily life problems based on unitary method.

गणित की एक शिक्षिका अपने विद्यार्थियों के समक्ष निम्नलिखित समस्याएँ रखती है:

A. सिमरत तीन महीने के किराये के रूप में ₹ 60,000 देती है। यदि हर महीने का किराया समान रहे तो पूरे वर्ष के लिए उसे कितना किराया देना होगा?

B. तीन दर्जन केलों की कीमत ₹45 है। परिकलन कीजिए कि ₹ 12-50 में कितने केले खरीदे जा सकते हैं।

C. जोई और जैनी स्कूल जा रहे हैं। जोई, जैनी से पहले चलना शुरू करता है। जब जोई तीसरे ब्लॉक पर था, तब जैनी पहले ब्लॉक पर थी। यदि दोनों की चलने की गति बराबर है, तो जब जोई नौवें ब्लॉक पर होगा तब जैनी कहाँ होगी? उपर्युक्त तीन प्रश्नों के संदर्भ में निम्नलिखित में से कौन-सा सही है?

(1) केवल A एकात्मक विधि पर आधारित है।

(2) B और C एकात्मक विधि पर आधारित दैनिक जीवन की समस्याएँ हैं।

(3) A और C एकात्मक विधि पर आधारित दैनिक जीवन की समस्याएँ हैं।

(4) A और B एकात्मक विधि पर आधारित दैनिक जीवन की समस्याएँ हैं।

Ans : (4)

समस्या A और B में, प्रति यूनिट लागत या मूल्य की गणना करके और फिर इसे वांछित राशि तक स्केल करके कुल लागत या मात्रा निर्धारित करने के लिए एकात्मक विधि का उपयोग किया जाता है।

92. According to National Curriculum Framework 2005, at primary stage, teaching and learning of mathematics should include activities that

(1) have only didactic involvement of learners

(2) are based on open-ended play

(3) proceed from concrete to abstract

(4) involve maximum intervention by the teacher

राष्ट्रीय पाठ्यचर्या रूपरेखा 2005 के अनुसार, प्राथमिक स्तर पर गणित के शिक्षण एवं अधिगम में ऐसी गतिविधियां सम्मिलित करनी चाहिए

(1) जिनमें अधिगमकर्ताओं की केवल उपदेशात्मक सहभागिता हो

(2) जो आम दिनचर्या वाले खेलों पर आधारित हों

(3) जो मूर्त से अमूर्त की ओर बढ़ें

(4) जिनमें शिक्षक द्वारा अधिकतम हस्तक्षेप शामिल हो

Ans : (3)

ठोस से अमूर्त दृष्टिकोण छात्रों को अमूर्त विचारों पर जाने से पहले मूर्त अनुभवों से शुरुआत करके गणितीय अवधारणाओं की एक मजबूत समझ बनाने में मदद करता है।

93. When asked to identify the greater number from 7.37 and 7.4, a group of children answered that 7.37 is greater than 7.4.

As a mathematics teacher, how will you support the children to rectify the error?

(1) Use manipulatives like abacus to explain the place value system to represent decimal numbers.

(2) Write expanded form of decimal numbers on blackboard and ask students to correct their answers.

(3) Give more examples of similar type to practice.

(4) Ask students to refer the textbook and understand the process

जब 7.37 और 7.4 में से बड़ी संख्या पहचानने के लिए कहा गया, तब बच्चों के एक समूह ने 7.37 को 7.4 से बड़ी संख्या बताया। एक गणित शिक्षक के रूप में, आप बच्चों को त्रुटि सही करने के लिए कैसे समर्थन देंगे?

(1) दशमलव संख्याओं को निरूपित करने के लिए स्थानीय मान की प्रणाली को अबेकस (एबेकस) जैसी हस्तकौशल सामग्री के उपयोग द्वारा समझाइए।
(2) दशमलव संख्याओं के प्रसारित रूप को श्यामपट्ट पर लिखिए और विद्यार्थियों को अपना उत्तर सही करने के लिए कहिए।
(3) अभ्यास के लिए समान प्रकार के अधिक उदाहरण दीजिए।
(4) विद्यार्थियों को पाठ्यपुस्तक देखने के लिए और प्रक्रिया समझने के लिए कहिए।

Ans : (1)

स्थानीय मान प्रणाली को समझाने के लिए अबेकस जैसे जोड़-तोड़ का उपयोग करने से छात्रों को यह समझने में मदद मिलती है कि 7.4, 7.37 से बड़ा क्यों है, यह दिखाकर कि दशमलव स्थान संख्या मानों को कैसे प्रभावित करते हैं।

94. A Class-Ill student solves the problem of addition in the following way: 5128+2707= 78215

Which is the most appropriate strategy to help the student to identify his/her error?
(1) Ask the student to check the answer with his peers
(2) Ask the student to use approximation to find the sum and compare his answer
(3) Ask the student to check the answer by doing the question once again
(4) Ask the student to use the calculator

कक्षा III के विद्यार्थी ने योग के प्रश्न को निम्नलिखित प्रकार से हल किया : 5128+2707 = 78215

अपनी त्रुटि को ज्ञात करने में विद्यार्थी की सहायता करने के लिए सर्वाधिक उपयुक्त युक्ति कौन-सी है?
(1) विद्यार्थी को उसका उत्तर अपने सहपाठियों के साथ जाँचने के लिए कहें।
(2) विद्यार्थी को सन्निकटन का उपयोग करके योग ज्ञात कर अपने उत्तर की तुलना करने के लिए कहें
(3) प्रश्न को दोबारा करके विद्यार्थी को अपना उत्तर जाँचने के लिए कहें
(4) विद्यार्थी को गणक (कैल्कुलेटर) का उपयोग करने के लिए कहें

Ans : (2)

सन्निकटन का उपयोग करने से छात्र को यह देखने में मदद मिलती है कि उनका उत्तर अनुचित है, जिससे उन्हें मोटे अनुमान के साथ तुलना करके त्रुटि को पहचानने और ठीक करने में मदद मिलती है।

95. Which of the following represents the most appropriate use of Tessellations as a pedagogical tool in primary classes?
(1) For developing procedural learning in geometry
(2) For measuring of angles
(3) For creating patterns using geometrical shapes
(4) For developing the concept of place value

निम्नलिखित में से कौन-सा प्राथमिक कक्षाओं में, एक शिक्षण के साधन के रूप में टेस्सीलेशन (टाइलिंग) का सबसे उपयुक्त उपयोग निरूपित करता है?
(1) ज्यामिति में क्रियाविधिक अधिगम को विकसित करने के लिए
(2) कोणों को मापने के लिए
(3) ज्यामितीय आकृतियों के उपयोग से पैटर्न बनाने के लिए
(4) स्थानीय मान की अवधारणा को विकसित करने के लिए

Ans : (3)

टेस्सेलेशन छात्रों को ज्यामितीय आकृतियों के साथ पैटर्न का पता लगाने और बनाने में मदद करते हैं, जिससे ज्यामिति और स्थानिक संबंधों की समझ बढ़ती है।

96. National Education Policy (NEP) 2020, envisages to reduce the curriculum content in each subject so as to:
(1) Improve the scores of students in examination.
(2) Improve the performance of slow learners in the class.
(3) Reduce the burden of teachers in completing the syllabus.
(4) Move students away from rote learning and towards real understanding.

राष्ट्रीय शिक्षा नीति (NEP) 2020, प्रत्येक विषय में पाठ्यक्रम की विषय-वस्तु को कम करने पर विचार कर रही है ताकि:

(1) परीक्षा में विद्यार्थियों के प्राप्तांकों को सुधारा जा सके।

(2) कक्षा में धीमी गति से सीखने वाले शिक्षार्थियों का प्रदर्शन सुधारा जा सके।

(3) पाठ्यक्रम को पूरा करने में शिक्षकों के भार को कम किया जा सके।

(4) विद्यार्थी रटकर सीखने से अलग वास्तविक समझ की और बढ़ें।

Ans : (4)

एनईपी 2020 का लक्ष्य छात्रों को रटकर याद करने से दूर रखते हुए गहरी समझ और सार्थक शिक्षा को बढ़ावा देने के लिए पाठ्यक्रम सामग्री को कम करना है।

97. According to National Curriculum Framework 2005, mathematics teaching and learning at primary level should focus on

(1) memorization of procedures.

(2) mathematical games, puzzles and activities to introduce a concept.

(3) rote-learning of multiplication tables, counting, etc.

(4) solving many questions based on a topic so that students can learn the correct method.

राष्ट्रीय पाठ्यचर्या रूपरेखा 2005 के अनुसार, प्राथमिक स्तर पर गणित का शिक्षण और अधिगम केंद्रित होना चाहिए

(1) कार्यविधियों को कंठस्थ करने पर।

(2) अवधारणा का परिचय देने के लिए गणितीय खेलों, पहेलियाँ एवं गतिविधियों पर।

(3) पहाड़ों, गणना, आदि के रटांत अधिगम पर।

(4) प्रकरण (टॉपिक) पर आधारित कई प्रश्नों को हल करने पर ताकि विद्यार्थी सही प्रणाली / विधि सीख सकें।

Ans : (2)

राष्ट्रीय पाठ्यचर्या रूपरेखा 2005 अवधारणाओं को पेश करने के लिए गणितीय खेल, पहेलियाँ और गतिविधियों का उपयोग करने की सिफारिश करती है, जिससे प्राथमिक छात्रों के लिए सीखना अधिक आकर्षक और प्रभावी हो जाता है।

98. According to National Education Policy (NEP) 2020, NCFSE stands for

(1) National Curriculum Framework for School Education

(2) National Curriculum Framework for Pre-School Education

(3) National Committee for School Education

(4) National Committee for Focus in School Education

राष्ट्रीय शिक्षा नीति (NEP) 2020 के अनुसार, NCFSE (एन. सी. एफ. एस. ई.) का मतलब है

(1) नेशनल करीक्यूलम फ्रेमवर्क फॉर स्कूल ऐड्यूकेशन

(2) नेशनल करीक्यूलम फ्रेमवर्क फॉर प्री-स्कूल ऐड्यूकेशन

(3) नेशनल कमिटी फॉर स्कूल ऐड्यूकेशन

(4) नेशनल कमिटी फॉर फोकस इन स्कूल ऐड्यूकेशन

Ans : (1)

एनईपी 2020 के अनुसार, एनसीएफएसई स्कूली शिक्षा के लिए राष्ट्रीय पाठ्यचर्या की रूपरेखा को संदर्भित करता है, जो स्कूली शिक्षा के लिए पाठ्यक्रम और शैक्षिक मानकों का मार्गदर्शन करता है।

99. Two angles having their sum 180° are always known as

दो कोण जिनका योग 180° है, सदैव कहलाते हैं

(1) Adjacent angles (आसन्न कोण)

(2) Complementary angles (पूरक कोण)

(3) Supplementary angles (सम्पूरक कोण)

(4) Linear pair (रैखिक युग्म)

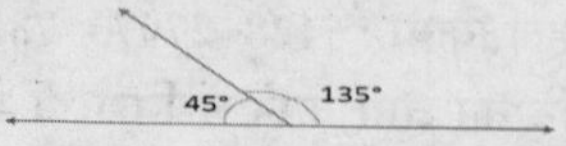

Ans : (3)

Two angles having their sum 180° are always known as supplementary angles (दो कोण जिनका योग 180° है, सदैव सम्पूरक कोण कहलाते हैं).

100. Medha measures three angles as 108°, 75°, 90° in her notebook. Which of the following

is correct if she categorises these angles in the given order below?

(1) Obtuse angle, Acute angle, Right angle
(2) Acute angle, Obtuse angle, Right angle
(3) Obtuse angle, Supplementary angle, Right angle
(4) Supplementary angle, Acute angle, Right angle

मेधा ने अपनी कॉपी में तीन कोण 108°, 75°, 90° के रूप में मापे। यदि वह इन कोणों को निम्न रूप से क्रम में वर्गीकृत करती है, तो निम्नलिखित में से कौन-सा सही है ?

(1) अधिक कोण, न्यून कोण, समकोण
(2) न्यून कोण, अधिक कोण समकोण
(3) अधिक कोण, सम्पूरक कोण समकोण
(4) सम्पूरक कोण, न्यून कोण, समकोण

Ans : (1)

Obtuse angles (अधिक कोण) are angles that measure more than 90° but less than 180°. For example, an angle of 108° is an obtuse angle.

Acute angles (न्यून कोण) are angles that measure between 0° and 90° For example, an angle of 75° is an acute angle.

Right angles (समकोण) are angles that measure exactly 90° For example, an angle of 90° is a right angle.

So, 108° is a obtuse angle , 75° is accute angle, 90° is a right angle.

101. Write the next two entries in the following pattern:

W, 2, V, 4, U, 8, T, 16, __, __

निम्न पैटर्न में अगली दो प्रविष्टियाँ लिखिए:

W, 2, V, 4, U, 8, T, 16, __, __

(1) S, 18
(2) R, 18
(3) S, 32
(4) R, 32

Ans : (3)

W, 2, V, 4, U, 8, T, 16, __, __

W, 2^1, V, 2^2, U, 2^3, T, 2^4, S, 2^5

The next two terms are S and 32.

102. Whatisthevalueof2-2+2-2+2-2.........n

2-2+2-2+2-2.........................n का मान क्या है ?

(1) 0, जब n एक सम संख्या है
(2) 2, जब n एक सम संख्या है
(3) -2 जब n एक विषम संख्या है
(4) 0, जब n एक विषम संख्या है

Ans : (1)

2-2+2-2+2-2...........n का का मान

प्रश्न के अनुसार , इसका उत्तर जीरो होगा , जब n (सम संख्या(even number)) होगी

2-2+2-2+2-2 = 0

103. Which of the following statements is/are true ?

(i) Through two given points many lines can pass.

(ii) Through a given point only one line can pass.

(iii) Three collinear points cannot form a triangle.

(iv) Sum of two obtuse angles is always a reflex angle.

निम्नलिखित में से कौन-सा/से कथन सत्य ?

(i) दो दिए गए बिन्दुओं से होकर जाती हुई अनेक रेखाएँ हो सकती हैं।

(ii) दिए हुए एक बिन्दु से होकर जाती हुई केवल एक रेखा हो सकती है|

(iii) तीन सरेखीय विन्दु एक त्रिभुज नहीं बना सकते।

(iv) दो अधिक कोणों का योग सदैव एक प्रतिवर्ती कोण होता है|

(1) केवल (i) ओर (iv)
(2) केवल (ii) ओर (iii)
(3) केवल (iii) ओर (iv)
(4) केवल (iii)

Ans : (3)

Three collinear points cannot form a triangle because collinear points lie in one straight line (तीन सरेख बिंदु त्रिभुज नहीं बना सकते क्योंकि सरेख बिंदु एक सीधी रेखा में स्थित होते हैं)

A reflex angle is an angle that is more than 180 degrees and less than 360 degrees (एक प्रतिवर्त कोण एक कोण है जो 180 डिग्री से अधिक और 360 डिग्री से कम है)

Obtuse angle is any angle greater than 90° (अधिक कोण 90° से बड़ा कोई भी कोण होता है)

Thus, the sum of two obtuse angle is reflex angle.

So, option (3) is correct answer.

104. Which of the following angles is traced by minute hand of a correct clock in 45 minutes ?

एक सही घड़ी की मिनट की सुई 45 मिनट में निम्नलिखित में से कितने अंश का कोण अनुरेखित करती है ?

(1) 45°
(2) 90°
(3) 180°
(4) 270°

Ans : (4)

1 complete rotation (1 पूर्ण चक्कर) = 60 minutes = 360

Rotation in 1 minute = $\frac{360°}{60°} = 6°$

Rotation in 45 minutes = 6 × 45=270°.

105. The total number of right angles in the English letters 'H' and 'E' is

अंग्रेज़ी के अक्षरों 'H' और 'E' में समकोणों की कुल संख्या है

(1) 5
(2) 6
(3) 7
(4) 8

Ans : (4)

The total number of right angles (समकोणों की कुल संख्या) in the English letters 'H' and 'E' is 8.

106. Which of the following statements is true?

निम्न कथनों में से कौन-सा सत्य है ?

(1) 3 समकोण = 300°
(2) 3½ समकोण = 315°
(3) 2 समकोण = 190°
(4) 2½ समकोण = 215°

Ans : (2)

[1 right angle = 90°]

3 right angles (3 समकोण) = 3×90° =270

3 ½ right angles (3½ समकोण)= 3×90° + ½ × 90° = 315°

2 right angles (2 समकोण) = 2×90° = 180°

2 ½ right angles (2½ समकोण) = 2×90° + ½ 90° = 225°

So, option (2) is correct answer.

107. The sum of all angles formed in the letter 'H' is equal to

(1) sum of angles of a triangle.
(2) sum of interior angles of a quadrilateral.
(3) angle opposite to hypotenuse of a right-angled triangle.
(4) four times the angle formed at one vertex of an equilateral triangle.

अक्षर 'H' में बने सभी कोणों का योगफल बराबर है

(1) एक त्रिभुज के कोणों के योगफल के
(2) एक चतुर्भुज के अंत: कोणों के योगफल के
(3) एक समकोण त्रिभुज के कर्ण के सम्मुख कोण के
(4) एक समबाहु त्रिभुज के एक शीर्ष पर बने कोण के चार गुने के

Ans : (2)

There are four right angles formed in the letter 'H'.

$= \angle 1 = \angle 2 = \angle 3 = \angle 4 = 90°$.

Sum of all angles (समकोणों की कुल संख्या)

$= \angle 1 + \angle 2 + \angle 3 + \angle 4$

$= 90° + 90° + 90° + 90° = 360°$.

Which is equal to the sum of interior angles of quadrilateral (जो चतुर्भुज के आंतरिक कोणों के योग के बराबर है).

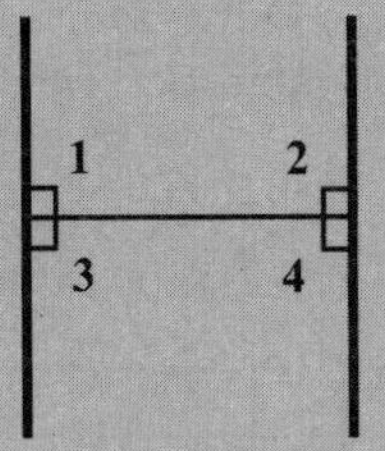

So, option (2) is correct answer.

108. The number of degrees in four and two-third right-angles is how much more than 395 ?
चार और दो-तिहाई समकोणों में डिग्रियों की संख्या 395 से कितनी अधिक है ?

(1) 35
(2) 40
(3) 20
(4) 25

Ans : (4)

Number of degrees in four and two-third right-angles (चार और दो-तिहाई समकोणों में डिग्रिया) $= 4 \times 90° + 2/3 \times 90° = 360 + 60 = 420°$

Which is more than 395 by $= 420 - 395 = 25°$

So, option (4) is correct answer.

109. Richa started her journey at 16:45 and finished at 23:10. The time taken by her in completing the journey is
रिचा ने 16:45 बजे अपनी यात्रा शुरू की और 23:10 बजे समाप्त की। यात्रा पूरी करने में उसके द्वारा लिया गया समय है

(1) 5 घंटे 55 मिनट
(2) 6 घंटे 45 मिनट
(3) 5 घंटे 35 मिनट
(4) 6 घंटे 25 मिनट

Ans : (4)

Richa's journey starts at (रिचा की यात्रा शुरू होती है) = 16:45 = 4:45 pm

Richa's journey finish at (रिचा की यात्रा समाप्त) = 23:10 = 11:10 pm

The time taken by her in completing the journey (यात्रा पूरी करने में उसके द्वारा लिया गया समय) = 6 hours 25 minutes

110. Which one of the following groups of letters have only one line of symmetry?
निम्न अक्षर-समूहों में से किस एक में केवल एक सममित रेखा है?

(1) B, I, H
(2) C, G, U
(3) D, E, M
(4) N, A, B

Ans : (3)

D, E and M letters have only one line of symmetry.

D , E and M में केवल एक सममित रेखा है।

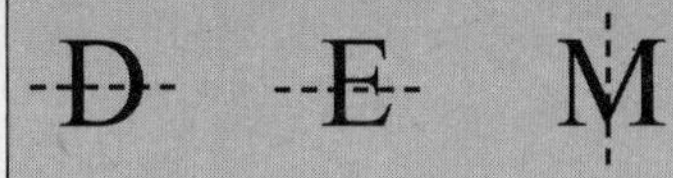

111. Which of the geometrical shapes — Equilateral triangle, Parallelogram, Rhombus, Rectangle and Square have two lines of symmetry ?

(1) Equilateral triangle and Parallegoram
(2) Rhombus and Parallelogram
(3) Rectangle and Rhombus
(4) Sguare and Rectangle

ज्यामितीय आकारों — समबाहु त्रिभुज, समान्तर चतुर्भुज, समचतुर्भुज, आयत और वर्ग, में से किन आकारों की दो सममित रेखाएँ होती हैं ?

(1) समबाहु त्रिभुज तथा समान्तर चतुर्भुज
(2) समचतुर्भुज तथा समान्तर चतुर्भुज

(3) आयत तथा समचतुर्भुज
(4) वर्ग तथा आयत

Ans : (3)

Rectangle and Rhombus have two lines of symmetry

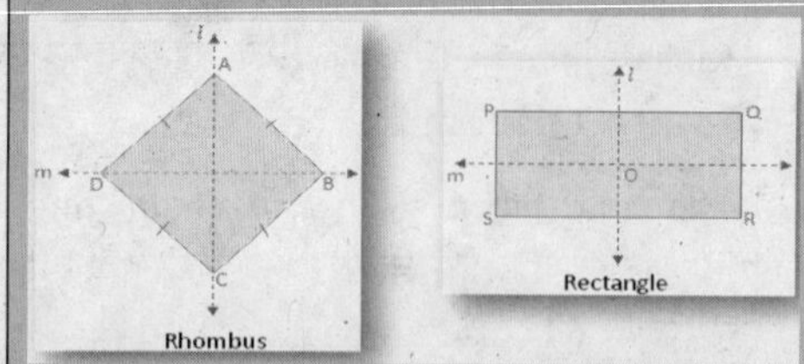

(आयत तथा समचतुर्भुज की दो समित रेखाएँ होती हैं).

112. A rectangle with sides (only in natural numbers) having area 24 cm2 cannot have perimeter
एक आयत, जिसकी भुजाएं, (केवल प्राकृत संख्याओं में हैं), का क्षेत्रफल 24 वर्ग सेमी है, उसका परिमाप नहीं हो सकता

(1) 20 सेंटीमीटर
(2) 22 सेंटीमीटर
(3) 25 सेंटीमीटर
(4) 28 सेंटीमीटर

Ans : (3)

आयत का क्षेत्रफल (area of rectangle) = 24 cm^2

इस आयत की भुजाओं के संभावित युग्म(Possible pairs of sides of this rectangle): (1, 24), (2,12), (3,8) , (4, 6)

So, (1,24) भुजाओं बाले आयत का परिमाप (perimeter of rectangle) = 2(1+24) = 50 cm

(2,12) भुजाओं वाले आयत का परिमाप (perimeter of rectangle) = 2(2+12) = 28 cm

(3,8) भुजाओं वाले आयत का परिमाप (perimeter of rectangle) = 2(3+8) = 22 cm

(4,6) भुजाओं वाले आयत का परिमाप (perimeter of rectangle) = 2(4+6) = 20 cm

113. How many lines of symmetry does a rhombus have?
एक समचतुर्भुज की कितनी सममित रेखाएँ होती हैं ?

(1) 0
(2) 2
(3) 4
(4) 1

Ans : (2)

- ➢ Rhombus have 2 lines of symmetry (समचतुर्भुज में सममिति की 2 रेखाएँ होती हैं)
- ➢ Rectangle have 2 lines of symmetry (आयत में सममिति की 2 रेखाएँ होती हैं)
- ➢ Square have 4 lines of symmetry (वर्ग में सममिति की 4 रेखाएँ होती हैं).

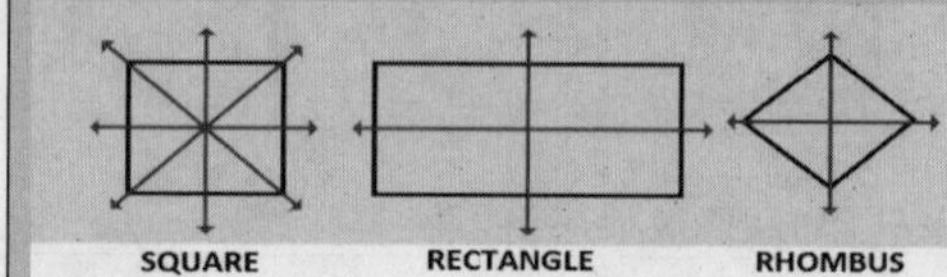

114. 540 persons were asked to vote for their favourite season from the three seasons Winter, Summer, Rainy. Data so obtained was represented in a pie chart. If the central angle for winter season is 150°, then how many persons had voted for winter season? (Assume that each person has voted for one season only)
540 व्यक्तियों से शीत, ग्रीष्म और वर्षा ऋतुओं में से उनकी पसन्द की ऋतु पूछी गई। प्राप्त आंकड़ों को पाई चार्ट पर दर्शाया गया। यदि शीत ऋतु का केन्द्रीय कोण 150° आया, तो कितने व्यक्तियों ने शीत ऋतु को पसन्द किया ?(कल्पना कीजिए कि प्रत्येक व्यक्ति ने केवल एक ऋतु को ही पसंद किया है)

(1) 100
(2) 150
(3) 225
(4) 300

Ans : (3)

Total number of persons (कुल व्यक्तियों की संख्या) = 540

central angle for winter season (शीत ऋतु का केन्द्रीय कोण) =150°

Number of person whose favourite season is winter (व्यक्तियों को शीत ऋतु पसन्द है)

$= \frac{central\ angle}{Complete\ angle} \times total\ no.of\ persons$

$= \frac{150°}{360°} \times 540 = 225$

115. A teacher gave three figures to class 5 students
(i) Circle, (ii) Square and (iii) Triangle.
She asked them, "How many figures will look same after half a turn"?
She wants her students to learn about
शिक्षक ने कक्षा 5 के विद्यार्थियों को तीन आकृतियाँ (i) वृत्त, (ii) वर्ग, और (iii) त्रिभुज दीं।
उन्होंने उनसे पूछा, "इनमें से कितनी आकृतियाँ आधे घूर्णन के बाद समान रहेंगी?
वह अपने विद्यार्थियों को निम्न के बारे में अध्ययन कराना चाह रही हैं :

(1) Rotational symmetry (घूर्णन सममिति)
(2) Lines of symmetry (सममित रेखाएँ)
(3) Comparison of angles (कोणों की तुलना)
(4) Comparison of areas (क्षेत्रफलों की तुलना)

Ans : (1)

The rotational symmetry of a shape explains that when an object is rotated on its own axis, the shape of the object looks the same. Many geometrical shapes appear to be symmetrical when they are rotated 180 degrees or with some angles (किसी आकृति की घूर्णन सममिति बताती है कि जब किसी वस्तु को अपने अक्ष पर घुमाया जाता है, तो वस्तु का आकार समान दिखता है। कई ज्यामितीय आकृतियाँ 180 डिग्री या कुछ कोणों से घुमाने पर सममिति दिखाई देती हैं).

Circle, square and triangle looks similar after half a turn (or 180°).

Thus, the teacher tries to explain the concept of rotational symmetry(घूर्णन सममिति).

116. Raghav wants to purchase the following items. Prices and quantities required are given below:

Item.	**Price.**	**Quantity**
Milk.	**₹50 per litre.**	**1litre**
Curd.	**₹80 per kg**	**250g**
Mangoes.	**₹60 per kg.**	**1(½)kg**
Bananas.	**₹4 each.**	**½ dozen**

If he has ₹190 with him, then which of the following statements is correct?

(1) He has exact amount for purchasing the required items.
(2) He is short by ₹ 6.
(3) He has enough money to purchase 75g more curd
(4) He will have a balance of ₹ 4 with him.

राघव निम्नलिखित वस्तुएँ खरीदना चाहता है। मूल्य तथा वांछित मात्राएं नीचे दी गई हैं:

वस्तु	मूल्य	मात्रा
दूध	₹ 50 प्रति लीटर.	1 लीटर
दही	₹ 80 प्रति kg.	250g.
आम	₹60 प्रति kg.	1(½)लीटर
केले	₹4 प्रत्येक।	½ दर्जन

यदि उसके पास ₹ 190 हैं, तो निम्न कथनों में से कौन-सा सही है ?

(1) उसके पास अपनी जरूरत का सामान खरीदने के लिए यथार्थ रूप से पूरी-पूरी धनराशि है।
(2) उसके पास ₹6 कम पड़ रहे हैं।
(3) उसके पास पर्याप्त धनराशि है जिससे वह 75 g दही और खरीद सकता है।
(4) उसके पास ₹ 4 शेष बचेंगे।

Ans : (3)

Amount Raghav paid for 1 litre milk = ₹ 50

Amount Raghav paid for 250g of curd = ₹ $\frac{80}{1000} \times 250 =$ ₹ 20

Amount Raghav paid for 1(½) kg of mangoes = ₹$\frac{3}{2} \times 60 =$ ₹ 90

Amount Raghav paid for ½ dozen of bananas = ₹ 6 × 4 = ₹ 24

Total amount raghav paid = 50+20+90+24 = ₹ 184

Amount raghav have (राघव के पास धनराशि) = ₹ 190

उसके पास 75 ग्राम अधिक दही खरीदने के लिए पर्याप्त पैसे है।

117. The rate list of spices is given below:

Spices.	**Price per kg**
Coriander	**₹270**
Cloves	**₹550**
Cumin	**₹190**
Cardamom	**₹950**
Black pepper	**₹480**

Which of the following is not correct?

(1) Cardamom's price (per kg) is five times of cumin's price (per kg).

(2) Coriander's price (per kg) is almost half of clove's price (per kg)-

(3) Clove's price (per kg) is exact three times of cumin's price (per kg).

(4) Clove's price (per kg) is only 270 costlier than price of black pepper (per kg).

मसालों की मूल्य सूची नीचे दी गई है :

मसाले	**मूल्य प्रति kg**
धनिया	**₹270**
लौंग	**₹550**
जीरा	**₹190**
इलायची	**₹950**
काली मिर्च.	**₹480**

निम्नलिखित में से कौन-सा सही नहीं है ?

(1) प्रति kg, इलायची का मूल्य जीरा के मूल्य का पाँच गुना है।

(2) प्रति kg, धनिया का मूल्य लौंग के मूल्य का लगभग आधा है।

(3) प्रति kg, लौंग का मूल्य जीरा के मूल्य का पूरा तीन गुना है।

(4) प्रति kg, लौंग काली मिर्च से केवल ₹ 70 महँगी है।

Ans : (3)

Taking option (1) , Price of cardamon (इलायची का मूल्य) = ₹950

Price of cumin (जीरा का मूल्य) = ₹190

5 times of price of cumin = 5 × ₹190 = ₹ 950

This given statement is correct.

Taking option (2) , Price of coriander (धनिया का मूल्य) = ₹270

Price of clove (लौंग का मूल्य)= ₹550

Half of clove = 550/2 = ₹275 which is half of price of coriander.

This given statement is correct.

Taking option (3), Price of clove (लौंग का मूल्) = ₹550

Price of cumin (जीरा का मूल्य) = ₹ 190

3 times of price of cumin = 3 × ₹ 190 = ₹ 570

This given statement is not correct.

So, option (3) is correct answer.

118. In a class of 28 students, 15 are girls. If 21 students clean their teeth daily and 3/5 of the girls clean their teeth daily, then state which fraction of boys are doing the same work daily.

28 विद्यार्थियों की एक कक्षा में 15 लड़कियाँ हैं। यदि 21 विद्यार्थी प्रतिदिन अपने दाँत साफ करते हैं तथा लड़कियों का 3/5 भाग प्रतिदिन अपने दाँत साफ करती हैं, तो बताइए कि लड़कों का कितना भाग प्रतिदिन यही काम करता है

(1) 2/5

(2) 4/7

(3) 4/9

(4) 12/13

Ans : (4)

Total number of students in a class (एक कक्षा में विद्यार्थियों की कुल संख्या) = 28

Number of girls (लड़कियों की संख्या) = 15

Number of boys (लड़कों की संख्या) = 28 – 15 = 13

Total number of students clean their teeth (दांत साफ करने वाले कुल छात्रों की संख्या) = 21

Number of girls clean their teeth daily (लड़कियों की संख्या रोज़ाना दाँत साफ़ करती हैं)

$$= \frac{3}{5} \times 15 = 9$$

Number of boys clean their teeth daily (लड़कों की संख्या रोज़ाना दाँत साफ़ करती हैं) = 21 – 9 = 12

Fraction of boys clean their teeth = 12/13

119. Neena bought 3 kg 650 g onions and 1 kg 800 g tomatoes from a vegetable shop. By what amount does the weight of onions exceed the weight of tomatoes?

नीना ने एक सब्जी की दुकान से, 3 kg 650 g प्याज और 1 kg 800g टमाटर खरीदे। प्याज का भार टमाटर के भार से कितना अधिक है ?

(1) 1 kg 150 g
(2) 2 kg 650 g
(3) 2 kg 150 g
(4) 1 kg 850 g

Ans : (4)

Neena bought onion (नीना ने प्याज खरीदा) = 3 kg 650 g = 3.650

Neena bought tomato (नीना ने टमाटर खरीदे) = 1 kg 800g = 1.800kg

weight of onions exceed the weight of tomatoes (प्याज का भार टमाटर के भार से अधिक है) = 3.650kg - 1.800kg = 1.850kg or, 1kg 850g

120. The price list of vegetables in a market is given as follows:

Item	Quantity	Price (₹)
Potato	2 kg	60
Onion	1 kg	35
Tomato	1 kg	40
Chillies	50 g	10
Carrot	250 g	25
Lemon	2 pieces	10

Tapan buys 1 kg potatoes, ½ kg onion, ½ kg tomatoes, 250g carrot, 100g chillies and 4 lemons. He gives a note of ₹ 500 to the shopkeeper. How much money will he get back?

बाज़ार में सब्जियों की मूल्य सूची निम्नलिखित है:

वस्तु	मात्रा	मूल्य (₹ में)
आलू	2 kg	60
प्याज	1 kg	35
टमाटर	1 kg	40
मिर्च	50 g	10
गाजर	250 g	25
नींबू	2 नग	10

तपन ने 1 kg आलू, ½ kg प्याज, ½ kg टमाटर, 250g गाजर, 100g मिर्च और 4 नींबू खरीदे। उसने दुकानदार को ₹ 500 का नोट दिया। उसे कितने रुपये वापिस मिलेंगे ?

(1) ₹ 231.50
(2) ₹ 367.50
(3) ₹ 132.50
(4) ₹ 376.50

Ans : (2)

Cost of 1kg potatoes (1 किलो आलू की कीमत) = ₹60 /2 = ₹30

Cost of ½ kg onions (आधा किलो प्याज की कीमत) $= \frac{1}{2} \times 35$ = ₹17.5

Cost of ½ kg tomatoes (आधा किलो टमाटर की कीमत) $= \frac{1}{2} \times 40$ = ₹ 20

Cost of 250g carrots (250 ग्राम गाजर की कीमत)
= ₹ 25
Cost of 100g chillies (100 ग्राम मिर्च की कीमत)
= 2×10= ₹ 20
Cost of 4 lemons (4 नींबू की कीमत) = 2×10= ₹20
Total amount paid = 30 + 17.5 + 20 + 25 + 20 + 20 = ₹ 132.5
He has ₹500 note , so the amount he get back(रुपये वापिस मिलेंगे) = ₹500 - ₹ 132.5
= ₹ 367.50

121. Which of the following statements are true?
(i) Every number is always more than its additive inverse.
(ii) Sum of any two integers is always more than each of the integers.
(iii) Successor of -2 is-1.
(iv) Product of a number and its additive inverse is always negative.
निम्न में से कौन-से कथन सत्य हैं ?
(i) प्रत्येक संख्या अपने योज्य प्रतिलोम से सदैव बड़ी होती है।
(ii) किन्हीं भी दो पूर्णांकों का योग उन पूर्णांकों में से प्रत्येक से बड़ा होता है।
(iii) -2 का परवर्ती - 1 है।
(iv) एक संख्या और उसके योज्य प्रतिलोम का गुणनफल सदैव ऋणात्मक होता है
(1) (i) और (iii)
(2) (ii) और (iv)
(3) (i) और (ii)
(4) (iii) और (iv)

Ans : (4)

(iii) Successor of -2 (-2 का परवर्ती) = -2+1 = -1.

(iv) Product of a number and its additive inverse is always negative (एक संख्या और उसके योज्य प्रतिलोम का गुणनफल सदैव ऋणात्मक होता है).

Because if a number is negative , then its additive inverse is positive and if a number is positive , then its additive inverse is negative.

Product of a negative and positive number is always negative (ऋणात्मक और धनात्मक संख्या का गुणनफल सदैव ऋणात्मक होता है।).

122. Which of the following statements is correct ?
निम्नलिखित में से कौन-सा कथन सही है ?
(1) 2 लीटर कम है 205 mL से
(2) 1.69 m बराबर है 1690 cm के
(3) 6.25 लीटर अधिक है 6 लीटर 25 mL से
(4) 9kg 75 g बराबर है 975 g के

Ans : (3)

1 L = 1000 mL

6.25 L = 6.25 × 1000 = 6250 mL

= 6 L 250 mL

which is more than 6 L 25 mL (जो 6 लीटर 25 mL से अधिक है).

So, option (3) is correct answer.

123. The marks obtained by 25 students in a test are given below:
54, 68, 42, 71, 56, 62, 71, 78, 51, 72, 53, 44, 58, 47, 64, 41, 57, 89, 53, 84, 57, 45, 48, 52, 62
How many students obtained marks between 55 and 75?
किसी टेस्ट में, 25 विद्यार्थियों द्वारा प्राप्तांक नीचे दिए गए हैं :
54, 68, 42, 71, 56, 62, 71, 78, 51, 72, 53, 44, 58, 47, 64, 41, 57, 89, 53, 84, 57, 45, 48, 52, 62
कितने विद्यार्थियों के प्राप्तांक 55 और 75 के बीच में हैं ?
(1) 10
(2) 11
(3) 12
(4) 13

Ans : (2)

Marks between 55 & 75 are 68,71,56,62,71,72, 58,64,57,57,62.

11 Students obtained marks (प्राप्तांक) between 55 and 75

124. Marks obtained by class V students in a Mathematics

Test are as shown below:

6, 1, 2, 8, 5, 0, 5, 5, 1, 9, 7, 8, 5, 0, 0, 8, 3, 8, 10, 10, 3, 4, 7, 8, 9, 8, 0, 2

How many students obtained marks more than or equal to 5 ?

एक गणित टेस्ट में कक्षा V के विद्यार्थियों द्वारा प्राप्त किए गए अंक नीचे दर्शाए अनुसार हैं :

6, 1, 2, 8, 5, 0, 5, 5, 1, 9, 7, 8, 5, 0, 0, 8, 3, 8, 10, 10, 3, 4, 7, 8, 9, 8, 0, 2 कितने विद्यार्थियों ने 5 या 5 से अधिक अंक प्राप्त किए ?

(1) 14
(2) 15
(3) 16
(4) 17

Ans : (4)

Marks obtained 5 or more than 5 = 6, 8, 5, 5 , 5, 9, 7, 8, 5, 8, 8, 10, 10, 7, 8, 9, 8.

Number of students obtained 5 or more than 5 marks (विद्यार्थियों ने 5 या 5 से अधिक अंक प्राप्त किए) = 17 students

125. The average temperature of 6 days is 32°C. If the temperature on first 5 of these days (in °C) was 31, 31.5, 32.5, 31 and 32, then the temperature {in °C) on the sixth day was :

छः दिनों का औसत तापमान 32°C है। यदि इनमें से प्रथम 5 दिनों का तापमान (°C में)

31, 31.5, 32.5, 31 और 32 था, तो छठे दिन का तापमान (°C में) था :

(1) 32
(2) 33
(3) 33.5
(4) 34

Ans : (4)

The average temperature of 6 days (छः दिनों का औसत तापमान) = 32C

The temperature of first 5 days are 31°C, 31.5°C, 32.5°C, 31°C and 32°C

Let the temperature of the 6th day = x °C

Average temperature of 6 days

$$= \frac{31+31.5+32.5+31+32+x}{6}$$

$$= 32 = \frac{158+x}{6}$$

$$32 \text{ X } 6 = 158 + x$$

$$192 - 158 = x$$

$$34°\text{C} = x$$

Thus , the temperature of 6th day (छठे दिन का तापमान) =34° C

126. A shopkeeper bought 138 boxes of apples each containing 24 apples. He could sell only $117\frac{3}{4}$ boxes of apples on the first day. How many apples are left with him?

एक दुकानदार ने सेबों के 138 डिब्बे, जिनमें से प्रत्येक में 24 सेब हैं, खरीदे। पहले दिन वह सेबों के केवल $117\frac{3}{4}$ डिब्बे ही बेच पाया। उसके पास कितने सेब शेष बचे हैं ?

(1) 486
(2) 498
(3) 510
(4) 522

Ans : (1)

Number of apples in 1 box (सेबों की संख्या एक डिब्बे में) = 24

Number of apples in 138 boxes (सेबों की संख्या 138 डिब्बे में)= 24 × 138 = 3312

Number of apples in $117\frac{3}{4}$ boxes (सेबों की संख्या $117\frac{3}{4}$ डिब्बे में) =$117\frac{3}{4}$ ×24

$$= \frac{471}{4} \times 24 = 2886$$

Number of apples left (सेब शेष बचे हैं) = 3312 – 2826 = 486

127. In order to help students distinguish between plane surfaces and curved surfaces, which of the following methods is most useful?

(1) Showing them models of curved and plane surfaces.
(2) Showing videos of various surfaces.
(3) To show rolling and sliding of 3-D objects like sphere, cylinder, cube, etc. using a Planck.
(4) Drawing shapes on the blackboard and classifying them as plane and curved surfaces.

समतल पृष्ठों और वक्र पृष्ठों के बीच अंतर करने में विद्यार्थियों की मदद हेतु निम्नलिखित में से कौन-सी विधि सर्वाधिक उपयोगी है?

(1) समतल एवं वक्र पृष्ठों के मॉडल दिखाना।
(2) विभिन्न पृष्ठों की वीडियो दिखाना।
(3) एक पटरे का उपयोग करते हुए त्रिविमीय वस्तुओं जैसे गोला, बेलन, घन, आदि को लुड़काकर और फिसलाकर प्रदर्शित करना।
(4) श्यामपट्ट पर आकृतियों को बनाना और उनको समतल पृष्ठों और वक्र पृष्ठों के रूप में वर्गीकृत करना।

Ans : (3)

3-डी वस्तुओं के लुढ़कने और फिसलने का प्रदर्शन करने से छात्रों को प्रत्यक्ष अवलोकन और बातचीत के माध्यम से घुमावदार और समतल सतहों के बीच अंतर को समझने में मदद मिलती है।

128. The most important thing for children to learn in primary class mathematics is "how to learn mathematics". Which among the following is/are substantiating the above statement?

(a) Students need to wait for the teacher to tell them how to solve a particular question.
(b) Students need to go through the solved problems and remember the algorithm.
(c) Students need to focus and value highly on understanding the procedures than just accurate reproduction of learnt procedures.

Choose the correct option:

(1) Only (a)
(2) Only (c)
(3) Only (b)
(4) (a) and (c)

बच्चों के लिए, प्राथमिक कक्षा के गणित में सर्वाधिक महत्त्वपूर्ण है कि "गणित कैसे सीखा जाए। निम्नलिखित में से कौन सा/से उपरोक्त कथन का प्रमाण दे रहा रहे है/हैं ?

(a) शिक्षक द्वारा यह बताए जाने के लिए कि किसी एक प्रकार के प्रश्न को कैसे हल करना है, विद्यार्थियों को प्रतीक्षा करने की आवश्यकता है।
(b) विद्यार्थियों को हल किए गए प्रश्नों को अच्छी तरह से देखने की और कलनविधि को याद करने की आवश्यकता है।
(c) विद्यार्थियों को सीखी हुई कार्यविधियों के सटीक पुनरुत्पादन की अपेक्षा कार्यविधियों की समझ पर ध्यान केंद्रित करने और अत्यधिक महत्त्व देने की आवश्यकता है।

सही विकल्प का चयन कीजिए:

(1) केवल (a)
(2) केवल (c)
(3) केवल (b)
(4) (a) और (c)

Ans : (2)

गणितीय प्रक्रियाओं को केवल याद रखने के बजाय उन्हें समझने पर ध्यान केंद्रित करना, बच्चों को "गणित कैसे सीखें" सिखाने के लक्ष्य का समर्थन करता है।

129. Evaluation helps ______ in diagnosing the general and specific learning difficulties of students and planning remedial teaching accordingly.

(1) Teachers
(2) Parents
(3) Educational authorities
(4) School Inspector

मूल्यांकन, विद्यार्थियों की सामान्य एवं विशिष्ट अधिगम कठिनाइयों के निदान में और उसके अनुसार उपचारी शिक्षण की योजना बनाने में ______ की

सहायता करता है।

(1) शिक्षकों
(2) माता-पिता (अभिभावकों)
(3) शैक्षिक अधिकारियों
(4) स्कूल निरीक्षक (इंस्पेक्टर)

Ans : (1)

मूल्यांकन छात्रों के बीच सामान्य और विशिष्ट दोनों प्रकार की सीखने की कठिनाइयों की पहचान करके शिक्षकों की सहायता करता है। इससे शिक्षकों को इन मुद्दों को प्रभावी ढंग से संबोधित करने के लिए लक्षित उपचारात्मक रणनीतियाँ तैयार करने में मदद मिलती है।

130. Concept was labelled as 'Schema' by:

(1) Vygotsky
(2) Piaget
(3) Bruner
(4) Van Hieles

______ द्वारा अवधारणा को 'स्कीमा' के रूप में नामांकित किया गया था।

(1) वाइगोत्सकी
(2) पियाजे
(3) ब्रूनर
(4) वैन हैले

Ans : (2)

पियागेट ने जानकारी को संसाधित करने और समझने के लिए उपयोग की जाने वाली संज्ञानात्मक संरचनाओं का वर्णन करने के लिए अवधारणा को 'स्कीमा' नाम दिया।

131. Teacher conducted an oral assessment in class and found that Ram can speak definition of all types of numbers - odd, even, prime and composite accurately, but not able to identify the numbers accurately when given a set of numbers.

Which of the following is most appropriate for the above situation?

(1) Ram has good memory but lacks practice.
(2) Ram has good memory but lacks concentration.
(3) Ram has good memory but lacks conceptual understanding.
(4) Ram has analytical ability.

शिक्षक ने कक्षा में मौखिक आकलन का आयोजन किया जिससे यह पता चला कि राम विषम, सम, अभाज्य और भाज्य जैसी सभी प्रकार की संख्याओं की यथार्थ रूप से परिभाषा बता सकता है, परन्तु जब संख्याओं का समुच्चय दिया गया तब वह संख्याओं को सही रूप से पहचान नहीं पाया।

उपरोक्त परिस्थिति के लिए निम्नलिखित में से कौन सा अति उपयुक्त है ?

(1) राम की स्मरण शक्ति अच्छी है परन्तु अभ्यास की कमी है।
(2) राम की स्मरण शक्ति अच्छी है परन्तु एकाग्रता की कमी है।
(3) राम की स्मरण शक्ति अच्छी है परन्तु अवधारणात्मक बोध की कमी है।
(4) राम में विश्लेषणात्मक योग्यता है।

Ans : (3)

राम परिभाषाएँ सटीकता से सुना सकता है, जो अच्छी याददाश्त का संकेत देता है, लेकिन संख्याओं को सही ढंग से पहचानने में संघर्ष करता है, जिससे अवधारणाओं को लागू करने की उसकी समझ में अंतर का पता चलता है।

132. Which of the following is least appropriate about Formative Assessment in mathematics classroom

(1) It provides cumulative evaluations that helps to rank children
(2) To check the progress of students during instructional activities
(3) To identify students' conceptual understanding
(4) It helps to identify students misconceptions

गणित की कक्षाओं में निम्नलिखित में से कौन-सा रचनात्मक आकलन के बारे में सबसे कम उपयुक्त है?

(1) यह संचयी मूल्यांकन उपलब्ध कराता है जो कि बच्चों को श्रेणीबद्ध करने में सहायता करता है

(2) निर्देशात्मक क्रियाकलापों के दौरान विद्यार्थियों की प्रगति को जाँचना
(3) विद्यार्थियों की अवधारणात्मक समझ की पहचान करना
(4) यह विद्यार्थियों की भ्रांतियों की पहचान करने में सहायता करता है

Ans (1)

गणित कक्षा में रचनात्मक आकलन के बारे में सबसे कम उपयुक्त कथन यह है कि " यह संचयी मूल्यांकन उपलब्ध कराता है जो कि बच्चों को श्रेणीबद्ध करने में सहायता करता है।" रचनात्मक मूल्यांकन (Formative assessment) का मुख्य उद्देश्य छात्रों के सीखने की निगरानी करना है ताकि निरंतर फीडबैक प्रदान किया जा सके जिसका उपयोग निर्देश और सीखने को बेहतर बनाने के लिए किया जा सके।

133. Which one of the following is the most effective way to introduce the concept of area to fourt graders ?

(1) Approximation and Estimation
(2) Tessellations
(3) Abacus
(4) Formula based method

चौथी कक्षा के बच्चों को क्षेत्र की अवधारणा से परिचित कराने का सबसे प्रभावी तरीका कौन-सा है?

(1) सन्निकटन और अनुमान
(2) टैसेलेशन (टाइलिंग)
(3) गिनतारा
(4) सूत्र आधारित विधि

Ans (2)

चौथी कक्षा के बच्चों को क्षेत्र की अवधारणा से परिचित कराने का सबसे प्रभावी तरीका टैसेलेशन (टाइलिंग) है।

टैसेलेशन (टाइलिंग) में बिना अंतराल या ओवरलैप के आकृतियों को एक साथ फिट करना शामिल है, जो नेत्रहीन और व्यावहारिक रूप से दर्शाता है कि अंतरिक्ष को कैसे कवर किया जाता है। यह विधि युवा छात्रों के लिए क्षेत्र की अमूर्त अवधारणा को अधिक ठोस और आकर्षक बनाती है। यह उन्हें यह समझने में मदद करता है कि छोटी, दोहराई जाने वाली इकाइयों का उपयोग करके अंतरिक्ष को कैसे मापा जाए।

134. Jasmine said, "A rectangle has two pairs of opposite sides parallel; a square also has two pairs opposite sides parallel and so does a parallelogram. So, both rectangle and square are al parallelograms." Jasmine is at stage of Van Hieles theory of geometric thinking.

(1) Visualization
(2) Analysis
(3) Relationships
(4) Formal Deduction

जैसमीन ने कहा, "एक आयत में विपरीत भुजाओं के दो युग्म समानांतर होते हैं; एक वर्ग में भी विपरीत भुजाओं के दो यु समानांतर होते हैं और उसी प्रकार एक समानांतर चतुर्भुज में भी। इसलिए आयत और वर्ग दोनों ही समानांतर चतुर्भुज होंगे। जैसमीन, वैन हैले के सिद्धांत के ज्यामितीय चिंतन के स्तर पर है।

(1) दृश्यीकरण
(2) विश्लेषण
(3) संबंधों की समझ
(4) औपचारिक निगमन .

Ans (3)

वैन हैले के ज्यामितीय चिंतन के सिद्धांत के अनुसार, समझ का यह स्तर संबंधों के चरण से मेल खाता है। इस चरण में आकृतियों के गुणों के बीच संबंधों को समझना और इन गुणों के आधार पर आकृतियों का वर्गीकरण करना शामिल है।

135. Which of the following is NOT related to Indian mathematics?

(1) Baudhayan Sulba Sutra
(2) Lilavati
(3) Charak Samhita
(4) Surya Siddhant

निम्नलिखित में से कौन-सा भारतीय गणित से संबंधित नहीं है?

(1) बौधायन शुल्ब सूत्र
(2) लीलावती
(3) चरक संहिता
(4) सूर्य सिद्धांत

Ans (3)

चरक संहिता (Charak Samhita) पारंपरिक भारतीय चिकित्सा पर एक प्राचीन आयुर्वेदिक ग्रंथ है, गणित से संबंधित नहीं है। अन्य विकल्प, बौधायन शुल्ब सूत्र, लीलावती और सूर्य सिद्धांत, सभी भारतीय गणित से संबंधित हैं।

136. A primary class mathematics teacher gave his students the following problem to solve : "How many classes of 28 pupils would be needed for a school of 616 pupils ?" One of the student solved the problem in the following way:

1 Class = 28 Pupils

10 $\rightarrow$ 280

10 $\rightarrow \frac{280}{560}$

2 $\rightarrow \frac{56}{616} \rightarrow$ **10+10+2 = 22 Classes**

Which of the following is most appropriate for the algorithm used by the student?

(1) The student has used an incorrect algorithm to solve the problem

(2) The student has used the associative law of division across addition to solve the problem

(3) The student has used the distributive law of division across addition to solve the problem

(4) The student has used both the distributive and associative laws of division to solve the problem

प्राथमिक कक्षा के एक गणित के शिक्षक ने अपने विद्यार्थियों को निम्नलिखित समस्या हल करने को दी : "616 विद्यार्थियों के स्कूल के लिए 28 विद्यार्थियों वाली कितनी कक्षाओं की आवश्यकता होगी?" एक विद्यार्थी ने समस्या को इस प्रकार हल किया :

1 कक्षा = 28 विद्यार्थी

10 $\rightarrow$ **280**

10 $\rightarrow \frac{280}{560}$

2 $\rightarrow \frac{56}{616} \rightarrow$ **10+10+2=22 कक्षाएँ"**

निम्नलिखित में से विद्यार्थी द्वारा उपयोग की गई कलनविधि के लिए कौन-सा सबसे उपयुक्त है?

(1) विद्यार्थी ने समस्या हल करने के लिए एक गलत कलनविधि का उपयोग किया है

(2) विद्यार्थी ने समस्या हल करने के लिए योग पर विभाजन के सहचार्य नियम का उपयोग किया है

(3) विद्यार्थी ने समस्या हल करने के लिए योग पर विभाजन के वितरण नियम का उपयोग किया है

(4) विद्यार्थी ने समस्या हल करने के लिए विभाजन के वितरण और सहचार्य दोनों नियमों का उपयोग किया है

Ans (3)

विद्यार्थी का समाधान विभाजन को सरल चरणों में तोड़ने और फिर परिणामों को जोड़ने की समझ को दर्शाता है। यह दृष्टिकोण वितरणात्मक गुण से संबंधित है, जहाँ छात्र विद्यार्थियों की कुल संख्या (616) को छोटे, अधिक प्रबंधनीय (manageable) भागों (280, 280, और 56) में वितरित करता है और फिर परिणामों को जोड़ता है।

137. A class VI mathematics teacher posed the following problem to her students:

"In a morning walk, three persons started together. Their steps measure 70 cm, 85 cm and 95 cm respectively. What is the minimum distance each should walk so that all can cover the same distance in complete steps?"

Which of the following concepts would be required to solve the given problem?

(1) Concept of HCF

(2) Concept of LCM

(3) Concept of division

(4) Concept of proportion

कक्षा VI की एक गणित की शिक्षिका ने अपने विद्यार्थियों के समक्ष निम्नलिखित प्रश्न रखा।

" प्रात: कालीन सैर में तीन व्यक्ति एक साथ चलना प्रारंभ करते हैं । उनके कदमों की लंबाई क्रमश: 70 से. मी., 85 से.मी. और 95 से.मी. हैं। इनमें से प्रत्येक न्यूनतम कितनी दूरी चले कि वे वही दूरी पूरे-पूरे कदमों में तय कर सके ?"

निम्नलिखित में कौन-सी अवधारणाएँ दिए गए प्रश्न को हल करने के लिए आवश्यक होंगी ?

(1) महत्तम समापवर्तक (म.स.) की अवधारणा

(2) लघुत्तम समापवर्तक (ल.स.) की अवधारणा

(3) विभाजन की अवधारणा

(4) समानुपात की अवधारणा

Ans : (2)

समस्या में प्रत्येक व्यक्ति के कदम के आकार को समान रूप से समायोजित करने वाली न्यूनतम दूरी निर्धारित करने के लिए कदम की लंबाई का एलसीएम खोजने की आवश्यकता होती है।

138. A student was given the following problem on percentage to solve,

"Find the percentage of decrease if the population of a city decreased from 28,000 to 26,500." She wrote the following solution,

Original population = 28,000; New population = 26,500

% decrease = $\frac{26500}{28000}$ ×100% = 94.6%

Which of the following is most appropriate with respect to the response of the student?

(1) Student is able to understand the concept of percentage but is not able to understand percentage of which quantity is to be found.

(2) Student has solved the question correctly but has used wrong symbols in solution.

(3) Student does not know the concept of percentage.

(4) Student has made a careless mistake.

एक विद्यार्थी को प्रतिशतता पर निम्नलिखित समस्या हल करने को दी गई,

'अगर एक शहर की जनसंख्या 28,000 से घटकर 26,500 हो गई है तो जनसंख्या के घटने की प्रतिशतता ज्ञात कीजिए। ' उसने निम्नलिखित हल लिखा,

प्रारंभिक जनसंख्या = 28,000; नई जनसंख्या = 26,500

घटने का %= $\frac{26500}{28000}$ ×100% = 94.6%

विद्यार्थी के उत्तर के संदर्भ में निम्नलिखित में से क्या सबसे उपयुक्त है ?

(1) विद्यार्थी प्रतिशतता की अवधारणा को समझने में सक्षम है परन्तु वह यह समझ पाने में समर्थ नहीं है कि किस राशि की प्रतिशतता ज्ञात करनी है

(2) विद्यार्थी ने प्रश्न को सही तरीके से हल किया है किन्तु उसने उत्तर में गलत चिन्हों का उपयोग किया है।

(3) विद्यार्थी प्रतिशतता की अवधारणा को नहीं जानता।

(4) विद्यार्थी ने असावधानीवश एक त्रुटी की है।

Ans : (1)

छात्र प्रतिशत सूत्र का सही ढंग से उपयोग करता है लेकिन मूल जनसंख्या के सापेक्ष प्रतिशत में कमी की गणना करने के बजाय गलती से इसे नई जनसंख्या पर लागू कर देता है।

139. Which among the following Learning-Teaching Resources (LTRs) are most appropriate for visually challenged students in mathematics classroom?

(a) GeoGebra

(b) Taylor's abacus

(c) Computer

(d) Spreadsheet

Choose the correct option:

(1) (a) and (b)

(2) (c) and (d)

(3) (b) and (c)

(4) (b), (c) and (d)

गणित की कक्षा में दृष्टिबाधित विद्यार्थियों के लिए निम्नलिखित अधिगम शिक्षण संसाधनों (एल टी आर) में से कौन सा सबसे उपयुक्त है ?

(a) जियोजेबरा

(b) टेलर का गिनतारा

(c) कंप्यूटर

(d) स्प्रेडशीट

सही विकल्प चुनें :

(1) (a) और (b)

(2) (c) और (d)

(3) (b) और (c)

(4) (b), (c) और (d)

Ans : (3)

टेलर के अबेकस और सहायक प्रौद्योगिकियों वाले कंप्यूटर दृष्टिबाधित छात्रों के लिए सबसे उपयुक्त शिक्षण-शिक्षण संसाधन (एलटीआर) हैं। अबेकस गणना करने का एक स्पर्शपूर्ण तरीका प्रदान करता है, जबकि पहुंच बढ़ाने के लिए कंप्यूटर को स्क्रीन रीडर और ब्रेल डिस्प्ले से सुसज्जित किया जा सकता है।

140. National Education Policy (NEP) 2020 recommends that Sports Integrated Pedagogy needs to be used in classroom teaching. Which among the following are correct in the context of using sports integrated pedagogy in mathematics classroom?

(a) Teaching-learning process shall become joyful.

(b) It is not possible to use sports for teaching mathematics.

(c) It will be time consuming and hence needs to be avoided.

(d) Apart from popular sports, there are many indigenous sports which can be used in teaching mathematics.

Choose the correct option:

(1) (a) and (c)

(2) (b) and (c)

(3) (a) and (d)

(4) (b), (c) and (d)

राष्ट्रीय शिक्षा नीति, 2020 सिफारिश करती है कि खेल एकीकृत शिक्षाशास्त्र को कक्षा में उपयोग करने की आवश्यकता है। खेल एकीकृत शिक्षाशास्त्र के संदर्भ में गणित की कक्षा के लिए निम्नलिखित में से कौन सा कथन सही है ?

(a) शिक्षण-अधिगम प्रक्रिया आनन्ददायक हो जाएगी।

(b) खेल का उपयोग गणित पढ़ाने में सम्भव नहीं है।

(c) इसमें बहुत समय खर्च हो जाएगा तो इसे टालना चाहिए।

(d) प्रसिद्ध खेलों के अलावा कई स्वदेशी खेल हैं जिनका उपयोग गणित पढ़ाने में किया जा सकता है।

सही विकल्प चुनें :

(1) (a) और (c)

(2) (b) और (c)

(3) (a) और (d)

(4) (b), (c) और (d)

Ans : (3)

खेल एकीकृत शिक्षाशास्त्र का उपयोग सीखने को अधिक आकर्षक और मनोरंजक बनाता है, और लोकप्रिय और स्वदेशी दोनों खेलों को शामिल करने से गणितीय अवधारणाओं को सिखाने के विविध तरीके मिलते हैं।

141. A middle school mathematics teacher poses the following question to her class.

"Which type of graph would you use to show the following data?

(a) The heights of participants in athletics meet

(b) The number of passengers boarding trains from 9:00 am to 9:00 pm at a station." The intention of the teacher is to -

(1) Help learners understand the difference between bar graph and line graph.

(2) Introduce the concept of pie charts.

(3) Teach line graph through contextual situations.

(4) Teach the use of histograms for data representation.

मिडल स्कूल की गणित की एक शिक्षिका अपनी कक्षा के समक्ष निम्नलिखित प्रश्न रखती है।

'निम्नलिखित आँकड़ों को दर्शाने के लिए आप किस प्रकार के आलेख का उपयोग करेंगे?

(a) किसी खेलकूद प्रतियोगिता में प्रतिभागियों के कद

(b) किसी स्टेशन पर प्रात: 9:00 बजे से सायं 9:00 बजे तक रेलगाड़ियों से जाने वाले यात्रियों की संख्या।" अध्यापिका का आशय है -

(1) दण्ड-आलेख और रेखा - आलेख के बीच के अंतर को समझने में शिक्षार्थियों की सहायता करना।

(2) पाई चार्ट की अवधारणा का परिचय देना।

(3) रेखा - आलेख का संदर्भात्मक परिस्थितीयों द्वारा शिक्षण करना।

(4) आँकड़ों के निरूपण के लिए आयतचित्र के उपयोग का शिक्षण करना।

Ans : (4)

शिक्षक का लक्ष्य छात्रों को ग्राफ़ के प्रकारों के बीच अंतर करने में मदद करना है - श्रेणीबद्ध डेटा के लिए बार ग्राफ़ (या हिस्टोग्राम) और समय के साथ डेटा के लिए लाइन ग्राफ़। इरादा यह सिखाना है कि केवल हिस्टोग्राम पर ध्यान केंद्रित करने के बजाय, डेटा की प्रकृति के आधार पर सही प्रकार के ग्राफ़ का चयन कैसे करें।

142. Mathematics is a way of thinking since:

(a) It provides an opportunity for students to engage in proofs and examining patterns.

(b) Students reproduce formulae and symbols during problem solving.

(c) Students use appropriate strategies for solving various new problems.

Choose the correct option:

(1) (a) and (b)

(2) (b) and (c)

(3) (a) and (c)

(4) Only (b)

गणित एक सोचने का तरीका है क्योंकि :

(a) यह विद्यार्थियों को साक्ष्यों एवं प्रतिमानों के निरीक्षण में व्यस्त (संलग्न) रखने के लिए अवसर प्रदान करता है।

(b) समस्या समाधान के दौरान विद्यार्थी सूत्रों एवं चिन्हों को दोहराते हैं।

(c) विद्यार्थी विभिन्न नई समस्याओं का समाधान करने के लिए उपयुक्त युक्तियों का उपयोग करते हैं।

सही विकल्प का चयन कीजिए :

(1) (a) और (b)

(2) (b) और (c)

(3) (a) और (c)

(4) केवल (b)

Ans : (3)

गणित को सोचने का एक तरीका माना जाता है क्योंकि इसमें प्रमाणों में संलग्न होना, पैटर्न की जांच करना और नई समस्याओं के लिए उचित रणनीतियों का उपयोग करना शामिल है।

143. Which of the following is not a dimension of assessment of mathematics learning?

(1) Communication

(2) Patterns and procedures

(3) Disposition towards mathematics

(4) Mathematical reasoning

निम्नलिखित में से कौन-सा गणित अधिगम के आकलन का आयाम नहीं है ?

(1) सम्प्रेषण

(2) प्रतिमान (पैटर्न) और प्रक्रिया (कार्य - विधि)

(3) गणित के प्रति रूझान

(4) गणितीय तर्क

Ans : (3)

गणित के प्रति रुझान को आम तौर पर गणित सीखने के मूल्यांकन का एक आयाम नहीं माना जाता है। प्राथमिक आयाम संचार, पैटर्न और प्रक्रियाएं और गणितीय तर्क हैं।

144. A student listed the following properties of Rational Numbers. Which one/ones is/are correct?

(a) A rational number includes integers.

(b) 0 (zero) is not a rational number.

(c) All fractions are rational numbers.

Choose the correct option:

(1) (a) and (c)

(2) Only (b)

(3) Only (c)

(4) (a) and (b)

एक विद्यार्थी ने परिमेय संख्याओं के निम्नलिखित गुणधर्मों की सूची बनाई। इनमें से कौन - सा /से सही है/हैं ?

(a) एक परिमेय संख्या में पूर्णांक सम्मिलित है।

(b) शून्य (0) परिमेय संख्या नहीं है।

(c) सभी भिन्न परिमेय संख्याएँ होती हैं।

सही विकल्प चुनें :

(1) (a) और (c)

(2) केवल (b)

(3) केवल (c)

(4) (a) और (b)

Ans : (1)

परिमेय संख्याओं में पूर्णांक शामिल होते हैं, क्योंकि पूर्णांकों को 1 के हर वाले भिन्न के रूप में व्यक्त किया जा सकता है। सभी भिन्न परिमेय संख्याएँ हैं, बशर्ते कि हर शून्य न हो।

145. Six children measured their heights and the results were as 109.0 cm, 114.7 cm, 102.9 cm, 99.7 cm, 109.5 cm, 112.2 cm What is the average height of all these children?

छ: बच्चों ने अपनी लंबाइयाँ मापीं और जिसके परिणाम निम्न प्रकार हैं :

109.0 cm, 114.7 cm, 102.9 cm, 99.7 cm, 109.5 cm, 112.2 cm इन सभी बच्चों की औसत लंबाई क्या है ?

(1) 104.8 cm
(2) 107.0 cm
(3) 108.0 cm
(4) 108.5 cm

Ans : (3)

The average height of all these children (सभी बच्चों की औसत लंबाई)

$$= \frac{109.0+114.7+102.9+99.7+109.5+112.2}{6}$$

$$= \frac{648}{6} = 108cm$$

= 108 cm

146. Following are the marks obtained by 25 students in Mathematics:

16, 36, 45, 47, 30, 22, 34, 35, 39, 40, 37, 28, 47, 31, 33, 38, 42, 44, 49, 39, 27, 40, 35, 43, 33 How many students obtained marks between 32 and 42?

25 विद्यार्थियों द्वारा गणित में प्राप्तांक नीचे दिए गए हैं :

16, 36, 45, 47, 30, 22, 34, 35, 39, 40, 37, 28, 47, 31, 33, 38, 42, 44, 49, 39, 27, 40, 35, 43, 33

32 और 42 के बीच अंक प्राप्त करने वाले विद्यार्थियों की संख्या कितनी है ?

(1) 11
(2) 12
(3) 13
(4) 14

Ans : (2)

students obtained marks between 32 and 42 = 36, 34, 35, 39, 40, 37, 33, 38, 39, 40, 35, 33

Number of students obtained marks between 32 and 42 (32 और 42 के बीच अंक प्राप्त करने वाले विद्यार्थियों की संख्या है) = 12

147. Find the difference between the largest and smallest four digit numbers formed by the digits 0, 1, 4 and 7 without repeating the digits, using all of them at a time.

अंक 0, 1, 4 और 7 को बिना दोहराये यदि एक साथ प्रयोग किया जाए तो उससे बनने वाली चार अंकों की सबसे बड़ी और सबसे छोटी संख्या का अंतर ज्ञात कीजिए।

(1) 6363
(2) 7410
(3) 6777
(4) 7263

Ans : (1)

दिए गए अंक 0 , 1 , 4 और 7 है।

अंकों से बनायी जा सकने वाली चार अंको वाली सबसे छोटी संख्या(smallest 4 digit number) 1047 है।

अंकों से बनायी जा सकने वाली चार अंकों वाली सबसे बड़ी संख्या(largest 4 digit number) 7410 है।

चार अंकों वाली सबसे बड़ी और सबसे छोटी संख्या के बिच का अंतर (difference) = 7410-1047=6363

148. Which of the following statements is not true?

(1) Sum of an acute angle and a right angle is always an obtuse angle.
(2) Sum of two acute angles is always less than a right angle.
(3) Sum of two right angles is equal to a straight angle.
(4) Sum of two obtuse angles is always a reflex angle.

निम्नलिखित में से कौन-सा कथन सत्य नहीं है ?

(1) एक न्यूनकोण और एक समकोण का योग सदैव एक अधिक कोण होता है।

(2) दो न्यूनकोणों का योग सदैव एक समकोण से कम होता है।

(3) दो समकोणों का योग एक ऋजु कोण के बराबर होता है।

(4) दो अधिक कोणों का योग सदैव एक प्रतिवर्ती कोण होता है।

Ans : (2)

Acute angles are those angles which are less than 90° (न्यून कोण वे कोण होते हैं जो 90° से कम होते हैं).

Sum of two acute angles is less than or equal to a right angle.

For example - 25° + 40° = 65° (less than 90°)

45° + 45° = 90° (equal to 90°)

SO,

Sum of two acute angles is always less than a right angle. (दो न्यूनकोणों का योग सदैव एक समकोण से कम होता है ।) This statements is not true

149. Yogesh runs with a speed of 30 km/h and completes a race in 5 minutes. What is the length of the race (in m)?

योगेश 30km/h की चाल से दौड़ता है और किसी दौड़ को 5 मिनट में पूरा करता है । उस दौड़ की कितनी लंबाई (m में) है ?

(1) 2050

(2) 2500

(3) 2550

(4) 2600

Ans : (2)

Speed of yogesh (योगेश की चाल) = 30km/h

Speed (चाल) को km / hr से मीटर / सेकंड में बदलने के लिए से $\frac{5}{18}$ Multiply करते है।

$$= 30\times\frac{5}{18}=\frac{25}{3}\text{ m/s}$$

Time taken = 5 minutes = 5×60 seconds = 300 sec

सूत्र :- Speed (चाल) = (Distance (दूरी))/(Time (समय))

Distance travlled by yogesh = speed × time

$$= \frac{25}{3}\times300=2500\text{ m}$$

length of the race (दौड़ की लंबाई) = 2500m

150. Weekly earnings (int) of 18 workers are given below: 3720, 2740, 3640, 3380, 3735, 2935, 3830, 3790, 3710, 3270, 3650, 3840, 3475, 3840, 3850,3580, 3950, 3520

Weekly earnings of how many workers is between 3500 and 3750?

18 श्रमिकों की साप्ताहिक कमाई (₹में) नीचे दी गई है 3720, 2740, 3640, 3380, 3735, 2935, 3630, 3790, 3710, 3270, 3650, 3840, 3475, 3840, 3850, 3580, 3950, 3520

कितने श्रमिकों की साप्ताहिक कमाई ₹3500 और ₹ 3750 के बीच में है ?

(1) 6

(2) 7

(3) 8

(4) 9

Ans : (3)

Weekly earnings between 3500 and 3750 are 3720, 3640 , 3735 , 3630 , 3710 , 3650 , 3580 and 3520.

Number of workers whose weekly earnings is between 3500 and 3750 (ऐसे श्रमिकों की संख्या जिनकी साप्ताहिक कमाई 3500 से 3750 के बीच है) = 8

151. A stadium in Patna has only 800 meters track for running. If you run a marathon of 20km on a stadium track, how many rounds you will have to complete?

पटना के एक स्टेडियम में दौड़ने के लिए सिर्फ 800 मीटर का ट्रैक है। यदि आप स्टेडियम की ट्रैक पर 20 कि.मी. की मैराथन दौड़ते हैं, तो आपको ट्रैक के कितने चक्कर लगाने होंगे?

(1) 20
(2) 16
(3) 40
(4) 25

Ans : (4)

1km=1000 meter

20 km=20×1000 meter = 20000 meter

Length of track (ट्रैक की लम्बाई) = 800 meter

चक्कर = कुल दूरी

$$\frac{total\ distance}{length\ of\ the\ track} = \frac{20000}{800} = 25$$

152. A person withdrew 4,560 from his bank account on 4th of a month and deposited 2,567 on 20 of the same month. If at the end of the month, balance is ₹3,125, then money (in) at the start the month in his account was:

एक व्यक्ति ने अपने बैंक के खाते में से किसी महीने की 4 तारीख को ₹4,560 निकाले और उसी महीने में 20 तारीख ₹2,567 जमा करा दिए। यदि महीने के अंत में उसके खाते में ₹3,125 की धनराशि है, तो महीने के प्रारम्भ में उसके खाते में कितनी धनराशि (₹ में) थी ?

(1) 5,118
(2) 4,998
(3) 5,213
(4) 5,128

Ans (1)

Let B be the balance at the start of the month.

After withdrawing ₹4,560 on the 4th, the balance becomes B−4,560

After depositing ₹2,567 on the 20th, the balance becomes (B−4,560) + 2,567

At the end of the month, the balance is ₹3,125.

(B−4,560) + 2,567 = 3125

B − 1993 = 3125

B = 3125 + 1993

B = ₹ 5118

153. The missing numbers in the pattern 12, 14, 17, 13, 8, 14, 21, are respectively:

पैटर्न 12, 14, 17, 13, 8, 14, 21, में लुप्त दो संख्याएँ क्रमश: हैं:

(1) 13, 4
(2) 15,7
(3) 12,3
(4) 14,5

Ans (1)

12 + 2 = 14

14 + 3 = 17

17 − 4 = 13

13 − 5 = 8

8 + 6 = 14

14 + 7 = 21

21 − 8 = 13

13 − 9 = 4

154. The sum of the greatest and smallest six digit numbers that can be formed from the digits 5, 9, 0, 2, 8 and 6 (without repetition) is:

अंकों 5, 9, 0, 2, 8 और 6 से (बिना पुनरावर्ती के) 6 अंकों की बनाई जा सकने वाली सबसे बड़ी और सबसे छोटी संख्याओं का योग है :

(1) 1192209
(2) 1292290
(3) 1292209
(4) 1192290

Ans (1)

Greatest six digit number that can be formed from the digits 5, 9, 0, 2, 8 and 6 (अंकों 5, 9, 0, 2, 8 और 6 से 6 अंकों की बनाई जा सकने वाली सबसे बड़ी संख्या) = 986520

Smallest six digit number that can be formed from the digits 5, 9, 0, 2, 8 and 6 (अंकों 5, 9, 0, 2, 8 और 6 से 6 अंकों की बनाई जा सकने वाली सबसे छोटी संख्या) = 205689

So, their sum (योग) = 986520 + 205689 = 1192209

155. The sum of the prime numbers between 31 and 60 is:

31 से 60 तक के बीच की अभाज्य संख्याओं का योग है :

(1) 311

(2) 221

(3) 227

(4) 280

Ans (4)

Prime numbers between 31 and 60 (31 से 60 तक के बीच की अभाज्य संख्या) = 37, 41, 43, 47, 53 and 59.

Sum of the prime numbers between 31 and 60 (31 से 60 तक के बीच की अभाज्य संख्याओं) = 37 + 41 + 43 + 47 + 53 + 59 = 280

156. Shalu reached her sister's house on 18 January, 2020 in the morning and left her house on 2 April, 2020 at night. For how many days did she stay there?

शालू प्रात: 18 जनवरी, 2020 को अपनी बहन के घर पहुँची और 2 अप्रैल, 2020 की रात को वापस चल पड़ी। वह वहाँ कितने दिन ठहरी?

(1) 74

(2) 75

(3) 76

(4) 77

Ans : (3)

Shalu reached her sister's house on 18 January, 2020 in the morning (शालू प्रात: 18 जनवरी, 2020 को अपनी बहन के घर पहुँची)

Number of days in january (जनवरी में दिनों की संख्या) = 14

Number of days in february (फ़रवरी में दिनों की संख्या) = 29

Number of days in march (मार्च में दिनों की संख्या) = 31

Number of days in april (जनवरी में दिनों की संख्या) = 2

Total number of days she stays there (शालू वहाँ ठहरी) = 14 + 29 + 31 + 2 = 76 days.

157. On a map, half centimetre shows 225 km on the ground. If two cities are 1800 km apart on the ground, then the distance between them on the map is :

एक मानचित्र पर आधा सेंटीमीटर, भूमि पर 225 km को दर्शाता है। यदि दो नगरों के बीच की भूमि पर दूरी 1800 km है, तो मानचित्र पर उनके बीच की दूरी है :

(1) 3 cm

(2) 4 cm

(3) 6 cm

(4) 8 cm

Ans : (2)

जब मानचित्र पर आधा सेंटीमीटर, भूमि पर 225 km को दर्शाया जाता है।

तो, 1 cm भूमि 450 km होगी (1cm = 450km)।

यदि दो नगरों के बीच की भूमि पर दूरी 1800 km है, तो मानचित्र (map)पर उनके बीच की दूरी होगी $=\frac{1800}{450}$ 4cm

158. 800 cm + 80 m + 8 km =

(1) 88 m

(2) 8008 m

(3) 888 m

(4) 8088 m

Ans : (4)

800cm + 80m + 8km

$=\frac{800}{100}$ m + 80m + 8×1000m

=8m + 80m + 8000m

= 8088m

159. The side of a square is 48 cm. The length and breadth of a rectangle are $1\frac{1}{2}$ and $\frac{2}{3}$ respectively of the side of the square. The difference in their perimeters (in cm) is

एक वर्ग की भुजा 48 cm है। एक आयत की लम्बाई और चौड़ाई उस वर्ग की भुजा की क्रमश: $1\frac{1}{2}$ तथा $\frac{2}{3}$

हैं। इनके परिमापों में अन्तर (cm में)

(1) 10
(2) 12
(3) 14
(4) 16

Ans : (4)

Side of square (वर्ग की भुजा) = 48 cm

Perimeter of square(वर्ग का परिमाप)= 4 × side
= 4 × 48 = 192 cm

Length of rectangle (आयत की लम्बाई)

$= 1\frac{1}{2} \times 48 = 72$ cm

Breadth of rectangle (आयत की चौड़ाई)

$= \frac{2}{3} \times 48 = 32$ cm

Perimeter of rectangle (आयत का परिमाप)

$= 2\times(l+b)$
$= 2\times(72+32)$
$= 2\times104 = 208$cm

Difference between the perimeter of square and rectangle (परिमापों में अन्तर) = 208 – 192 = 16 cm

160. Ramesh has a rectangular piece of paper. In his idle time, he folded one corner of the paper and observed that the paper has now 5 corners. He folded the remaining three corners. How many corners does the paper have now?

रमेश के पास एक आयताकार कागज का टुकड़ा है। अपने खाली समय में, उसने उसका एक कोना मोड़ा, तो उसने देखा कि कागज़ के अब पाँच कोने हो गए हैं। उसने बाकी के तीन कोनों को भी मोड़ दिया। अब इस कागज़ के कितने कोने हो गए हैं ?

(1) 4
(2) 8
(3) 6
(4) 7

Ans : (2)

Ramesh folded one corner of the rectangular paper and observed that the paper has now 5 corners (रमेश ने एक कोना मोड़ा, तो उसने देखा कि कागज़ के अब पाँच कोने हो गए हैं।).

उसने बाकी के तीन कोनों को भी मोड़ दिया।

Now, There are (4×2=) 8 corners of a rectangular paper.

161. The following table shows the marks in English and Mathemathics obtained by four friends:

	English	Mathematics
Yogesh	72	64
Joseph	75	68
Vinita	69	79
Devika	73	76

Which of the options given below is correct?

(1) Joseph obtained maximum marks in English but minimum marks in Mathematics.
(2) Devika got maximum marks in English and Mathematics combined.
(3) Vinita obtained maximum marks in English as well as in Mathematics.
(4) Yogesh obtained least marks in English as well as in Mathematics

निम्न तालिका में चार मित्रों के अंग्रेज़ी और गणित में प्राप्तांक दर्शाए गए हैं :

	अंग्रेज़ी	गणित
योगेश	72	64
जोसफ	75	68
विनीता	69	79
देविका	73	76

नीचे दिए गए विकल्पों में से सही विकल्प क्या है ?

(1) जोसफ को अंग्रेजी में अधिकतम लेकिन गणित में न्यूनतम अंक मिले।

(2) देविका को अंग्रेज़ी और गणित दोनों में मिलाकर अधिकतम अंक मिले।

(3) विनीता को अंग्रेज़ी और गणित दोनों में अधिकतम अंक मिले।

(4) योगेश को अंग्रेजी और गणित दोनों में ही न्यूनतम अंक मिले।

Ans : (2)

Combined marks of yogesh (योगेश के संयुक्त अंक) = 72 + 64 = 136

Combined marks of joseph (जोसफ के संयुक्त अंक) = 75 + 68 = 143

Combined marks of vineeta (विनीता के संयुक्त अंक) = 69 + 79 = 148

Combined marks of devika (देविका के संयुक्त अंक) = 73 + 76 = 149

देविका को अंग्रेज़ी और गणित दोनों में मिलाकर अधिकतम अंक मिले।

162. The following table shows the number of books sold by a shopkeeper in 6 days of a week:

Days	Number of books sold
Sunday	65
Monday	40
Tuesday	30
Wednesday	50
Thursday	20
Friday	70

What is the difference between the total number of books sold by the shopkeeper on Sunday, Monday and Thursday, and the total number of books sold on Friday and Wednesday?

निम्न तालिका एक दुकानदार द्वारा सप्ताह के 6 दिनों में बेची गई पुस्तकों की संख्या को दर्शाती है :

दिन	बेची गई पुस्तकों की संख्या
रविवार	65
सोमवार	40
मंगलवार	30
बुधवार	50
बृहस्पतिवार	20
शुक्रवार	70

दुकानदार द्वारा रविवार, सोमवार और बृहस्पतिवार को बेची गई पुस्तकों की कुल संख्या और शुक्रवार तथा बुधवार को बेची गई पुस्तकों की कुल संख्या में क्या अंतर है ?

(1) 5

(2) 4

(3) 3

(4) 6

Ans : (1)

Total sale of books on Sunday, Monday and Thursday (रविवार, सोमवार और बृहस्पतिवार को बेची गई पुस्तकों की कुल संख्या) = 65 + 40 + 20 = 125

Total sale of book on Friday and Wednesday(शुक्रवार तथा बुधवार को बेची गई पुस्तकों की कुल संख्या) = 70 + 50 = 120

The difference (अंतर) between the total number of books sold by the shopkeeper on Sunday, Monday and Thursday, and the total number of books sold on Friday and Wednesday = 125 - 120 = 5

163. On the map of India, the distance between Delhi to Shimla is 2.5cm, Delhi to Dehradun is 1.5cm, the distance between Shimla to Mumbai is 4.5cm, Shimla to Dehradun is 2 cm. 1 cm on the map shows 250km on the ground, Hiya has to travel Dehradun to Mumbai via Shimla. How much distance she will have to travel?

भारत के मानचित्र पर दिल्ली से शिमला की दूरी 2.5 से.मी., दिल्ली से देहरादून की दूरी 1.5 से.मी.,

शिमला से मुंबई के बीच की दूरी 4.5 से.मी., शिमला से देहरादून की दूरी 2.0 से.मी. है। मानचित्र का 1 से.मी. जमीन पर 250 कि.मी. दर्शाता है। हिया को देहरादून से शिमला होते हुए मुंबई की यात्रा करनी है। उसे कितनी दूरी तय करनी होगी?

(1) 1125 कि.मी.
(2) 1725 कि.मी.
(3) 500 कि.मी.
(4) 1625 कि.मी.

Ans : (4)

Delhi to Shimla (दिल्ली से शिमला) = 2.5 centimeter

Delhi to Dehradun (दिल्ली से देहरादून) = 1.5 centimeter

Shimla to Mumbai (शिमला से मुंबई) = 4.5 centimeter

Shimla to Dehradun (शिमला से देहरादून) = 2.0 centimeter, 1 centimeter=250 kilometer

दिया = देहरादून__2.5 cm____ शिमला __4.5____ मुंबई तक   2+4.5=6.5 cm

250 ×6.5=1625 km

164. The sum of all the factors of 96 is
96 के सभी गुणनखण्डों का योगफल है

(1) 260
(2) 246
(3) 252
(4) 248

Ans : (3)

The factors of 96 are:

1, 2, 3, 4, 6, 8, 12, 16, 24, 32, 48, and 96

Sum of the factors (गुणनखण्डों का योगफल) = 1+ 2+ 3 + 4 + 6 + 8 + 12 + 16 + 24 + 32 + 48 + 96 Sum = 252

So the sum of all factors of 96 is 252.

So, Option (3) is correct answer.

165. Scales, pencils and erasers are available in packets of 6, 10 and 12 respectively. If a shopkeeper wants to buy equal number of these items, then what is the minimum number of packets of scales, pencils and erasers respectively he needs to buy?

स्केल, पेन्सिल तथा रबड़ क्रमश: 6, 10 तथा 12 के पैकेटों में उपलब्ध हैं। यदि कोई दुकानदार तीनों वस्तुएँ समान संख्या में खरीदना चाहता है, तो उसे स्केल, पेन्सिल तथा रबड़ के क्रमश: कम-से-कम कितने पैकेट खरीदने होंगे ?

(1) 9,7,5
(2) 8, 8, 8
(3) 10, 6, 5
(4) 6, 5, 10

Ans : (3)

Number of scales in 1 packet (1 पैकेट में स्केल की संख्या)= 6

Number of pencils in 1 packet (1 पैकेट में पेन्सिल की संख्या)= 10

Number of erasers in 1 packet (1 पैकेट में रबड़ की संख्या) = 12

यदि कोई दुकानदार तीनों वस्तुएँ समान संख्या में खरीदना चाहता है

LCM of 6 , 10 and 12 = 60

Minimum no. of packts of scales (स्केल के पैकेट की न्यूनतम संख्या) = 60/6= 10

Minimum no. of packts of pencils (पेन्सिल के पैकेट की न्यूनतम संख्या) =60/10 = 6

Minimum no. of packts of erasers (रबड़ के पैकेट की न्यूनतम संख्या) =60/12 = 5

166. Which of the following letters does not have any line symmetry?

निम्नलिखित अक्षरों में से किसमें कोई रैखिक सममिति नहीं है ?

(1) B
(2) X

(3) S
(4) T

Ans : (3)

A line of symmetry is a line that cuts a shape exactly in half

(सममिति रेखा वह रेखा है जो किसी आकृति को ठीक आधे में काटती है).

Here, S is the letter which cannot cut in half to get its mirror image

S में कोई रैखिक सममिति नहीं है।

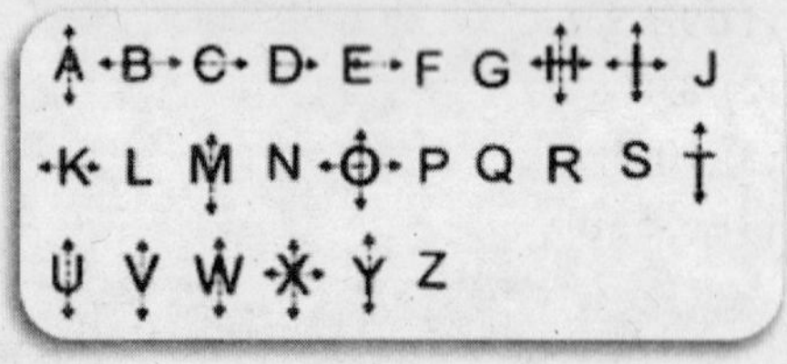

167. Which of the following pair of figures have the same number of lines of symmetry?

(1) Parallelogram and Rhombus
(2) Kite and parallelogram
(3) Square and Rectangle
(4) Rectangle and Rhombus

निम्न में से किन आकृतियों के युग्म में सममित रेखाओं की संख्याएँ समान होती हैं ?

(1) समांतर चतुर्भुज और समचतुर्भुज
(2) पतंग और समांतर चतुर्भुज
(3) वर्ग और आयत
(4) आयत और समचतुर्भुज

Ans : (4)

Lines of symmetry (सममित रेखाएं)

in parallelogram (समांतर चतुर्भुज में) = 0

In rhombus (समचतुर्भुज में) = 2

In kite (पतंग में) = 1

In square (वर्ग में) = 4

In rectangle (आयत में) = 2

Here , rectangle an rhombus both have 2 lines of symmetry.

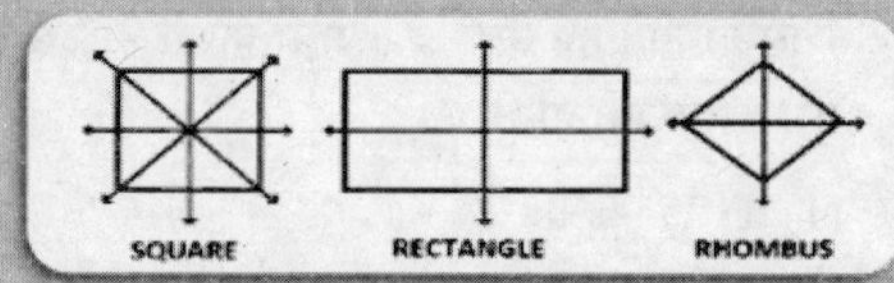

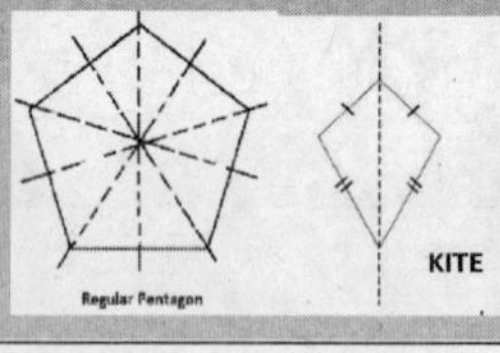

168. LCM and HCF of x and y are 4 times and 2 times respectively of the HCF of 42 and 120. If x is 36, then what is the value of y ?

x और y के LCM तथा HCF क्रमश: 42 और 120 के HCF का 4 गुना और 2 गुना है। यदि x का मान 36 है, तो y का मान क्या होगा ?

(1) 3
(2) 6
(3) 8
(4) 12

Ans : (3)

$42 = 2\times3\times7$

$120 = 2\times2\times2\times3\times5$

H.C.F. of 42 and 120 = $2\times3=6$

$x=36$ [given]

LCM of x and y = $4\times6=24$

HCF of x and y = $2\times6=12$

Product of LCM and HCF of two numbers = Product of those numbers

LCM of x and y × HCF of x and y = $x\times y$

$24\times12=36\times y$

$288/36=y$

$8=y$

169. Rahul saved some money every month from his pocket money as given below:

End of the month	Total Savings (in ₹) up to that month
January	80
February	140
March	210
April	285
May	375
June	480

Which of the following statements is correct?

(1) Savings in May is maximum.

(2) Sum of savings in January and February is equal to the sum of savings in March and May.

(3) Least savings is in the month of February.

(4) Total savings up to end of June is ₹ 375.

राहुल ने अपने जेब खर्च में से प्रति माह कुछ बचत की, जैसा नीचे दिया है :

माह का अन्त	उस माह तक कुल बचत (₹ में)
जनवरी	80
फरवरी	140
मार्च	210
अप्रैल	285
मई	375
जून	480

निम्न में से कौन-सा कथन सही है ?

(1) मई में अधिकतम बचत हुई।

(2) जनवरी और फरवरी में हुई बचत का योग मार्च तथा मई में हुई बचत के योग के बराबर है।

(3) सबसे कम बचत फरवरी माह में हुई।

(4) जून माह के अन्त तक की कुल बचत ₹375 है।

Ans : (3)

Savings in the month of january (जनवरी माह में बचत) = ₹ 80

Savings in the month of february (फरवरी माह में बचत) = ₹ 140 - ₹80 = ₹60

Savings in the month of march (मार्च माह में बचत) = ₹ 210 – ₹140 = ₹70

Savings in the month of april (अप्रैल माह में बचत) = ₹ 285 – ₹210 = ₹75

Savings in the month of may (मई माह में बचत) = ₹ 375 – ₹285 = ₹90

Savings in the month of june (जून माह में बचत) = ₹ 480 – ₹375 = ₹105

सबसे कम बचत फरवरी माह में हुई।

170. (Sum of multiples of 5 from 15 to 30+ HCF of 24 and 40-smallest prime) is equal to number

(15 से 30 तक 5 के गुणजों का योगफल + 24 और 40 का HCF - सबसे छोटी अभाज्य संख्या) बराबर है

(1) 92

(2) 93

(3) 96

(4) 97

Ans : (3)

Sum of multiples of 5 from 15 to 30 (15 से 30 तक 5 के गुणजों का योगफल) = 15+20+25+30 =90

HCF of

$24 = 2 \times 2 \times 2 \times 3$

$40 = 2 \times 2 \times 2 \times 5$

HCF of 24 and 40 = $2 \times 2 \times 2 = 8$

Smallst prime no. (सबसे छोटी अभाज्य संख्या) = 2

Now,(Sum of multiples of 5 from 15 to 30 + HCF of 24 and 40 - smallest prime) = 90 + 8 – 2 = 96

171. On her birthday Merlin's mother gave her a packet of toffees to share with her friends. Merlin gave $\frac{2}{7}$th of toffees to Aditi, $\frac{1}{6}$th to Anmol, $\frac{2}{5}$th to Farhan, and $\frac{1}{7}$ th to Jery. If she is left with only 2 toffees, then how many toffees were there in the packet

मर्लिन की माँ ने उसे जन्मदिन पर टॉफियों का पैकेट अपने साथियों के साथ बाँटने के लिए दिया। मर्लिन ने टाफियों का $\frac{2}{7}$ भाग अदिती को, $\frac{1}{6}$ भाग अनमोल को, $\frac{2}{5}$ भाग फरहान को और $\frac{1}{7}$ भाग जैरी को दिया। यदि उसके पास सिर्फ 2 टॉफियाँ बची हो तो उसके पैकेट मे शुरुआत मे कितनी टाफियाँ थीं?

(1) 105
(2) 210
(3) 315
(4) 420

Ans : (4)

अदिती अनमोल फरहान जैरी

$$\frac{2}{7} + \frac{1}{6} + \frac{2}{5} + \frac{1}{7}$$

LCM

$$\frac{60+35+84+30}{210} = \frac{209}{210}$$

1 = 2 toffee

तो 210 = 2×210=420 toffee

172.How many minimum number of square shaped stamps of side 1 cm are required to cover a figure which is of the shape of a rectangle of sides 4 cm and 6 cm attached to a square of side 3 cm ?

एक ऐसी आकृति को ढकने के लिए, 1 cm भुजा वाले वर्गाकार टिकटों की कितनी न्यूनतम संख्या की आवश्यकता होगी, जो 4 cm और 6 cm भुजाओं वाला एक आयत है और उसके साथ 3 cm भुजा का एक वर्ग जुड़ा हुआ है ?

(1) 9
(2) 24
(3) 33
(4) 72

Ans : (3)

The shape of a rectangle of sides 4 cm and 6 cm attached to a square of side 3 cm.

Total area (कुल क्षेत्रफल) = area of rectangle (आयत का क्षेत्रफल) + area of square (वर्ग का क्षेत्रफल)

= l × b + side×side

= 6×4+3×3 =24+9

= 33 cm^2

Let 'n' no. of squares stamp of side 1 cm covered the figure

Area of square stamp (वर्गाकार टिकटों का क्षेत्रफल) = side × side = 1×1 = 1 cm^2

n = (Total area)/(area of square stamp)

n =33/1 = 33 stamps

173.A wire is bent in the form of a rectangle whose perimeter is 20 cm. The same wire is again bent to form a square, What will be the area of this square ?

एक तार को मोड़कर एक आयत बनाया गया जिसका परिमाप 20 cm है। उसी तार को फिर से मोड़कर एक वर्ग बनाया गया। इस वर्ग का क्षेत्रफल क्या होगा ?

(1) 20 cm^2
(2) 25cm^2
(3) 30 cm^2
(4) 32 cm^2

Ans : (2)

Perimeter of rectangle (आयत का परिमाप) = 20cm

Perimeter of rectangle is equal to perimeter of square, because perimeter of rectangle and perimeter of square is length of wire.

(आयत का परिमाप वर्ग के परिमाप के बराबर है, क्योंकि आयत और वर्ग का परिमाप तार की लंबाई है।)

perimeter of square (वर्ग का परिमाप) = 4×side = 20cm

Side = 5cm

Area of square (वर्ग का क्षेत्रफल) = 5cm × 5cm = 25cm^2

174. Which of the following figures has largest area?

(1) Rectangle with sides 3 units and 4 units
(2) Square with sides 3 units
(3) Circle with radius 2 units
(4) Right-angled triangle with sides 3 units and 4 units (other than hypotenuse)

निम्नलिखित में से किस आकृति का अधिकतम क्षेत्रफल है ?

(1) भुजाओं 3 इकाई और 4 इकाई वाला आयत
(2) भुजाओं 3 इकाई वाला वर्ग
(3) त्रिज्या 2 इकाई वाला वृत्त
(4) भुजाओं 3 इकाई और 4 इकाई (कर्ण को छोड़कर) वाला समकोण त्रिभुज

Ans : (3)

Taking option (1) ,

Area of rectangle(आयत का क्षेत्रफल) with sides 3 units and 4 units = $l \times b$

= 3×4 =12 sq. units

Taking option (2) ,

Area of Square(वर्ग का क्षेत्रफल) with sides 3 units = side × side

= 3×3=9 sq.units

Taking option (3) ,

Area of circle (वृत्त का क्षेत्रफल) with radius 2 units = $\pi r2 \frac{22}{7} \times (2)^2 = \frac{88}{7}$ sq. units

Taking option (4) ,

Right-angled triangle with sides 3 units and 4 units (other than hypotenuse)

Area of right angled triangle (समकोण त्रिभुज का क्षेत्रफल) = $\frac{1}{2}$ ×base×height

= $\frac{1}{2}$ ×3×4 =6 sq.units.

In all the gien figures, the circle with radius 2 cm having the laregst area (सबसे बड़ा क्षेत्रफल 2 सेमी त्रिज्या वाले वृत्त का है।)

175. What should be added to the sum of 8668, 6888 and 8868 to obtain 33110 ?

33110 प्राप्त करने के लिए 8668, 6888 और 8868 के योगफल में क्या जोड़ा जाए ?

(1) 6688
(2) 6868
(3) 8686
(4) 8866

Ans : (3)

8668 + 6888 + 8868 = 24424

Let the no. be 'x' ,

24424 + x = 33110

X = 33110 – 24424

X = 8686

176. Three brands of pens A, B and C are available in packets of 5, 6 and 12, respectively. If a shopkeeper wants to buy equal number of pens of each brand, what is the minimum number of packets of each brand, he should buy ?

तीन ब्रांड A, B तथा C के पेन क्रमश: 5, 6 और 12 के पैकेटों में उपलब्ध हैं। यदि एक दुकानदार को तीनों प्रकार के पेन समान संख्या में खरीदने हैं, तो उसके द्वारा खरीदे जाने वाले पैकेटों की न्यूनतम संख्याएं क्या होगी ?

(1) A = 12 B =10. C = 5
(2) A = 10 B = 5 C = 12
(3) A = 10 B = 12 c = 5
(4) A = 5 B = 12 C = 10

Ans : (1)

L.C.M or 5, 6 and 12 = 60

Minimum no. of packets of pen A (पेन A के पैकेटों की न्यूनतम संख्या) = $\frac{60}{5} = 12$

Minimum no. of packets of pen B (पेन B के पैकेटों की न्यूनतम संख्या) = $\frac{60}{6} = 10$

Minimum no. of packets of pen C (पेन C के पैकेटों की न्यूनतम संख्या) = $\frac{60}{12} = 5$

A = 12 , B = 10 , C = 5

177. Which among the following is not a desirable purpose of classroom assessment at primary level?

(1) To provide feedback to the learners.
(2) To compare learner's performance with each other.
(3) To improve the teaching-learning activities.
(4) To motivate students for active participation in the classroom activities

प्राथमिक स्तर पर कक्षायी आकलन का निम्नलिखित में से क्या एक वांछित उद्देश्य नहीं है?

(1) शिक्षार्थियों को प्रतिपुष्टि प्रदान करना।
(2) शिक्षार्थियों के प्रदर्शन की तुलना एक-दूसरे से करना।
(3) शिक्षण-अधिगम क्रियाकलापों में सुधार करना।
(4) कक्षायी क्रियाकलापों में सक्रिय रूप से भाग लेने के लिए विद्यार्थियों को प्रोत्साहित करना।

Ans : (2)

प्राथमिक स्तर पर कक्षा मूल्यांकन का उद्देश्य फीडबैक प्रदान करना, शिक्षण को बढ़ाना और छात्रों को प्रेरित करना होना चाहिए, न कि उनके प्रदर्शन की एक दूसरे से तुलना करना।

178. Which of the following terms in mathematics are undefined?

(a) Natural Numbers
(b) Diagonals of a quadrilateral
(c) Line
(d) Point

Choose the correct answer.

(1) (a), (b) and (d)
(2) (a), (b) and (c)
(3) (b) and (c)
(4) (a), (c) and (d)

निम्नलिखित में से गणित की कौन से शब्द अपरिभाषित हैं?

(a) प्राकृतिक संख्या
(b) एक चतुर्भुज के विकर्ण
(c) रेखा
(d) बिंदु

सही उत्तर का चयन करें।

(1) (a), (b) and (d)
(2) (a), (b) and (c)
(3) (b) and (c)
(4) (a), (c) and (d)

Ans : (4)

गणित में, "प्राकृतिक संख्याएँ", "रेखा" और "बिंदु" की अवधारणाओं को अपरिभाषित माना जाता है क्योंकि वे मौलिक हैं और अन्य परिभाषाओं के लिए बुनियादी निर्माण खंडों के रूप में उपयोग किए जाते हैं।

179. Which of the following represent the fundamental principles that will guide education system according to National Education Policy 2020?

(a) Promoting each student's holistic development in both academic and non-academic spheres
(b) Focusing on multidisciplinary and holistic education
(c) Extensive use of technology only for Divyang students
(d) Promoting creativity and critical thinking to encourage innovation

Choose the correct option:

(1) (a) and (c)
(2) (a), (b) and (d)
(3) Only (c)
(4) (b) and (c)

राष्ट्रीय शिक्षा नीति 2020 के अनुसार निम्नलिखित में से कौन-सा मौलिक सिद्धातों का निरूपण करता है जो कि शिक्षा प्रणाली (व्यवस्था) का मार्गदर्शन करेगा ?

(a) शैक्षिक और गैर-शैक्षिक दोनों क्षेत्रों में प्रत्येक विद्यार्थी के समग्र विकास को प्रोत्साहित करना!
(b) बहुविषयक और समग्र शिक्षा पर बल देना
(c) केवल दिव्यांग विद्यार्थियों के लिए प्रौद्योगिकी का व्यापक उपयोग
(d) नवाचार को बढ़ावा देने के लिए सृजनात्मक और आलोचनात्मक चिंतन प्रोत्साहित करना।

सही विकल्प का चयन कीजिए:

(1) (a) और (c)

(2) (a), (b) और (d)
(3) केवल (c)
(4) (b) और (c)

Ans : (2)

राष्ट्रीय शिक्षा नीति 2020 समग्र विकास, बहु-विषयक शिक्षा और छात्रों में रचनात्मकता और आलोचनात्मक सोच को बढ़ावा देने पर जोर देती है।

180. Which of the following is the most appropriate objective of introducing non-standard units of measurement in primary classes?

(1) To know how many non-standard units of measurement are there in all
(2) To teach the concept of conversion of units of measurement from one system to another.
(3) To understand the need of standard units
(4) To understand the advantage of using non-standard units over standard units

निम्नलिखित में से कौन-सा प्राथमिक कक्षाओं में मापन की अमानक इकाइयों को प्रस्तुत करने का सर्वाधिक उपयुक्त उद्देश्य है ?

(1) यह जानना कि मापन की कुल कितनी अमानक इकाइयाँ हैं
(2) मापन की इकाइयों का एक प्रणाली से दूसरी प्रणाली में रूपांतरण की अवधारणा का शिक्षण|
(3) मानक इकाइयों की आवश्यकता को समझना
(4) मानक इकाइयों की बजाय अमानक इकाइयों को उपयोग करने का लाभ समझना

Ans : (3)

गैर-मानक इकाइयों का परिचय देने से छात्रों को यह समझने में मदद मिलती है कि माप में स्थिरता और सटीकता के लिए मानक इकाइयाँ महत्वपूर्ण क्यों हैं।

181. While introducing the concept of circle to children at primary level, what should be the last step in the teaching-learning process?

(1) Give the definition of a circle
(2) Draw a circle on the blackboard
(3) Show circular objects to the children
(4) Let children identify circular objects from their surroundings

प्राथमिक स्तर पर बच्चों को वृत्त की संकल्पना प्रस्तुत करते समय, शिक्षण-अधिगम प्रक्रिया में सबसे अंतिम चरण कौन-सा होना चाहिए ?

(1) वृत्त की परिभाषा देना
(2) श्यामपट्ट पर वृत्त का आरेखण
(3) बच्चों को वृत्ताकार वस्तुएं दिखाना
(4) बच्चों को अपने आस-पास की वृत्ताकार वस्तुओं को पहचानने देना

Ans : (1)

प्राथमिक स्तर के बच्चों को वृत्त की अवधारणा सिखाने का अंतिम चरण, व्यावहारिक अनुभवों के माध्यम से वृत्तों की खोज और पहचान करने के बाद, उनकी परिभाषा देना होना चाहिए।

182. For which of the following concepts the use of Tangrams as Teaching-learning Material (TLM) is least effective?

(1) Spatial reasoning
(2) Number sense
(3) Visualization
(4) Shapes and space

निम्नलिखित में से किस अवधारणा के लिए टैनग्राम का उपयोग शिक्षण-अधिगम सामग्री (TLM) के रूप में सबसे कम प्रभावकारी है ?

(1) दिवस्थान-संबंधी विवेचन
(2) संख्या बोध
(3) दृश्यीकरण
(4) आकृतियाँ और दिक्स्थान

Ans : (2)

टेंग्राम संख्या बोध सिखाने के लिए सबसे कम प्रभावी हैं, क्योंकि वे स्थानिक तर्क, दृश्य और आकृतियों और स्थान को समझने के विकास के लिए बेहतर अनुकूल हैं।

183. Which of the following is true about intuitive knowledge in mathematics?

(1) Immediacy and self-evidence kind of cognition don't play any role in intuitive knowledge
(2) It is always based on sound, rigorous and logical arguments

(3) It is a kind of knowledge which is generally not based on scientific empirical evidence
(4) As mathematics is "exact" in nature so there is no role of intuitive knowledge in mathematics

निम्नलिखित में से कौन-सा गणित में अंतर्दर्शी ज्ञान के संबंध में सही है ?
(1) अंतर्दशी ज्ञान में तत्कालिकता और स्व-साक्ष्य जैसे संज्ञान, कोई भूमिका नहीं निभाते हैं।
(2) यह सदैव पुख्ता, गहन और तार्किक दलीलों पर आधारित होता है।
(3) यह एक ऐसा ज्ञान है जो साधारणतः वैज्ञानिक आनुभविक साक्ष्यों पर आधारित नहीं होता है
(4) क्योंकि गणित प्रकृति में सटीक" है इसलिए गणित में अंतर्दशी ज्ञान की कोई भी भूमिका नहीं है।

Ans : (3)

गणित में सहज ज्ञान अक्सर कठोर, अनुभवजन्य साक्ष्य के बजाय तत्काल समझ और अंतर्दृष्टि पर निर्भर करता है।

184. Partitioning, understanding units, conservation and tessellation etc are foundational concepts underlying the learning of which mathematical concept?
(1) Measurement of length
(2) Measurement of area of two-dimensional shapes
(3) Measurement of volume
(4) Data handling

आधारभूत अवधारणाएं जैसे कि विभाजन, इकाइयों का बोध, संरक्षण, टाइलों का पैटर्न (टेस्सीलेशन), इत्यादि गणित की किन अवधारणाओं के अधिगम का आधार है?
(1) लम्बाई का मापन
(2) द्विविमीय आकृतियों के क्षेत्रफल का मापन
(3) आयतन का मापन
(4) आंकड़ों का प्रबंधन

Ans : (2)

विभाजन, इकाइयों को समझना, संरक्षण और टेस्सेलेशन प्रमुख अवधारणाएँ हैं जो द्वि-आयामी आकृतियों के क्षेत्र को मापने के तरीके को सीखने में सहायता करती हैं। ये अवधारणाएँ छात्रों को आकृतियों को विभाजित करने, माप की इकाइयों को लागू करने और इस विचार को समझने में मदद करती हैं कि विभिन्न आकृतियों या विन्यासों के बावजूद क्षेत्र स्थिर रहता है।

185. According to National Curriculum Framework, 2005 which of the following is least appropriate to be an aim of teaching mathematics?
(1) To learn the tricks and techniques for quick calculation
(2) To develop the skills of problem-solving
(3) To develop critical thinking and reasoning skills
(4) To develop effective mathematical communication skills

राष्ट्रीय पाठ्यचर्या रूपरेखा 2005 के अनुसार निम्नलिखित में से कौन-सा गणित अध्यापन के लक्ष्य के रूप में सबसे कम उपयुक्त है ?
(1) तीव्रता से गणना करने के लिए युक्तियाँ और तकनीक सीखना
(2) समस्या समाधान के कौशलों को विकसित करना
(3) आलोचनात्मक चिंतन और तर्कणा (विवेचन) के कौशलों को विकसित करना
(4) प्रभावी गणितीय संप्रेषण के कौशलों को विकसित करना

Ans : (1)

राष्ट्रीय पाठ्यचर्या की रूपरेखा, 2005, त्वरित गणना के गुर सीखने को कम से कम उपयुक्त मानती है, इसके बजाय समस्या-समाधान, आलोचनात्मक सोच, तर्क और संचार कौशल के विकास पर जोर देती है।

186. Which of the following in the best explanation for inclusion of word problems in primary class mathematics textbooks?
(1) Word problems are hard to solve than symbolic problems and hence enhance children's thinking skills.
(2) Word problems help learners connect to the real-life situations involving mathematical thinking.

(3) Word problems are for high IQ level learners and therefore they should be included.
(4) Word problems lay foundation for the higher order problem solving skills for mathematicians

प्राथमिक कक्षा की गणित की पाठ्यपुस्तकों में इबारती सवालों को शामिल करने का निम्नलिखित में से कौन-सा श्रेष्ठ स्पष्टीकरण है ?

(1) प्रतीकात्मक समस्याओं की तुलना में इबारती सवाल को हल करना कठिन होता है अतः यह बच्चों के चिंतन कौशल में वृद्धि करता है।
(2) इबारती सवाल अधिगमकर्ताओं को उन वास्तविक जीवन की स्थितियों से जोड़ने में सहायता करते हैं जिनमें गणितीय चिंतन सम्मिलित है।
(3) इबारती सवाल उच्च बुद्धि लब्धि स्तर वाले अधिगमकर्ताओं के लिए होते हैं, अतः इन्हें शामिल किया जाना चाहिए।
(4) शाब्दिक समस्याएँ गणितज्ञों के लिए उच्च स्तरीय समस्या समाधान कौशलों की बुनियाद रखती हैं।

Ans : (2)

छात्रों को वास्तविक जीवन की स्थितियों में गणितीय अवधारणाओं को लागू करने और समस्या-समाधान कौशल विकसित करने में मदद करने के लिए प्राथमिक गणित पाठ्यपुस्तकों में शब्द समस्याओं को शामिल किया गया है।

187. Which of the following should be the characteristics of mathematical language at primary level?

(a) It should be precise.
(b) It must be ambiguous as it can add openness in the subject.
(c) It should be reinforced through child's language used in everyday life.
(d) It must be highly technical as it will help students to communicate accurately in mathematics.

Choose the correct option:

(1) (a) and (d)
(2) (a), (b) and (c)
(3) (a) and (c)
(4) (a), (c) and (d)

निम्नलिखित में से कौन-सी प्राथमिक स्तर पर गणितीय भाषा की विशेषताएँ होनी चाहिए?

(a) यह सटीक होनी चाहिए।
(b) यह अस्पष्ट होनी चाहिए ताकि यह विषय में खुलापन जोड़ सके।
(c) बच्चे की दैनिक जीवन में उपयोग की जाने वाली भाषा के माध्यम से इसे प्रबलित किया जाना चाहिए।
(d) यह अत्यधिक प्राविधिक होनी चाहिए क्योंकि इससे विद्यार्थियों की गणित में सही सम्प्रेषण करने में सहायता होगी।

सही विकल्प चुनें :

(1) (a) और (d)
(2) (a), (b) और (c)
(3) (a) और (c)
(4) (a), (c) और (d)

Ans : (3)

गलतफहमी से बचने के लिए गणितीय भाषा सटीक होनी चाहिए। एक बच्चे की रोजमर्रा की भाषा के माध्यम से गणितीय भाषा को सुदृढ़ करने से समझने में मदद मिलती है।

188. A student of class III solved 26 × 5 as

$$\begin{array}{r} 26 \\ \times\ 5 \\ \hline 1030 \end{array}$$

Revisiting which of the following will best remediate this misconception?

(1) Multiplication of one digit by one digit
(2) Concept of regrouping
(3) Recalling multiplication tables
(4) One to one correspondence

कक्षा III के एक विद्यार्थी ने 26×5 को इस प्रकार हल किया

$$\begin{array}{r} 26 \\ \times\ 5 \\ \hline 1030 \end{array}$$

निम्नलिखित में से क्या दोहराना इस भ्रांति को सुधारने के लिए सबसे उपयुक्त होगा ?

(1) एक अंक की एक अंक से गुणा।
(2) पुनर्समूहीकरण की अवधारणा।

(3) पहाड़ों का प्रत्यास्मरण।
(4) एकैकी संगति।

Ans : (2)

छात्र ने संभवतः गुणन में बहु-अंकीय संख्याओं को संभालने की अवधारणा को गलत समझा है, जिसमें पुन: समूह बनाना या आगे ले जाना शामिल है। इस अवधारणा पर दोबारा गौर करने से यह स्पष्ट करने में मदद मिलेगी कि गुणा को सही ढंग से कैसे किया जाए।

189. Which of the following is/are related to early number concept formation?

(a) One to one correspondence
(b) Hierarchical inclusion
(c) Basic operations

Choose the correct option:

(1) Only (a)
(2) (a) and (c)
(3) (a) and (b)
(4) (b) and (c)

निम्नलिखित में से कौन सा / से आरंभिक संख्या अवधारणा के बनने से संबंधित है ?

(a) एकैकी संगति
(b) पदानुक्रमिक समावेशन
(c) मूलभूत संक्रियाएँ

सही विकल्प चुनें :

(1) केवल (a)
(2) (a) और (c)
(3) (a) और (b)
(4) (b) और (c)

Ans : (3)

संख्याओं को गिनने और समझने के लिए एक-से-एक पत्राचार महत्वपूर्ण है। पदानुक्रमित समावेशन संख्याओं के विभिन्न सेटों के बीच संबंधों को समझने में मदद करता है।

190. How many 1/12 are there in 1/3?

1/3 में कितने 1/12 है?

(1) 6
(2) 4
(3) 9
(4) 12

Ans : (2)

$$\frac{\frac{1}{3}}{\frac{1}{12}} = \frac{1}{3} \times \frac{12}{1} = 4$$

191. गुणनफल 201×105 में क्या जोड़ा जाए, जिससे 21171 प्राप्त हो ?

(1) 65
(2) 66
(3) 67
(4) 68

Ans : (2)

Let the added number be 'x'

$$(201 \times 105) + x = 21171$$

$$x = 21171 - 21105$$

$$x = 66$$

192. A steel wire forms a square whose area is 484 cm², If the same wire is bent in the form of a circle, then the radius of the circle is (Use π = $\frac{22}{7}$)

एक स्टील की तार एक वर्ग बनाती है, जिसका क्षेत्रफल 484 cm है। यदि इसी तार को एक वृत्त के आकार में मोड़ा जाए, तो इस वृत्त की त्रिज्या होगी। (π = $\frac{22}{7}$ का प्रयोग कीजिए)

(1) 22 cm
(2) 14 cm
(3) 30 cm
(4) 28 cm

Ans : (2)

Area of square (वर्ग का क्षेत्रफल) = $484\ cm^2$

Area of square = side × side

$$484 = (side)^2$$

$$\sqrt{484} = side$$

$$22cm = side$$

Now, this wire is bent in the form of a circle

(तार को एक वृत्त के आकार में मोड़ा)

Perimeter of square = circumference of circle

$4\times side = 2\pi r$

$4\times 22 = 2\times \frac{22}{7}\times r$

$\frac{4\times 22\times 7}{7\times 22} = r$

$14\ cm = r$

Radius of the circle (वृत्त की त्रिज्या) = 14cm.

193. A drum contains 263 L 520 mL of oil. This oil is filled into 45 containers each of equal size. How much oil is there in 25 such containers?

किसी ड्रम में 263L 520 mL तेल है। इस तेल को एक ही माप के 45 वर्तनों में भरा जाता है। ऐसे 25 वर्तनों में कुल कितना तेल होगा ?

(1) 144.6 L

(2) 146.4 L

(3) 142.8 L

(4) 150.5 L

Ans : (2)

A drum contains oil (एक ड्रम में तेल है) = 263 L 520 mL = 263.520L

45 container to be filled with 263.520L

1 container will filled with $\frac{263.520}{45}$

25 container will filled with $\frac{263.520}{45}\times 25 = 146.4L$

194. Siraj arranges apples in his kitchen in such a way that he has put 11 pairs of apples in the first row, 22 pairs of apples in the second row and 33 pairs of apples in the third row. So how many apples does Siraj have in his kitchen?

सिराज अपनी रसोई में सेबों को इस प्रकार व्यवस्थित करता है कि उसने पहली पंक्ति में 11 जोड़े सेब, दूसरी पंक्ति में 22 जोड़े सेब और तीसरी पंक्ति में 33 जोड़े सेब रखे हैं। तो सिराज के पास रसोई में कुल कितने सेब हैं?

(1) 66

(2) 132

(3) 123 L

(4) 99

Ans : (2)

एक जोड़े का मान = 2

Total number of pairs of apples (सेब के कुल जोड़ो की संख्या) =11+22+33=66

Total number of apples (सेबो की कुल संख्या)

= 132

195. A number becomes double if it is increased by 8. What is the number?

एक संख्या में आठ जोड़ दिया जाए, तो वह दुगुनी हो जाती है। वह संख्या क्या होगी ?

(1) 6

(2) 8

(3) 12

(4) 16

Ans : (2)

Let the number be 'x',

$2x = x + 8$

$2x - x = 8$

$X = 8$

Thus, the number is 8.

So, option (2) is correct answer.

196. Which of the following is the best approximation of $\frac{2.9\times 7.49}{11.51}$?

निम्नलिखित में से $\frac{2.9\times 7.49}{11.51}$ का सबसे अच्छा सन्निकटन कौन सा है ?

(1) $\frac{2\times 7}{11}$

(2) $\frac{3\times 7}{11}$

(3) $\frac{3\times 7}{12}$

(4) $\frac{3\times 8}{12}$

Ans : (3)

Approximate value 2.9 (अनुमानित मान 2.9) = 3

Approximate value 7.49 (अनुमानित मान 7.49) = 7

Approximate value 11.51 (अनुमानित मान 11.51) = 12

$\frac{2.9\times7.49}{11.51}$ का सबसे सटीक सन्निकटन (best approximation) $\frac{3\times7}{12}$ है

197. The mean of the marks obtained by a child in five subjects is 74. He scored 70, 75 and 80 marks in three of the subjects. What is the mean of the marks obtained by the child in the remaining two subjects?

एक बच्चे द्वारा पांच विषयो में प्राप्त अंको का माध्य 74 है I उसमे तीन विषयो में 70, 75 तथा 80 अंक प्राप्त किए I उस बच्चे द्वारा बाकी दो विषयों में प्राप्त अंकों का माध्य क्या है?

(1) 72

(2) 72.5

(3) 74.5

(4) 75

Ans : (2)

Mean (माध्य)

$= \frac{\text{(Sum of marks obtained (विषयो का योग))}}{\text{(Total number of subjects (विषयो की कुल संख्या))}}$

शेष दो विषयों के अंक x और Y है।

प्रश्न के अनुसार,

$(70+75+80+x+y)/5 = 74$

$225 + x + y = 370$

$x + y = 145$

इसलिए, $(x+y)/2 = 145/2 = 72.5$

198. The number of minutes in $7\frac{1}{2}$ days is equal to the number of seconds in

$7\frac{1}{2}$ दिनों में मिनटों की संख्या निम्न के सेकंडों की संख्या के बराबर है

(1) 3 घंटे

(2) $3\frac{1}{2}$ घंटे

(3) 4 घंटे

(4) $4\frac{1}{2}$ घंटे

Ans : (1)

Number of minutes in 1 hour (1 घंटे में मिनटों की संख्या) = 60 minutes

Number of minutes in 24hour (1 day) = $60\times24 = 1440$ minutes

Number of minutes in $7\frac{1}{2}$ days = $7\frac{1}{2}\times 1440$ minutes

$= \frac{15}{2}\times1440 = 10800$ minutes

Now, taking option (1) ,

Number of seconds in 3 hours (3 घंटे में सेकंड की संख्या) = $3\times60\times60=10800$ seconds

Thus,

The number of minutes in $7\frac{1}{2}$ days is equal to the number of seconds in 3 hours ($7\frac{1}{2}$ दिनों में मिनटों की संख्या 3 घंटे के सेकंडों की संख्या के बराबर है)

199. Rita is a ward-member of her area; she wishes to create a community room of size 11 feet × 16 feet. To lay tiles on the floor she has four options: 1.5 feet × 1.5 feet, 2 feet × 2 feet, 2.5 feet × 2.5 feet, 3 feet × 3 feet. Which size of tile should she buy for the community room, so that she can lay the tiles without cutting?

रीता अपने क्षेत्र के वार्ड की सदस्य हैं, वह 11 फीट × 16 फीट आकार का एक सामुदायिक कमरा बनाना चाहती हैं। फर्श पर टाइलें लगाने के लिए उसके पास चार विकल्प हैं 1.5 फीट - 1.5 फीट, 2 फीट × 2 फीट, 2.5 फीट × 2.5 फीट और 3 फीट × 3 फीट। सामुदायिक कक्ष के लिए उन्हें किस आकार की टाइल खरीदनी चाहिए, ताकि वह टाइल को बिना काटे बिछा सकें?

(1) 1.5 फीट × 1.5 फीट
(2) 2 फीट × 2 फीट
(3) 2.5 फीट × 2.5 फीट
(4) 3 फीट × 3 फीट

Ans : (2)

Size of room (कमरे का आकार) = 11 फीट × 16 फीट

2 फीट × 2 फीट = क्योकि 2 × 2 की Tiles ही 11 × 16 को पूर्णत काटेगी और कोई नहीं।

200. A 120 cm long wire is bent to form an equilateral triangle. What is the length of the side of this equilateral triangle ?
एक 120 cm लम्बी तार को मोड़कर एक समबाहु त्रिभुज का रूप दिया गया। समबाहु त्रिभुज की भुजा की लम्बाई क्या होगी ?

(1) 30 cm
(2) 40 cm
(3) 15 cm
(4) 20 cm

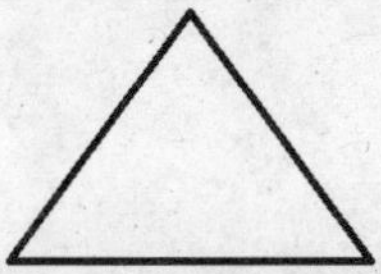

Ans : (2)

Length of wire (तार की लम्बाई) = 120 cm

A wire is bent into an equilateral triangle (एक लम्बी तार को मोड़कर एक समबाहु त्रिभुज का रूप दिया गया।)

Acc. To question,

Length of wire = Perimeter of equilateral triangle $120 = 3 \times \text{side}$

$$\frac{120}{3} = \text{side}$$

$$40 \text{ cm} = \text{side}$$

201. The second number in five consecutive number is 49. What is the product of the even numbers in these numbers?
पाँच क्रमागत संख्याओं में दूसरी संख्या 49 है। इन संख्यायों में सम संख्याओं का गुणनफल क्या होगा?

(1) 124800
(2) 123800
(3) 132600
(4) 117600

Ans : (1)

The second number in five consecutive numbers is 49 (पाँच क्रमागत संख्याओं में दूसरी संख्या 49 है।).

मान लीजिये की क्रमागत संख्याएं (consecutive number) क्रमश: a (a+1), (a+2), (a+3), (a+4) है

यह दिया गया है कि $a + 1 = 49$

$\therefore\ a = 48$

तो पाँच संख्याएं 48, 49, 50, 51 और 52 है

Product of even numbers (सम संख्याओं का गुणनफल) = $48 \times 50 \times 52 = 124,800$

202. In a class, there are 60 students such that the number of girls is twice that of boys. Rohit ranked 17th from the top. If there are 9 girls before Rohit, how many boys are ranked after him?
एक कक्षा में 60 विद्यार्थी इस प्रकार हैं कि लड़कियों की संख्या लड़कों से दोगुनी है। रोहित का ऊपर से क्रम 17वाँ है। यदि रोहित से पहले 9 लड़कियाँ हैं तो उसके बाद कितने लड़के क्रम में हैं?

(1) 12
(2) 13
(3) 31
(4) 43

Ans : (1)

मान लीजिये की लड़कियों की संख्या $2x$ और लड़को की संख्या x है।

$2x+x=60, \qquad x=20$

Number of boys (लड़को की संख्या) = 20, Number of girls (लड़कियों की संख्या) = 40

Number of girls before Rohit (रोहित के आगे लड़कियों की संख्या) = 9

रोहित के आगे लड़कों की संख्या =(17-9-1) = 7

रोहित के बाद लड़कों की संख्या = (20 – 7 -1) = 12

203. The largest three digit number is multiplied by the largest two digit number. The product is divided by the smallest two digit odd number. What is the quotient?

तीन अंकों की सबसे बड़ी संख्या को दो अंकों की सबसे बड़ी संख्या से गुणा किया जाता है। इस गुणनफल को दो अंकों की सबसे छोटी विषम संख्या से विभाजित किया जाए तो भागफल क्या है?

(1) 8991
(2) 10989
(3) 9999
(4) 1089

Ans : (1)

Largest 3 digit number (तीन अंकों की सबसे बड़ी संख्या) = 999
Largest 2 digit number (दो अंकों की सबसे बड़ी संख्या) = 99
दो अंकों की सबसे छोटी विषम संख्या (odd number) = 11
तीन अंकों की सबसे बड़ी संख्या और दो अंकों की सबसे बड़ी संख्या का गुणनफल (product)
= 999×99=98901
गुणनफल को दो अंकों की सबसे छोटी विषम संख्या से विभाजित किया जाता है = $\frac{98901}{11} = 8991$
भागफल(Quotient) 8991 है।

204. Which one of the following statements is true?

(1) All squares are rectangles
(2) All parallelograms are squares
(3) All rectangles are squares
(4) All rhombuses are squares

निम्न में से कौन-सा कथन सत्य है ?

(1) सभी वर्ग आयत हैं
(2) सभी समांतर चतुर्भुज वर्ग हैं
(3) सभी आयत वर्ग है
(4) सभी समचतुर्भुज वर्ग हैं

Ans : (1)

All squares are rectangle because opposite sides are equal and parallel and all angles are of 90°.

सभी वर्ग आयत होते हैं क्योंकि उनकी सम्मुख भुजाएँ बराबर और समांतर होती हैं तथा सभी कोण 90° के होते हैं।

So, option (1) is correct answer

205. Three bells ring every 12 minutes, 20 minutes and 36 minutes, respectively. If all of these bells ring together at 7:15 am, then at what time will they all ring together again?

तीन घंटियाँ क्रमश: प्रत्येक 12 मिनट, 20 मिनट और 36 मिनट के अंतराल पर बजती हैं यदि तीनों घंटियाँ प्रात: 7:15 बजे एक साथ बजती हैं, तो वे फिर से एक साथ कितने बजे बजेंगी ?

(1) 9:45 am
(2) 10:15 am
(3) 10:30 am
(4) 10:45 am

Ans : (2)

L.C.M. of 12 , 20 and 36 = 180

The least time in which these three bells ring togther (वह सबसे कम समय जिसमें ये तीनों घंटियाँ एक साथ बजेंगी) = 180 minutes = $\frac{180}{60}$ hours
= 3 hours.

3 hours after 7:15 am three bells ring together (एक साथ बजेंगी) = 10:15 am

206. Look at the following table:

Station.	Train 1	Train 2	Train3
Patna (Departure)	17:42	20:45	21:10
Kolkata (Arrival)	3:32	5:15	6:55

(next day)

Which train takes the least time to reach Kolkata from Patna ?

निम्नलिखित तालिका को देखिए:

स्टेशन	रेलगाड़ी 1	रेलगाड़ी 2	रेलगाड़ी 3
पटना (प्रस्थान)	17:42	20:45	21:10
कोलकाता (आगमन)	3:32	5:15	6:55

अगले दिन

कौन-सी रेलगाड़ी पटना से कोलकाता पहुंचने में सबसे कम समय लेती है ?

(1) रेलगाड़ी 1

(2) रेलगाड़ी 2

(3) रेलगाड़ी 3

(4) दोनों रेलगाड़ी 1 और रेलगाड़ी 3 समान समय लेती हैं

Ans : (2)

Time taken to reach kolkata from patna by:-

Train 1 = 17:42 to 3:32 = 9hrs 50min

Train 2 = 20:45 to 5:15 = 8hrs 30min

Train 3 = 21:10 to 6:55 = 10hrs 45min

So, train 2 takes least time to reach to kolkata from patna.

(रेलगाड़ी 2 पटना से कोलकाता पहुंचने में सबसे कम समय लेती है)

207. A train started at 8:50 am. It covered a distance of 420 km with a speed of 70 km/h and a distance of 120 km with a speed of 80 km/h. In between the journey, the train stopped at 3 stations for 5 minutes, 8 minutes and 12 minutes respectively. At what time did it reach its destination ?

एक रेलगाड़ी ने 8:50 am पर चलना प्रारंभ किया उसने 420 km की दूरी 70 km/h तथा 120 km की दूरी 80 km/h की चाल से तय की रास्ते में रेलगाड़ी 3 स्टेशनों पर क्रमशः 5 मिनट, 8 मिनट व 12 मिनट के लिए रुकी। वह रेलगाड़ी कितने समय पर अपने गंतव्य स्थान पर पहुँची ?

(1) 4:05 pm

(2) 4:45 pm

(3) 4:50 pm

(4) 5:45 pm

Ans : (2)

A train started at 8:50 am (एक रेलगाड़ी ने 8:50 am पर चलना प्रारंभ किया)

Case 1 :- Distance travelled by train = 420 km

Speed of train = 70 km/hr

Time taken to cover the distance (t1)

$= \frac{distance}{speed}$

$= \frac{120km}{80km/hr} = 6$ hrs

Case 2 :- Distance travelled by train = 120 km

Speed of train = 80 km/hr

Time taken to cover the distance (t2)

$= \frac{distance}{speed}$

$= \frac{120km}{80km/hr} = \frac{3}{2} hrs$

1 hr 30 mins.

Total time taken by the trains in travelling

= t1 + t2

= 6 hrs + 1hr 30min

= 7 hrs 30mins

रास्ते में रेलगाड़ी 3 स्टेशनों पर क्रमशः 5 मिनट, 8 मिनट व 12 मिनट के लिए रुकी = 5+8+12 = 25 mins

Train द्वारा अपने destination तक पहुँचने में लगने वाला Time

= 7 hrs 30mins + 25 mins

= 7 hrs 55 mins

Train शाम 4:45 बजे अपने destination पर पहुंचेगी।

208. Bincy was born on 08-08-2007. Her age on 31-07-2022 was

बिन्सी का जन्म 08-08-2007 में हुआ। 31-07-2022 में उसकी आयु थी

(1) 14 वर्ष 11 माह 31 दिन

(2) 14 वर्ष 11 माह 30 दिन

(3) 14 वर्ष 11 माह 23 दिन

(4) 15 वर्ष 11 माह 30 दिन

Ans : (3)

Age of Bency at 08-08-2007 (08-08-2007 को बिन्सी की आयु) = 0 years

Age of Bency at 08-08-2021

= 14 years

Age of Bency at 08-07-2022

= 14 years 11 months

Age of Bency at 31-07-2022

=14years 11months 23days

14 वर्ष 11 माह 23 दिन

209. A rectangular piece of cake is cut into 4 equal parts. One of these parts is divided into two equal parts. If the one part, so obtained, is divided into 4 equal parts again, then the smallest part will be

केक के एक आयताकार टुकड़े को 4 समान भागों में काटा जाता है। इनमें से एक भाग को दो बराबर भागों में बाँटा जाता है। इस प्रकार प्राप्त एक भाग को पुन: 4 बराबर भागों में बाँटा जाता है, तो सबसे छोटा भाग होगा

(1) केक का $\frac{1}{32}$

(2) केक का $\frac{1}{16}$

(3) केक का $\frac{1}{10}$

(4) केक का $\frac{1}{8}$

Ans : (1)

A rectangular piece of cake is cut into 4 equal parts (केक के एक आयताकार टुकड़े को 4 समान भागों में काटा जाता है।).

Then, one part = $\frac{1}{4}$

Now, this part is divided into two equal parts,

Part becomes = $\frac{1}{8}$

Again, this part is divided into 4 equal parts,

Part becomes = $\frac{1}{32}$.

So, option (1) is correct answer.

210. The number of certain article sold by a shopkeeper on six consecutive days of a week is as shown below :

Day	Number of articles
Sunday	350
Monday	200
Tuesday	300
Wednesday	250
Thursday	120
Friday	150

What is the range of the sale of the article during the above days?

किसी दुकानदार द्वारा किसी सप्ताह के 6 क्रमागत दिनों में बेची गई किसी विशेष वस्तु की संख्या नीचे दर्शाए अनुसार है:

दिन	वस्तु की संख्या
रविवार	350
सोमवार	200
मंगलवार	300
बुधवार	250
बृहस्पतिवार	120
शुक्रवार	150

उपर्युक्त दिनों की अवधि में इस वस्तु की बिक्री का परिसर क्या है ?

(1) 30

(2) 50

(3) 180

(4) 230

Ans : (4)

Maximum no. of articles sold on Sunday (रविवार को बेची गई वस्तुओं की अधिकतम संख्या) = 350

Minimum no. of articles sold on Sunday (रविवार को बेची गई वस्तुओं की न्यूनतम संख्या) = 120

Range (परिसर) = highest value – lowest value

= 350 – 120 = 230

211. What is the median of the following fractional numbers: $\frac{7}{9}, \frac{13}{16}, \frac{2}{3}, \frac{21}{25}, \frac{17}{21}$

निम्नलिखित भिन्न संख्याओं की माध्यिका क्या है?

$\frac{7}{9}, \frac{13}{16}, \frac{2}{3}, \frac{21}{25}, \frac{17}{21}$

1. $\frac{13}{16}$
2. $\frac{17}{21}$
3. $\frac{7}{9}$
4. $\frac{21}{25}$

Ans : (2)

विषम संख्या में प्रश्नणों वाले संख्याओं के दिए गए समूह की माध्यिका का सूत्र

(Formula for the median of a given set of numbers with an odd number of questions)

माध्यिका (Median) = $\left[\frac{(n+1)}{2}\right]$ वां पद

सम संख्या में प्रश्नणों वाले संख्याओं के दिए गए समूह की माध्यिका का सूत्र (Formula for the median of a given set of numbers with an even number of questions)

माध्यिका (Median) = [$\left(\frac{n}{2}\right)$वां पद+$\left(\left(\frac{n}{2}\right)+1\right)$वां पद]/2

7/9 = 0.77, 13/16 = 0.81, 2/3 = -.66, 21/25 = 0.84, 17/21 = 0.80

श्रृंखला को छोटी से बड़े संख्या की ओर (increasing order) व्यवस्थित करते है

2/3, 7/9, 17/21, 13/16, 21/25

यहाँ n = 5 (विषम(odd))

इसलिए, बीच वाला पद 17/21 है।

212. Shweta cut a cake on her birthday. She gave half of the cake to her three friends, kept of it for her sister and the rest for herself. Later, two more friends came and she divided her part in three equal pieces and they ate together. How much part of the original cake could she eat ?

श्वेता ने अपने जन्मदिन पर केक काटा उसने आधा केक अपनी तीन सहेलियों को दिया, इसका भाग अपनी बहन के लिए तथा शेष अपने लिए रखा थोड़ी देर में, उसकी दो सहेलियाँ और आ गई ओर उसने अपने हिस्से के केक के तीन बराबर हिस्से किए और तीनों ने मिलकर खाया उसने पूरे केक का कितना भाग खाया ?

(1) $\frac{1}{3}$

(2) $\frac{1}{6}$

(3) $\frac{1}{8}$

(4) $\frac{1}{12}$

Ans : (4)

Shweta gave the part of cake to her three friends (श्वेता ने केक का हिस्सा अपनी तीन सहेलियों को दिया) $=\frac{1}{2}$

Shweta gave the part of cake to her sister (श्वेता ने केक का हिस्सा अपनी बहन को दिया) $=\frac{1}{4}$

Shweta gave the part of cake to herself (श्वेता ने केक का हिस्सा खुद को दिया) = $\frac{1}{2}-\frac{1}{4}=\frac{1}{4}$

Two more friends came and she divided her part in three equal pieces and they ate together

(उसकी दो सहेलियाँ और आ गईं ओर उसने अपने हिस्से के केक के तीन बराबर हिस्से किए और तीनों ने मिलकर खाया).

Shweta eat the original part of the cake

$= \frac{1}{4} \div 3 = \frac{1}{12}$.

213. What is the number of faces in a triangular prism?

किसी त्रिभुजीय आधार के प्रिज्म में फलकों की संख्या क्या है ?

(1) 3

(2) 5

(3) 6

(4) 7

Ans : (2)

Number of faces in a triangular prism (त्रिभुजीय आधार के प्रिज्म में फलकों की संख्या) = 5

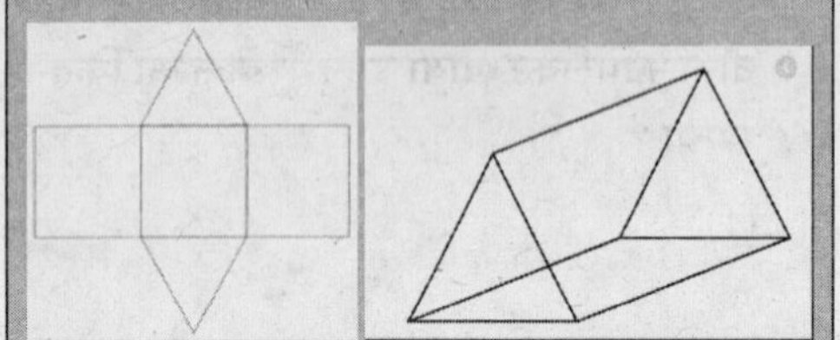

214. A number is larger than half of 80. It is more than 4 tens and less than 6 tens. The sum of its digits is 6. Its tens digit is double the ones digit. What is the number?

एक संख्या 80 के आधे से अधिक है। यह 4 दहाई से अधिक और 6 दहाई से कम है। इसके अंकों का योगफल 6 है। इसका दहाई का अंक इकाई के अंक का दुगुना है। यह संख्या क्या है?

(1) 46

(2) 51

(3) 60

(4) 42

Ans : (4)

यह संख्या 4 दहाई (4 tens) से अधिक यानी 40 से अधिक और 6 दहाई (6 tens) से कम यानी 60 से कम है। और इसके अंकों का योगफल (sum) 6 है।

तो 41 से 59 के बीच ऐसी दो संख्या है 42 तथा 51 जिनके अंको का योगफल (sum) 6 है।

लेकिन 42 ऐसी संख्या है जिसका दहाई का अंक इकाई के अंक का दुगुना (double) है।

तो इस प्रश्न का उत्तर 42 होगा।

215. Which of the following is the smallest number?

निम्नलिखित में से सबसे छोटी संख्या कौन-सी है ?

(1) 5.9853×10^3

(2) 6.595×10^4

(3) 3.43×10^5

(4) 7.004×10^3

Ans : (1)

(1) $5.9853 \times 10^3 = \frac{59853}{10000} \times 1000 = 5985.3$

(2) $6.595 \times 10^4 = \frac{6595}{1000} \times 10000 = 65950$

(3) $3.43 \times 10^5 = \frac{343}{100} \times 100000 = 343000$

(4) $7.004 \times 10^3 = \frac{7004}{1000} \times 1000 = 7004$

Hence, 5.9853×10^3 is smallest

216. Observe the pattern below:

$2 \times 1 = 2$

$3 \times 2 = 6$

$5 \times 3 = 15$

$7 \times 4 = 28$

$11 \times 5 = 55$

$13 \times 6 = 78$

$17 \times 7 = 119$

$19 \times 8 = 152$

____ * 9 = ____

Identify the missing numbers respectively in the above pattern.

निम्न पैटर्न का अवलोकन कीजिए:

$2 \times 1 = 2$

$3 \times 2 = 6$

$5 \times 3 = 15$

$7 \times 4 = 28$

$11 \times 5 = 55$

$13 \times 6 = 78$

$17 \times 7 = 119$

$19 \times 8 = 152$

____ * 9 = ____

उपर्युक्त पैटर्न में लुप्त संख्याओं को क्रमशः पहचानिए।

(1) 21 और 189
(2) 23 और 207
(3) 25 और 225
(4) 29 और 261

Ans : (2)

$2 \times 1 = 2$

$3 \times 2 = 6$

$5 \times 3 = 15$

$7 \times 4 = 28$

$11 \times 5 = 55$

$13 \times 6 = 78$

$17 \times 7 = 119$

$19 \times 8 = 152$

$23 \times 9 = 207$

As the series is continued as ''prime number × natural number''.

Option (2) is correct answer.

217. One millimetre is the same as :

एक मिलीमीटर बराबर है :

(1) 0.01 cm
(2) 0.1 cm
(3) 0.01 m
(4) 0.1 m

Ans : (2)

1 cm = 10mm

1mm = 0.1cm

So, option (2) is correct answer.

218. Which of the following statements is/are most appropriate for the idea of cognitive conflict in teaching mathematics?

(a) Thoughtful efforts of a teacher to expose children to cognitive conflict can enhance their mathematical understanding.

(b) It is not useful for promoting mathematical understanding in children.

(c) Children get confused so cognitive conflict must be avoided.

Choose the correct option:

(1) (b) and (c)
(2) (a) and (c)
(3) Only (a)
(4) Only (c)

गणित शिक्षण में संज्ञानात्मक संघर्ष के विचार के लिए निम्नलिखित में से कौन सा/से कथन सबसे उपयुक्त है ?

(a) संज्ञानात्मक संघर्ष के प्रति बच्चों को सुगम्य बनाने के शिक्षक के विचारपूर्ण प्रयासों से उनकी गणितीय समझ को बढ़ावा मिल सकता है।

(b) यह बच्चों में गणितीय समझ को बढ़ावा देने के लिए प्रभावी नहीं है।

(c) संज्ञानात्मक संघर्ष से बचना चाहिए क्योंकि इससे बच्चे भ्रमित हो जाते हैं।

सही विकल्प चुनें :

(1) (b) और (c)
(2) (a) और (c)
(3) केवल (a)
(4) केवल (c)

Ans : (3)

संज्ञानात्मक संघर्ष का विचारशील प्रदर्शन छात्रों को गंभीर रूप से सोचने और गलतफहमी को हल करने के लिए चुनौती देकर गणितीय समझ को बढ़ा सकता है।

219. Which aspect of evaluation is used when a teacher ensures that test made by her fulfils the objectives and criteria of that test?

(1) Validity
(2) Practicality
(3) Reliability

(4) Consistency

जब शिक्षिका यह सुनिश्चित करती है कि उसके द्वारा बनाया गया टैस्ट, उस टैस्ट के उद्देश्यों एवं कसौटी को पूरा करते हैं तब मूल्यांकन के किस पक्ष का उपयोग किया गया है?

(1) वैधता
(2) व्यावहारिकता
(3) विश्वसनीयता
(4) सुसंगति

Ans : (1)

वैधता से तात्पर्य यह है कि कोई परीक्षण कितनी अच्छी तरह उस चीज़ को मापता है जिसका वह आकलन करना चाहता है। जब एक शिक्षक यह सुनिश्चित करता है कि कोई परीक्षा उसके उद्देश्यों और मानदंडों के अनुरूप है, तो वे इसकी वैधता की जाँच करे रहे हैं।

220. Which of the following statement is least appropriate for encouraging mathematical learning?

(1) Failure does not imply that students cannot do mathematics.
(2) Everyone can learn mathematics.
(3) Mathematics learning is not gender specific.
(4) Discourage intuition as it hampers the development of mathematical ideas.

निम्नलिखित में से कौन-सा कथन गणितीय अधिगम को प्रोत्साहित करने के लिए सबसे कम उपयुक्त है ?

(1) असफलता का अर्थ यह नहीं होता कि विद्यार्थी गणित नहीं कर सकते।
(2) सभी गणित सीख सकते हैं।
(3) गणित अधिगम जेंडर - विशिष्ट नहीं होता है।
(4) अन्तर्ज्ञान को हतोत्साहित करना चाहिए क्योंकि यह गणितीय विचारों को विकसित करने में बाधा डालता है।

Ans : (4)

गणित में अंतर्ज्ञान को प्रोत्साहित करना महत्वपूर्ण है क्योंकि यह गणितीय विचारों को समझने और विकसित करने में मदद करता है। इसे हतोत्साहित करने से छात्रों की गणितीय अवधारणाओं को प्रभावी ढंग से तलाशने और समझने की क्षमता में बाधा आ सकती है।

221. According to National Education Policy (NEP) 2020, assessment of learners include:

(1) Cognitive and physical domains
(2) Cognitive, affective and psychomotor domains
(3) Cognitive, social and spiritual domains
(4) Physical and psychological domains

राष्ट्रीय शिक्षा नीति 2020, के अनुसार, शिक्षार्थियों का आकलन _________ को शामिल करता है।

(1) संज्ञानात्मक और भौतिक आयाम
(2) संज्ञानात्मक, भावात्मक और मनोगत्यात्मक आयाम
(3) संज्ञानात्मक, सामाजिक, आध्यात्मिक आयाम
(4) भौतिक और मनोवैज्ञानिक आयाम

Ans : (2)

राष्ट्रीय शिक्षा नीति (एनईपी) 2020 संज्ञानात्मक, भावात्मक और साइकोमोटर डोमेन में शिक्षार्थियों का मूल्यांकन करने की सिफारिश करती है। संज्ञानात्मक डोमेन बौद्धिक क्षमताओं और ज्ञान का मूल्यांकन करता है। अफेक्टिव डोमेन दृष्टिकोण, मूल्यों और भावनात्मक प्रतिक्रियाओं का आकलन करता है। साइकोमोटर डोमेन शारीरिक कौशल और कार्य निष्पादन को मापता है।

222. National Education Policy (NEP) - 2020 talks about "Knowledge of India". Which of the following are not included in it?

(1) Knowledge from ancient India and its contributions to modern India.
(2) Tribal knowledge, indigenous and traditional ways of learning as part of various subjects like Mathematics, Astronomy, Medicine, Agriculture etc.
(3) Field visits to different states as part of cultural exchange programmes.
(4) Formal examination to assess the knowledge gained by the students.

राष्ट्रीय शिक्षा नीति-(एन.ई.पी) - 2020 " भारत का ज्ञान" के बारे में बात करती है। निम्नलिखित में से क्या इसमें सम्मिलित नहीं है ?

(1) आधुनिक भारत के प्रति प्राचीन भारत का ज्ञान और उसका योगदान।
(2) विभिन्न विषयों जैसे गणित, खगोल विज्ञान, चिकित्सा,

कृषि इत्यादि के हिस्से के रूप में आदिवासी ज्ञान, अधिगम के स्वदेशी और पारंपरिक तरीके।

(3) सांस्कृतिक आदान-प्रदान कार्यक्रमों के हिस्से के रूप में विभिन्न राज्यों का दौरा।

(4) विद्यार्थियों के ज्ञान में वृद्धि के आकलन के लिए औपचारिक परीक्षाएँ।

Ans : (4)

NEP 2020 औपचारिक परीक्षाओं पर ध्यान केंद्रित करने के बजाय भारत के ऐतिहासिक, सांस्कृतिक और पारंपरिक ज्ञान को पाठ्यक्रम में एकीकृत करने पर जोर देता है।

223. Which of the following model is least appropriate to develop the conceptual understanding regarding the relationships of ones, tens and hundreds in early grade learners?

(1) Dienes blocks
(2) Money
(3) Abacus
(4) Place value chart

निम्नलिखित में से कौन सा मॉडल शुरुआती कक्षा के शिक्षार्थियों में इकाई, दहाई और सैकड़े के संबंध के बारे में अवधारणात्मक समझ विकसित करने के लिए सबसे कम उपयुक्त है ?

(1) डीन्स ब्लॉक्स
(2) मुद्रा
(3) गिनतारा
(4) स्थानीय मान चार्ट

Ans : (2)

पैसा स्थानीय मूल्य अवधारणाओं को दर्शाने के लिए डायनेस ब्लॉक, एबेकस या स्थानीय मूल्य चार्ट जितना प्रभावी नहीं है क्योंकि यह कम संरचित है और विशेष रूप से एक, दसियों और सैकड़ों के बीच संबंधों को स्पष्ट, व्यवस्थित तरीके से दिखाने के लिए डिज़ाइन नहीं किया गया है।

224. Which of the following is not true about 'multiplicity of approaches' in teaching mathematics?

(1) Very often, there are many ways of solving a problem.
(2) It hampers the learning of child as it leads to confusion.
(3) Offering such a choice allows children to explore and use the approach that is most natural and easy for them.
(4) It is crucial for liberating school mathematics from the tyranny of the one correct answer.

गणित के शिक्षण में 'विभिन्न प्रकार के तरीकों' के लिए निम्नलिखित कौन-सा सत्य नहीं है ?

(1) ऐसा बहुत बार होता है कि एक समस्या का समाधान करने के कई तरीके हों।
(2) यह बच्चे के अधिगम में बाधा डालता है क्योंकि यह भ्रम की अगुआई करता है।
(3) इस तरह के विकल्प प्रस्तुत करने से बच्चों को उस उपागम का अन्वेषण करने और उपयोग करने का अवसर मिलता है जो उनके लिए सबसे स्वभाविक और आसान हो।
(4) यह स्कूली गणित को एक ही सही उत्तर होने की परंपरा से मुक्त करने के लिए महत्वपूर्ण है।

Ans : (2)

किसी समस्या को हल करने के लिए अक्सर कई तरीके होते हैं और विभिन्न दृष्टिकोण पेश करने से छात्रों को वह तरीका ढूंढने में मदद मिल सकती है जो उनके लिए सबसे अच्छा काम करता है, 'दृष्टिकोण की बहुलता' का विचार आम तौर पर समझ और लचीलेपन को बढ़ाने के लिए होता है, न कि भ्रम पैदा करने के लिए।

225. Givens are the two statements one is Assertion (A) and the other is Reason (R).

Assertion (A): Many students feel a sense of fear and failure in mathematics.

Reason (R): Gender differences are responsible for fear in mathematics.

Choose the correct option:

(1) Both (A) and (R) are correct
(2) Both (A) and (R) are incorrect
(3) (A) is correct but (R) is not the correct reason of (A)

(4) (A) is correct and (R) is the correct reason for (A)

दो कथन दिए गए हैं। एक अभिकथन (A) है और दूसरा कारण (R) है।

अभिकथन (A): कई विद्यार्थी गणित में भय और असफलता के बोध का अनुभव करते हैं।

कारण (R): जेंडर भिन्नताएँ गणित में भय के लिए उत्तरदायी हैं।

सही विकल्प का चयन कीजिए:

(1) (A) और (R) दोनों सही हैं

(2) (A) और (R) दोनों सही नहीं हैं

(3) (A) सही है परन्तु (R), (A) का सही कारण नहीं है

(4) (A) सही है तथा (R), (A) के लिए सही कारण है

Ans : (3)

यह सच है कि कई छात्र गणित में डर और असफलता का अनुभव करते हैं (दावा A), केवल लिंग अंतर ही इन मुद्दों का प्राथमिक कारण नहीं है। अन्य कारक, जैसे शिक्षण विधियाँ, पिछले अनुभव और व्यक्तिगत सीखने की कठिनाइयाँ, अधिक महत्वपूर्ण भूमिका निभाते हैं।

226. A Primary grade student solves a problem on subtraction in the following way, 301

$301 - 30 = \frac{-30}{331} = 331$

Which of the following is the most appropriate reason for this type of error?

(1) The student is careless and inattentive in the class.

(2) The student has over generalized the concept of addition of zero to subtraction.

(3) The student does not know addition and hence is unable to do subtraction.

(4) The student has not practiced enough questions.

एक प्राथमिक कक्षा का विद्यार्थी व्यवकलन पर एक समस्या निम्नलिखित रूप से हल करता है 301

$301\text{-}30 = \frac{-30}{331} = 331$

इस प्रकार की त्रुटि के लिए निम्नलिखित में से कौन-सा कारण सर्वाधिक उपयुक्त है?

(1) विद्यार्थी कक्षा में लापरवाह है और ध्यान नहीं दे रहा है।

(2) विद्यार्थी ने शून्य के योग की अवधारणा का व्यवकलन में अति सामान्यीकरण कर दिया है।

(3) विद्यार्थी योग करना नहीं जानता है और अतः व्यवकलन करने में असमर्थ है।

(4) विद्यार्थी ने पर्याप्त प्रश्नों का अभ्यास नहीं किया है।

Ans : (2)

त्रुटि का सबसे संभावित कारण यह है कि छात्र ने जोड़ से लेकर घटाने तक की अवधारणाओं को गलत तरीके से लागू किया है। यह भ्रम भिन्नों के ग़लत प्रयोग और अंतिम उत्तर से स्पष्ट है।

227. Solving mathematical problems which are open ended develops:

(a) Convergent thinking

(b) Creative thinking

(c) Divergent thinking

(d) Procedural fluency

Choose the correct option:

(1) (b) and (c)

(2) Only (c)

(3) (a) and (d)

(4) Only (d)

गणितीय समस्याएँ जो कि खुले सिरे वाली होती हैं ______ विकसित करती हैं

(a) अभिसारी चिंतन

(b) सृजनात्मक चिंतन

(c) अपसारी चिंतन

(d) प्रक्रियात्मक प्रवाह सही विकल्प का चयन कीजिए:

(1) (b) और (c)

(2) केवल (c)

(3) (a) और (d)

(4) केवल (d)

Ans : (1)

ओपन-एंडेड समस्याएं छात्रों को पारंपरिक तरीकों से परे सोचने और विभिन्न समाधान तलाशने के लिए चुनौती देकर रचनात्मक और भिन्न सोच दोनों को बढ़ावा देती हैं।

228. According to National Curriculum Framework, 2005, school mathematics must

take place in a situation where children learn to 'Enjoy Mathematics'. This principle is based on the premise that:

(1) children must enjoy solving textbook problems.
(2) children must enjoy solving mathematical puzzles.
(3) mathematics can be both used and enjoyed lifelong.
(4) mathematics assessment can be enjoyable.

राष्ट्रीय पाठ्यचर्या रूपरेखा, 2005 के अनुसार, स्कूली गणित उन परिस्थितियों में होना चाहिए जहाँ बच्चे 'गणित में आनंद' लेना सीखें। यह सिद्धांत इस आधार - वाक्य पर आधारित है कि:

(1) बच्चे को पाठ्यपुस्तक की समस्याओं को हल करने में आनंद आना चाहिए।
(2) बच्चों को गणितीय पहेलियों को हल करने में आनंद आना चाहिए।
(3) गणित का जीवन भर उपयोग और आनंद दोनों लिया जा सकता है।
(4) गणित में आकलन आनंददायक हो सकता है।

Ans : (3)

राष्ट्रीय पाठ्यचर्या की रूपरेखा, 2005 इस बात पर प्रकाश डालती है कि स्कूली गणित को बच्चों को 'गणित का आनंद' लेना चाहिए क्योंकि यह रेखांकित करता है कि गणित जीवन भर उपयोगी और आनंददायक दोनों हो सकता है। इस दृष्टिकोण का उद्देश्य विषय के प्रति स्थायी प्रशंसा पैदा करना है।

229. Pedagogical content knowledge of a mathematics teacher includes:

(a) use of activity-based methods of teaching
(b) use of various types of tests and assessment strategies
(c) knowing the names of different books on mathematics
(d) subject specific knowledge

Choose the correct option:

(1) Only (a)
(2) (b) and (c)
(3) Only (c)
(4) (a), (b) and (d)

गणित के शिक्षक के शिक्षाशास्त्रीय विषय-वस्तु ज्ञान में सम्मिलित है

(a) शिक्षण के लिए क्रियाकलापों पर आधारित विधियों का उपयोग करना
(b) विभिन्न प्रकार की परीक्षाओं और आकलन युक्तियों का उपयोग करना
(c) भिन्न-भिन्न गणित की पुस्तकों के नाम पता होना
(d) विषय विशिष्ट जानकारी होना

सही विकल्प का चयन कीजिए:

(1) केवल (a)
(2) (b) और (c)
(3) केवल (c)
(4) (a), (b) और (d)

Ans : (4)

एक गणित शिक्षक के लिए शैक्षणिक सामग्री ज्ञान में गतिविधि-आधारित तरीकों, विविध मूल्यांकन रणनीतियों और मजबूत विषय-विशिष्ट ज्ञान के माध्यम से गणित अवधारणाओं को प्रभावी ढंग से पढ़ाना शामिल है।

230. At primary level, a textbook in mathematics must provide scope for

(1) integrating many complex concepts in a single question.
(2) a lot of exercises for practice.
(3) contextual problems in mathematics.
(4) practicing the formal algorithms.

प्राथमिक स्तर पर, गणित की पाठ्यपुस्तक में अनिवार्यता से यह अवसर उपलब्ध होने चाहिए:

(1) एक प्रश्न में कई जटिल अवधारणाओं का समाकलन होना।
(2) अभ्यास के लिए बहुत सारे प्रश्न देना।
(3) गणित में संदर्भात्मक समस्याएँ देना।
(4) औपचारिक कलन विधि का अभ्यास करना।

Ans : (3)

प्राथमिक स्तर की गणित की पाठ्यपुस्तक में छात्रों को गणित अवधारणाओं के वास्तविक जीवन के अनुप्रयोगों को देखने और उनके समस्या-समाधान कौशल को बढ़ाने में मदद करने के लिए प्रासंगिक समस्याएं शामिल होनी चाहिए।

231. What is the number of tens in 708?

708 में कितने दहाई (दस) हैं?

(1) 0

(2) 8

(3) 7

(4) 70

Ans : (4)

708 में दहाई No. of tens (मतलब 10 - 70 बार है)

232. 540 students of a school voted for the best group song presented in a competition. Then, on the basis of the obtained votes, these group songs A, B, C and D were represented on a pie chart by angles of 120°, 80°, 70°, 90° respectively at the centre. How many students voted for group song B ? (Assume that one student has voted only for one group song.)

एक विद्यालय में समूह गान प्रतियोगिता में प्रस्तुत सबसे अच्छा गाना चुनने के लिए 540 विद्यार्थियों ने मतदान किया। प्राप्त मतों के आधार पर इन समूह गानों A, B, C और D को एक पाई चार्ट के रूप में निरूपित किया गया, जिनके लिए वृत्त के केन्द्र पर क्रमश: 120°, 80°, 70° और 90° के कोण बनते हैं। कितने विद्यार्थियों ने समूह गान B के लिए मत दिया ? (कल्पना कीजिए कि एक विद्यार्थी केवल एक समूह गान के लिए मत देता है ।)

(1) 110

(2) 120

(3) 140

(4) 130

Ans : (2)

Angle of group song A (समूह गीत का कोण A) = 120°

Angle of group song B (समूह गीत का कोण B) = 80°

Angle of group song C (समूह गीत का कोण C) = 70°

Angle of group song D (समूह गीत का कोण D) = 90°

Total number of students (विद्यार्थियों की कुल संख्या) = 540°

Number of students voted for group song B

$= \frac{80}{360} \times 540 = 120$

233. How many decimal numbers are there between 0.50 and 0.70?

0.50 और 0.70 के बीच में कितनी दशमलव संख्याएं होंगी?

1. 20
2. 19
3. 1
4. अनंत

Ans : (4)

0.50 और 0.70 के बिच अनंत (infinite) संख्याएँ है।

उदाहरण : 0.51, 0.52, 0.53 ______, 0.70

0.511, 0.512, 0.513, ______, 0.70

0.5111, 0.5112______,0.70

इसलिए, 0.50 और 0.70 के बिच अनंत दशमलव संख्याएँ है।

234. Raghu started from his home to school at 9:10 am. It requires 20 minutes to reach school. When he reached exactly half way he noticed that he forgot his math notebook at home. So he went back and took it. If he travelled in same speed throughout his journey, where will be the minute hand of the clock when he reaches school?

रघु सुबह 9:10 बजे स्कूल जाने के लिए घर से निकलता है। उसे स्कूल पहुंचने में 20 मिनट लगते हैं। आधा रास्ता पहुंचने के बाद उसे याद आता है कि वह अपनी गणित की कापी घर पर भूल गया है तो वह वापिस जाता है और कापी लेता है। यदि वह समान गति से चलता है तो घड़ी में मिनट की सुई किस अंक पर होगी जब वह स्कूल पहुंचेगा?

1. 6
2. 7
3. 8
4. 10

Ans : (4)

प्रश्नानुसार रघु समान दूरी तय करते हुए अपने घर से विधालय की आधी दूरी जाता है और वापस घर आता है।

Time taken (लिया गया समय) = 10 + 10 = 20 मिनट

साथ ही, वह अपनी गणित की नोटबुक लेने के बाद वापस स्कूल जाता है।

स्कूल = 20 मिनट

प्रत्येक बार उसकी गति समान थी।

Total time taken by Raghu (रघु द्वारा लिया गया कुल समय) = (20 + 20) = 40 मिनट

इसलिए, वह 9:10 + 40 मिनट = 9:50 बजे स्कूल पहुंचेगा।

घड़ी की मिनट की सुई 10 पर होगी।

235. Which of the following numbers are not perfect squares?
निम्नलिखित में से कौन सी संख्याएं पूर्ण वर्ग नहीं है?

1. 625
2. 169
3. 225
4. 222

Ans : (4)

625-25 का वर्ग, 169-13 का वर्ग, 225-15 का वर्ग

ये सभी पूर्ण वर्ग (perfect square) है, 222 पूर्ण वर्ग (perfect square) नहीं है।

236. Radha, Manish, Rajesh and Asha want to divide 137 marbles among them. If each one wants equal number of marbles, how many more marbles has to be added to the given collection of marbles?
राधा, मनीष, राजेश और आशा 137 कंचों को आपस में बाँटना चाहते हैं। यदि प्रत्येक को समान संख्या में कंचे चाहिए तो हमे कंचों के समूह में और कितने कंचे जोड़ने होंगे?

1. 1
2. 2
3. 3
4. 4

Ans : (3)

Total persons (कुल लोग) = 4, वे कंचे (marble) आपस में बराबर बाटना चाहते है ,

तो हमे 137 में, + 3 कंचे जोड़ने होंगे ,

जिससे, उनमे प्रत्येक को समान कंचे मिलेंगे।

$\frac{137+3}{4} = \frac{140}{4} = 35$ प्रत्येक व्यक्ति को इतने कंचे मिलेंगे

237. If the side of the square is doubled. The area of the square will be______.
यदि वर्ग की भुजा को दोगुना कर दिया जाए तो, उसका क्षेत्रफल_____ हो जाएगा।

1. दोगुना
2. तीन गुना
3. चार गुना
4. आधा

Ans : (3)

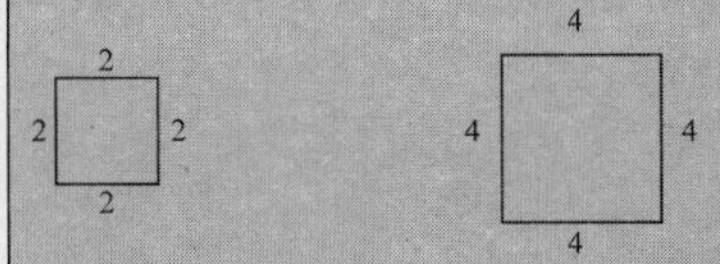

माना वर्ग की भुजा (side of square)= 2 cm

क्षेत्रफल (area of square) = $(2)^2 = 4$ cm^2

अब, भुजा (side) दोगुनी कर दी

क्षेत्रफल = $(\text{भुजा})^2 = (4)^2 = 16$ cm^2

4 गुणा क्षेत्रफल हो जायेगा।

238. Doctor has advised Aman to drink plenty of water every day. He drinks 14 glasses of water regularly. If the capacity of the glass is 300ml, how many litres of water he drinks in 1 week?

डॉक्टर ने अमन को रोज़ पर्याप्त मात्रा में पानी पीने की सलाह दी है। वह नियमित रूप से एक दिन में 14 गिलास पानी पीता है। यदि गिलास की क्षमता 300 मिलीलीटर है, तो वह एक सप्ताह में कितने लीटर पानी पीता है?

1. 24.9 लीटर
2. 29.4 लीटर
3. 30.4 लीटर
4. 28.4 लीटर

Ans : (2)

एक दिन में = 14 गिलास पानी पिता है।

Capacity of glass (गिलास की क्षमता) = 300 मिलीलीटर

एक सप्ताह यानि 7 दिन में, उसने एक दिन में कुल पानी पिया = 300×14= 4200 मिलीलीटर

$\frac{4200}{1000}$ = 4.2 litre, 1 litre = 1000 ml

7 दिन में = 4.2×7 = 29.4 लीटर

239. After ten years Manisha's age will be five times of her age six years ago. What is the present age of Manisha?
दस वर्ष बाद मनीषा की आयु उसकी छः वर्ष पूर्व की आयु की पांच गुनी हो जाएगी। मनीषा की वर्तमान आयु क्या है?

1. 15 वर्ष
2. 8 वर्ष
3. 8.5 वर्ष
4. 10 वर्ष

Ans : (4)

Present age (वर्तमान आयु) = x

After 10 years (दस वर्ष बाद आयु) = $(x + 10)$

6 वर्ष पहले, आयु = $(x - 6)$

तो, $5(x-6) = (x+10)$

$5x-30=x+10$

$\Rightarrow 4x=40$

$\Rightarrow x=10$

240. If LCM of 6 and 7 is half of the LCM of (x,y) and if x is 12, what will be the value of y?
यदि 6 और 7 का लघुत्तम समापवर्त्य (x,y) के लघुत्तम समापवर्त्य का आधा है और यदि x का मान 12 है, तो y का मान क्या होगा?

1. 6
2. 24
3. 18
4. 7

Ans : (4)

LCM X HCF = दो संख्याओं का गुणनफल (I X II)

(6,7) का LCM = 42 और (6,7) का HCF = 1

प्रश्न के अनुसार ,

(6 , 7) का LCM = (x , y) / 2 का LCM

(x, y) का LCM = 42×2 = 84

और (x, y) का HCF = 1

चूँकि x=12, $y=\frac{84}{12}=7$

241. Find the angle traced by hour hand of a correct clock between 6 am and 3 pm.
सुबह 6 बजे से दोपहर 3 बजे के बीच एक सही घड़ी की घण्टे की सुई कितने अंश का कोण घूम लेगी?

1. 90°
2. 180°
3. 270°
4. 30°

Ans : (3)

NOTE :- घंटे की सुई 1 घंटे में घूमती है।

Angle traced by hour hand of a correct clock between 6 am and 3 pm (यह सुबह के 6 बजे से दोपहर 3 बजे की बीच कुल 9 घंटे घूमी।)

= 30° ×9 = 270°

242. The sum of five consecutive even numbers is 60. What will be the sum, if the next two even numbers are also added to it ?

पाँच क्रमागत सम संख्याओं का योगफल 60 है। यदि अगली दो सम संख्याएँ भी उसमें जोड़ दी जाएँ, तो योगफल क्या होगा ?

(1) 90
(2) 94
(3) 96
(4) 98

Ans : (4)

Let the five consecutive even numbers be (पाँच क्रमागत सम संख्या) = $x, x+2, x+4, x+6, x+8$.

sum of five consecutive even numbers (पाँच क्रमागत सम संख्याओं का योगफल)=60

$$x + x + 2 + x + 4 + x + 6 + x + 8 = 60$$
$$5x + 20 = 60$$
$$5x = 60 - 20$$
$$x = 8$$

So, the consecutive even numbers are 8, 10, 12, 14 and 16.

Next two even numbers = 18, 20

When next two numbers also added in it, the sum becomes (अगली दो सम संख्याएँ भी उसमें जोड़ दी जाएँ, तो योगफल होगा) = 60 + 18 + 20 = 98

243. Savita went to ATM to withdraw some money. She got five notes of ₹2000, four notes of ₹ 500 and nine notes of ₹100. On counting she found that 1 note of ₹2000 and 1 note of ₹ 100 are less in the whole amount. How much amount did she enter for withdrawal?

सविता ए.टी.एम. से कुछ रूपये निकालने गई। उसे ₹2000 के पाँच नोट, ₹500 के चार नोट और ₹100 के नौ नोट मिले। रूपये गिनने पर उसे मालूम हुआ कि उसके पास ₹2000 का एक नोट और ₹100 का एक नोट कम मिला है। उसने ए.टी.एम. से निकालने के लिए कितनी राशि भरी थी?

1. ₹14000
2. ₹14500
3. ₹15000
4. ₹16500

Ans : (3)

2000 ₹ ⇒ 5 ⇒ 10,000 ₹
500 ₹ ⇒ 4 ⇒ 2000 ₹
100 ₹ ⇒ 9 ⇒ 900 ₹
12900 ₹

गलती से

2000₹ ⇒ 1 ⇒ 2000 ₹
100₹ ⇒ 1 ⇒ 100 ₹
2100 ₹

12900 ₹
2100 ₹
15000 ₹ निकलने के लिए भरे

244. The angles of rotations (rotational symmetry) of an equilateral triangle are:

एक समबाहु त्रिभुज की घुमावदार सममिती के कोण हैं:

1. 90°, 180°, 270°, 360°
2. 60°, 120°, 180°
3. 120°, 240°, 360°
4. 60°, 120°, 180°, 240°, 300°, 360°

Ans : (3)

कोण दिए गए है जहां समबाहु त्रिभुज (equilateral triangle) घूमता है।

उपयोग की गई अवधारणा: घूर्णन सममिती (rotational symmetry), वह सममिती है, जब यह आंशिक घुमाव द्वारा कुछ घूर्णन के बाद समान दिखाई देती है।

एक समबाहु बहुभुज (equilateral polygon) में सबसे छोटा घूर्णन कोण प्राप्त करने के लिए 360° को भुजाओं की संख्या से विभाजित कीजिए।

दी गई आकृति में एक समबाहु त्रिभुज है जो सम बहुभुज है।

यहाँ भुजाओं की संख्या (number of sides) = 3

सबसे छोटा घूर्णन कोण (smallest angle of rotation) = 360°/3 = 120°

यदि हम बहुभुज को 240° कोण पर घुमाते है, तब उसके बाद बहुभुज समान दिखाई देता है। और साथ ही अगर 360° पर घुमाते है अर्थात पूर्ण घूर्णन (complete rotation) यह भी सामान दिखाई देता है।

घूर्णन कोण (angle of rotation) 120°, 240°, 360° है।

245. Identify the next term of the given pattern
1ZA, 4YB, 9XC, 16WD ________

1. 81VE
2. 25VE
3. 25EV
4. 81EV

Ans : (2)

श्रृंखला 1ZA, 4YB, 9XC, 16WD, ?

गणना :

यहाँ अनुसरित तर्क इस प्रकार है,

1+3= 4; 4+5=9; 9+7=16; 16+9=25

Z-1= Y; Y-1= X; X-1=W; W-1=V

A+1=B; B+1=C; C+1=D; D+1=E

अतः अगला पद (next term) 25VE होगा।

246. Kusum plays with her friends in the evening, when both the hands of the clock are at 6. This time on a 24 hour clock can be read as :

कुसुम अपने मित्रों के साथ शाम को तब खेलने जाती है, जब घड़ी की दोनों सुइयाँ 6 पर होती हैं। इस समय को एक 24 घंटे वाली घड़ी में क्या पढ़ा जा सकता है?

1. 16 : 45
2. 20 : 15
3. 18 : 30
4. 6 : 30

Ans : (3)

कुसुम शाम को 6:30 बजे खेलने जाती है। तो शाम के 6:30 बजे को हम 24 घण्टे के format में 18:30 दिखायेगा

247. Five students measured the lengths of their pencils using a scale and the results were as follows:
15.5 cm, 12 cm, 11.8 cm, 9.7 cm, 7 cm
What is the average length of all pencils?

पाँच विद्यार्थी अपनी पेंसिलों की लंबाइयाँ रेखनी (स्केल) की मदद से मापते हैं, जिसके परिणाम निम्न प्रकार हैं:
15.5 cm, 12 cm, 11.8 cm, 9.7 cm, 7 cm
सभी पेंसिलों की औसत लम्बाई क्या है?

1. 10.6 cm
2. 11.4 cm
3. 10.9 cm
4. 11.2 cm

Ans : (4)

Average (औसत) $\frac{\text{sum of all number}}{\text{total no of observation}}$

$= \frac{15.5+12+11.8+9.7+7}{5} = \frac{56}{5} = 11.2cm$

248. The angles of a triangle are in the ratio 5 : 6 : 7. What is the measure of the smallest angle?

एक त्रिभुज के कोणों का अनुपात 5 : 6 : 7 हैं। सबसे छोटे कोण की माप क्या है?

1. 45°
2. 50°
3. 60°
4. 70°

Ans : (2)

त्रिभुज (triangle) के तीनो कोणों का योग = 180°

$5x+6x+7x=180°$

$18x=180 \Rightarrow x=10°$

सबसे छोटा (smallest angle) = $5x=5\times10=50°$

249. The sum of six consecutive numbers is 45. What is the sum of squares of first three numbers from the given six consecutive numbers?

छः क्रमागत संख्याओं का योग 45 है। छः क्रमागत संख्याओं में से पहली तीन संख्याओं के वर्गों का योग क्या है?
1. 110
2. 210
3. 194
4. 324

Ans : (1)

मान पहली संख्या (Let the first number) = x
इसी प्रकार दूसरी संख्या (second number) = $x+1$,
तीसरी संख्या (third number) = $x+2$,
चौथी संख्या (fourth number) = $x+3$,
पांचवी संख्या (fifth number) = $x+4$,
छठी संख्या (sixth number) = $x+5$
$x+x+1+x+2+x+3+x+4+x+5 = 45$
$6x+15= 45 \Rightarrow 6x=30 \Rightarrow x=5$
पहली संख्या = 5, दूसरी संख्या = 6, तीसरी संख्या = 7
$(5)^2 + (6)^2 + (7)^2 = 25 + 36 + 49 = 110$

250. In a division sum, the divisor is 5 times the quotient and 4 times the remainder. If the remainder is 5, what is the dividend?
एक विभाजन के प्रश्न में भाजक, भागफल का 5 गुना है और शेषफल का 4 गुना है। यदि शेषफल 5 है, तो भाज्य क्या होगा?
1. 80
2. 85
3. 75
4. 104

Ans : (2)

भाजक (Divisor) = भागफल (Quotient) का 5 गुना है।
भाजक (Divisor) = शेषफल (Remainder) का 4 गुना है।
Dividend = Divisor × Quotient + Remainder
Divisor = 5 × Quotient
और Divisor = 4 × Remainder
Divisor = 4 × 5=20
Quotient = 20 / 5 = 4
भाज्य = भाजक × भागफल + शेषफल (Dividend = Divisor × Quotient + Remainder)
= 20 ×4+5=85

251. Sayma reaches bus stand at 9:35 am and is told by Zeenat that the previous bus has left at 9:25 am as per her watch. If Zeenat's watch is 5 minutes fast and the frequency of bus is every 20 minutes, for how long Sayma has to wait to catch the next bus?
सायमा बस स्टैंड पर 9:35am पर पहुंची और उसे जीनत ने बताया कि उसकी घड़ी के हिसाब से पहली बस 9:25am पर गई है। यदि जीनत की घड़ी 5 मिनट तेज चल रही है और बस की आवृति प्रत्येक 20 मिनट की है तो सायमा को अगली बस पकड़ने के लिए कितने मिनट प्रतीक्षा करनी होगी?
1. 20 मिनट
2. 15 मिनट
3. 10 मिनट
4. 5 मिनट

Ans : (4)

यह दिया गया है की जीनत की घडी 5 मिनट तीव्र(fast) है इसलिए वह वास्तविक समय जिस पर पिछली बस निकली है वह सुबह 9 : 20 है साथ ही बस की आवृत्ति (frequency) 20 मिनट है इसलिए अगली बस सुबह 9 : 40 पर होगी।
सायमा सुबह 9 : 35 पर बस स्टैंड पहुंचती है इसलिए उसे अगली बस के लिए 5 मिनट इंतज़ार करना पड़ेगा

252. The dimensions of a godown are 5m × 7m × 4m. What is the largest number of parcels of dimensions 25 cm × 50 cm × 25cm can be accommodated in the godown?
एक गोदाम की विमाएँ 5 मी. × 7 मी. × 4 मी. हैं। इस गोदाम में 25 से.मी. × 50 से.मी. × 25 से.मी. विमाओं वाले अधिकतम कितने पार्सलों को रखा जा सकता है?
1. 2912
2. 4480
3. 1456
4. 896

Ans : (2)

Volume of godown (गोदाम का आयतन) = 7 मीटर × 5 मीटर × 4 मीटर = 700 सेमी × 500 सेमी × 400 सेमी साथ ही प्रत्येक पार्सल का आयतन (volume of parcel) = 50 सेमी × 25 सेमी × 25 सेमी

खण्डों की कुल संख्या (number of parcels) = गोदाम का आयतन / प्रत्येक पार्सल का आयतन

$= \frac{700 \times 500 \times 400}{(50 \times 25 \times 25)} = 4480$

अतः खंडों की कुल संख्या 4480 है।

253. Find the difference between the largest and the smallest fractions amongst the following fractions: $\frac{3}{4}, \frac{1}{2}, \frac{1}{4}, \frac{2}{3}, \frac{3}{5}, \frac{5}{6}$.

निम्नलिखित भिन्नों में से सबसे बड़े और सबसे छोटे भिन्नों का अंतर निकालिए -

$\frac{3}{4}, \frac{1}{2}, \frac{1}{4}, \frac{2}{3}, \frac{3}{5}, \frac{5}{6}$.

1. $\frac{1}{12}$
2. $\frac{5}{12}$
3. $\frac{13}{12}$
4. $\frac{7}{12}$

Ans : (4)

$\frac{3}{4} = 0.75, \frac{1}{2} = 0.5, \frac{1}{4} = 0.25, \frac{2}{3} = 0.66, \frac{3}{5} = 0.6, \frac{5}{6} = 0.83,$

सबसे बड़ा भिन्न (largest fraction) = $\frac{5}{6}$,

सबसे छोटा भिन्न (smallest fraction) = $\frac{1}{4}$,

अंतर (difference) = $\frac{5}{6} - \frac{1}{4} = \frac{10-3}{12} = \frac{7}{12}$

254. The Auto rickshaw fare rate in a city is as follows:

Minimum Charge - ₹ 25 (Up to 1.5 km)

For more than 1.5 km - ₹ 9.5 per kilometre.

Raju hired an auto rickshaw to go back to his home, which is 7.5 km away from city. How much money does he have to pay after completing the journey?

शहर में ऑटो रिक्शा का किराया इस प्रकार है :

न्यूनतम किराया - ₹ 25 (1.5 किलोमीटर तक)

1.5 किमी से अधिक के लिए – ₹ 9.5 प्रति किलोमीटर

राजू ने घर जाने के लिए शहर से ऑटो रिक्शा लिया जो 7.5 किलोमीटर की दूरी पर है। यात्रा पूरी करने के पश्चात उसे कितना किराया देना होगा?

1. ₹ 82
2. ₹ 125
3. ₹ 74.25
4. ₹ 85

Ans : (1)

राजू द्वारा तय की गयी कुल दुरी (Total distance travelled by Raju) = 7.5 कि.मी.

1.5 किमी तक, एक ऑटो रिक्शा का न्यूनतम किराया (minimum fare) 25 रूपये है।

1.5 किमी के बाद राजू द्वारा तय की गई दुरी = राजू द्वारा तय की गई कुल दुरी – 1.5 कि.मी.

1.5 किमी के बाद राजू द्वारा तय की गई दुरी = 7.5 कि.मी. – 1.5 कि.मी. = 6 कि.मी.

6 किमी के लिए ऑटो-रिक्शा का किराया = 6×9.5

= 57 रूपये

राजू द्वारा अपनी पूरी यात्रा के लिए भुगतान की गयी धनराशि (total fare to complete the journey) = 1.5 किमी तक एक ऑटो रिक्शा का न्यूनतम किराया + अगले 6 किमी के लिए एक ऑटो-रिक्शा का किराया

राजू द्वारा अपनी पूरी यात्रा के लिए भुगतान की गयी धनराशि = 25+57 = 82 रूपये

255. For conducting a group activity, Ms. Anju, a class 4 teacher has used a collection of pebbles. She has distributed 1/5 th of the pebbles to group 1, 1/4 th to group 2 and 1/3 rd to group 3. After distributing if she has 26 pebbles left with her, what was the minimum number of pebbles she might have brought in the class?

एक सामूहिक गतिविधि कराने के लिए कक्षा 4 की शिक्षिका अंजू ने कुछ कंकड़ों का प्रयोग किया। उसने कंकड़ों का 1/5 भाग समूह 1 को, 1/4 भाग समूह 2 को और 1/3 भाग समूह 3 को दिया। सभी को कंकड़ बांटने के बाद यदि उसके पास 26 कंकड़ बाकी बचे हैं तो वह कक्षा में कितने कंकड़ लायी थी?

1. 60
2. 120
3. 73
4. 146

Ans : (2)

अंजू समूह 1 को कंकड़ बांटती है = कुल कंकड़ों का $\frac{1}{5}$ भाग

समूह 2 को बांटती है = कुल कंकड़ों का $\frac{1}{4}$ भाग

समूह 3 को बांटती है = कुल कंकड़ों का $\frac{1}{3}$ भाग

वितरण के बाद शेष कुल कंकड़ (Total pebbles remaining after distribution) = 26

माना अंजू के पास कुल कंकड़ थे = x

प्रश्नानुसार समूह 1 प्राप्त करता है = $\frac{1}{5}$ x, समूह 2 प्राप्त करता है = $\frac{1}{4}$x

समूह 3 प्राप्त करता है = $\frac{1}{3}x$

वितरण के बाद शेष कुल कंकड़ = 26

इसलिए,

$$x-\left\{\left(\frac{1}{5}\right)x+\left(\frac{1}{4}\right)x+\left(\frac{1}{3}\right)x\right\}=26$$

$$x-\frac{12x+15x+20x}{60}=26$$

$$x-\left(\frac{47}{60}\right)x=26$$

$$x=26\times\left(\frac{60}{13}\right)=120$$

अंजू ने कक्षा में कम से कम 120 कंकड़ लाये होंगे।(Anju must have brought at least 120 pebbles to the class.)

256. If a water tank has 500 litre water, then how many maximum pots, of equal capacity of 250ml, can be filled from the water tank?

यदि एक पानी के टैंक में 500 लीटर पानी है तो उसमें से 250 मिलीमीटर की क्षमता वाले अधिकतम कितने बर्तन भरे जा सकते हैं?

1. 200
2. 600
3. 2500
4. 2000

Ans : (4)

[1 L = 1000 ml]

पानी की टंकी की क्षमता (Capacity of water tank) = 500 L = 500 ×1000 = 500000 ml

बर्तन की क्षमता (capacity of pot) = 250 ml

अभीष्ट बर्तन (required pots) = 500000/250 = 2000

पानी की टंकी से अधिकतम 2000 बर्तन भरे जा सकते है।

257. Gita wants to fence a land with a 100 m wire. Which shape of the land she should fence so that she can have the maximum area?

गीता 100 मीटर की तार से एक जमीन पर बाड़ लगाना चाहती है। उसे किस आकृति की भूमि पर बाड़ लगाना चाहिए, ताकि उसके पास अधिकतम क्षेत्रफल की भूमि हो?

1. त्रिभुजाकार
2. वर्गाकार
3. आयताकार
4. वृत्ताकार

Ans : (4)

तार की लम्बाई (Length of wire) = 100 METER

वृत्त की परिधि (Circumference of the circle) = 100 METER

$2\pi r = 100$ m, $\quad r=\frac{50}{\pi}$

वृत्ताकार क्षेत्रफल (Area of Circle) = $\pi r^2 = \pi\frac{(50)^2}{\pi^2}$

$\frac{2500}{\pi} = 796.17$

वृत्ताकार आकृति (circular shape) की भूमि पर बाड़ लगाना चाहिए अन्य सभी का क्षेत्रफल इससे कम आयेगा।

258. Identify the angle made by the middle alphabet of the word 'ONE'.

1. Acute angle
2. Right angle
3. Obtuse angle
4. Complimentary angle

'ONE' के बीच वाले अक्षर द्वारा बनने वाले कोण की पहचान कीजिए।

1. न्यूनकोण
2. समकोण
3. अधिक कोण
4. पूरक कोण

Ans : (1)

ONE के बीच (N) आता है

N से = न्यून कोण (Acute angle)

259. According to National Curriculum Framework, 2005, enhancing mathematical communication means _______.

(1) To make children promptly answer the questions
(2) To encourage debate in the classroom
(3) To organize, consolidate and express mathematical thinking
(4) To include a lot of stories, poems and drama in a mathematics classroom

राष्ट्रीय पाठ्यचर्या रूपरेखा 2005 के अनुसार गणितीय संप्रेषण को बढ़ाने (उन्तयन) का अर्थ _____ है।

(1) बच्चों को तत्परता के साथ प्रश्नों का उत्तर देने योग्य बनाना
(2) कक्षा में वाद-विवाद के लिए प्रोत्साहित करना
(3) गणितीय चिंतन को सुव्यवस्थित संघटित तथा अभिव्यक्त करना
(4) गणित की कक्षा में बहुत-सी कहानियों, कविताओं और नाट्य को सम्मिलित करना

Ans : (3)

राष्ट्रीय पाठ्यचर्या रूपरेखा, 2005 के अनुसार, गणितीय संचार को बढ़ाने में छात्रों को उनकी गणितीय सोच को व्यवस्थित करने, समेकित करने और स्पष्ट रूप से व्यक्त करने में मदद करना शामिल है।

260. Which of the following represents an effective method to rectify the errors made by students in the operations such as 1/4 + 1/4 =2/8?

(1) Using concrete fraction models to depict the above situation
(2) Teaching students how to find the LCM
(3) Giving similar problems for practice
(4) By giving tests

निम्नलिखित में से कौन-सा एक प्रभावी पद्धति को निरूपित करता है जो विद्यार्थियों द्वारा की गई संक्रियाओं में इस तरह की त्रुटियों को सुधारे जैसे 1/4 + 1/4 =2/8 ?

(1) उपर्युक्त परिस्थिति को दर्शाने के लिए भिन्न के मूर्त प्रतिरूप (मॉडल) का उपयोग करके
(2) विद्यार्थियों को यह बताना कि लघुतम समापवर्त्य (LCM) कैसे ज्ञात करते हैं
(3) अभ्यास के लिए इसी प्रकार की समस्याएं देकर
(4) टेस्ट देकर

Ans : (1)

ठोस भिन्न मॉडल का उपयोग करने से छात्रों को यह देखने और समझने में मदद मिलती है कि भिन्न दृष्टि से कैसे काम करते हैं, जिससे उन्हें भिन्न संचालन के बारे में गलतफहमियों को दूर करने और सटीक अवधारणाओं को सुदृढ़ करने में मदद मिलती है।

261. Which of the following is least likely to enhance the mathematics anxiety among learners?

(1) Annual examination
(2) Predominance of symbiotic language in mathematics
(3) Cumulative nature of mathematics
(4) Formative assessments

विद्यार्थियों में गणित की चिंता को बढ़ाने के लिए निम्नलिखित में से किसकी संभावना सबसे कम है?

(1) वार्षिक परीक्षा
(2) गणित में प्रतीकात्मक भाषा का प्रभुत्व
(3) गणित की संचयी प्रकृति
(4) रचनात्मक आकलन

Ans : (4)

रचनात्मक मूल्यांकन का उद्देश्य निरंतर प्रतिक्रिया और समर्थन प्रदान करके छात्रों को सीखने में सहायता करना है। उनका उद्देश्य तनाव या चिंता पैदा करने के बजाय छात्रों को सुधार करने में मदद करना है।

262. Which one of the following is inappropriate statement for aims and objectives in mathematics?

(1) Aims are formal while objectives are functional and informative.

(2) Alms are common to more than one subject while objectives are specific to each subject.

(3) Aims are short term goals while objective are long term goals.

(4) Aims are broader while objectives are a part of aims.

गणित के लक्ष्यों एवं उद्देश्यों के लिए निम्नलिखित में से कौन-सा असंगत कथन है?

(1) लक्ष्य औपचारिक है जबकि उद्देश्य कार्यात्मक एवं सूचनाप्रद हैं।

(2) लक्ष्य एक से अधिक विषयों के साथ एकसमान हैं जबकि उद्देश्य प्रत्येक विषय के लिए विशिष्ट हैं।

(3) लक्ष्य अल्पकालिक हैं जबकि उद्देश्य दीर्घकालिक हैं।

(4) लक्ष्य विस्तृत हैं जबकि उद्देश्य लक्ष्य का एक भाग है

Ans : (3)

गणित में लक्ष्यों और उद्देश्यों के लिए अनुचित कथन यह है कि लक्ष्य अल्पकालिक लक्ष्य होते हैं जबकि उद्देश्य दीर्घकालिक लक्ष्य होते हैं। वास्तव में, उद्देश्य व्यापक, दीर्घकालिक लक्ष्य होते हैं, जबकि उद्देश्य विशिष्ट, अल्पकालिक लक्ष्य होते हैं जो व्यापक लक्ष्यों को प्राप्त करने में मदद करते हैं।

263. Which of the following statement is most appropriate?

(1) Mathematics lab is essential as it provides opportunities for hands on activities for students.

(2) Charts are used in mathematics class as an effective teaching-learning material.

(3) Use of teaching-learning material in mathematics class consume students' time for practice.

(4) Students do not enjoy riddles in mathematics class.

निम्नलिखित में से कौन सा कथन सबसे अधिक उपयुक्त है ?

(1) गणित की लैब जरुरी है क्योंकि यह क्रियाशील गतिविधियों का अवसर प्रदान करती है।

(2) चार्टस् गणित की कक्षा में एक प्रभावी शिक्षण-अधिगम सामग्री है।

(3) शिक्षण-अधिगम सामग्री का उपयोग गणित की कक्षा में विद्यार्थियों के अभ्यास का समय व्यय कर देता है।

(4) विद्यार्थी गणित की कक्षा में पहेलियों में आनंद नहीं लेते।

Ans : (1)

एक गणित प्रयोगशाला व्यावहारिक गतिविधियों की सुविधा प्रदान करती है, जो गणितीय अवधारणाओं के साथ छात्रों की समझ और जुड़ाव को बढ़ाती है। यह व्यावहारिक दृष्टिकोण छात्रों को ठोस अनुभवों के माध्यम से अमूर्त विचारों को समझने में मदद करता है।

264. Which of the following is true for word problems in school mathematics?

(1) Word problems refer to exercises where the child formalizes the situation into a form where a specific mathematical technique can be applied.

(2) Word problems are not examples of mathematical modelling.

(3) Word problems are important in secondary classes only.

(4) Word problems focus more on procedural knowledge in mathematics.

निम्नलिखित में से कौन - सा स्कूली गणित में इबारती सवालों के लिए सही है ?

(1) इबारती सवाल उन अभ्यासों को संदर्भित करते हैं जहाँ बच्चा परिस्थिति को एक ऐसा औपचारिक रूप देता है जिसमें गणितीय तकनीक को लागू किया जा सके।

(2) इबारती सवाल गणितीय निदर्शन के उदाहरण नहीं होते ।

(3) इबारती सवाल केवल माध्यमिक कक्षाओं में महत्वपूर्ण होते हैं।
(4) इबारती सवाल गणित में कार्यविधिक ज्ञान पर अधिक केंद्रित होते हैं।

Ans : (1)

शब्द समस्याओं में वास्तविक दुनिया की स्थिति को गणितीय रूप में अनुवाद करना शामिल है, जिससे छात्रों को उन्हें हल करने के लिए गणितीय तकनीकों को लागू करने की अनुमति मिलती है। यह प्रक्रिया गणितीय मॉडलिंग और समस्या-समाधान के लिए केंद्रीय है, जिससे छात्रों को गणितीय अवधारणाओं को व्यावहारिक अनुप्रयोगों से जोड़ने में मदद मिलती है।

265. Which of the following is most appropriate to introduce 'Data Handling' at primary stage?
(1) Asking the students to read timetables of bus and train timings.
(2) Within classroom, collecting statistics of students' height; favorite food; color; cartoon etc. and asking questions related to data.
(3) Showing population census of a city for five years and asking students to compare population growth.
(4) Drawing a bar graph on the blackboard and asking students to read the data from it.

प्राथमिक स्तर पर 'आँकड़ों का प्रबंधन' के परिचय के लिए निम्नलिखित में से क्या सबसे उपयुक्त है ?
(1) विद्यार्थियों को बस और ट्रेन के समय की समय-सारणियों को पढ़ने के लिए कहना।
(2) कक्षा में विद्यार्थियों की लम्बाई, उनका पसंदीदा खाना, रंग, कार्टून इत्यादि पर आँकड़े इकट्ठे करना और आँकड़ों पर आधारित प्रश्न पूछना।
(3) विद्यार्थियों को एक शहर की पाँच साल की जनसंख्या गणना दिखाना और विद्यार्थियों को जनसंख्या वृद्धि की तुलना करने को कहना।
(4) श्यामपट्ट पर एक दंड-आरेख चित्रांकित करना और विद्यार्थियों को उसमें से आँकड़ों को पढ़ने के लिए कहना।

Ans : (2)

सहपाठियों की प्राथमिकताओं या विशेषताओं जैसे परिचित और संबंधित विषयों पर डेटा एकत्र करने से युवा छात्रों को डेटा प्रबंधन की अवधारणा को ठोस और आकर्षक तरीके से समझने में मदद मिलती है। यह सीखने के अनुभव को अधिक प्रासंगिक और उनके लिए समझने में आसान बनाता है।

266. According to National Curriculum Framework, 2005, which of the following processes are least relevant in a primary mathematics classroom?
(1) Memorizing formulae
(2) Use of patterns
(3) Visualization
(4) Making connections and representations

राष्ट्रीय पाठ्यचर्या रूपरेखा, 2005 के अनुसार, एक प्राथमिक गणित कक्षा में निम्नलिखित में से कौन-सी प्रक्रियाएँ सबसे कम रूप से प्रासंगिक हैं ?
(1) सूत्रों को याद करना
(2) पैटर्न (प्रतिमानों) का उपयोग करना
(3) दृश्यीकरण
(4) संबंध स्थापित करना और निरूपण

Ans : (1)

राष्ट्रीय पाठ्यचर्या की रूपरेखा सूत्रों को रटने के बजाय पैटर्न, विज़ुअलाइज़ेशन और कनेक्शन और प्रतिनिधित्व बनाने के माध्यम से अवधारणाओं को समझने पर जोर देती है, जो प्राथमिक स्तर पर गहरी गणितीय समझ को बढ़ावा देने में कम प्रभावी है।

267. For primary grade children an understanding of 'approximation and estimation' would lead to the development of which of the following concepts?
(a) Transitivity
(b) Measurement
(c) Patterns
(d) Calculations
Choose the correct options:
(1) (a), (c) and (d)

(2) (a), (b) and (c)
(3) (b), (c) and (d)
(4) (a), (b) and (d)

प्राथमिक श्रेणी के बच्चों के लिए 'सन्निकटन एवं अनुमान' की समझ निम्नलिखित संकल्पनाओं मे से किस संकल्पना के विकास की ओर ले जाएगी?

(a) संक्रामिता
(b) मापन
(c) नमूनों
(d) परिकलनों

सही विकल्प का चयन कीजिए:

(1) (a), (c) और (d)
(2) (a), (b) और (c)
(3) (b), (c) और (d)
(4) (a), (b) और (d)

Ans : (4)

प्राथमिक कक्षा के बच्चों के लिए, सन्निकटन और अनुमान परिवर्तनशीलता, माप और गणना कौशल विकसित करने में सहायता करते हैं, जिससे उन्हें माप को बेहतर ढंग से समझने और गणना में उचित अनुमान लगाने में मदद मिलती है।

268. When asked to write five hundred sixty-seven a child writes it as 50067. What could be the most appropriate reason for this error?

(1) Child is not attentive in the class and is a careless listener.
(2) Child is a careful listener but has not established the concept of place value.
(3) Child recognizes only two-digit numbers.
(4) Teacher's inability to teach the concept of place value.

जब एक बच्चे को पाँच सौ सड़सठ को लिखने के लिए कहा गया, तब उसने उसे 50067 लिखा। इस त्रुटि का सर्वाधिक उपयुक्त कारण क्या हो सकता है?

(1) बच्चा कक्षा में ध्यान नहीं दे रहा है और एक लापरवाह श्रोता है।
(2) बच्चा एक सतर्क श्रोता है किन्तु स्थानीय मान की अवधारणा को स्थापित नहीं कर पाया है।
(3) बच्चा केवल दो - अंकीय संख्याएँ पहचानता है।
(4) स्थानीय मान की अवधारणा पढ़ाने में शिक्षक की नाकामी।

Ans : (2)

यह त्रुटि संभवतः बच्चे द्वारा सावधानीपूर्वक श्रोता होने के बावजूद स्थानीय मान न समझने के कारण उत्पन्न होती है। इस गलतफहमी के कारण संख्या में अंक गलत स्थान पर आ जाते हैं।

269. Which of the following is an example of culturally specific knowledge that is displayed in early mathematics learning by very young children?

(1) Number words used by the learners
(2) Number operations
(3) Spatial understanding
(4) Solving mathematical puzzles etc.

निम्नलिखित में से कौन-सा, संस्कृति विशिष्ट ज्ञान का उदाहरण है जो कि प्रारंभिक स्तर के गणित अधिगम में बहुत छोटे बच्चों द्वारा प्रदर्शित किया जाता है।

(1) अधिगमकर्ता द्वारा प्रयुक्त संख्या शब्द
(2) संख्या संक्रियाएँ
(3) दिक्स्थान संबंधी समझ
(4) गणितीय पहेलियाँ आदि हल करना

Ans : (1)

प्रारंभिक गणित सीखने में सांस्कृतिक रूप से विशिष्ट ज्ञान को दर्शाते हुए, संस्कृतियों के बीच संख्या शब्द महत्वपूर्ण रूप से भिन्न हो सकते हैं।

270. Which one of the following statements is true with respect to mathematics learning?

(1) Boys are better at learning mathematics as compared to girls
(2) There must be separate classrooms for children with special needs as they cannot learn with other children
(3) Everybody can learn mathematics
(4) Procedural fluency in mathematics will always lead to conceptual clarity

निम्नलिखित में से कौन-सा कथन गणित के अधिगम के संबंध में सही है?

(1) लड़कियों की तुलना में लड़के गणित सीखने में बेहतर हैं

(2) विशेष आवश्यकताओं वाले बच्चों के लिए अलग कक्षाएँ होनी चाहिए क्योंकि वे अन्य बच्चों के साथ नहीं सीख सकते हैं

(3) प्रत्येक व्यक्ति गणित सीख सकता है

(4) गणित में प्रक्रियात्मक प्रवाह सदैव अवधारणात्मक स्पष्टता की ओर ले जाएगा

Ans : (3)

गणित सीखना सभी व्यक्तियों के लिए सुलभ है, हालाँकि दृष्टिकोण और समर्थन व्यक्तिगत आवश्यकताओं और सीखने की शैलियों के आधार पर भिन्न हो सकते हैं।

271. National Curriculum Framework, 2005 argues for a mathematics curriculum which is "ambitious". Which among the following is/are most appropriate to represent this vision?

(a) Curriculum needs to develop students' capabilities in numeracy.

(b) Curriculum needs to develop students' inner resources to think and reason mathematically.

(c) Curriculum needs to develop students' ability in solving mathematical puzzles.

Choose the correct option:

(1) (a) and (c)

(2) Only (b)

(3) (b) and (c)

(4) (a) and (b)

राष्ट्रीय पाठ्यचर्या रूपरेखा, 2005, गणित की पाठ्यचर्या को "महत्त्वाकांक्षी" होने के लिए तर्क प्रस्तुत करता है। इस दृष्टि को दर्शाने के लिए निम्नलिखित में से कौन-सा/से सर्वाधिक उपयुक्त है/हैं?

(a) पाठ्यचर्या का संख्या- ज्ञान में विद्यार्थियों की क्षमताओं का विकास करना आवश्यक है।

(b) पाठ्यचर्या का गणितीय चिंतन एवं विवेचन के लिए विद्यार्थियों के आंतरिक संसाधनों का विकास करना आवश्यक है।

(c) पाठ्यचर्या का गणितीय पहेलियों को हल करने में विद्यार्थियों की क्षमता का विकास करना आवश्यक है।

सही विकल्प का चयन कीजिए:

(1) (a) और (c)

(2) केवल (b)

(3) (b) और (c)

(4) (a) और (b)

Ans : (2)

एक महत्वाकांक्षी पाठ्यक्रम छात्रों के गणितीय तर्क और आलोचनात्मक सोच को विकसित करने पर केंद्रित है, जो केवल संख्यात्मकता और पहेली-सुलझाने के बजाय गहरी समझ और संज्ञानात्मक कौशल पर जोर देता है।

272. What is the sum of all face values and place values of 5 in the numbers 25351 and 3255?

25351 और 3255 में 5 के सभी अंकित मान और स्थानीय मान का योग क्या होगा ?

1. 5100
2. 5120
3. 5025
4. 5125

Ans : (4)

अंकित मान (जो संख्या का असली मान है , वह उसका अंकित मान (face value) होता है)

स्थानीय मान (place value) - संख्या के स्थान के अनुसार उसका मान।

25351 में अंकित मान 5 + 5 = 10

स्थानीय मान 5000 + 50 = 5050

5050 + 10 = 5060

3255 में अंकित मान 5 + 5 = 10

स्थानीय मान 50 + 5 = 55

55 + 10 = 65

5060 + 65 = 5125

273. Isha's uncle's house is 150 kilometers away from her house. petrol she can travel 15km and it costs ₹95.00 per litre. She has 2500.00

with her. If she goes to her uncle's house and returns by filling the necessary quantity of petrol, how much money will be left with her?

ईशा के अंकल का घर उसके घर से 150 किलोमीटर की दूरी पर है। एक लीटर पेट्रोल से वह 15 किलोमीटर चल सकती है और एक लीटर पेट्रोल ₹ 95.00 का है। उसके पास ₹2500.00 हैं। यदि वह कार से अपने अंकल के घर जाती है और ज़रूरत के हिसाब से पेट्रोल भरवाकर वापिस भी आती है तो उसके पास कितने रुपये बचेंगे ?

1. रु. 350
2. रु 500
3. रु 600
4. रु 1550

Ans : (3)

दूरी = 150 km

एक लीटर में = 15 km जा सकती है

एक लीटर का मूल्य (cost of 1 litre) = 95 ₹

उसके पास = 2500 ₹

अंकल के घर से आने जाने में तय की गयी कुल दूरी

= 150 + 150 = 300 km

कुल खर्च हुआ ईंधन = $\frac{300}{15}$ =20 liter

कुल खर्च हुये रूपये (total amount spent)

= 20 liter ×95 =1900₹

उसके पास पहले 2500₹ थे

अब 2500-1900 = 600

274. Which of the following has the maximum value if n denotes a natural number?

यदि n एक प्राकृत संख्या है, तो इनमें से सबसे अधिक मान किसका होगा?

1. 5+n
2. 5n
3. $\frac{n+5}{5}$
4. 5n-n

Ans : (2)

n = 5 (आप n = कोई भी प्राकृत संख्या मान सकते है)

5+5=10

5×5=25

$\frac{5+5}{5}=\frac{10}{5}=2$

5×5-5

25-5=20

तो 5n

275. The sum of seven consecutive even numbers, arranged in an increasing order, is 98. What is the third number in this order?

बढ़ते हुए क्रम में व्यवस्थित सात क्रमागत सम संख्याओं का योग 98 है। इस क्रम की तीसरी संख्या क्या है?

1. 12
2. 14
3. 16
4. 18

Ans : (1)

सात क्रमागत संख्याओं का योग (sum of seven consecutive even numbers) = 98

$(x)+(x+2)+(x+4)+(x+6)+(x+8)+(x+10)+(x+12)= 98$

$7x+42=98 \Rightarrow 7x=56 \Rightarrow x=8$

So, the third number (तीसरी संख्या)

$= x+4=8+4=12$

276. Size of a small packet of Biscuit is 12cm x 5cm x 3cm. A wholesaler wants to pack these small packets in a box whose internal measurement is 0.5m x 0.25m x 18cm. How many biscuit packets can be packed in the box?

बिस्किट के एक छोटे पैकेट का आकार 12 से.मी. x 5 से.मी. x 3 से.मी. है। एक थोक विक्रेता ऐसे छोटे पैकेट को एक बड़े बक्से में पैक करना चाहता है जिसका

आंतरिक मापन 0.5 मीटर x 0.25 मीटर x 18 से.मी. है। इस बक्से में कितने बिस्किट के पैकेट आ सकते हैं?

1. 100
2. 125
3. 225
4. 200

Ans : (2)

1 meter = 100 centimeter

बड़े बक्से का माप = 0.5 meter × 0.25 meter ×18 centimeter

1 meter =100 cm, 0.5 meter =50 cm, 0.25 meter =25 cm

50cm ×25cm ×18cm

छोटे का size = 12cm ×5cm ×3cm

बिस्कुट के पैकेट की संख्या (Number of packet of Biscuit) = $\frac{50\times25\times18}{12\times5\times3}=125$

277. Jayanth measured sides of a rectangle using a matchstick. He got its length as 6 times of his matchstick and breadth 3 times of the same matchstick. If his matchstick is of length 40 mm, what is the area of rectangle in square centimetres?

जयंथ ने एक आयत की भुजाओं को एक दियासलाई के उपयोग से मापा । उसे इस आयत की लंबाई दियासलाई की लंबाई की 6 गुनी प्राप्त हुई तथा चौड़ाई उसी दियासलाई की 3 गुनी प्राप्त हुई । यदि उसकी दियासलाई की लंबाई 40 mm है, तो उस आयत का क्षेत्रफल वर्ग सेंटीमीटरों में क्या है ?

(1) 288
(2) 278
(3) 72
(4) 96

Ans : (1)

Length of matchstick (दियासलाई की लंबाई) = 40mm = 40/10 cm = 4 cm

Length of rectangle = 6×4 =24cm

Breadth of rectangle = 3×4 =12cm

Area of rectangle (आयत का क्षेत्रफल)= l×b = 24cm ×12cm

= 288cm^2

278. The departure and arrival times of 4 trains from New Delhi to Bhopal are given below:

Train	Departure	Arrival
Bhopal Shatabdi	06:00	14:07 (same day)
NDSL VSKP AP SPL	20:00	04:30 (next day)
NDSL TVC SF SPL	20:10	05:20 (next day)
KLK SNSI SF SPL	22:25	07:40 (next day)

Which train will take maximum time to reach Bhopal as per the schedule?

1. Bhopal Shatabdi
2. NDLS VSKP AP SPL
3. NDLS TVC SF SPL
4. KLK SNSI SF SPL

नई दिल्ली से भोपाल जाने वाली 4 रेलगाड़ियों के छूटने और पहुंचने का समय नीचे दिया गया है :

रेलगाड़ी	छूटने का समय	पहुंचने का समय
भोपाल शताब्दी	06:00	14:07 (उसी दिन)
NDSL VSKP AP SPL	20:00	04:30 (अगले दिन)
NDSL TVC SF SPL	20:10.	05:20 (अगले दिन)
KLK SNSI SF SPL	22:25	07:40 (अगले दिन)

सारणी के अनुसार कौन सी रेलगाड़ी भोपाल पहुंचने में सबसे ज़्यादा समय लेगी ?

1. Bhopal Shatabdi (भोपाल शताब्दी)
2. NDLS VSKP AP SPL
3. NDLS TVC SF SPL
4. KLK SNSI SF SPL

Ans : (4)

रेलगाड़ी	छूटने का समय	पहुंचने का समय	कुल समय
भोपाल शताब्दी	06:00	14:07 (उसी दिन)	08:07 मिनट
NDSL VSKP AP SPL	20:00	04:30 (अगले दिन)	08:30 मिनट
NDSL TVC SF SPL	20:10	05:20 (अगले दिन)	09:10 मिनट
KLK SNSI SF SPL	22:25	07:40 (अगले दिन)	09:15 मिनट

KLK SNSI SF SPL सबसे ज्यादा 9:15 समय ले रही है।

279. The number of binary digits in the binary representation of 257 are

257 संख्या के द्विआधारी प्रस्तुतिकरण में कितने अंक होते है ?

1. 8
2. 9
3. 7
4. 10

Ans : (2)

द्विआधारी प्रस्तुतीकरण (binary representation) दो तरीको से बनाई जा सकती है।

सीधी तरफ से संख्याओं को दुगना (double) करते जाओ ,

256, 128, 64, 32, 16, 8, 4, 2, 1

257 को बदलना है।

जितनी संख्या हम ले सकते है उसके नीचे 1 लिख दो बाकी के नीचे जीरो।

256	128	64	32	16	8	4	2	1
1	0	0	0	0	0	0	0	1

कुल = 9

280. Misbah has divided a square piece of paper into 10 equal parts by drawing 10 horizontals lines. Among this she coloured six rectangular strips with red paint. Later the paper was divided into 10 equal parts by drawing vertical lines. Which of the following fraction does not represent the coloured parts?

मिसबा ने एक वर्गाकार कागज़ के टुकड़े को 10 क्षैतिज रेखाएं बनाकर 10 बराबर भागों में बाँट दिया है। इसमें से उसने 6 आयताकार पट्टियों को लाल रंग से भर दिया। उसके बाद कागज को खड़ी रेखाएं बनाकर 10 बराबर भागों में बाँटा गया। इनमें से कौन-सी भिन्न रंगे हुए भाग को नहीं दर्शाती है?

1. $\frac{3}{5}$
2. $\frac{6}{10}$
3. $\frac{6}{100}$
4. $\frac{2}{5}$

Ans : (4)

कुल पट्टिया (Total strips) = 10

लाल रंग की पट्टिया (Red coloured strips) = 6

रंगीन पट्टिया (coloured strips) = $\frac{6}{10} = \frac{3}{5}$

माना कुल पट्टिया = 100 भाग

$\frac{3}{5}$, 100 का = $\frac{60}{100}$ का भाग

बाकी बचा $\frac{2}{5}$ भाग रंगीन भाग का प्रतिनिधित्व नहीं करता है।

281. $\frac{4}{7}$ **of total students in a school are girls and the remaining are boys. If there are 211 more girls than boys, then what will be the number of boys in the school?**

एक स्कूल के कुल विद्यार्थियों का $\frac{4}{7}$ भाग लड़कियां हैं और शेष भाग लड़के हैं। यदि लड़कियों की संख्या लड़कों की संख्या से 211 ज़्यादा है तो स्कूल में लड़कों की संख्या कितनी है ?

1. 1477
2. 844
3. 211
4. 633

Ans : (4)

कुल विधार्थी का $\frac{4}{7}$ भाग लड़किया है

कुल विधार्थी (Total students) = $7x$

कुल लड़की (Total girls) = $4x$

कुल लड़के (Total boys) = $7x - 4x = 3x$

लड़की, लड़को से = $4x-3x=211$

$x=211$ ज्यादा है

लड़के = $3x$ $=3\times211=633$

282. If the costs of potato, tomato and onion in Rupees are 20 per kg, 20 per 500 gm and 12.25 per 250gm respectively, then number of coins of 25 paisa in the total cost of purchasing 2 kg potatoes, 500 gm tomatoes and 0.75 kg onions are

यदि आलू, टमाटर और प्याज का मूल्य (रुपयों में) क्रमश: ₹20 प्रति किग्रा, ₹20 प्रति 500 ग्राम, और ₹12.25 प्रति 250 ग्राम है, तो 2 किलोग्राम आलू, 500 ग्राम टमाटर और 0.75 किलोग्राम प्याज खरीदने के लिए आवश्यक राशि में 25 पैसे के कितने सिक्के होंगे?

1. 387
2. 384
3. 428
4. 432

Ans : (1)

आलू = 20₹ / kg, टमाटर = 20 ₹ / 500 gm, प्याज = 12.25₹ / 250 gm

2 kg आलू = 40₹, 500gm टमाटर = 20₹ , 0.75 kg प्याज = 36.75₹

कुल कीमत (Total cost) = 96.75 ₹

25 के कुल सिक्के होंगे 1₹ में 4, 25 के सिक्के होंगे।

$96 \times 4= 384$

75 पैसे = 3

= 387

283. From one corner of a 4 unit squared sheet, a unit squared piece is taken out. Which of the following statements is correct with respect to the given situation?

1. The perimeter of the remaining shape will be more than the original sheet
2. The area of the remaining shape will be more than the original sheet
3. There is no change in perimeter
4. There is no change in area

4 वर्ग इकाई के कागज के एक कोने से 1 वर्ग इकाई का टुकड़ा काटकर अलग किया जाता है। दिए गए संदर्भ में इनमें से कौन-सा कथन सही है?

1. बचे हुए कागज़ का परिमाप वास्तविक कागज के परिमाप से अधिक है।
2. बचे हुए कागज़ का क्षेत्रफल वास्तविक कागज़ के क्षेत्रफल से अधिक है।
3. परिमाप में कोई बदलाव नहीं है।
4. क्षेत्रफल में कोई बदलाव नहीं है।

Ans : (3)

वर्ग की भुजा (side of square) = 4

वर्ग का परिमाप / परिधि = 4×side = 4×4=16 unit

नया वर्ग का परिमाप (New perimeter of square)
=4+4+3+1+3+1=16 unit

परिमाप में कोई बदलाव नहीं है।

284. In a mini bus a maximum of 15 students can sit and three times of that can sit in a big bus. 112 students want to go for a trip such that each student should occupy exactly one seat. What is the minimum number of vehicles they require?

एक मिनी बस में अधिकतम 15 विद्यार्थी बैठ सकते हैं और उसके तीन गुना विद्यार्थी एक बड़ी बस में बैठ सकते हैं। 112 विद्यार्थी पिकनिक पर जाना चाहते हैं और प्रत्येक सीट पर एक विद्यार्थी बैठ सकता है। इसके लिए कम से कम कितने वाहनों की आवश्यकता होगी?

1. 2 मिनी बस और 2 बड़ी बस
2. 1 मिनी बस और 2 बड़ी बस
3. 3 मिनी बस और 1 बड़ी बस
4. 4 मिनी बस और 1 बड़ी बस

Ans : (1)

मिनी बस की क्षमता (capacity of mini bus) = 15

एक बड़ी बस की क्षमता (capacity of big bus)

$= 3\times15=45$

यात्रा पर जाने वाले विधार्थियों की कुल संख्या (Total number of students) = 112

इस प्रश्न के लिए प्रश्नों की जाँच करके करिए :

विकल्प 1. 2 मिनी बसें और 2 बड़ी बसें = $(2\times15)+(2\times45)=120$ सीटें

विकल्प 2. 1 मिनी बस और 2 बड़ी बसें = $(1\times15)+(2\times45)=105$ सीटें

विकल्प 3. 3 मिनी बसें और 1 बड़ी बस = $(3\times15)+(1\times45)=90$ सीटें

विकल्प 4. 4 मिनी बसें और 1 बड़ी बस = $(4\times15)+(1\times45)=105$ सीटें

285. The side of a square is 33 cm. The length and breadth of a rectangle are two-third and one-third of the side of the square respectively. The difference of their areas (in square cm) is-

किसी वर्ग की भुजा 33 से.मी है। एक आयत की लंबाई तथा चौड़ाई, वर्ग की भुजा क्रमश: दो-तिहाई तथा एक-तिहाई है। इनके क्षेत्रफलों (वर्ग से.मी. में) का अंतर है?

1. 748 वर्ग से.मी.
2. 847 वर्ग से.मी.
3. 1331 वर्ग से.मी.
4. 857 वर्ग से.मी.

Ans : (2)

वर्ग का क्षेत्रफल (area of square) = a^2

आयत का क्षेत्रफल (area of rectangle)

= लंबाई × चौड़ाई

वर्ग की भुजा (side of square) = 33 सेमी

आयत की लंबाई (length of rectangle) = वर्ग की भुजा का $\frac{2}{3}=\left(\frac{2}{3}\right)\times33=22$ सेमी

आयत की चौड़ाई (width of rectangle) = वर्ग की भुजा का $\frac{1}{3}=\left(\frac{1}{3}\right)\times33=11$ सेमी

वर्ग का क्षेत्रफल (area of square)

$=33^2=33\times33=1089$ सेमी^{2}

आयत का क्षेत्रफल (area of rectangle)

$=22\times11=242$ सेमी^{2}

उनके क्षेत्रफलों में अंतर (difference between their areas) = 1089-242=847 वर्ग से.मी.

286. Which of the following numbers are not perfect cubes?

निम्नलिखित में से कौन-सी संख्याएं पूर्ण घन नहीं है?

1. 729
2. 1000
3. 333
4. 216

Ans : (3)

$729=9\times9\times9$

$1000=10\times10\times10$

$333=3\times3\times37$

$216=6\times6\times6$

∴ 333 एक पूर्ण धन (perfect cube) नहीं है।

287. Value of 5 ½ right angles is equal to

5 ½ समकोणों का मान बराबर है।

(1) 450°

(2) 480°

(3) 485°

(4) 495°

Ans : (4)

Value of 5 ½ right angles (5 ½ समकोणों का मान) = $5 \times 90° + \frac{1}{2} \times 90°$

$= 450° + 45°$

$= 495°$

288. A parallelogram has following number of lines of symmetry:

एक समांतर चतुर्भुज में, सममित रेखाओं की संख्या निम्न होती है :

(1) 0

(2) 1

(3) 2

(4) 4

Ans : (1)

A parallelogram has no lines of symmetry because its opposite sides are of equal length and its opposite angles are of equal measurement (एक समांतर चतुर्भुज में सममित रेखा नहीं होती है क्योंकि इसके विपरीत भुजाएँ समान लंबाई की होती हैं और इसके विपरीत कोण समान माप के होते हैं।)

So, option (1) is correct answer.

289. Which of the following numbers are missing from the given sequence 0,1,1,2,3,5,8,13,__,34,55,__

दिये गये अनुक्रम में से कौन-सी संख्याएँ लुप्त हैं?

0,1, 1, 2, 3, 5, 8, 13, __, 34, 55, __

1. 25, 75
2. 15, 61
3. 20, 88
4. 21, 89

Ans : (4)

0,1,1,2,3,5,8,13,__,34,55,__

पहले दो पद जोड़ने के बाद, अगली संख्या प्राप्त होगी।(After adding the first two terms, the next number will be obtained.)

0+1=1

1+1=2

1+2=3

2+3=5

3+5=8

5+8=13

8+13=21

13+21=34

21+34=55

34+55=89

290. In a school auditorium 2/7 of the students are girls. If there are 111 more boys than girls, how many boys are there in the school auditorium?

एक स्कूल के सभागार में 2/7 लडकिया है। यदि लड़कों की संख्या, लड़कियों की संख्या से 111 अधिक है, तो विद्यालय के सभागार में कुल कितने लड़के हैं?

1. 400
2. 315
3. 259
4. 185

Ans : (4)

लड़कियों की संख्या =2/7, मतलब , कुल लड़की = $2x$, कुल विद्यार्थी = $7x$

लड़कों की संख्या (Number of boys) = कुल विद्यार्थी (total students) कुल लड़कियों की संख्या(no. of girls)

$7x-2x = 5x$ लड़को की संख्या दिया गया है ,

$5x-2x = 111 \Rightarrow 3x = 111 \Rightarrow x = 37$

कुल लड़के $= 5x = 5 \times 37 = 185$

291. Find the difference between the smallest four digit number and the largest two digit number
चार अंकों की सबसे छोटी संख्या और दो अंकों की सबसे बड़ी संख्या का अंतर ज्ञात कीजिए।
1. 91
2. 900
3. 991
4. 901

Ans : (4)

चार अंकों की सबसे छोटी संख्या (smallest four digit number) = 1000

दो अंकों की सबसे बड़ी संख्या (largest two digit number) = 99

इनका अंतर = 1000 – 99 =901

292. Rita has the longest jump of 3m 40cm. Tanu is second. Her jump is 20cm less than Rita's. Rihanna comes third. Her jump is only 5cm less than Tanu's jump. By how many centimetres Rihana could not secure the first rank?
रीता ने 3 मीटर 40 सेंटीमीटर की सबसे लम्बी कूद लगाई। तनु दूसरे स्थान पर है उसकी कूद रीता से 20 सेंटीमीटर कम है। रिहाना तीसरे स्थान पर है और उसकी कूद तनु की कूद से केवल 5 सैंटीमीटर कम है रिहाना कितने सैंटीमीटर से पहले स्थान से चूक गई
1. 20 सेंटीमीटर
2. 15 सेंटीमीटर
3. 25 सेंटीमीटर
4. 5 सेंटीमीटर

Ans : (3)

रीता की कूद = 3 meter 40 centimeter , 1 meter = 100 centimeter

(3×100+40) = 340 centimeter

तनु की कूद , रीता से 20 centimeter कम है 340 - 20 = 320 centimeter

रिहाना की कूद, तनु से 5 centimeter कम है 320 - 5 = 315 centimeter

रिहाना, प्रथम स्थान (first rank) से 340 - 315 = 25 centimeter से चूक गयी।

293. Rinku uses cycle to reach school every day. If he reaches school from home in 13 minutes by travelling at a uniform speed of 6km/h, what will be the distance between his school and home?
रिंकू रोज़ स्कूल पहुंचने के लिए साइकिल का प्रयोग करता है। यदि वह 6 किमी / घंटा की चाल से स्कूल पहुंचने में 13 मिनट लगाता है, तो उसके घर और स्कूल के बीच का अंतर कितना है?
1. 1400 मीटर
2. 1350 मीटर
3. 1450 मीटर
4. 1300 मीटर

Ans : (4)

चाल (Speed) = 6 किमी / घंटा, समय = 13 मिनट,

दूरी = ??

चाल (Speed) = $\frac{\text{दूरी (Distance)}}{\text{(समय (Time)}}$

NOTE :- दिए गए option के अनुसार हम चाल व समय को मीटर / सेकंड में बदल लेंगे।

नियम :- चाल को km / hr से मीटर / सेकंड में बदलने के लिए 5/18 से गुणा करे

चाल = $6\times\frac{5}{18}$ m/s, समय = 13 ×60 = 780 second

दूरी = ??

दूरी = $6\times\frac{5}{18}\times780$

$=\frac{5\times780}{3}$ =260 ×5 =1300 meter

294. If you have 3 one rupee coins, 2 two rupee coins and 1 ten rupee coin. In how many ways you can give 14 rupees to me?
यदि आपके पास 3 सिक्के 1 रूपये के, 2 सिक्के 2 रुपये के और 1 सिक्का 10 रुपये का है, तो आप मुझे 14 रुपये कितने तरीकों से दे सकते हो ?

1. 1
2. 2
3. 3
4. 4

Ans : (2)

2 तरीके से

14 ₹ = 10₹ ×1 + 2₹×2 = 14

14₹ = 10₹ ×1 + 2₹ ×1 +1₹ ×2 =14

295. A rectangular field has 4 cm length and 3 cm width. From the corner of this field, a small square of side 1cm is cut off. What will be the ratio of the length of the boundary of the rectangular field before cutting square and length of the boundary of the rectangular field after cutting square?

एक आयताकार खेत की लंबाई 4 से.मी. और चौड़ाई 3 से.मी. है। इस खेत के कोने से 1 से.मी. भुजा वाला एक छोटा वर्ग काट दिया जाता है। वर्ग काटने से पहले आयताकार क्षेत्र की सीमा की लंबाई और वर्ग काटने के बाद आयताकार क्षेत्र की सीमा की लंबाई का अनुपात क्या होगा?

1. 1:0.5
2. 0.5:1
3. 1:1
4. 1:1.4

Ans : (3)

आयताकार मैदान की लम्बाई (length of rectangular field) = 4 cm,

आयताकार मैदान की चौड़ाई (breadth of rectangular field) = 3 cm वर्ग की भुजा = 1 cm

चारदीवारी की लम्बाई (length of the boundary) वर्ग काटने से पहले = 2 (4 + 3) परिमाप

= 2×7 = 14 cm

वर्ग काटने के बाद चार दीवारी की लम्बाई

= 3 + 3 + 4 + 2 + 1 + 1=14 cm

अनुपात = 14:14 = 1:1

296. Identify the shape with the following properties:

A. It has 4 sides.
B. It is a closed figure.
C. Opposite sides are parallel.
D. All angles are equal.

निम्न गुणों वाले आकार की पहचान कीजिए:

A. इसकी 4 भुजाएँ हैं।
B. यह एक बंद आकृति है।
C. सम्मुख भुजाएँ समांतर हैं।
D. सभी कोण बराबर हैं।

(1) Only rectangle (केवल आयत)
(2) Only square (केवल वर्ग)
(3) Rectangle or square (आयत या वर्ग)
(4) Only kite (केवल पतंग)

Ans : (3)

Rectangle or square both have four sides , closed figure , opposite sides are parallel and all angles are equal (90° (आयत या वर्ग दोनों में चार भुजाएँ होती हैं, बंद आकृति, विपरीत भुजाएँ समानांतर होती हैं और सभी कोण बराबर (90°) होते हैं).

297. The following letters represent money:

A = ₹10.00;
B = ₹20.00;
C = ₹5.00;
D = ₹2.00;
E = ₹0.50.

Which of the following combination is not equal to ₹ 45.50 ?

निम्नलिखित अक्षर धनराशि निरूपित करते हैं :

A= ₹10.00;
B = ₹20.00;
C = ₹5.00;
D = ₹2.00;
E = ₹0.50.

निम्नलिखित में से कौन-सा संयोजन ₹ 45.50 के बराबर नहीं है ?

(1) A= 4, B=0, C=0, D=2, E = 3
(2) A = 0, B = 2, C=1, D=0, E=1
(3) A 2, B = 1, C=1, D=0, E = 1
(4) A = 1, B = 2, C = 0, D = 0, E = 1

Ans : (4)

A = ₹10 , B = ₹20, C = ₹5 , D= ₹2, E = ₹0.50.

Taking option (1), A= 4, B=0, C=0, D =2, E = 3

$4\times10+0\times20+0\times5+2\times2+3\times0.50$

$= 40 + 4 + 1.50 = 45.50$

Taking option (2) , A = 0, B = 2, C=1, D=0, E=1

$0\times10+2\times20+1\times5+0\times2+1\times0.50$

$= 40 + 5 + 0.50 = 45.50$

Taking option (3), A= 2, B = 1, C=1, D=0, E = 1

$2\times10+1\times20+1\times5+0\times2+1\times0.50$

$= 20 + 20 + 5 + 0.50 = 45.50$

Taking option (4), A = 1, B = 2, C = 0, D = 0, E = 1

$1\times10+2\times20+0\times5+0\times2+1\times0.50$

$= 10 + 40 + 0.50$

$= 50.45 \neq 45.50$

So, option(4) is correct asnwer.

298. A rectangular sheet of paper of sides 4 cm and 6 cm is divided into 4 equal small rectangles. Then, area of each small rectangle will be
भुजाओं 4 cm और 6 cm वाली एक आयताकार कागज की शीट को 4 समान छोटे आयतों में विभाजित किया गया है। तब, प्रत्येक छोटे आयत का क्षेत्रफल होगा

(1) 4 cm^2
(2) 6 cm^2
(3) 12 cm^2
(4) 24 cm^2

Ans : (2)

Length of rectangular sheet (आयताकार कागज की शीट की लंबाई) = 4cm

Breadth of rectangular sheet (आयताकार कागज की शीट की चौड़ाई) = 6cm

Area of rectangular sheet (आयताकार शीट का क्षेत्रफल) = $4\times6 = 24$ cm^2

It is divided into 4 equal small rectangles (आयताकार कागज की शीट को 4 समान छोटे आयतों में विभाजित किया).

Area of each small, equal rectangle = $24\div4 = 6$ cm^2.

299. In a garden, there are 48 footmarks of kangaroos, 12 footmarks of rabbits and 40 footmarks of a duck. How many kangaroos, rabbits and ducks are standing respectively in the garden?
एक बगीचे में कंगारुओं के 48 पदचिन्ह, खरगोशों के 12 पदचिन्ह और एक बत्तख के 40 पदचिन्ह हैं। बगीचे में क्रमश: कितने कंगारू, खरगोश और बत्तख खड़े हैं?

1. 24, 3, and 10
2. 12, 6, and 15
3. 12, 3, and 20
4. 24, 6, and 10

Ans : (3)

कंगारूओ के - 48 पदचिन्ह (footmarks) है

कंगारू के चार पैर होते है 48/4, =12 कंगारू

खरगोश के - 12 पदचिन्ह है

खरगोश के भी चार पैर होते है 12/4 =3 खरगोश

बत्तख के - 40 पदचिन्ह है

बत्तख के 2 पैर होते है। 40/2 =20 बत्तख

= 12,3 and 20

300. "It is more useful to know how to mathematise than to know a lot of mathematics" are the words of

(1) George Polya
(2) David Wheeler
(3) Henri Poincare'
(4) Srinivasa Ramanujan

"बहुत सारी गणित जानने के बजाय यह जानना अधिक उपयोगी है कि गणितीकरण कैसे किया जाए ।" यह किसका कथन है?

(1) जॉर्ज पोल्या
(2) डेविड व्हीलर
(3) हेनरी पोइनकेयर
(4) श्रीनिवास रामानुजन

Ans : (2)

डेविड व्हीलर का कथन इस बात पर जोर देता है कि गणितीय सोच और समस्या-समाधान कौशल को कैसे लागू किया जाए, यह जानना कई गणितीय तथ्यों को जानने से भी अधिक महत्वपूर्ण है।

301. A mathematics teacher asks her students "You have 9 hundreds, and you have to take away 9 tens from it. Which number do you get?" One of the students responded - "I will get zero". Which of the following statements is most appropriate with respect to the answer given by the students?

(1) The teacher should have written the problem in the form of numerals for students to solve it.
(2) The answer given by the student is correct.
(3) Teacher should ask the students to explain the process of arriving at the answer and plan remedial strategy accordingly.
(4) The teacher should solve the problem on blackboard giving the correct algorithm.

गणित की अध्यापिका ने अपने विद्यार्थियों से पूछा, "आपके पास 9 सैकड़े हैं और आपको इसमें से 9 दहाइयाँ लेनी/निकालनी है। आपको कितनी संख्या प्राप्त होगी?" एक विद्यार्थी ने उत्तर दिया "मुझे शून्य (जीरो) मिलेगा" । विद्यार्थियों द्वारा दिए गए उत्तर के संदर्भ में निम्नलिखित में से कौन-सा कथन सर्वाधिक उपयुक्त होगा?

(1) विद्यार्थियों द्वारा प्रश्न हल हो सके इसके लिए अध्यापक को प्रश्न को संख्यात्मक रूप में प्रस्तुत करना चाहिए था ।
(2) विद्यार्थी द्वारा दिया गया उत्तर सही है ।
(3) अध्यापक को विद्यार्थियों को उत्तर खोज पाने की प्रक्रिया समझाने के लिए कहना चाहिए और तदनुसार उपचारात्मक युक्ति की योजना बनानी चाहिए ।
(4) अध्यापक को सही प्रणाली देते हुए प्रश्न का हल श्यामपट्ट पर प्रस्तुत करना चाहिए ।

Ans : (3)

शिक्षक के लिए सबसे उपयुक्त प्रतिक्रिया यह है कि वह छात्र को अपनी विचार प्रक्रिया समझाए और फिर किसी भी गलतफहमी को दूर करने के लिए एक लक्षित उपचार रणनीति की योजना बनाए।

302. When asked to subtract 135 from 200 (200-135); a student calls out loudly 140, 145, 150 and 200-150 is 50, so it will be 50 + 15 = 65. So, 200 - 135 = 65

Which of the following statements is most appropriate about the strategy used by the student?

(1) The student has used an alternate strategy to solve the question which exhibits student's conceptual understanding.
(2) It is a vague algorithm which exhibits no conceptual clarity of the student.
(3) The student has used hit and trial method to solve the question.
(4) The student is confused and hence using the concept of addition to solve a problem on subtraction.

जब 200 में से 135 (200 - 135) को घटाने के लिए कहा गया, तब एक विद्यार्थी ज़ोर से बोला 140, 145, 150 और 200 - 150 = 50 है, तो यह 50 + 15 = 65 होगा। इसलिए 200-135 = 65 |

निम्नलिखित कथनों में से कौन-सा कथन विद्यार्थी द्वारा उपयोग की गई युक्ति के बारे में सर्वाधिक उपयुक्त है?

(1) विद्यार्थी ने प्रश्न को हल करने के लिए एक वैकल्पिक युक्ति का उपयोग किया है जो कि विद्यार्थी की अवधारणात्मक समझ को दर्शाती है।
(2) यह एक अस्पष्ट कलन विधि है जो दर्शाती है कि विद्यार्थी के पास कोई अवधारणात्मक स्पष्टता नहीं है।
(3) विद्यार्थी ने प्रश्न हल करने के लिए तुक्के भिड़ाकर प्रयास करने की विधि का उपयोग किया है।
(4) विद्यार्थी दुविधा में है और इसलिए योग की अवधारणा का उपयोग करके व्यवकलन की समस्या को हल कर रहा है।

Ans : (1)

छात्र की रणनीति, वैकल्पिक तरीकों के माध्यम से काम करके घटाव की अवधारणा को समझने के प्रयास को दर्शाती है, जो वैचारिक समझ के कुछ स्तर को दर्शाती है।

303. A mathematics teacher gave the following question in her class

37 + ____ + 9 = 42 + 9 + _____

Which of the following concepts can be taught through the above question?

(a) Equality
(b) Proportionality
(c) Place Value
(d) Associative law of Addition
(e) Patterns

Choose the correct option:

(1) (a) and (c)
(2) (b), (c) and (d)
(3) (b) and (e)
(4) (a), (d) and (e)

गणित की अध्यापिका ने अपनी कक्षा में निम्नलिखित प्रश्न हल करने के लिए दिया

37 + ___ + 9 = 42 + 9 + ____

उपर्युक्त प्रश्न के माध्यम से निम्नलिखित में से किन अवधारणाओं का शिक्षण किया जा सकता है?

(a) समिका
(b) समानुपातिकता
(c) स्थानीय मान
(d) योग का सहचारी नियम
(e) प्रतिरूप (पैटर्न)

सही विकल्प का चयन कीजिए:

(1) (a) और (c)
(2) (b), (c) और (d)
(3) (b) और (e)
(4) (a), (d) और (e)

Ans : (4)

प्रश्न 37 + __ + 9 = 42 + 9 + __ मुख्य रूप से जोड़ के साहचर्य नियम को दर्शाता है, क्योंकि इसमें समीकरण को संतुलित रखते हुए संख्याओं को पुनर्व्यवस्थित करना और समूह बनाना शामिल है। यह समीकरण के दोनों पक्षों को समतुल्य होने की आवश्यकता के द्वारा समानता की अवधारणा भी सिखाता है।

304. According to National Education Policy (NEP), 2020, the motivation and empowerment of teachers is required to ensure the best possible future for children and nation. To envision this, it suggests starting opportunities like CPD.CPD stands for:

(1) Central Professional Development
(2) Core Principle Development
(3) Curricular Professional Development
(4) Continuous Professional Development

राष्ट्र और बच्चों के श्रेष्ठ संभव भविष्य को सुनिश्चित करने के लिए राष्ट्रीय शिक्षा नीति (NEP), 2020 के अनुसार, शिक्षकों की अभिप्रेरणा और उनका सशक्तिकरण जरूरी है। इस दृष्टि कथन को साकार करने के लिए सी. पी. डी. (CPD) जैसे अवसरों को आरंभ करने का सुझाव दिया गया है। सी. पी. डी. (CPD) का अर्थ है

(1) सेंट्रल प्रोफेशनल डिवेलपमेंट
(2) कोर प्रिंसिपल डिवेलपमेंट
(3) करीक्यूलर प्रोफेशनल डिवेलपमेंट
(4) कॉन्टीन्यूअस प्रोफेशनल डिवेलपमेंट

Ans : (4)

राष्ट्रीय शिक्षा नीति (एनईपी) 2020 के अनुसार, सीपीडी का अर्थ सतत व्यावसायिक विकास है। यह दृष्टिकोण कक्षा में शिक्षकों के कौशल और प्रभावशीलता को बढ़ाने के लिए चल रहे प्रशिक्षण और शिक्षा पर केंद्रित है।

305. According to the NIPUN Bharat Mission, the broader aim of Foundational numeracy is:

(1) Development of mathematical thinking
(2) Reading and writing numbers
(3) Drawing shapes
(4) Doing measurement in daily life

निपुण भारत मिशन के अनुसार, बुनियादी संख्या ज्ञान का मुख्य लक्ष्य है

(1) गणितीय चिंतन का विकास
(2) संख्याओं को पढ़ना और लिखना
(3) आकृतियों का आरेखण
(4) दैनिक जीवन में मापन करना

Ans : (1)

NIPUN भारत मिशन के अनुसार, मूलभूत संख्यात्मकता का व्यापक उद्देश्य गणितीय सोच का विकास है। इसमें न केवल संख्याओं को पढ़ना और लिखना शामिल है, बल्कि कम उम्र से ही गणितीय अवधारणाओं और समस्या-समाधान कौशल की गहरी समझ को बढ़ावा देना भी शामिल है।

306. A teacher says "Mathematics, rightly viewed, possesses not only truth but supreme beauty." Which of the following aims of teaching mathematics is the teacher referring to?

(1) Utilitarian aim
(2) Aesthetic aim
(3) Epistemological aim
(4) Practical aim

एक शिक्षक कहता है "गणित, ठीक से देखा जाए, तो न केवल सत्य बल्कि सर्वोच्च सरसता रखता है।" निम्नलिखित में से गणित पढ़ाने के किस लक्ष्य की ओर शिक्षक संकेत कर रहा है?

(1) व्यावहारिक लक्ष्य
(2) सौंदर्यपरक लक्ष्य
(3) ज्ञान-मीमांसात्मक लक्ष्य
(4) प्रयोगात्मक लक्ष्य

Ans : (2)

शिक्षक गणित पढ़ाने के सौंदर्यात्मक उद्देश्य की बात कर रहे हैं। यह उद्देश्य गणितीय अवधारणाओं और संरचनाओं में पाई जाने वाली सुंदरता और लालित्य पर जोर देता है, न केवल इसके व्यावहारिक अनुप्रयोगों के लिए बल्कि इसके आंतरिक सौंदर्य गुणों के लिए भी विषय की सराहना करता है।

307. Which among the following is most appropriate to be included in a primary class mathematics textbook?

(1) Fixed time duration within which to complete each topic/chapter.
(2) Assignments and worksheets given at the end of each chapter to be used as class test.
(3) Anecdotes, Puzzles and Pictures to present various concepts.
(4) Various solved examples followed by practice questions.

निम्नलिखित में से कौन-सा प्राथमिक कक्षा की गणित पाठ्यपुस्तक में सम्मिलित किए जाने के लिए सर्वाधिक उपयुक्त है?

(1) निश्चित समय सीमा में प्रत्येक विषय/पाठ को पूरा करना।
(2) प्रत्येक पाठ के अंत में दिए गए प्रदत्त कार्य और वर्कशीट्स का उपयोग कक्षा-टेस्ट के रूप में करना।
(3) विभिन्न अवधारणाओं को प्रस्तुत करने के लिए किस्से, पहेलियाँ और चित्र
(4) हल किए हुए विभिन्न उदाहरणों के बाद अभ्यास-प्रश्न।

Ans : (3)

प्राथमिक कक्षा की गणित की पाठ्यपुस्तक के लिए सबसे उपयुक्त विशेषता उपाख्यानों, पहेलियों और चित्रों का समावेश है। ये तत्व जुड़ाव बढ़ाते हैं और युवा शिक्षार्थियों के लिए गणितीय अवधारणाओं को अधिक सुलभ और मनोरंजक बनाने में मदद करते हैं।

308. A primary grade student solves the problem on addition in the following way:

$= 4 + (6 + 14) = (4 + 6) + 14$

$= (6 + 4) + 14 = 10 + 14 = 14 + 10 = 24$

Which of the following property/properties of addition the student has used in solving the problem?

(a) **Commutative Property**
(b) **Distributive Property**
(c) **Associative Property**
(d) **Inverse of Addition Property**

Choose the correct option:
(1) (a), (b) and (c)
(2) (b) and (d)
(3) Only (a)
(4) (a) and (c)

एक प्राथमिक कक्षा का विद्यार्थी योग पर समस्या को निम्नलिखित रूप से हल करता है

=4 + (6 + 14) = (4 + 6) + 14

= (6 + 4) +14 = 10 + 14 = 14 + 10 = 24

निम्नलिखित में से योग के किस / किन गुणधर्म / गुणधर्मों का उपयोग विद्यार्थी ने समस्या को हल करने में किया?
(a) **क्रमविनिमेय गुणधर्म**
(b) **बंटन गुणधर्म**
(c) **साहचर्य गुणधर्म**
(d) **योग - प्रतिलोम गुणधर्म**

सही विकल्प का चयन कीजिए:
(1) (a), (b) और (c)
(2) (b) और (d)
(3) केवल (a)
(4) (a) और (c)

Ans : (4)

छात्र ने जोड़ की समस्या को हल करने के लिए क्रमविनिमेय गुण (संख्याओं के क्रम को पुनर्व्यवस्थित करना) और साहचर्य गुण (संख्याओं को पुनः समूहीकृत करना) का उपयोग किया। वितरणात्मक संपत्ति और अतिरिक्त संपत्ति के व्युत्क्रम का उपयोग नहीं किया गया।

309. Mathematical thinking can be developed through ______.
(1) Playing mathematical games with children
(2) Solving questions based on a given formula
(3) Writing multiplication tables on blackboard
(4) Drawing pictures from the environment

गणितीय चिंतन का विकास ______ के जरिए किया जा सकता है।
(1) बच्चों के साथ गणितीय खेल खेलने
(2) दिए गए सूत्र के आधार पर प्रश्नों को हल करने
(3) श्यामपट्ट पर पहाड़े लिखने
(4) पर्यावरण से चित्रांश बनाने

Ans : (1)

बच्चों के साथ गणितीय खेल खेलने से गणितीय सोच को बढ़ावा मिलता है, क्योंकि ये खेल अन्वेषण, समस्या-समाधान और आलोचनात्मक सोच को बढ़ावा देते हैं।

310. According to National Curriculum Framework 2005, primary stage mathematics curriculum should least focus on
(1) development of relevant mathematical vocabulary
(2) development of spatial understanding
(3) identification of patterns
(4) use of standard algorithms to solve problems

राष्ट्रीय पाठ्यचर्या रूपरेखा 2005 के अनुसार, प्राथमिक स्तर के गणित पाठ्यक्रम को ______ पर सबसे कम केंद्रित होना चाहिए।
(1) प्रासंगिक गणितीय शब्दावली के विकास
(2) दिक्स्थान संबंधी समझ के विकास
(3) प्रतिमानों / प्रतिरूपों की पहचान
(4) समस्याओं को हल करने के लिए मानक कलन-विधियों के उपयोग

Ans : (4)

राष्ट्रीय पाठ्यचर्या रूपरेखा 2005 का सुझाव है कि प्राथमिक स्तर पर, गणित पाठ्यक्रम को मानक एल्गोरिदम सीखने के बजाय वैचारिक समझ और व्यावहारिक अनुप्रयोगों को प्राथमिकता देनी चाहिए।

311. Which of the following is not an objective of formative assessment?
(1) To know about child's misconceptions
(2) To assess the child's understanding in construction of knowledge
(3) To introduce a new concept based on the previous concept
(4) To know if a teaching strategy is appropriate or not

निम्नलिखित में से कौन-सा रचनात्मक आकलन का उद्देश्य नहीं है?

(1) बच्चे की भ्रांतियों के बारे में जानना
(2) ज्ञान के निर्माण में बच्चे की समझ को आँकना
(3) पिछली अवधारणा पर आधारित नई अवधारणा को प्रस्तुत करना
(4) यह जानना कि शिक्षण युक्ति/विधि उपयुक्त है या नहीं

Ans : (3)

रचनात्मक मूल्यांकन प्रतिक्रिया प्रदान करने, गलत धारणाओं की पहचान करने, समझ का आकलन करने और शिक्षण रणनीतियों का मूल्यांकन करने पर केंद्रित है, जबकि नई अवधारणाओं को पेश करना निर्देशात्मक योजना से अधिक संबंधित है।

312. A primary teacher is focusing on the development of mathematical reasoning skills in her students.

Which of the following tasks may help her in the most appropriate manner?

(1) Using mathematical games and puzzles in her class
(2) Giving a lot of questions, based on a given formula, to practice
(3) Conducting regular class tests
(4) Solving textbook questions on the blackboard

प्राथमिक कक्षा की एक शिक्षिका अपने विद्यार्थियों में गणितीय तर्कणा / विवेचन के कौशल के विकास पर ध्यान केंद्रित कर रही है।

निम्नलिखित में से कौन-से कार्य उसकी सबसे उपयुक्त तरीके से सहायता कर सकते हैं?

(1) अपनी कक्षा में गणितीय क्रीड़ाओं और पहेलियों का उपयोग करना
(2) अभ्यास के लिए दिए गए एक सूत्र पर आधारित बहुत सारे प्रश्न देना
(3) नियमित कक्षा परीक्षाओं का आयोजन करना
(4) श्यामपट्ट पर पाठ्यपुस्तक के प्रश्नों को हल करना

Ans : (1)

गणितीय खेल और पहेलियाँ छात्रों को गंभीर रूप से सोचने और समस्याओं के माध्यम से तर्क करने के लिए प्रोत्साहित करती हैं, जो गणितीय तर्क कौशल के विकास को प्रभावी ढंग से समर्थन करती हैं।

313. Identify the next two entries in the following pattern: 1, 2, 3, F, 5, 6, 7, E, 9, 10, _, _

निम्नलिखित पैटर्न में, अगली दो प्रविष्टियों की पहचान कीजिए:

1, 2, 3, F, 5, 6, 7, E, 9, 10, _, _

(1) 11, D
(2) T, 12
(3) E, 12
(4) E, T

Ans : (1)

1, 2, 3, F, 5, 6, 7, E, 9, 10,

By observing the pattern, next two entries are 11 and D.

314. In a bag, there are 1 white ball and 3 red balls. How many white balls should be added to the bag so that total number of white balls will become $\frac{1}{2}$ of the balls in the bag?

किसी थैले में, 1 सफेद गेंद और 3 लाल गेंदें हैं। इस थैले में कितनी सफेद गेंदें और डाल दी जाएँ ताकि सफेद गेंदों की संख्या उस थैले की कुल गेंदों की संख्या का $\frac{1}{2}$ हो जाएँ ?

(1) 1
(2) 2
(3) 3
(4) 4

Ans : (2)

Total number of balls in bag = 1 (white ball) + 3 (red balls) = 4

bag में Red Ball 3 है। और white ball 1 है। अगर white ball 2 और bag में डाल दे तो white ball भी 3 हो जाएगी।

और Total number of balls 6 हो जाएगी।

और 3 white balls Total ball की आधी है।

315. Out of 12 white sheets of equal size, Naveen

coloured $\frac{3}{4}$ of them with red paint. How many white sheets are remaining now?

समान माप की 12 सफेद शीटों में से नवीन उनके $\frac{3}{4}$ भाग में लाल रंग का पेंट कर देता है । अब कितनी सफेद शीट शेष रह गई हैं ?

(1) 1
(2) 2
(3) 3
(4) 4

Ans : (3)

Number of white sheets (सफ़ेद शीटों की संख्या) = 12

Number of sheets coloured with red paint

$= \frac{3}{4} \times 12 = 9$

Remaining sheets (शेष शीट) = 12 - 9 = 3

316. The least number which is a common multiple of 45, 85 and 105 is

संख्याओं 45, 85 और 105 का लघुतम सार्व गुणज है

(1) 765
(2) 5355
(3) 315
(4) 1785

Ans : (2)

LCM of 45, 85 & 105 = $3\times3\times5\times7\times17$ = 5355

317. Die A consists of numbers 1, 3 and 5 on three faces and 0 is marked on all other faces. On the second die B; odd numbers 1, 3 and 5 are replaced by twice of those numbers and remaining three faces consist of 2, 4 and 6. Both the dice are thrown together and product of numbers obtained is taken. If we write all possible products, which product will be obtained three times?

पासे A के तीन फलकों पर संख्याएँ 1, 3 और 5 अंकित हैं तथा अन्य सभी फलकों पर 0 अंकित हैं । दूसरे पासे B में; विषम संख्याओं 1, 3 और 5 को उनके दुगुने से प्रतिस्थापित कर दिया जाता है तथा शेष तीन फलकों पर 2, 4 और 6 अंकित हैं। दोनों पासों को एक साथ फेंका जाता है तथा प्राप्त संख्याओं का गुणनफल नोट किया जाता है। यदि हम सभी संभव गुणनफलों को लिखें, तो कौन-सा गुणनफल तीन बार प्राप्त होगा

(1) 2
(2) 4
(3) 6
(4) 10

Ans : (4)

Die A ={1,3,5,0,0,0}

Die B ={2,6,10,2,4,6}

दोनों dice को एक साथ फेंके जाने पर प्राप्त संख्या का गुणनफल =

= {2,6,10,2,4,6,6,18,30,6,12,18,10,30,50,10, 20,30,0, 0,0,0,0,0,0,0,0,0,0,0, 0,0,0,0,0}

10 obtained three times in the product (गुणनफल में 10 तीन बार आता है).

318. Mayank was supposed to add two even numbers. Instead of that he added two odd numbers. Then, the answer will be

(1) Different but again an even number
(2) Same as supposed to be
(3) Different and an odd number
(4) Different even number larger than it was supposed to be

मयंक को दो सम संख्याओं को जोड़ना था । इसके स्थान पर उसने दो विषम संख्याओं को जोड़ दिया। तब, उसका उत्तर होगा

(1) अलग (भिन्न) परंतु पुनः एक सम संख्या
(2) जैसा प्राप्त होना था वही
(3) अलग तथा एक विषम संख्या
(4) अलग सम संख्या जो पहले प्राप्त होने वाली संख्या से बड़ी है

Ans : (1)

The sum of any two odd numbers or any two even numbers is an even number (किन्हीं दो विषम संख्याओं या किन्हीं दो सम संख्याओं का योग एक सम संख्या होती है)

319. How many twin primes are there between the numbers 19 and 51?
संख्याओं 19 और 51 के बीच में कितने अभाज्य युग्म हैं ?
(1) 1
(2) 2
(3) 3
(4) 4

Ans : (2)

Prime numbers are natural numbers that are divisible by only 1 and the number itself. Some of the prime numbers include 2, 3, 5, 7, 11, 13, etc. Always remember that 1 is neither prime nor composite

Prime number between 19 & 51 are 23, 29,31,37,41,43,47

Twin primes :- prime numbers का एक pair होता है जिनके बीच 2 का अंतर होता है।

(29,31) & (41,43) are the two twin prime number

320. Numbers 1-200 are written on the floor. Three friends Chang, Sneha and Salim started to jump on the numbers. Chang is on 83 and he jumps on every 7th number. Sneha is on 94 and she jumps on every 5th number. Salim is on 106 and he jumps on every 4th number. The common number on which all of them jump will be
फर्श पर 1- 200 तक की संख्याएं लिखी गई हैं। तीन दोस्त चेंग, स्नेहा और सलीम संख्याओं पर कूदना शुरू करते हैं। चेंग 83 पर है और प्रत्येक 7वीं संख्या पर कूदता है। स्नेहा 94 पर है और प्रत्येक 5वीं संख्या पर कूदती है। सलीम 106 पर है और प्रत्येक चौथी संख्या पर कूदता है। वे सभी जिस सामान्य संख्या पर कूदेंगे, वह होगी:
1. 112
2. 114
3. 174
4. 142

Ans : (3)

चेंग 83 पर है (+7 वीं संख्या पर कूदता(jump) है)

83, 90, 97, 104,111,118,125,132,139,146,153,160,167,174

स्नेहा 94 पर है (+5 वीं संख्या पर कूदती है)

94,99,104,109,114,119,124,129,134,139,144,149,154,159,164,169,174

सलीम 106 पर है (+4 वीं संख्या पर कूदता है)

106,110,114,118,122,126,130,134,138,142,146,150,154,158,162,166,170,174

ये तीनो 174 वीं संख्या पर सभी कूदेंगे।

321. Shivani's mothers gave her ₹ 300 on standing first in an examination. She gave one-fourth of the money to her brother, one-third of the remaining to her younger sister and kept the remaining money for herself. How much money (in ₹) did she keep for herself?
शिवानी को एक परीक्षा में प्रथम आने पर उसकी माँ ने उसे ₹300 दिए। उसने उस धनराशि में से एक चौथाई अपने भाई को दे दी। बची हुई राशि का एक-तिहाई अपनी छोटी बहन को दे दिया तथा बची हुई धनराशि अपने लिए रख ली। शिवानी ने कितनी धनराशि (₹ में) अपने लिए रखी ?
(1) 125
(2) 150
(3) 165
(4) 215

Ans : (2)

Shivani's mothers gave her ₹ 300 on standing first in an examination (शिवानी को एक परीक्षा में प्रथम आने पर उसकी माँ ने उसे ₹300 दिए।)

She gave to her brother (उसने अपने भाई को दिया) = $\frac{1}{4} \times 300 =$ ₹ 75

शिवानी के पास बची राशि (Money) = 300 – 75
= ₹225

She gave to her younger sister (उसने अपनी

छोटी बहन को दिया) = $\frac{1}{3}$ ×225=₹ 75
बहन को देने के बाद शिवानी के पास बची राशि (Money) = 225 – 75 = ₹ 150.

322. In a division question, the divisor is 6 times the quotient and twice the remainder. If the remainder is 6, what is the number?
एक विभाजन के प्रश्न में भाजक, भागफल का 6 गुना है और शेषफल का दोगुना है। यदि शेषफल 6 है, तो संख्या क्या है?

1. 30
2. 36
3. 24
4. 42

Ans : (1)

शेषफल (remainder) = 6

भाजक (divisor), (शेषफल का दो गुना) = 12

भागफल (quotient) = 2 (भाजक भागफल का 6 गुना है)

(भाजक = भाजक भागफल शेषफल)

[Dividend = (divisor) (quotient) (remainder)]

x= 12×2+6 = 24+6 ⇒ x=30

323. Teacher tells students that the height of the world's tallest building is 828m. Jagath responds If we make a stack of our classroom horizontally, 120 classrooms can cover that building' What is the height of lagath's classroom?
शिक्षक बच्चों को बताता है कि विश्व की सबसे ऊंची ईमारत की ऊंचाई 828 मीटर है। जगथ उत्तर देता है 'यदि हम एक के ऊपर एक अपनी कक्षा को लगाएं तो पूरी 120 कक्षाएं उस इमारत को ढक देंगी जगथ की कक्षा की ऊँचाई कितनी है?

1. 7.4 मीटर
2. 6.9 मीटर
3. 5.8 मीटर
4. 9.6 मीटर

Ans : (2)

ईमारत की कुल ऊँचाई (total height of the building) = 828 मीटर

कुल 120 कक्षा मिलाकर इमारत को ढकती है।

एक कक्षा की ऊँचाई (height of a class)

$= \frac{828}{120}$ = 6.9 मीटर

324. Three friends visited a sweetshop, where the shopkeeper gave them 'Vadas' in three plates. Total number of Vadas' was 12. The number of vadas of these plates, if arranged properly. were consecutive three even numbers. What was the maximum number of Vadas kept in a plate ?

तीन मित्र एक मिठाई की दुकान पर गए, जहाँ दुकानदार ने उन्हें तीन प्लेटों में 'बड़े' दिए । 'वड़ों' की कुल संख्या 12 थी। प्लेटों में रखे इन वड़ों की संख्याओं को यदि उचित रूप से व्यवस्थित किया जाए, तो ये तीन क्रमागत सम संख्याएँ थीं। एक प्लेट में रखे 'वड़ों' की अधिकतम संख्या क्या थी ?

(1) 2
(2) 3
(3) 4
(4) 6

Ans : (4)

Total number of vadas ('वड़ों' की कुल संख्या) = 12

Let the three consecutive even numbers (सम संख्याएँ) be x, x+2, x+4

$$x + x+2+ x+4 = 12$$

$$3x + 6 = 12$$

$$x=2$$

Thus, maximum number of Vadas kept in a plate (एक प्लेट में रखे 'वड़ों' की अधिकतम संख्या) = x +4=2+4=6

325. Latheef wrote numbers 2 to 50 on a sheet of paper. He encircled 2 and struck of all multiples of 2. Then, he encircled the least number which was not encircled or struck off. Then, he struck of all multiples of that least number. He repeats this process until all the numbers are over. Then,

I. 17 is encircled.

II. 17 is a prime number.

Now, which of the following options is correct ?

(1) I is true and II is a correct explanation for it.

(2) I is not true, but II is true.

(3) I is true, but II is not a correct explanation for it.

(4) I is not true and II is not a correct explanation for it.

लतीफ ने कागज की एक शीट पर 2 से 50 तक की संख्याएँ लिखी । उसने 2 पर घेरा लगाया तथा 2 के सभी गुणजों को काट दिया। फिर उसने उस न्यूनतम संख्या पर घेरा लगाया जिस पर घेरा नहीं लगा था या जिसे काटा नहीं गया था। फिर उसने इस न्यूनतम संख्या के सभी गुणजों को काट दिया। यह प्रक्रिया तब तक जारी रखी गई जब तक सभी संख्याएँ पूरी नहीं हो गई । तब

I. 17 पर घेरा लगाया गया।

II. 17 एक अभाज्य संख्या है।

अब, निम्न में से कौन-सा विकल्प सही है ?

(1) I सत्य है, तथा II इसका सही स्पष्टीकरण है।

(2) I सत्य नहीं है, परंतु II सत्य है ।

(3) I सत्य है, परंतु II इसका सही स्पष्टीकरण नहीं है।

(4) I सत्य नहीं है तथा I इसका सही स्पष्टीकरण नहीं है।

Ans : (1)

लतीफ ने कागज की एक शीट पर 2 से 50 तक की संख्याएँ लिखी।

उसने 2 पर घेरा लगाया तथा 2 के सभी गुणजों को काट दिया।

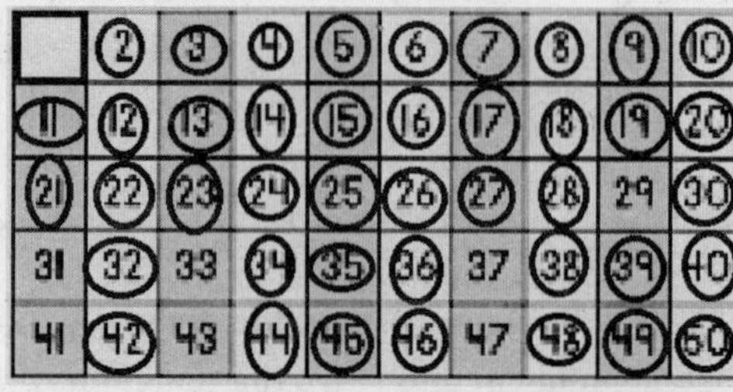

Numbers left (नंबर बाकी हैं) = all odd numbers which are not divisible by 2 (सभी विषम संख्याएँ जो 2 से विभाज्य नहीं हैं)।

फिर उसने उस न्यूनतम संख्या पर घेरा लगाया जिस पर घेरा नहीं लगा था या जिसे काटा नहीं गया था = 3 फिर उसने इस न्यूनतम संख्या के सभी गुणजों को काट दिया।

Numbers left (नंबर बाकी हैं) = 5,7,11,13,17,19, 23,25,29,31,35,37,41,43,47,49

फिर उसने उस न्यूनतम संख्या पर घेरा लगाया जिस पर घेरा नहीं लगा था या जिसे काटा नहीं गया था = 5 फिर उसने इस न्यूनतम संख्या के सभी गुणजों को काट दिया।

Numbers left (नंबर बाकी हैं) = 7,11,13,17,19,23 ,29,31,37,41,43,47,49

Again, Numbers left (नंबर बाकी हैं) = 11,13,17 ,19,23,29,31,37,41,43,47

Similarly h repeats the process until 29 , 31 , 37 , 41 , 43 , 47 are left.

So, 17 is encircles and also a prime number, I. (17 पर घेरा लगाया गया तथा 17 एक अभाज्य संख्या है।)

So, option (1) is correct answer.

326. is : $\frac{1}{2}-\left(\frac{2}{3}-\frac{4}{5}\right)$

1. $\frac{13}{30}$

2. $\frac{3}{10}$

3. $\frac{39}{30}$

4. $\frac{19}{30}$

Ans : (4)

$\frac{1}{2}-\left(\frac{2}{3}\times\frac{4}{5}\right)$

$\frac{1}{2}-\left(\frac{10-12}{15}\right)$

$\frac{1}{2}-\left(\frac{-2}{15}\right)=\frac{1}{2}+\frac{2}{15}$

$=\frac{15+4}{30}=\frac{19}{30}$

327. Children of a class were asked which of these they liked the most - Tea, Coffee or Milk. Children who like Tea, Coffee and Milk are $\frac{1}{2}$, $\frac{1}{3}$ and $\frac{1}{6}$ respectively of the total children of the class. If 20 children like coffee, how many children like milk?

एक कक्षा के बच्चों से पूछा गया कि उन्हें इनमें से सबसे ज़्यादा क्या पसंद है: चाय,

कॉफ़ी या दूध I चाय कॉफ़ी और दूध पसंद करने वाले बच्चे कक्षा के कुल बच्चों का क्रमशः $\frac{1}{2}$, $\frac{1}{3}$, $\frac{1}{6}$ हिस्सा हैं। यदि 20 विद्यार्थियों को कॉफी पसंद है, तो कितने बच्चों को दूध पसंद हैं?

1. 10
2. 20
3. 30
4. 40

Ans : (1)

कॉफ़ी पसंद करने वाले बच्चे (Children who like coffee) = $\frac{1}{3}$

दिया गया है = $\frac{1}{3}$ 20

कुल बच्चे (total children) = 60

दूध पसंद करने वाले बच्चे (Children who like milk) = $\frac{1}{6}=\frac{1}{6}\times 60=10$

328. The sum of two digits of a 2 digit number is 12. If 3 times of the sum is subtracted from the number, digit are reversed. The number is.

दो अंकीय संख्या के दोनों अकों का योग 12 है। यदि इस संख्या में से इस जोड़ का तीन गुना घटा दिया जाए तो अंक पलट जाते हैं, तो संख्या हैं-

1. 57
2. 75
3. 84
4. 48

Ans : (3)

इस तरह के प्रशनो को OPTION से करना चाहिए

माना संख्या 84 है।

8+4=12

योग का तीन गुना (three times of sum)

$= 12 \times 3 = 36$

84-36=48

48=84 के अंकों का उल्टा है।

अतः 84 उत्तर होगा।

329. Karuna checked four fields Field A, Field B, Field C and Field D of the dimensions 20m × 30m, 23m × 27m, 24m × 26m and 25m × 25m respectively. Which field she needs to buy to plant maximum number of trees?

करूणा ने चार भूमिखंडो: भूमि A, भूमि B, भूमि C और भूमि D का परीक्षण किया जिनका क्षेत्रफल क्रमशः 20 मी. × 30 मी., 23 मी. × 27 मी., 24 मी. × 26 मी. और 25 मी. × 25 मी. है। उसे अधिकतम पेड़ लगाने के लिए कौन सी ज़मीन लेनी चाहिए?

1. भूमि A
2. भूमि B
3. भूमि C
4. भूमि D

Ans : (4)

भूमि A का क्षेत्रफल (Area) = 20×30= 600 m^2

भूमि B का क्षेत्रफल (Area) = 23×27= 621 m^2

भूमि C का क्षेत्रफल (Area) = 24×26= 624 m^2

भूमि D का क्षेत्रफल (Area) सबसे अधिक होगा = 25 ×25= 625 m^2

330. When asked to divide a number by 6, Rani has divided it by 9 and she got the quotient as 21 and remainder as 3. Realising her mistake, later she divided it by 6. What will be the quotient and remainder?

1. Quotient - 31, Remainder – 0
2. Quotient - 31, Remainder – 3
3. Quotient - 32, Remainder – 3
4. Quotient - 32, Remainder - O

जब किसी संख्या को 6 से विभाजित करने के लिए कहा गया तो रानी ने उसे 9 से विभाजित किया और उसे भागफल 21 और शेषफल 3 मिला। अपनी गलती का एहसास होने पर उसने संख्या को 6 से विभाजित किया। अब कितना भागफल और शेषफल मिलेगा ?

1. भागफल-31, शेषफल-0
2. भागफल 31, शेषफल-3
3. भागफल-32, शेषफल-3
4. भागफल-32, शेषफल-0

Ans : (4)

भाज्य भागफल शेष = भाजक

Dividend × Quotient + Remainder = Divisor

$9 \times 21 + 3 = 189 + 3 = 192$

$\frac{192}{6}$ =32 भागफल

32 भागफल, 0 शेषफल (Quotient - 32, Remainder – 0)

331. The angles of a triangle are in the ratio 4:5:6. What will be the measure of the angles of the triangle?

त्रिभुज के कोणों का अनुपात 4 : 5: 6 है। उसके कोणों का मान कितना होगा ?

1. 50°,60°, 70°
2. 45°, 60°, 75°
3. 48°, 60°, 72°
4. 52°, 60°, 68°

Ans : (3)

त्रिभुज के तीनो कोणों का योग = 180°

$4x+5x+6x= 180$

$15x=180 \quad \Rightarrow x=12$

$12\times4=48°$

$12\times5=60°$

$12\times6=72°$

So, the measure of the angles of the triangle (कोणों का मान) = 48°, 60°, 72°

332. Priyanshu has currency notes of 10 and 20. She uses 2 notes of ₹20 and 1 note of ₹10 to form ₹50. How many other combinations are possible to form the same amount using both the currency notes? You can ignore the spatial arrangements of the currency notes.

प्रियांश के पास ₹10 और ₹20 के नोट हैं। वह ₹50 बनाने के लिए ₹20 के दो नोट और ₹10 के एक नोट उपयोग करती है। यही राशि बनाने के अन्य कितने तरीके और हो सकते हैं यदि हमें दोनों ही नोटों का प्रयोग करना हो। आप नोटों के दिक्स्थान व्यवस्था को उपेक्षित कर सकते हैं।

1. 0
2. 1
3. 2
4. 3

Ans : (3)

₹10, ₹20 के नोट है

10+10+10+20=50

10+20+20=50

केवल दो ही तरीके है।

333. The height of five persons is given below: 163 cm, 161 cm, 156 cm, 159 cm, 162 cm What is the sum of height in meters?

पांच व्यक्तियों की लंबाइयाँ नीचे दी गई हैं। 161 cm, 161 cm, 156 cm, 159 cm, 162 cm इन लंबाइयों का योग मीटर में क्या है?

1. 7 m 10 cm
2. 8 m 1 cm
3. 8 m 10 cm
4. 9 m 1 cm

Ans : (2)

Sum of height = 163+161+156+159+162

801 cm = 8 m 1 cm

334. Aparna had a sheet of paper as follows

7	15	18
1	12	33
5	2	42

She rolled a standard dice and coloured all the numbers on the sheet which are a multiple of the turned up numbers. If she could not colour 1, 2, 5 and 7 identify the number turned up in that throw.

अर्पणा के पास एक कागज है जिस पर निम्न प्रकार से अंक लिखे हैं

7	15	18
1	12	33
5	2	42

वह एक वास्तविक पासा फेंकती है और कागज़ पर उन संख्याओं में रंग भरती है जो पासे पर आयी संख्या के गुणज है। यदि वह संख्या 1, 2, 5 और 7 को नहीं रंगती तो पासे पर आये अंक को पहचानिए:

1. 7
2. 5
3. 3
4. 2

Ans : (3)

विकल्पों के अनुसार 12, 15, 18, 33 व 42, 3 के गुणज है

गुणज - गुणज को एक प्राकृतिक संख्या से गुणा करके प्राप्त करते है

3 के गुणज

3×1=3

3×2=6

3×3=9

335. Siju's bus starts at 6:40 am. It takes 10 minutes journey to reach bus stop from his house. He needs a sleep of 7 hours before the day of Journey. After waking up he requires half an hour to get ready. If he wants to reach bus stop on time, at what time he should go to sleep in the previous day?

सिजु की बस सुबह 6:40 am बजे चलती है। उसके घर से बस स्टॉप तक पहुँचने में 10 मिनट लगते हैं। यात्रा करने के दिन से पहले उसे 7 घंटे की नींद चाहिए। उठने के बाद, उसे तैयार होने में आधा घंटा लगता है। यदि वह बस स्टॉप समय से पहुँचना चाहता है, तो उसे पिछले दिन कितने बजे सोने के लिए जाना चाहिए?

1. 11:00 pm
2. 12:00 मध्यरात्रि
3. 11:30 pm
4. 11:40 pm

Ans : (1)

बस निकलती है – 6:40 AM

बस स्टॉप पर जाने में = 10 मिनट लगते है

तैयार होने में = 30 मिनट लगते है।

सुबह उठने कजे बाद तैयार होक बस तक जाने में लगने वाला समय (30+10 = 40M)

मतलब उसको 6 बजे उठना है

और 7 घंटे की नींद चाहिए तो 11:00 PM पर सोना पड़ेगा।

336. James took loan of ₹ 500.00 from a local money lender and Kabeer took the same amount form cooperative society. James paid ₹11.00 every day for 55 days to repay the loan. Kabeer paid ₹ 600.00 to bank after 55 days. Both the loans were closed by 55 days. Who has paid more amount and by how much?

जेम्स स्थानीय उधार देने वाले व्यक्ति से ₹ 500 का उधार लेता है और कबीर भी उतना ही उधार एक कॉपरेटिव सोसाइटी से लेता है। जेम्स 55 दिनों तक हर दिन ₹11.00 उधार चुकाता है। कबीर ने बैंक को 55 दिनों के बाद 600.00 चुकाया। दोनों की उधार 55

दिनों बाद खत्म हो गई। किसने ज्यादा राशि चुकाई और कितनी ज्यादा?

1. कबीर ; जेम्स से ₹5.00 ज्यादा
2. जेम्स ; कबीर से ₹5.00 ज्यादा
3. कबीर : जेम्स से ₹10.00 ज्यादा
4. दोनों ने बराबर राशि चुकाई

Ans : (2)

जेम्स द्वारा उधार चुकाने के लिए भुगतान की गई कुल राशि (The total amount paid by James to repay the loan) = 55 दिन × ₹ 11= ₹ 605

उधार चुकाने के लिए कबीर द्वारा भुगतान की गई कुल राशि (The total amount paid by Kabir to repay the loan) = ₹ 600

जेम्स और कबीर को भुगतान की गई राशि में अंतर (difference) = 605 - 600 = ₹ 5

जेम्स ने कबीर से ₹ 5.00 ज्यादा राशि चुकाई।

337. The side of a cube is 5 cm. How many times will the new surface area become if the side of the cube is doubled?

एक घन की भुजा 5 से.मी. है। अगर घन की भुजा को दोगुना कर दिया जाए तो घन का पृष्ठीय क्षेत्रफल कितना गुना हो जाएगा?

1. 2 गुना
2. 3 गुना
3. 4 गुना
4. 6 गुना

Ans : (3)

माना धन की भुजा है।

तब इसका पृष्ठीय क्षेत्रफल (surface area) होगा $S1= 6a^2$

अब यदि भुजाओं (sides) को दोगुना कर दिया जाये तो नई भुजाओं की लंबाई 2a होगी।

और कुल पृष्ठीय क्षेत्रफल (Total surface area) होगा $6\times(2a)^2 = 4 \times 6a = 4\times S1$

अतः पृष्ठीय क्षेत्रफल मूल पृष्ठीय क्षेत्रफल का चार गुना होगा।

घन की भुजा (side of cube) 5 सेमी है।

घन का कुल पृष्ठ (total surface area of cube)

$S1= 6a^2 = 6\times5^2 = 150.$

अब यदि भुजाओं को दोगुना कर दिया जाए तो नई भुजाओं की लंबाई 2×5 = '10'

कुल पृष्ठीय क्षेत्रफल (Total surface area) $6\times(10)^2 = 600 = 4 \times 150 = 4$ गुना

338. In a school there are 96 teachers, out of which $\frac{3}{8}$th teaches High school classes. If $\frac{2}{9}$th of the High school teachers are Mathematics teachers, then the number of High school teachers who don't teach Mathematics are:

एक स्कूल में 96 शिक्षिकाओं में से $\frac{3}{8}$ शिक्षिकाएं उच्च स्कूली कक्षाओं में पढ़ाती हैं। यदि उच्च स्कूली शिक्षिकाओं का $\frac{2}{9}$ वाँ भाग गणित शिक्षिकाएँ हैं, तो वह उच्च स्कूली शिक्षिकाएँ जो गणित नहीं पढ़ाती, उनकी संख्या है –

1. 36
2. 30
3. 28
4. 60

Ans : (3)

दिया गया है।

total = 96 teacher

$\frac{3}{8}$ शिक्षिकाएं उच्च स्कूल कक्षाओं (High school classes)

$\frac{2}{9}$ high school mathematics teacher

हम पहले 96 का $\frac{3}{8}$ निकालेंगे

$96 \times \frac{3}{8}$ =36 high school teacher है

$36 \times \frac{7}{9}$ =28 teacher जो गणित नहीं पढ़ाती है।

$\therefore \frac{2}{9}$ तो गणित पढ़ाती है तो $\frac{7}{9}$ जो गणित नहीं पढ़ाती है।

339. Which of the following statements is not true for the set of whole numbers?

निम्नलिखित कथनों में से कौन-सा पूर्ण संख्याओं के लिए सत्य नहीं है?

1. a + b = b + a

2. a - b = b - a
3. a x b = b x a
4. (a + b) + c = a + (b + c)

Ans : (2)

a-b=b-a

a+a=b+b

2a=2b

a=b

340. Amongst the following fractions, the largest and the smallest fractions, respectively are:

$\frac{3}{4}, \frac{6}{7}, \frac{1}{2}, \frac{2}{3}, \frac{4}{5}, \frac{5}{6}$

निम्नलिखित में से सबसे बड़ी और सबसे छोटी भिन्न क्रमश: हैं :

$\frac{3}{4}, \frac{6}{7}, \frac{1}{2}, \frac{2}{3}, \frac{4}{5}, \frac{5}{6}$

1. $\frac{6}{7}$ और $\frac{1}{2}$
2. $\frac{2}{3}$ और $\frac{3}{4}$
3. $\frac{4}{5}$ और $\frac{3}{4}$
4. $\frac{1}{2}$ और $\frac{6}{7}$

Ans : (1)

सभी से अंश (numerator) में 100 से गुणा करलेंगे

$\frac{100}{4} = 75,\ \frac{600}{7} = 85.7,\ \frac{100}{2} = 50,\ \frac{200}{3} = 66.6,\ \frac{400}{5} = 80$

$\frac{500}{6} = 83.3$

सबसे बड़ी = $\frac{6}{7}$, सबसे छोटी = $\frac{1}{2}$

341. Which of the following represents the recommendations of National Education Policy (NEP) 2020, for curriculum and pedagogy in school?

(a) Learning should be holistic and integrated

(b) Restructuring school curriculum and pedagogy in a new 5+3+3+4 design

(c) Restructuring school curriculum and pedagogy in a new 5+2+3+3 design

(d) Foundational stage should include learning from formal textbooks

Choose the correct option:

(1) (a) and (c)
(2) (a) and (b)
(3) (b) and (d)
(4) (c) and (d)

निम्नलिखित में से कौन-सा स्कूलों की पाठ्यचर्या व शिक्षाशास्त्र के लिए राष्ट्रीय शिक्षा नीति (NEP) 2020 की प्रस्तावनाओं का निरूपण करता है?

(a) अधिगम समग्र और एकीकृत होना चाहिए

(b) 5+3+3+4 के नए डिज़ाइन में स्कूल पाठ्यक्रम और शिक्षणशास्त्र को पुनर्गठित करना

(c) 5+2+3+3 के नए डिज़ाइन में स्कूल पाठ्यक्रम और शिक्षणशास्त्र को पुनर्गठित करना

(d) फाउंडेशनल स्टेज में औपचारिक पाठ्यपुस्तकों से अधिगम सम्मिलित होना चाहिए

सही विकल्प का चयन कीजिए:

(1) (a) और (c)
(2) (a) और (b)
(3) (b) और (d)
(4) (c) और (d)

Ans : (2)

एनईपी 2020 सीखने के लिए एक समग्र और एकीकृत दृष्टिकोण की वकालत करता है और स्कूल पाठ्यक्रम को एक नई 5+3+3+4 संरचना में पुनर्गठित करने का प्रस्ताव करता है। यह डिज़ाइन शिक्षा को पाँच साल के मूलभूत चरण, तीन साल की प्रारंभिक चरण, तीन साल के मध्य चरण और चार साल के माध्यमिक चरण में विभाजित करता है।

342. A teacher uses manipulatives such as blocks, marbles, etc. for developing the concept of multiplication. Use of such mainpulatives:

(1) creates confusion among learners
(2) hinders the understanding of the formal algorithms
(3) provides leisure time to young children
(4) helps in conceptual learning

एक: शिक्षक हस्तकौशल सामग्री जैसे कि ब्लॉक, मार्बल, इत्यादि का उपयोग गुणन की अवधारणा को विकसित करने के लिए करता है। इस प्रकार की हस्तकौशल सामग्री का उपयोग

(1) शिक्षार्थियों में दुविधा / असमंजस उत्पन्न करता है
(2) औपचारिक कलन विधियों को समझने में बाधा डालता है
(3) छोटे बच्चों को खाली समय देता है
(4) अवधारणात्मक अधिगम में सहायक होता है

Ans : (4)

ब्लॉक और मार्बल्स जैसे जोड़-तोड़ का उपयोग गुणन अवधारणाओं की एक ठोस समझ विकसित करने में सहायता करता है, जिससे अमूर्त विचार शिक्षार्थियों के लिए अधिक मूर्त हो जाते हैं।

343. Which of the following is used to analyze the misconceptions and learning difficulties of children in a particular concept?

(1) Norm-Referenced test
(2) Criterion-referenced test
(3) Diagnostic test
(4) Remedial teaching

निम्नलिखित में से किसका उपयोग बच्चों में किसी विशेष अवधारणा के प्रति भ्रांतियों एवं अधिगम में आ रही कठिनाइयों के विश्लेषण के लिए किया जाता है?

(1) मानक- संदर्भित परीक्षा
(2) मानदण्ड- संदर्भित परीक्षा
(3) नैदानिक परीक्षा
(4) उपचारी शिक्षण

Ans : (3)

एक नैदानिक परीक्षण विशेष रूप से एक विशेष अवधारणा के लिए बच्चों में गलत धारणाओं और सीखने की कठिनाइयों की पहचान करने के लिए डिज़ाइन किया गया है, जिससे शिक्षकों को उन क्षेत्रों को समझने में मदद मिलती है जहां छात्रों को अतिरिक्त सहायता की आवश्यकता हो सकती है।

344. On the basis of the information given in the statement, which of the following teaching strategy gives first-hand experience to the learner to construct mathematical knowledge?

Statement: A teacher wants to teach the concept that sum of the angles in a quadrilateral is 360°.

Teaching strategies:

I. Teacher draws a quadrilateral on blackboard and measures its angles using protractor and shows that sum of the angles is equal to 360°.

II. Teacher draws a quadrilateral on a piece of paper and draws its diagonal to divide it in to two triangles. He uses angle sum property of triangles to show that sum of the angles of a quadrilateral is 360°.

III. Teacher asks students to construct various types of quadrilaterals on a piece of paper and measure their interior angles and find out the sum of the angles in each type of quadrilateral.

Choose the correct option:

(1) Only I
(2) Only III
(3) I and II
(4) II and III

कथन में दी गई जानकारी के आधार पर, निम्नलिखित में से कौन-सी सुझाई गई शिक्षण विधियाँ शिक्षार्थी को गणितीय ज्ञान का निर्माण करने का प्रत्यक्ष अनुभव प्रदान करती हैं?

कथन: एक शिक्षक इस अवधारणा को पढ़ाना चाहता है कि चतुर्भुज में कोणों का योगफल 360° है।

शिक्षण विधियाँ:

I. शिक्षक श्यामपट्ट पर एक चतुर्भुज बनाता है और उसके कोणों को चांदा का उपयोग करके मापता है और दिखाता है कि कोणों का योगफल 360° के बराबर है।

II. शिक्षक कागज के एक टुकड़े पर एक चतुर्भुज खींचता है और फिर उसका एक विकर्ण खींचता है ताकि चतुर्भुज को दो त्रिभुजों में विभाजित किया जा सके। वह त्रिभुजों के कोण योग गुणधर्म का उपयोग करके दिखाता है कि चतुर्भुज

के कोणों का योगफल 360° है।

III. शिक्षक छात्रों को कागज के एक टुकड़े पर विभिन्न प्रकार के चतुर्भुज बनाने के लिए कहता है और उनके आंतरिक कोणों को मापने और प्रत्येक प्रकार के चतुर्भुज में कोणों का योग खोजने के लिए कहता है।

सही विकल्प का चयन कीजिए:

(1) केवल।
(2) केवल III
(3) I और II
(4) II और III

Ans : (2)

शिक्षण रणनीति III छात्रों को स्वयं चतुर्भुज बनाने और मापने का प्रत्यक्ष अनुभव प्रदान करती है, जो उन्हें सीधे अवधारणा से जुड़ने और समझने में मदद करती है।

345. According to National Curriculum Framework, 2005, which of the following is not true for including mathematics used in various cultures by street vendors and common people in a primary grade mathematics curriculum?

(1) There is no linkage between formal mathematics and the one used by street vendors and common people.
(2) There are immensely rich mathematical activities performed by common people which can be included in classroom discussions.
(3) Inclusion of diverse mathematical practices of various cultures can be utilized to make mathematics learning interesting and relevant.
(4) Children from diverse cultural backgrounds can bring different ways of dealing with numbers, calculations and counting in classroom discussions.

राष्ट्रीय पाठ्यचर्या रूपरेखा, 2005 के अनुसार, विविध संस्कृतियों में पटरी विक्रेताओं और आम लोगों द्वारा उपयोग किये जाने वाले गणित को प्राइमरी कक्षा के गणित पाठ्यचर्या में शामिल किये जाने हेतु निम्नलिखित में से कौन-सा कथन सत्य नहीं है?

(1) औपचारिक गणित और पटरी विक्रेताओं तथा आम लोगों द्वारा प्रयोग किये जाने वाले गणित में कोई संबंध नहीं है।
(2) आम लोगों द्वारा प्रयुक्त गणितीय क्रियाएँ काफी समृद्ध और महत्त्वपूर्ण हैं और उनको कक्षायी चर्चा में शामिल किया जा सकता है।
(3) विभिन्न संस्कृतियों में प्रयुक्त गणितीय व्यवहारों को शामिल करना गणित के अधिगम को रुचिपूर्ण और प्रासंगिक बनाने के लिए किया जा सकता है।
(4) विविध पृष्ठभूमि से आए बच्चे संख्याओं, गिनती और परिकलन के विभिन्न तरीकों को कक्षायी चर्चा में शामिल कर सकते हैं।

Ans : (1)

राष्ट्रीय पाठ्यचर्या रूपरेखा, 2005 स्वीकार करती है कि औपचारिक गणित और आम लोगों द्वारा उपयोग किए जाने वाले व्यावहारिक गणित के बीच एक संबंध है, और इन प्रथाओं को शामिल करने से सीखने का अनुभव समृद्ध हो सकता है।

346. A common error that a mathematics teacher often encounters when children are asked to add two fractions is; Adding the numerator with the numerator and denominator with the denominator. What could be the most probable reason for such error?

(1) Lack of written practice
(2) Lack of attention in the class
(3) Prior understanding of children related to addition of natural numbers
(4) Non-availability of teaching-learning material

जब बच्चों को दो भिन्नों को जोड़ने के लिए कहा जाता है, तब एक सामान्य त्रुटि जो गणित का शिक्षक अक्सर पाता है, वह यह है कि बच्चे अंश को अंश के साथ और हर को हर के साथ जोड़ते हैं। ऐसी त्रुटि का सबसे संभावित कारण क्या हो सकता है?

(1) लिखित अभ्यास का अभाव
(2) कक्षा में सतर्कता का अभाव
(3) प्राकृतिक संख्याओं के योग से संबंधित बच्चों की पूर्व समझ
(4) शिक्षण-अधिगम सामग्री की अनुपलब्धता

Ans : (3)

अंश और हर को अलग-अलग जोड़ने की त्रुटि छात्रों द्वारा भिन्नों में प्राकृतिक संख्याओं को जोड़ने की अपनी समझ को गलत तरीके से उसी प्रक्रिया का उपयोग करने से उत्पन्न होती है।

347. Which of the following is not correct about fractions?

(1) Fraction represents the parts of a whole
(2) Fraction represents a remaining part of the whole
(3) Fraction represents a part of a collection
(4) Fractions represent only the equivalent parts of a whole

निम्नलिखित में से कौन-सा भिन्नों के बारे में सही नहीं है?

(1) भिन्न किसी पूर्ण के भागों को निरूपित करता है।
(2) भिन्न किसी पूर्ण के शेष भाग को निरूपित करता है
(3) भिन्न किन्हीं वस्तुओं के संग्रह के एक भाग को निरूपित करता है
(4) भिन्न किसी पूर्ण के केवल समतुल्य भागों को निरूपित करता है

Ans : (4)

भिन्न केवल समकक्ष भागों का प्रतिनिधित्व नहीं करते हैं; वे संपूर्ण या संग्रह के किसी भी हिस्से का प्रतिनिधित्व कर सकते हैं, न कि केवल समान खंडों का। उदाहरण के लिए, 1/3 और 1/4 भिन्न हैं जो संपूर्ण के विभिन्न आकार के भागों का प्रतिनिधित्व करते हैं।

348. "National Textbooks with local content and flavour." In the light of National Education Policy, 2020, which of the following represents / represent the meaning of the given statement?

(a) Teachers should ask only oral questions in local language of children.
(b) All school textbooks should be translated in Hindi language.
(c) Textbooks to be prepared in a way that is best suited to needs of the students and communities.
(d) Textbooks shall contain desired nuances and supplementary material as per local contexts and needs.

Choose the correct option:

(1) (a) and (c)
(2) Only (d)
(3) (b) and (c)
(4) (c) and (d)

"स्थानीय विषय-वस्तु और आस्वाद के साथ राष्ट्रीय पाठ्यपुस्तकें।" राष्ट्रीय शिक्षा नीति, 2020 के आलोक में, निम्नलिखित में से कौन-सा / से दिए गए कथन के अर्थ को निरूपित करता / करते हैं / हैं?

(a) शिक्षक को बच्चों की स्थानीय भाषा में केवल मौखिक प्रश्न ही पूछने चाहिए।
(b) सभी स्कूली पाठ्यपुस्तकों का हिन्दी भाषा में अनुवाद किया जाना चाहिए।
(c) पाठ्यपुस्तकों को इस तरह से तैयार करना चाहिए जो कि विद्यार्थियों और समुदायों की आवश्यकताओं के मुताबिक हों।
(d) पाठ्यपुस्तकों में स्थानीय संदर्भों और आवश्यकताओं के अनुसार वांछित बारीकियों और पूरक सामग्री को शामिल करना चाहिए।

सही विकल्प का चयन कीजिए:

(1) (a) और (c)
(2) केवल (d)
(3) (b) और (c)
(4) (c) और (d)

Ans : (4)

कथन का अर्थ है कि पाठ्यपुस्तकों को स्थानीय संदर्भों और बारीकियों सहित छात्रों और समुदायों की आवश्यकताओं के अनुरूप बनाया जाना चाहिए।

349. Arun is good in solving equations but usually faces challenges in solving word problems. Most of the time he asks, "Should I add or subtract?" "Should I multiply or divide?" Such questions suggest:

(1) He has problems in comprehending the language of the problem

(2) He lacks understanding of number operations
(3) He cannot add and multiply
(4) He seeks opportunities to disturb the class

अरुण समीकरणों का हल खोजने में बहुत अच्छा है पर सामान्यत: इबारती प्रश्नों का समाधान खोजने में कठिनाई का अनुभव करता है। अधिकांश समय वह पूछता है कि, "मुझे जोड़ना है या घटाना?" "मुझे भाग करना है या गुणा?" इस प्रकार के प्रश्न क्या सुझाते हैं?

(1) उसे प्रश्न की भाषा को समझने में कठिनाई होती है
(2) उसमें संख्या संक्रियाओं की समझ में कमी है
(3) वह जोड़ और गुणा नहीं कर सकता
(4) वह कक्षा में व्यवधान डालने के मौके ढूँढ़ता रहता है

Ans : (1)

अरुण के प्रश्नों से संकेत मिलता है कि उसे यह समझने में कठिनाई हो रही है कि शब्द समस्याओं को उपयुक्त गणितीय संक्रियाओं में कैसे परिवर्तित किया जाए।

350. Ms. Harshdeep, a primary grade mathematics teacher wants to strengthen pre-number concepts in her learners. She explains 1 is contained in 2, 1 and 2 are contained in 3, 1, 2 and 3 are contained in 4 and so on so forth. Which pre-number concept is she focusing upon?

(1) One-to-one correspondence
(2) Hierarchical Inclusion
(3) Counting
(4) Conservation

सुश्री हर्षदीप, एक प्राथमिक कक्षा की गणित की शिक्षिका, अपने अधिगमकर्ताओं में संख्यापूर्व अवधारणाओं को सुदृढ़ करना चाहती है। वह समझाती है 2 में 1 निहित है, 3 में 1 और 2 निहित हैं, 4 में 1, 2 और 3 निहित हैं और इसी तरह आगे भी। वह किस संख्यापूर्व अवधारणा पर बल दे रही है?

(1) एकैकी संगति
(2) पदानुक्रमिक समावेशन
(3) गणना
(4) संरक्षण

Ans : (2)

सुश्री हर्षदीप यह समझाकर पदानुक्रमित समावेशन पर जोर दे रही हैं कि कैसे प्रत्येक संख्या में पिछली सभी संख्याएँ शामिल होती हैं।

351. A mathematics teacher poses the following word problem in her class: "Sumita has 12 toffees while Asmita has 18 toffees. How many more toffees does Asmita have than Sumita?"

One of the students responded, the answer is 12 + 18 = 30 toffees. Which of the following is most appropriate for the answer given by the student?

(1) The answer given by the student is correct
(2) The student has understood the problem but has made a computational mistake due to carelessness
(3) The student has associated the operation of addition with the keyword "more" in the word problem
(4) Such mistakes are common as word problems are too difficult to be solved by primary grade learners

एक गणित शिक्षिका अपनी कक्षा में निम्नलिखित इबारती सवाल प्रस्तुत करती है: "सुमिता के पास 12 टॉफियाँ हैं जबकि अस्मिता के पास 18 टॉफियाँ हैं सुमिता की तुलना में अस्मिता के पास कितनी अधिक टॉफियाँ हैं ?"

एक विद्यार्थी कहता है कि उत्तर है 12 + 18 = 30 टॉफियाँ। निम्नलिखित में से कौन-सा विद्यार्थी द्वारा दिए गए उत्तर के लिए सर्वाधिक उपयुक्त है ?

(1) विद्यार्थी द्वारा दिया गया उत्तर सही है।
(2) विद्यार्थी समस्या को समझ गया है परन्तु लापरवाही के कारण उसने एक अभिकलनात्मक त्रुटि की है।
(3) विद्यार्थी ने योग की संक्रिया को इबारती सवाल में संकेतशब्द (मूलशब्द) "अधिक" के साथ संबद्ध कर दिया है
(4) ऐसी गलतियाँ आम हैं क्योंकि इबारती सवालों को प्राथमिक कक्षा के अधिगमकर्ताओं द्वारा हल किया जाना बहुत ही कठिन है।

Ans : (3)

छात्र ने संख्या 12 और 18 जोड़कर शब्द समस्या की गलत व्याख्या की, यह सोचकर कि "और" जोड़ने का मतलब है। हालाँकि, यह जानने के लिए कि अस्मिता के पास और कितनी टॉफ़ी हैं, घटाव का उपयोग किया जाना चाहिए।

352. According to National Curriculum Framework 2005, at primary level, a teacher's pedagogical strategies in mathematics must focus upon

(1) memorization as children come to school as a blank slate.
(2) developing concepts on the basis of the experiences of the child.
(3) memorization of formulae.
(4) written practice in mathematics.

राष्ट्रीय पाठ्यचर्या रूपरेखा, 2005 के अनुसार प्राथमिक स्तर पर, गणित में एक शिक्षक की शिक्षाशास्त्रीय युक्तियों को केंद्रित होना चाहिए:

(1) कंठस्थ कराने पर क्योंकि बच्चे विद्यालय में एक कोरी स्लेट जैसे आते हैं
(2) बच्चे के अनुभवों के आधार पर अवधारणाओं को विकसित करने पर।
(3) सूत्रों को कंठस्थ करने पर।
(4) गणित में लिखित अभ्यास करने पर।

Ans : (2)

राष्ट्रीय पाठ्यचर्या रूपरेखा 2005 का सुझाव है कि प्राथमिक स्तर के गणित शिक्षण को बच्चे के अनुभवों और संदर्भ के आधार पर अवधारणाओं का निर्माण करना चाहिए, जिस्से वे अधिक प्रभावी ढंग से गणित की अवधारणों को समझ सके।

353. "We teach mathematics because it has an inherent beauty that can provide the learner with delight and enjoyment." This statement highlights:

(1) Practical value of mathematics
(2) Epistemological value of mathematics
(3) Natural value of mathematics
(4) Aesthetic value of mathematics

"हम गणित इसलिए पढ़ाते हैं क्योंकि इसमें अंतर्निष्ठ सरसता है जो कि अधिगमकर्ता को हर्ष और आनंद प्रदान कर सकता है।" यह कथन उजागर करता है।

(1) गणित के व्यवहारिक मान को
(2) गणित के ज्ञान - मीमांसात्मक मान को
(3) गणित के प्राकृतिक मान को
(4) गणित के सौंदर्यपरक मान को

Ans : (4)

"हम गणित इसलिए पढ़ाते हैं क्योंकि इसमें अंतर्निष्ठ सरसता है जो कि अधिगमकर्ता को हर्ष और आनंद प्रदान कर सकता है।" यह कथन गणित की अंतर्निहित सुंदरता और इससे शिक्षार्थियों को मिलने वाले आनंद पर ध्यान केंद्रित करके इसके सौंदर्यवादी मूल्य को रेखांकित करता है।

354. Hana has 10 cards on which digits 0 to 9 are written. She wants to make a three-digit number using these cards without repetition. If she used cards bearing 4 and 5, then the number of | three-digit numbers she can form, which are divisible by 9, is

हाना के पास 10 कार्ड हैं, जिन पर 0 से 9 तक के अंक लिखे हैं। वह इन कार्डों के उपयोग से, अंकों की पुनरावृत्ति के बिना, तीन अंकों की संख्याएँ बनाना चाहती है। यदि वह 4 और 5 अंकों वाले कार्डों का उपयोग करती है, तब इस प्रकार बनाई जा सकने वाली तीन अंकों की संख्याओं की जो 9 से विभाज्य हैं, कुल संख्या है।

(1) 2
(2) 6
(3) 10
(4) 12

Ans : (3)

She wants to make a three-digit number using these cards without repetition.

If she used cards bearing 4 and 5 (यदि वह 4 और 5 अंकों वाले कार्डों का उपयोग करती है)

Three digit no. that are formed which is divisible by 9 are 450 , 540 ,504, 405, 459,

549, 945 , 954 , 594 , 495 ,

$4 + 5 + x = 9$ $\quad$ $4 + 5 + x = 18$

$9 + x = 9$ $\quad$ $9 + x = 18$

$X = 0$ $\quad$ $x = 9$

Thus, there are 10 digits which are divisible by 9.

So, option (3) is correct answer.

355. For selling match boxes to retail shopkeepers, a whole-seller ordered some match boxes of size 6 cm × 4 cm × 2 cm each. He received them in one carton of size 60 cm × 60 cm × 60 cm. What was the number of match boxes received by him?

एक थोक विक्रेता ने खुदरा दुकानदारों को माचिस की डिब्बियाँ बेचने के लिए, 6 cm × 4 cm × 2 cm माप वाली कुछ माचिस की डिब्बियों का ऑर्डर दिया। उसे वे एक कार्टन में प्राप्त हुई, जिसकी माप 60cm × 60cm × 60 cm थी। उसे प्राप्त हुई माचिस की डिब्बियों की संख्या क्या थी ?

(1) 900
(2) 450
(3) 2250
(4) 4500

Ans : (4)

Length of matchbox (माचिस की डिब्बी की लंबाई) = 6 cm

Breadth of matchbox (माचिस की डिब्बी की चौड़ाई) = 4 cm

Height of matchbox (माचिस की डिब्बी चौड़ाई = 2 cm

Volume of 1 match box (1 माचिस की डिब्बी का आयतन) = l×b×h

$= 6 \times 4 \times 2 = 48 \text{ cm}^3$

Length of carton (कार्टन की लंबाई) = 60 cm

Breadth of carton (कार्टन की चौड़ाई) = 60 cm

Height of carton (कार्टन की चौड़ाई) = 60 cm

Volume of 1 carton = l×b×h

$= 60 \times 60 \times 60 = 216000 \text{ cm}^3$

Number of matchboxes in 1 carton

$= \frac{\text{Volume of 1 match box}}{\text{Volume of 1 carton}}$

$= \frac{216000}{48} = 4500$

356. What is the missing number in the following pattern?

32, 44, 56,___

निम्न पैटर्न में लुप्त संख्या क्या है ?

32, 44, 56,___

(1) 45
(2) 67
(3) 58
(4) 68

Ans : (4)

32, 44, 56,___

Here, 12 is added to the previous term to get next term ,

32

$32 + 12 = 44$

$44 + 12 = 56$

$56 + 12 = 68$

357. If A and B are digits and

6 2 3
-4 1 A
B 0 8

then which of the following is true?

यदि A और B अंक है,

6 2 3
-4 1 A
B 0 8

तो निम्न में से कौन-सा सत्य है ?

(1) A = 5, B=2
(2) A = 1, B = 2
(3) A = 5, B = 1
(4) A = 5, B=0

Ans : (1)

$$\begin{array}{r} 623 \\ -\ 41A \\ \hline B08 \end{array} \qquad \begin{array}{r} 623 \\ -415 \\ \hline 208 \end{array}$$

Here , A = 5 and B = 2

358. James arranged some flowers in 4 columns such that each column has 6 flowers in it. If Jaleel wants to arrange these flowers in 8 columns, how many flowers should be there in each column so that each column contains equal number of flowers?

जेम्स ने कुछ फूलों को 4 स्तंभों में इस प्रकार व्यवस्थित किया कि प्रत्येक स्तंभ में 6 फूल थे। यदि जलील इन फूलों को 8 स्तंभों में व्यवस्थित करना चाहता है, तो प्रत्येक स्तंभ में कितने फूल होंगे, ताकि प्रत्येक स्तंभ में फूलों की संख्या समान है ?

(1) 1
(2) 2
(3) 3
(4) 4

Ans : (3)

Number of flowers in 1 column(1 कॉलम में फूलों की संख्या) = 6

Number of flowers in 4 column (4 कॉलम में फूलों की संख्या)= 6 × 4 = 24

If Jaleel wants to arrange these flowers in 8 columns

प्रत्येक कॉलम में फूल होने चाहिए ताकि प्रत्येक कॉलम में समान संख्या में फूल हों = 24 ÷8 =3

359. Which of the following cannot be the lengths of the sides of a right angled triangle ?

निम्न में से कौन-सी एक समकोण त्रिभुज की भुजाओं की लंबाइयाँ नहीं हो सकती ?

(1) 15 cm, 8 cm, 17 cm
(2) 6 cm, 8 cm, 10 cm
(3) 4 cm, 5 cm, 6 cm
(4) 5 cm, 12 cm, 13 cm

Ans : (3)

For the sides of right angled triangle , it must satisfies pythagoras theorem

Taking option (1), Using pythagoras theorem

P= 8cm , B= 15cm and H (longest side) = 17cm

$$H^2 = P^2 + B^2$$
$$(17)^2 = (8)^2 + (15)^2$$
$$289 = 64 + 225$$
$$289 = 289$$

Taking option (2), P = 6cm, B = 8 cm and H (longest side) = 10cm

$$H^2 = P^2 + B^2$$
$$(10)^2 = (6)^2 + (8)^2$$
$$100 = 36 + 64$$
$$100 = 100$$

Taking option (3), P = 4cm , B = 5 cm and H (longest side) = 6 cm

$$H^2 = P^2 + B^2$$
$$(6)^2 = (4)^2 + (5)^2$$
$$36 = 16 + 25$$
$$36 \neq 41$$

Taking option (4) , P = 5cm , B = 12 cm and H (longest side) = 13 cm

$$H^2 = P^2 + B^2$$
$$(13)^2 = (5)^2 + (12)^2$$
$$169 = 25 + 144$$
$$169 = 169$$

From option (3), 4cm , 5cm and 6cm (समकोण त्रिभुज की भुजाओं की लंबाइयाँ नहीं हो सकती)

360. Shikha went to a brick kiln to buy bricks. The rate of the bricks was 2500 rupees per one thousand bricks. How many bricks can she buy if she has only 4000 rupees?

शिखा एक ईंट भट्टा पर ईंट खरीदने गई। ईंटों का मूल्य 2500 रूपये प्रति एक हज़ार ईंट था। अगर उसके पास केवल 4000 रूपये हैं तो वह कितनी ईंटें खरीद सकती है?

1. 10000
2. 1600
3. 16000
4. 4000

Ans : (2)

2500₹ = 1000 ईट

$1₹ = \frac{1000}{2500}$

$4000₹ = \frac{1000}{2500} \times 4000 = 1600$ ईंटे

361. Ragini reaches the station at 2:00 in the afternoon. She has to take a train to Aligarh. There are four trains. Train A, Train B, Train C, Train D scheduled for departure at 17:05, 4:32, 18:30 and 19:15 respectively. Which train must she take so that she spends minimum amount of time waiting for the train?

रागिनी दोपहर के 2 बजे स्टेशन पहुंचती है। उसे अलीगढ़ के लिए रेलगाड़ी लेनी है। चार रेलगाड़ियाँ: रेलगाड़ी A, रेलगाड़ी B, रेलगाड़ी C, रेलगाड़ी D के छूटने का समय क्रमश: 17:05, 04:32, 18:30 और 19:15 है। उसे कौन-सी रेलगाड़ी लेनी चाहिए, ताकि उसे कम से कम समय के लिए इंतज़ार करना पड़े ?

1. रेलगाड़ी A
2. रेलगाड़ी B
3. रेलगाड़ी C
4. रेलगाड़ी D

Ans : (1)

train A = क्योकि रागिनी दोपहर के 2 बजे स्टेशन पहोचती है। और train A का टाइम सबसे पहले शाम के 5 बजकर 5 मिनट पर है

Train B = 04:32 सुबह के 4 : 32 पर है।

Train C = 18:30 शाम के 6 : 30

Train D = 19:15 शाम के 7 :15

362. Observe the following pattern and select the next term:

नीचे दिए गए पैटर्न का अवलोकन कीजिए और अगला पद लिखिए:

$(9 - 1) \div 8 = 1$

$(98 - 2) \div 8 = 12$

$(987 - 3) \div 8 = 123$

$(9876 - 4) \div 8 = 1234$

________ = ____

1. $(98765 - 5) \div 8 = 123456$
2. $(9876 - 4) \div 8 = 12345$
3. $(98765 - 4) \div 8 = 12345$
4. $(98765 - 5) \div 8 = 12345$

Ans : (4)

$(9 - 1) \div 8 = 1$

$(98 - 2) \div 8 = 12$

$(987 - 3) \div 8 = 123$

$(9876 - 4) \div 8 = 1234$

$(98765 - 5) \div 8 = 12345$

363. A scooter travelled 67 km 8 hm 4 dam in one month and 48 km 8 dam 7 m in the second month. How much more distance did it travel in the first month than the second month?

किसी स्कूटर ने पहले माह में 67 km 8hm 4 dam की दूरी तय की तथा दूसरे माह में 48 km 8 dam 7m की दूरी तय की। दूसरे माह की तुलना में उसने पहले माह में कितनी दूरी अधिक तय की?

(1) 19 km 7 hm 5 dam 3 m
(2) 20 km 8 hm 6 dam
(3) 20 km 9 hm 8 dam 4 m
(4) 15 km 9 hm 7 dam 5 m

Ans : (1)

[1 km = 1000 m]

[1 hm (hectometer) = 100 m]

[1 dam (decamete) = 10 m]

Distance travelled by scooter in 1 month

= 67 km 8 hm 4 dam

= (67000+ 800+40)m

= 67840 m

Distance travelled by scooter in 1 month

= 48 km 8 dam 7m

= (48000+80+7) m

= 48087 m

Distance travelled in 1 month is greater than the scond month by = 67840 – 48087 = 19753

= 19000 + 700 + 50 + 3

= 19km 7hm 5dam 3m

364. In a school, the students started studying at 10:10 a.m. and recess was at 12:55 p.m. What was the study time up to recess?

किसी स्कूल में विद्यार्थियों का अध्ययन 10:10 am पर प्रारंभ हुआ तथा 12:55pm पर मध्यावकाश प्रारंभ हुआ। मध्यावकाश तक अध्ययन समय कितना था?

(1) 2 घंटे 35 मिनट
(2) 2 घंटे 40 मिनट
(3) 2 घंटे 45 मिनट
(4) 3 घंटे 45 मिनट

Ans : (3)

The study time of students upto recess (मध्यावकाश तक अध्ययन समय)

= 12:55pm – 10:10 am

= 2 hrs 45 minutes

365. Four identical squares are joined together to form a rectangle whose area is 256 sq units. What is the perimeter of each square?

चार सर्वसम वर्गों को क्षेत्रफल 256 वर्ग इकाइयों का एक आयत बनाने के लिए जोड़ा जाता है। प्रत्येक वर्ग का परिमाप क्या है?

(1) 24 units
(2) 32 units
(3) 40 units
(4) 16 units

Ans : (2)

Four identical squares are joined together to form a rectangle.

Area of rectangle (आयत का क्षेत्रफल) = 256 sq units

Area of rectangle = 4 × area of square

$$256 = 4 \times (\text{side})^2$$

$$\frac{256}{4} = (\text{side})^2$$

$$64 = (\text{side})^2$$

8 cm = side of square

Perimeter of each square = 4 × side

= 4 × 8 = 32 cm

366. Venu found his birth certificate while cleaning the home on 25th September 2021. He noted that the date of birth in the certificate was written as 5th December 1995. What was Venu's approximate age when he found the certificate?

वेणु को 25 सितम्बर 2021 के दिन घर में सफाई करते समय अपना जन्म प्रमाण पत्र मिला। उसने देखा कि उसकी जन्म तिथि प्रमाण पत्र में 5 दिसंबर 1995 लिखी थी। जब वेणु को प्रमाण पत्र मिला, तो उसकी आयु लगभग कितनी थी?

1. 24 वर्ष 11 महीने
2. 25 वर्ष $9\frac{1}{2}$ महीने
3. 25 वर्ष $3\frac{1}{2}$ महीने
4. 26 वर्ष 3 महीने

Ans : (2)

From 5 Dec 1995 to 5 Dec 2020, it's been 25 years.

From 5 Dec 2020 till 5 sept 2021 it's been 9 months.

From 5 Sept 2021 till 25 sept 2021 it's been 20 days.

25 वर्ष $9\frac{1}{2}$ महीने

25 Sept 2021

5 Dec 1995

25 year $9\frac{1}{2}$ Month

367.What should be subtracted from the sum of 9599, 5995 and 9995 to obtain 19995?

19995 प्राप्त करने के लिए 9599, 5995 और 9995 के योग में से क्या घटाना होगा ?

1. 5495
2. 5594
3. 5954
4. 5945

Ans : (2)

पहले हम तीनो को जोड़ेंगे बाद में हम 19995 घटायेंगे तो answer आयेगा वही main answer होगा।

5995+9599+9995=25589-19995=5594

368.Sum of the fractions $\frac{3}{15}$ and $\frac{7}{12}$ is

भिन्नों $\frac{3}{15}$ और $\frac{7}{12}$ का योग है:

1. $\frac{10}{27}$
2. $\frac{47}{60}$
3. $\frac{35}{27}$
4. $\frac{43}{60}$

Ans : (2)

$\frac{3}{15}+\frac{7}{12}=\frac{3\times4+7\times5}{60}=\frac{12+35}{60}=\frac{47}{60}$

369.Bimal brought a packet of candies on his birthday. He gave one-third to John, one-fourth to Radha, one-fifth to Sushmita and one-sixth to Miku. He ate remaining 6 candies. How many candies were there in the packet?

बिमल अपने जन्मदिन पर कैन्डी का एक पैकेट लाया। उसने एक-तिहाई जॉन को, एक-चौथाई राधा को, $\frac{1}{5}$ भाग सुषमिता को और एक $\frac{1}{6}$ भाग मीकू को दिया। बची हुई 6 कैन्डियाँ उसने स्वयं खा लीं। पैकेट में कितनी कैन्डी थीं?

1. 100
2. 120
3. 128
4. 142

Ans : (2)

जॉन राधा सुषमिता मीकू

$\frac{1}{3}+\frac{1}{4}+\frac{1}{5}+\frac{1}{6}$

$\frac{20+15+12+10}{60}=\frac{57}{60}$

Total = 60 है तो value 56 आयी

3 भाग = 6 candies

1 = 2 candies

60 भाग में = 2×60=120 candies

370.How many whole numbers are there between 42 and 62 ?

42 और 62 के मध्य कितनी पूर्ण संख्याएँ हैं ?

(1) 20
(2) 21
(3) 23
(4) 19

Ans : (4)

Whole numbers between 42 and 62 are 43, 44,45,46,47,48,49,50,51,52,53,54,55,56,57, 58,59,60,61.

There are 19 whole numbers.

371. When asked to measure the heights of the students in groups: Group 1, which consists of 4 students found the following results. Nirmal is 8 cm taller than Dinesh. Shima is 4 cm shorter than Selma. Dinesh is 2 cm taller than Shima. If Selma is 138 cm tall, what will be the height of Nirmal?

जब समूह में विद्यार्थियों की लम्बाई मापने को कहा गया, तो समूह 1, जिसमें 4 विद्यार्थी थे, को निम्नलिखित परिणाम प्राप्त हुए: निर्मल दिनेश से 8cm लम्बी है। शीमा सेलमा से 4 cm छोटी है। दिनेश शीमा से 2 cm लंबा है। यदि सेलमा 138 cm लम्बी है तो निर्मल की लम्बाई क्या होगी?

1. 136 cm
2. 144 cm
3. 134 cm
4. 138 cm

Ans : (2)

Given – सेल्मा की ऊंचाई (Height of Selma) =138 cm

शिमा, सेल्मा से 4 cm छोटी है।

शिमा की ऊंचाई (Height of Shima) = 138 – 4 = 134 cm

दिनेश, शिमा, से +2 cm बड़ा है।

134+2=136 cm

निर्मल की ऊंचाई (height of Nirmal)

= दिनेश से 8 cm लंबा

= 136 +8 = 144 cm

372. What will be the sum of the different prime factors of the number 27720?

27720 के अभाज्य गुणनखंडो का योग क्या होगा ?

1. 28
2. 17
3. 40
4. 3.40

Ans : (1)

27720 के पहले हमे अभाज्य गुणखणड प्राप्त करने होंगे।

2	27720
2	13860
2	6930
3	3465
3	1155
5	385
7	77
11	11
	1

सभी अभाज्य गुणखण्डो का योग। (sum of the different prime factors)

2+3+5+7+11=28

373. 60 litre and 750 millilitre of milk is filled in 27 bottles, each of the same size. The quantity of milk in 17 such bottles is

60 लीटर 750 मिलीलीटर दूध समान आकार की 27 बोतलों में भरा जाता है। ऐसी 17 बोतलों में दूध की मात्रा है:

1. 38 लीटर
2. 38 लीटर 250 मिलीलीटर
3. 37 लीटर 750 मिलीलीटर
4. 38 लीटर 750 मिलीलीटर

Ans : (2)

1 LITER = 1000 मिलीलीटर,

कुल दूध (Total milk) = 60 liter 750 miliiter

(60×1000)+750 = 60000+750 = 60,750 ml

ये सारा दूध 27 बोतलों में आ जाता है।

तो एक बोतल की क्षमता (capacity of 1 bottle) = $\frac{60,750}{27}$ = 2250=2250

17 बोतल में = 2250 ×17 =38250 mililiter = 38 liter ,250 ml

374. How many squares of side 2cm are needed to make a rectangle of length 8cm and breadth 6cm?
8 सेंटीमीटर लम्बाई और 6 सेंटीमीटर चौड़ाई का एक आयत बनाने के लिए 2 सेंटीमीटर भुजा वाले कितने वर्गों की आवश्यकता होगी?
1. 6
2. 8
3. 10
4. 12

Ans : (4)

आयत, लम्बाई (Length) = 8cm, चौड़ाई (Breath) = 6 cm

आयत का क्षेत्रफल (area of rectangle) = लम्बाई × चौड़ाई = $8 \times 6 = 48 cm^2$

वर्ग की भुजा (side of square) = 2cm

वर्ग का क्षेत्रफल (area of square) = $(side)^2 = (2)^2 = 4 cm^2$

वर्गों की आवश्यकता

$= \frac{\text{आयत का क्षेत्रफल (area of rectangle)}}{\text{वर्ग का क्षेत्रफल (area of square)}}$

= 48/4 = 12

375. If we multiply all the digits given on a keypad of a mobile phone, the product will be:
एक मोबाइल फोन के कीपैड पर दी गई संख्याओं को यदि गुणा किया जाए, तो गुणनफल होगा:
1. 3628800
2. 362880
3. 40320
4. 0

Ans : (4)

मोबाइल फ़ोन के कीपैड पर संख्याये 0 से 9 तक होती है।

$0 \times 1 \times 2 \times 3 \times 4 \times 5 \times 6 \times 7 \times 8 \times 9$

जीरो से किसी भी संख्या में गुणा करने पर जीरो आता है।

376. How many lines of symmetry are there in a regular pentagon ?
एक सम पंचभुज में कितनी सममित रेखाएँ होती हैं ?
(1) 5
(2) 4
(3) 6
(4) 3

Ans : (1)

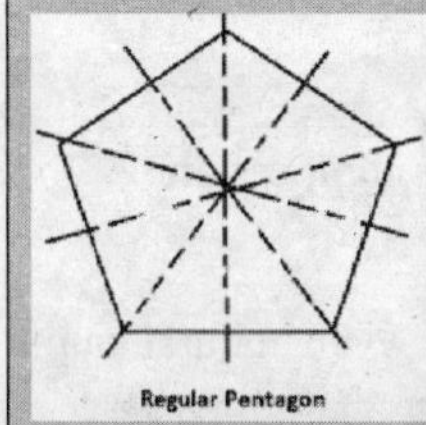

There are 5 lines of symmetry are there in a regular pentagon (एक नियमित पंचभुज में सममिति की 5 अनेक रेखाएँ होती हैं).

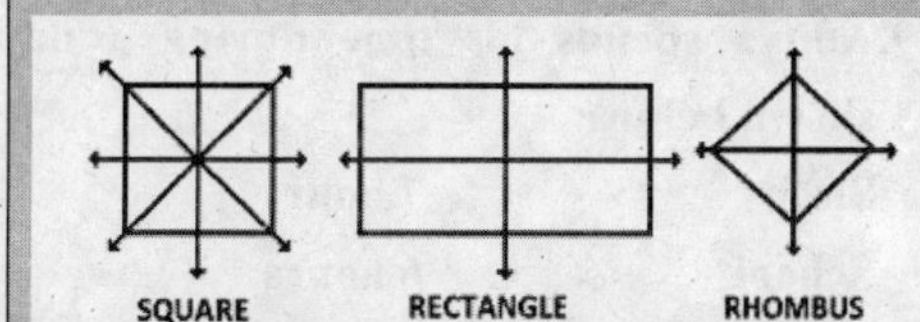

377. In a calendar-year, the months, whose number of days are divisible by 2 as well as 5, are
एक कैलेंडर वर्ष में; उन महीनों के नाम, जिनके दिनों की संख्या को 2 और 5 दोनों से विभाजित किया जा सकता है, निम्न हैं
(1) April, June, September, November
(2) March, October, November, December
(3) April, May, July, September
(4) January, April, August, October

Ans : (1)

Number of days in a month can be 28, 29, 30 and 31

30 is divisible by both 2 and 5 (30 को 2 और 5 दोनों से Divide किया जा सकता है।)

तो, 30 दिनों वाले महीने april, june, september, november हैं।

378. The mean of the first ten even natural numbers is

प्रथम 10 सम प्राकृत संख्याओं का माध्य है

(1) 10
(2) 11
(3) 12
(4) 20

Ans : (2)

First ten even natural numbers are 2, 4, 6, 8, 10, 12, 14, 16, 18, 20.

mean of the first ten even natural numbers (प्रथम 10 सम प्राकृत संख्याओं का माध्य) =

$$\frac{2+4+6+8+10+12+14+16+18+20}{10}$$

$= \frac{110}{10} = 11$

379. Aditya spends his time during a day as shown below :

Sleep	**7 hours**
School	**6 hours**
Play	**2 hours**
Watching TV	**2 hours**
Others	**7 hours**

If this data is shown in a pie chart, what will be the difference in the central angles related to sleep and play ?

आदित्य अपने एक दिन के समय को निम्न प्रकार से व्यतीत करता है :

सोना	**7 घंटे**
स्कूल	**6 घंटे**
खेलना	**2 घंटे**
TV देखना	**2 घंटे**
अन्य	**7 घटे**

यदि इन आँकड़ों को पाई चार्ट पर दिखाया जाए, तो सोने ओर खेलने से सम्बन्धित केन्द्रीय कोणों में अन्तर क्या होगा ?

(1) 60°
(2) 75°
(3) 80°
(4) 90°

Ans : (2)

Aditya spend his day	No. of hours	Central angle
Sleep	7 hours	$\frac{7}{24}\times360°=105°$
School	6 hours	$\frac{6}{24}\times360°=90°$
Play	2 hours	$\frac{2}{24}\times360°=30°$
Watching TV	2 hours	$\frac{2}{24}\times360°=30°$
Others	7 hours	$\frac{7}{24}\times360°=105°$
	Total = 24 hours	

Difference in the central angles related to sleep and play (सोने ओर खेलने से सम्बन्धित केन्द्रीय कोणों में अन्तर) = 105°- 30°=75°.

380. The numbers 23.18, 22.2, 23.45, 22.28, 23.1 in the increasing order are

संख्याएँ 23.18,22.2. 23.45, 22.28, 23.1 बढ़ते हुए क्रम में हैं

(1) 22.2, 22.28, 23.18, 23.1, 23.45
(2) 23.1, 23.18, 22.2, 22.28,,23.45
(3) 22.28, 22.2, 23.18, 23.1, 23.45
(4) 22.2, 22.28, 23.1, 23.18, 23.45

Ans : (4)

|||| || 23.18, 22.2, 23.45, 22.28, 23.1

Arrange in increasing order (बढ़ते हुए क्रम में),

22.2, 22.28, 23.1, 23.18, 23.45

381. Jayanth purchased 2 kg of Jamun at the rate of 100.00 per kg. His friend Kirana has contributed 3/10 of the money for it. How much Jamun she should get from Jayanth?

जयंथ ने ₹ 100.00 प्रति kg की दर से 2 kg जामुन

खरीदे। इसके लिए, उसके मित्र किराना ने इस धनराशि के 3/10 भाग के बराबर योगदान दिया। जयंथ से उसे कितने जामुन प्राप्त होंगे
(1) 600 ग्राम
(2) 800 ग्राम
(3) 1000 ग्राम
(4) 300 ग्राम

Ans : (1)

Cost of 1kg of jamun (1 किलो जामुन की कीमत) = ₹100

Jayanth purchased 2kg of jamun (जयंत ने 2 किग्रा जामुन खरीदे)

Cost of 2kg of jamun (2 किलो जामुन की कीमत) = 2 × ₹ 100 = ₹ 200

Kirana contributed = $\frac{3}{10}\times 200 =$ ₹ 60

In ₹200, weight of jamun is 2kg

In ₹60, weight of jamun = $\frac{2}{200}\times 60 = 0.6$kg

= 0.6 × 1000gm = 600gm

जयंथ से उसे 600gm जामुन प्राप्त होंगे।

382. National Education Policy (NEP) 2020 recommends to provide highest priority to achieve universal foundational literacy and numeracy in Primary School by 2025. To meet this goal of NEP 2020, Ministry of Education, Government of India has launched a mission project named:
(1) NISHTHA
(2) NIPUN Bharat
(3) FLN
(4) DIKSHA

राष्ट्रीय शिक्षा नीति (एन.ई.पी.) 2020 प्रस्तावित करती है कि 2025 तक प्राथमिक विद्यालय में सार्वभौमिक बुनियादी साक्षरता और संख्यात्मकता प्राप्त करने को सर्वोच्च प्राथमिकता प्रदान करनी होगी। राष्ट्रीय शिक्षा नीति 2020 के इस लक्ष्य को हासिल करने के लिए, शिक्षा मंत्रालय, भारत सरकार ने_____नामक परियोजना मिशन आरंभ किया है।
(1) निष्ठा
(2) निपुण भारत
(3) एफ. एल. एन.
(4) दीक्षा

Ans : (2)

भारत सरकार के शिक्षा मंत्रालय ने 2025 तक प्राथमिक विद्यालयों में सार्वभौमिक मूलभूत साक्षरता और संख्यात्मकता प्राप्त करने के लिए निपुण भारत मिशन शुरू किया है।

383. Gurvinder takes regular tests in his classrooms and compares the scores of the students. He then divides the students in groups of average achievers, below average achievers and above average achievers. The evaluation type is:
(1) Criterion-referenced
(2) Formative
(3) Norm-referenced
(4) Prognostic

गुरविंदर अपनी कक्षा में विद्यार्थियों का नियमित रूप से टेस्ट लेता है और उनके अंकों की तुलना भी करता है। वह प्राप्त किए गए अंकों के आधार पर विद्यार्थियों के समूह बनाता है, जैसे कि औसत अंक प्राप्त करने वाले औसत से कम और औसत से अधिक अंक प्राप्त करने वाले विद्यार्थी यह किस प्रकार का मूल्यांकन है?
(1) मानदंड -संदर्भित
(2) रचनात्मक
(3) मानक-संदर्भित
(4) पूर्वानुमानिक

Ans : (3)

मानक-संदर्भित मूल्यांकन छात्रों के अंकों की तुलना उनके साथियों के अंकों से करता है, उन्हें सापेक्ष प्रदर्शन के आधार पर औसत, औसत से नीचे और औसत से ऊपर जैसी श्रेणियों में समूहित करता है।

384. Which of the following activities is least appropriate to develop mathematical language and communication among learners?
(1) Provide opportunities to children to work

on mathematical problems in groups and express their ideas freely in class.

(2) Ask the English language teacher to help children learn the words specifically used in mathematics.

(3) Facilitate children to rephrase word problems using various ways of representations like symbols, pictures etc.

(4) Provide situations to use standard mathematical notations, wherever possible, to communicate ideas and arguments.

निम्नलिखित में से कौन-सी गतिविधि अधिगमकर्ताओं में गणितीय भाषा और संप्रेषण को विकसित करने के लिए सबसे कम उपयुक्त है?

(1) बच्चों को समूहों में गणितीय समस्याओं पर काम करने तथा कक्षा में अपने विचारों को स्वतंत्र रूप से अभिव्यक्त करने के अवसर उपलब्ध कराना।

(2) अंग्रेज़ी भाषा के शिक्षक को गणित में विशिष्ट रूप से उपयोग होने वाले शब्दों को सीखने में बच्चों की सहायता करने के लिए कहना।

(3) प्रतीकों (चिह्नों), चित्रों आदि जैसे निरूपण के विभिन्न तरीकों का उपयोग करके इबारती सवालों को दोबारा (पुनः) व्यक्त करने में बच्चों को सहज-सुगम करना।

(4) जहाँ भी संभव हो विचारों और तर्क-वितर्कों को संप्रेषित करने के लिए मानक गणितीय अंकन/चिह्नों के उपयोग हेतु परिस्थितियाँ उपलब्ध कराना।

Ans : (2)

गणितीय भाषा विकसित करने का सबसे कम प्रभावी तरीका गणित-विशिष्ट शब्दों के लिए अंग्रेजी भाषा के शिक्षक पर भरोसा करना है, क्योंकि सीधे गणित-केंद्रित गतिविधियाँ अधिक प्रभावी होती हैं।

385. Which of the following assessment techniques will help to reduce the fear and anxiety in mathematics among learners?

(a) Project

(b) Cooperative learning tasks

(c) Paper-pencil test

(d) Summative assessment

Choose the correct option:

(1) (b) and (c)

(2) (a) and (d)

(3) (b) and (d)

(4) (a) and (b)

निम्नलिखित में से आकलन की कौन-सी विधि अधिगमकर्ताओं के बीच गणित में भय और चिंता को कम करने में सहायता करेगी?

(a) परियोजना

(b) सहयोगी अधिगम कार्य

(c) पेपर - पेंसिल टेस्ट

(d) योगात्मक आकलन

सही विकल्प का चयन कीजिए:

(1) (b) और (c)

(2) (a) और (d)

(3) (b) और (d)

(4) (a) और (b)

Ans : (4)

परियोजना कार्य और सहयोगात्मक शिक्षण कार्य पारंपरिक मूल्यांकन के विपरीत, जो चिंता को बढ़ा सकते हैं, एक सहायक और आकर्षक सीखने का माहौल बनाकर गणित की चिंता को कम करने में मदद करते हैं।

386. Which of the following statements is least appropriate about the use of heuristics in a mathematics classroom?

(1) It can be understood as the study of means and methods of problem solving.

(2) It can be visualized as rules of thumb.

(3) It refers to experience-based techniques for problem solving.

(4) It cannot be used in complex novel problems.

निम्नलिखित कथनों में से कौन-सा गणित कक्षा में ह्यूरिस्टिक (स्वतः शोधन) के उपयोग के बारे में सबसे कम उपयुक्त है?

(1) इसे समस्या समाधान के साधनों और प्रणालियों के अध्ययन के रूप में समझा जा सकता है।

(2) इसकी निश्चित नियमों के रूप में कल्पना की जा सकती है।

(3) यह समस्या समाधान के लिए अनुभव आधारित तकनीकों का उल्लेख करता है।

(4) जटिल नवीन समस्याओं में इसका उपयोग नहीं हो सकता है।

Ans : (4)

अनुमान जटिल और नवीन समस्याओं के लिए उपयोगी हैं क्योंकि वे चुनौतीपूर्ण स्थितियों को संभालने के लिए लचीली, अनुभव-आधारित रणनीतियाँ प्रदान करते हैं।

387. While teaching shapes, a teacher brought a model of a city to her class that was made of geometric shapes. She wanted her students to:

(1) have some leisure time while identifying geometric shapes in the model.
(2) link mathematical concepts to various other disciplines and their daily lives.
(3) make more such models that can be presented in a math exhibition.
(4) understand the role of models in mathematics.

आकृतियों का शिक्षण करते हुए, एक शिक्षिका शहर का मॉडल / प्रारूप अपनी कक्षा में लेकर आई जो ज्यामितीय आकृतियों से निर्मित था। वह चाहती है कि उनके विद्यार्थी

(1) मॉडल से ज्यामितीय आकृतियों की पहचान करते हुए कुछ खाली समय बिताएँ
(2) गणितीय अवधारणाओं को विभिन्न अन्य विषय क्षेत्रों से और उनके दैनिक जीवन से जोड़ें
(3) ऐसे और प्रारूप / मॉडल निर्मित करें जो कि गणित की प्रदर्शनी में प्रदर्शित किए जा सकें
(4) गणित में प्रारूप मॉडलों की भूमिका को समझें

Ans : (2)

ज्यामितीय आकृतियों से बने शहर के मॉडल का उपयोग करने से छात्रों को गणितीय अवधारणाओं को वास्तविक दुनिया के संदर्भों और अन्य विषयों से जोड़ने में मदद मिलती है।

388. Which of the following is one of the main goals of mathematics education according to National Curriculum Framework, 2005?

(1) Developing numeracy skills in learners.
(2) Creating employable adults for the country.
(3) Asking every child to solve textbook problems in a mathematics classroom.
(4) Mathematization of child's thought processes.

राष्ट्रीय पाठ्यचर्या रूपरेखा 2005 के अनुसार निम्नलिखित में से कौन-सा गणित शिक्षा का मुख्य लक्ष्य है?

(1) अधिगमकर्ताओं में संख्यात्मकता कौशल का विकास करना
(2) देश के लिए रोजगार योग्य वयस्कों का सृजन करना।
(3) गणित कक्षा में प्रत्येक बच्चे को पाठ्यपुस्तक में दी गई समस्याएँ हल करने के लिए कहना।
(4) बच्चों की विचार प्रक्रियाओं का गणितीकरण।

Ans : (4)

राष्ट्रीय पाठ्यचर्या रूपरेखा, 2005 के अनुसार, गणित शिक्षा का एक प्रमुख लक्ष्य छात्रों को उनकी विचार प्रक्रियाओं को गणित करके गहरी समझ विकसित करने में मदद करना है।

389. Which of the following is most appropriate for Ms. Somi, a mathematics teacher, to include in her classroom discussion for enhancing critical thinking skills among the learners?

(1) List all the prime numbers between 25 and 30
(2) Compute 37+21
(3) Draw all possible rectangles with area 18 cm^2
(4) Draw an equilateral triangle with length of each side as 6 cm

गणित की एक शिक्षिका, सुश्री सोमी के लिए, अधिगमकर्ताओं में आलोचनात्मक चिंतन के कौशल को बढ़ावा देने के लिए, निम्नलिखित में से कौन-सा अपनी कक्षायी परिचर्चा में " | शामिल करना सबसे उपयुक्त है?

(1) 25 और 30 के बीच की सभी अभाज्य संख्याओं को सूचीबद्ध करें
(2) 37+ 21 का परिकलन करें
(3) 18 cm^2 क्षेत्रफल वाले सभी संभव आयत बनाएँ
(4) एक समबाहु त्रिभुज बनाएँ जिसकी प्रत्येक भुजा की लंबाई 6 cm हो

Ans : (3)

किसी दिए गए क्षेत्र के साथ सभी संभावित आयत बनाने से शिक्षार्थियों को गंभीर रूप से सोचने और विभिन्न समाधानों का पता लगाने में मदद मिलती है, जिससे उनकी समझ और महत्वपूर्ण सोच कौशल में वृद्धि होती है।

390. It has been found that if a word problem is given to primary grade learners most of them would say, "If you tell me what operation is required in the question then I can solve it." Which of the following is the most appropriate reason for the above situation?

(1) Children find mathematical language to be too technical and not reinforced through their everyday language.
(2) Word problems are generally too difficult to be solved by primary grade learners.
(3) Children usually make excuses to solve word problems.
(4) Only those children who are weak in English language face this type of issue in word problems.

प्राय: यह देखा गया है कि जब प्राथमिक स्तर के शिक्षार्थियों को इबारती सवाल हल करने के लिए दिए जाते हैं. अधिकांश बच्चे कहते हैं कि, "यदि आप हमें यह बताएँगे कि इस सवाल में कौन-सी संक्रिया अपेक्षित है, तब हम इस प्रश्न को हल कर सकते हैं।" इस स्थिति के लिए सर्वाधिक उपयुक्त कारण कौन- न-सा है ?

(1) बच्चों को गणितीय भाषा बहुत तकनीकी (पारिभाषिक/प्राविधिक) लगती है जिसको उनके दिन-प्रतिदिन के जीवन की भाषा के माध्यम से सुदृढ़ नहीं किया जाता।
(2) आमतौर पर इबारती सवाल प्राथमिक स्तर के शिक्षार्थियों द्वारा हल करने के लिए बहुत ही कठिन होते हैं।
(3) सामान्यत: बच्चे इबारती सवाल हल करने के लिए तरह-तरह के बहाने बनाते हैं।
(4) जो बच्चे अंग्रेज़ी भाषा में कमजोर हैं, केवल उन्हीं बच्चों को इबारती सवाल हल करने में इस तरह की कठिनाई होती है।

Ans : (1)

प्राथमिक कक्षा के विद्यार्थी शब्द समस्याओं से जूझते हैं क्योंकि गणितीय भाषा अक्सर बहुत अधिक तकनीकी होती है और उनकी रोजमर्रा की भाषा से जुड़ी नहीं होती है।

391. A child in a primary mathematics class says that: "I have 3 pencils", "I have 5 coloured pens", "I have 1 sister".

The child is referring to:
(1) Numerals
(2) Cardinal numbers
(3) Ordinal numbers
(4) Nominal numbers

एक बच्चा गणित की प्राथमिक कक्षा में कहता है कि: "मेरे पास 3 पेंसिल हैं", "मेरे पास 5 रंगीन पेन हैं", "मेरी 1 बहन है"। बच्चा किस संबंध में बात कर रहा है?

(1) संख्यांक
(2) गणन संख्या
(3) क्रमसूचक संख्या
(4) अंकित संख्या

Ans : (2)

कार्डिनल संख्याओं का उपयोग वस्तुओं की मात्रा या गिनती को इंगित करने के लिए किया जाता है। बच्चे के बयानों में, वे पेंसिल, पेन और बहनों की संख्या का जिक्र कर रहे हैं, जो कार्डिनल संख्याओं के उदाहरण हैं।

392. Which of the following describes the correct sequence to be followed in Data Analysis?

(1) Organizing, sorting, collecting and representing
(2) Sorting, organizing, collecting and representing.
(3) Collecting, sorting, organizing and representing.
(4) Representing, organizing, sorting and collecting.

निम्नलिखित में से कौन-सा आँकड़ों के विश्लेषण का अनुसरण करने के सही अनुक्रम को दर्शा रहा है?

(1) व्यवस्थित करना, छाँटना एकत्रित करना और निरूपण करना।

(2) छाँटना, व्यवस्थित करना, एकत्रित करना और निरूपण करना।
(3) एकत्रित करना, छाँटना, व्यवस्थित करना और निरूपण करना।
(4) निरूपण करना, व्यवस्थित करना, छाँटना और एकत्रित करना।

Ans : (3)

डेटा विश्लेषण डेटा एकत्र करने से शुरू होता है, उसके बाद उसे क्रमबद्ध और व्यवस्थित करता है, और डेटा को समझने के लिए उसका प्रतिनिधित्व करने के साथ समाप्त होता है।

393. Which among the following is/are the most important features of a good mathematics textbook for primary classes?

(a) Presents concepts in a deductive manner
(b) Presents concepts in an interactive and contextual manner
(c) Includes more solved examples and activity-based assessment

Choose the correct option:
(1) (a) and (c)
(2) Only (b)
(3) Only (c)
(4) (b) and (c)

निम्नलिखित में से प्राथमिक कक्षाओं के लिए एक अच्छी गणित पाठ्यपुस्तक की सर्वाधिक | महत्त्वपूर्ण विशेषता/विशेषताएं कौन-सी / कौन-से है/हैं?

(a) निगमनात्मक तरीके से अवधारणाएँ प्रस्तुत करना
(b) संवादात्मक और संदर्भात्मक तरीके से अवधारणाएँ प्रस्तुत करना
(c) हल किए हुए अधिक उदाहरण और गतिविधि आधारित आकलन सम्मिलित करना

सही विकल्प का चयन कीजिए:
(1) (a) and (c)
(2) Only (b)
(3) Only (c)
(4) (b) and (c)

Ans : (4)

एक अच्छी प्राथमिक गणित की पाठ्यपुस्तक में अवधारणाओं को इस तरह से प्रस्तुत किया जाना चाहिए जो छात्रों के जीवन के लिए आकर्षक और प्रासंगिक हो, और इसमें हल किए गए उदाहरण और गतिविधियाँ शामिल होनी चाहिए जो सीखने का आकलन और सुदृढ़ करने में मदद करती हैं।

394. Which of the following is the most appropriate strategy to introduce the concept of Equivalent Fractions at primary level?
(1) Using circular cut-outs and rectangular strips
(2) Using algorithm of multiplication of fractions
(3) Using algorithm of division of fractions
(4) Using the concept of LCM

प्राथमिक स्तर पर समतुल्य भिन्नों की अवधारणा को प्रस्तुत करने के लिए निम्नलिखित में से कौन-सी विधि सर्वाधिक उपयुक्त है?
(1) वृत्ताकार कट-आऊट और आयताकार पट्टियों का उपयोग करना
(2) भिन्नों के गुणन की कलनविधि का उपयोग करना
(3) भिन्नों के विभाजन /भाग की कलनविधि का उपयोग करना
(4) लघुतम समापवर्त्य की अवधारणा का उपयोग करना

Ans : (1)

प्राथमिक छात्रों को समतुल्य भिन्नों से परिचित कराने का सबसे प्रभावी तरीका गोलाकार कट-आउट और आयताकार पट्टियों का उपयोग करना है, क्योंकि ये दृश्य उपकरण उन्हें भिन्नों को अधिक आसानी से समझने और तुलना करने में मदद करते हैं।

395. Bijoy gets up at 6:00am in the morning. When he started for going to school, the minute hand of the clock was at 12 and hour hand was at 9. How much time he spent in home after he woke up till going to school?

बिजोय प्रात: 6:00 am पर सो कर उठा। जब वह स्कूल जाने लगा, तो घड़ी की मिनट वाली सुई 12 पर थी तथा घंटे की सुई 9 पर थी। उसने घर में, प्रात: उठने से लेकर स्कूल जाने लगने तक कितना समय व्यतीत किया?

(1) 6 घंटे
(2) 9 घंटे
(3) 12 घंटे
(4) 3 घंटे

Ans : (4)

बिजोय ने घर में, प्रात: उठने से लेकर स्कूल जाने तक समय व्यतीत किया (Bijoy spent time at home, from getting up in the morning till going to school) = 9:00AM – 6:00AM = 3 hours

396. Which one of the following correctly represent 7 observations of a data, using tally marks?
निम्नलिखित में से कौन-सा एक आँकड़ों के 7 प्रेक्षणों को, मिलान चिह्नों के उपयोग से सही रूप से निरूपण करता है ?

(1) || || |||
(2) |||
(3) ~~||||~~ ||
(4) ||||

Ans : (3)

tally marks of 7 = ~~||||~~ ||

So, option (3) is correct answer.

397. The next number in the following pattern is 1, 3, 6, 10,_______
निम्नलिखित पैटर्न में अगली संख्या है :
1, 3, 6, 10,_______

(1) 11
(2) 13
(3) 12
(4) 15

Ans : (4)

1
1+2 = 3
1+2+3 = 6
1+2+3+4 = 10
1+2+3+4+5 = 15

398. 32 bananas were distributed equally among 6 monkeys. How many bananas will be left ?
32 केलों को समान रूप से 6 बंदरों में बाँटा गया। कितने केले शेष रह जाएँगे ?

(1) 0
(2) 1
(3) 2
(4) 3

Ans : (3)

केलों को समान रूप से 6 बंदरों में बाँटा गया (Bananas were equally distributed among 6 monkeys) = 32

यदि हम केले बराबर बांट दें तो प्रत्येक बंदर को 5 केले मिलेंगे और 2 केले शेष रह जाएँगे।

399. If a student adds a two-digit number with a number obtained by reversing its digits, the sum will be
यदि एक विद्यार्थी दो अंकों की किसी संख्या को उस संख्या में जोड़ता है, जो अंकों को पलटने से प्राप्त होती है, तो प्राप्त योगफल होगा

(1) Divisible by 2 (2 से विभाज्य)
(2) Divisible by 3 (3 से विभाज्य)
(3) Divisible by 7 (7 से विभाज्य)
(4) Divisible by 11 (11 से विभाज्य)

Ans : (4)

दो अंकों की कोई भी संख्या को जब उसके पलटे हुए अंको से जोड़ते है तो जो संख्या प्राप्त होगी ये हमेशा 11 से Divisible (विभाज्य) होगी। जैसे – 25 + 52 = 77, 13 + 31 = 44, 81 + 18 = 99 ये सभी संख्या 11 से Divide (विभाजित) हो जाएगी।

400. Ammu's mother has prepared some jalebis. They are less than fifty in number. Ammu noted that if these were divided among 2 or 3 or 7 persons equally, then no jalebi will be left. Now she has to share it equally among 5 persons. What is the minimum number of jalebis left out?

अम्मू की माँ ने कुछ जलेबियाँ बनाई। इनकी संख्या 50 से कम है। अम्मू ने देखा कि यदि इन्हें 2 या 3 या 7 व्यक्तियों में समान रूप से वितरित किया जाए, तो कोई जलेबी शेष नहीं बचेगी। अब, उन्हें इन जलेबियों को 5 व्यक्तियों में समान रूप से वितरित करना है। न्यूनतम कितनी जलेबियाँ शेष बचेंगी ?

(1) 1
(2) 2
(3) 3
(4) 4

Ans : (2)

Total number of jalebis = LCM of 2 ,3 and 7 = 42

Now,

she has to share 42 jalebis equally among 5 persons (उसे 42 जलेबियाँ 5 व्यक्तियों में समान रूप से बाँटनी हैं) ,

then each person will get = 8 jalebis

Total जलेबी जो बाँट दी गई = 8 × 5 = 40

Number of jalebis left (न्यूनतम जलेबियाँ शेष जो बचेंगी) = 2

401. Three sisters Anna, Laya and Sana went for a picnic. Their mother gave them three notes of 100 and one note of ₹50. They purchased 4 bottles of juice of price ₹ 20.00 per bottle. They shared the remaining amount equally among themselves. What will be Sana's share?

तीन बहनें अन्ना, लाया और सना एक पिकनिक पर गई। उनकी माँ ने उन्हें ₹ 100 के तीन नोट और ₹ 50 का एक नोट दिया। उन्होंने ₹20.00 प्रति बोतल की दर से 4 बोतल जूस खरीदा। फिर, उन्होंने शेष धनराशि को समान रूप से आपस में बाँट लिया। सना का भाग कितना होगा ?

(1) ₹80
(2) ₹75
(3) ₹100
(4) ₹90

Ans : (4)

Anna, Laya and Sana's mother gave them

Total amount = 3×100 +1×50 = 300+50 = ₹350

Cost of 4 bottless of juice (जूस की 4 बोतलों की कीमत) = 4×20 = ₹ 80

Amount left (शेष धनराशि) = 350 – 80 = ₹270

धनराशि को समान रूप से आपस में बाँट लिया (divided the money equally among them) = ₹270 ÷3 = ₹90

Sana 's share (सना का भाग) = ₹ 90

402. Teacher draws two intersecting circles on the board and asks Nayana and Rajul to write as follows: Rajul has to write all the factors of 80 in one circle. Nayana has to write all the factors of 110 in second circle. What is the largest number in the common portion of the circle ?

शिक्षक बोर्ड पर दो प्रतिच्छेदी वृत्तों को खींचता है तथा नयना और राजुल से इस प्रकार लिखने के लिए कहता है: राजुल को एक वृत्त में 80 के सभी गुणनखंड लिखने हैं। नयना को दूसरे वृत्त में 110 के सभी गुणनखंड लिखने हैं। इन वृत्तों के उभयनिष्ठ भाग में सबसे बड़ी संख्या क्या है ?

(1) 2
(2) 5
(3) 10
(4) 20

Ans : (3)

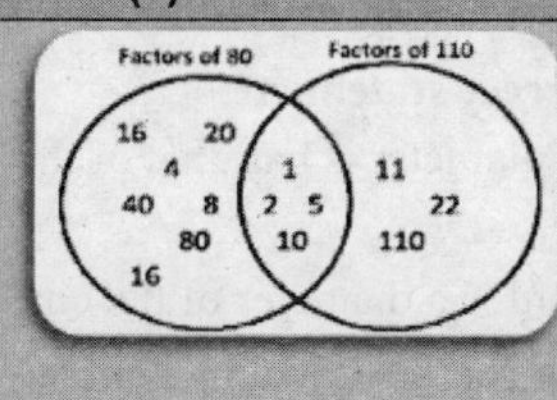

Factors of 80 (80 के गुणनखंड) = 1, 2, 4, 5, 8, 10, 16, 20, 40, 80

Factors of 110 (110 के गुणनखंड) = 1, 2, 5,10,11, 22, 55,110

Largest common number = 10

403. What is the difference between the place values of 7 in the number 276578 ?

संख्या 276578 में 7 के स्थानीय मानों का अंतर क्या है ?

(1) 69993

(2) 69930

(3) 69300

(4) 63000

Ans : (2)

Place values of 7 in number 276578 (7 के स्थानीय मान) = 70000

Place values of 7 in number 276578 (7 के स्थानीय मान)= 70

Difference = 70000 – 70 = 69930

404. Without repeating the digits 0, 3 and 5, how many different three-digit numbers can be formed using these three digits?

अंकों 0, 3 और 5 की पुनरावर्ती किए बिना, इन तीन अंकों के उपयोग से तीन अंकों की कितनी भिन्न-भिन्न संख्याएं बनाई जा सकती हैं ?

(1) 1

(2) 2

(3) 3

(4) 4

Ans : (4)

Three-digit numbers are 305, 503, 530, 350 .

There are 4 numbers of three digit can be formed (तीन अंकों की 4 संख्याएँ बनाई जा सकती हैं।).

405. Select the correct statement:

(1) Length of diameter is half that of the radius of the circle.

(2) Every chord is a diameter of the circle.

(3) Many radii can be drawn in a circle.

(4) Circumference of a circle is three times its diameter.

सही कथन चुनिए

(1) वृत्त का व्यास उसकी त्रिज्या की लम्बाई का आधा होता है।

(2) प्रत्येक जीवा वृत्त का व्यास होती है।

(3) वृत्त में अनेक त्रिज्याएं खींची जा सकती हैं।

(4) वृत्त की परिधि उसके व्यास का तीन गुना होती है।

Ans : (3)

Radius is the distance between the centre of circle and any point on the circle.

There are infinite number of points on the circle

So, many radii can be drawn in a circle.

त्रिज्या वह दूरी है जो वृत्त के केंद्र से वृत्त पर किसी भी बिंदु तक होती है। वृत्त पर अनंत संख्या में बिंदु होते हैं। इसलिए, एक वृत्त में कई त्रिज्या खींची जा सकती हैं।

406. Which of the following cannot be the sides of a triangle ?

निम्नलिखित में से कौन-सी किसी त्रिभुज की भुजाएं नहीं हो सकती है ?

(1) 3 cm, 4 cm, 5 cm

(2) 6 cm, 6 cm, 6 cm

(3) 7 cm, 7 cm, 15 cm

(4) 12 cm, 15 cm, 7 cm

Ans : (3)

To form a triangle , sum of two sides should be greater than the third side

$3 + 4 > 5$

$6 + 6 > 6$

$7 + 7 < 15$

$12 + 15 > 7$

option (3) does not satisfies the properties of triangle.

So, option (3) is correct answer.

407. Height of Aashu is 5 feet 5 cm and height of her friend Neetu is 4 feet 20 cm. How much taller (in cm) is Aashu than Neetu ? (Use 1 foot = 30 m)

आशु 5 फुट 5 cm लम्बी है तथा उसकी सहेली नीतू 4 फुट 20 cm लम्बी है। आशु नीतू से कितनी लम्बी (cm में) है ? (1 फुट 30cm का उपयोग कीजिए)

(1) 10
(2) 12
(3) 14
(4) 15

Ans : (4)

Height of ashu (आशु की लम्बाई) = 5 फुट 5 cm
(1 फुट = 30cm)
= (5×30)cm+5cm = 150+5 = 155cm
Height of neetu(नीतू की लम्बाई) = 4 फुट 20cm
= (4×30)+20 =120+20=140cm
Ashu is taller than neetu by (आशु नीतू से लम्बी है) = 155 – 140 = 15cm

408. The area of a rectangle is 252 c. If its length is 18 cm, then what is its perimeter (in cm)?
एक आयत का क्षेत्रफल 252 cm है। यदि इसकी लम्बाई 18 cm है, तो इसका परिमाप (cm में) क्या होगा ?
(1) 62
(2) 68
(3) 64
(4) 66

Ans : (3)

Area of rectangle (आयत का क्षेत्रफल) = 252 cm^2
Length of rectangle (आयत की लम्बाई) = 18 cm
Area of rectangle = length × breadth

$$252 = 18 \times b$$
$$\frac{252}{18} = b$$
$$b = 14cm$$

Perimeter of rectangle (आयत का परिमाप)
$= 2 \times (l + b)$
$= 2 \times (18 + 14) = 64$ cm

409. What comes next is the following pattern ?
1Z1, 2Y4, 3X9, 4W16, ______
निम्नलिखित पैटर्न में आगे क्या आएगा ?
1Z1, 2Y4, 3X9, 4W16, ______
(1) 5 U 25
(2) 5 V 25
(3) 6 V 25
(4) 6 U 36

Ans : (2)

$1Z1 = 1Z(1)^2$
$2Y4 = 2Y(2)^2$
$3X9 = 3X(3)^2$
$4W16 = 4W(4)^2$
By observing the pattern ,
$5V25 = 5V(5)^2$.

410. From the following options, identify a number which is divisible by 3 and 4 but not divisible by 9.
निम्नलिखित विकल्पों में से वह संख्या पहचानिए, जो 3 तथा 4 से विभाज्य है, परन्तु 9 से विभाज्य नहीं है।
(1) 588
(2) 612
(3) 806
(4) 810

Ans : (1)

LCM of 3 and 4 = 12
If a number is divisible by 3 and 4, then it is also divisible by 12.
जो संख्या 3 तथा 4 से विभाज्य है, वह 12 से विभाज्य है।
Here, 588 is divisible by 12 because this is a factor of 1,2,3,4,6,12.
5 + 8 + 8 = 21
588 is not divisible by 9 because the sum of the digits is not divisible by 9.
588 ये संख्या 9 से विभाज्य नहीं है क्योंकि अंकों का योग 9 से विभाज्य नहीं है।

411. What should be subtracted from (186 + 215 + 46 - 170) to get 188 ?

188 प्राप्त करने के लिए, (186 + 215 + 46 - 170) में से क्या घटाया जाए ?

(1) 89
(2) 99
(3) 129
(4) 165

Ans : (1)

let th number be x

$(186 + 215 + 46 - 170) - x = 188$

$186 + 215 + 46 - 170 - 188 = x$

$89 = x$

412. Anu had 8 packets of 36 toffees each to distribute on her birthday. She distributed 1/4 of the toffees among her friends and 3/8 among her teachers. She kept 1/3 of the toffees for her brother. How many toffees are left with her now ?

अनु के पास अपने जन्मदिन पर बाँटने के लिए 36 टॉफियों वाले 8 पैकेट थे। उसने टॉफियों का एक-चौथाई भाग अपनी सहेलियों में तथा 3/8 भाग अपने शिक्षकों में बाँटा टॉफियों का एक-तिहाई भाग अपने भाई के लिए रख लिया। अब उसके पास कितनी टॉफियां है।

(1) 1
(2) 12
(3) 23
(4) 24

Ans : (2)

Number of toffees in 1 packet = 36

Number of toffees in 8 packets = $36 \times 8 = 288$

टॉफियों का एक-चौथाई भाग अपनी सहेलियों में बाँटा $= \frac{1}{4} \times 288 = 72$

$\frac{3}{8}$ भाग अपने शिक्षकों में बाँटा $= \frac{3}{8} \times 288 = 108$

एक-तिहाई भाग अपने भाई के लिए रख लिया $= \frac{1}{3} \times 288 = 96$

अब उसके पास टॉफियां है (toffees are left with her now) = 288 - (72+108+96)

$= 288 - 276 = 12$

413. The length, breadth and height of a cuboidal tin box are 32 cm, 20 cm and 25 cm respectively. It contains oil up to the height of 18 cm. How much more oil (in cm³) can be poured in the tin box?

एक घनाभाकार टीन के डिब्बे की लम्बाई, चौड़ाई तथा ऊँचाई क्रमश: 32 cm, 20 cm तथा 25 cm हैं। इसमें 18 cm ऊँचाई तक तेल भरा है। इस टीन के डिब्बे में और कितना तेल (cm में डाला जा सकता है ?

(1) 4280
(2) 4440
(3) 4480
(4) 4840

Ans : (3)

length of cuboidal tin box (घनाभाकार टीन के डिब्बे की लम्बाई) = 32 cm

breadth of cuboidal tin box (घनाभाकार टीन के डिब्बे की चौड़ाई) = 20 cm

height of cuboidal tin box (घनाभाकार टीन के डिब्बे की ऊँचाई) = 25 cm

Total quantity of cuboidal tin box = $l \times b \times h$

$= 32 \times 20 \times 25 = 16000 \text{ cm}^3$

Quantity of oil present in tin box = $l \times b \times h$

$= 32 \times 20 \times 18 = 11520 \text{ cm}^3$

Quantity of oil can be poured in the tin box

$= 16000 - 11520$

$= 4480 \text{ cm}^3$

414. What comes next in the following pattern? 4, 6, 3, 5, 2, 4, ____

निम्न पैटर्न में आगे क्या आएगा ? 4, 6, 3, 5, 2, 4, ____

(1) 1
(2) 2
(3) 6

(4) 7

Ans : (1)

4

$4+2=6$

$6-3=3$

$3+2=5$

$5-3=2$

$2+2=4$

$4-3=1$

415. The marks scored in an examination by Divya in 5 subjects, when shown in a pie chart, make central angles as follows:

Hindi	**84°**
English	**60°**
Mathematics	**63°**
Science	**57°**
Social Science	**96°**

if she obtained 105 marks in Mathematics, then what is the total of marks obtained by her in these 5 subjects?

किसी परीक्षा में पाँच विषयों में दिव्या के प्राप्तांकों को एक पाई चार्ट में दर्शाने पर बने केन्द्रीय कोण इस प्रकार थे

हिन्दी	**84°**
अंग्रेजी	**60°**
गणित	**63°**
विज्ञान	**57°**
सामाजिक विज्ञान	**96°**

यदि उसे गणित में 105 अंक मिले हैं, तो इन पाँचों विषयों में उसके द्वारा प्राप्त कुल अंक कितने हैं ?

(1) 580

(2) 600

(3) 650

(4) 720

Ans : (2)

Let the total marks obtained by divya = x

Marks obtained in mathematics (गणित में प्राप्त अंक)

$$=\frac{\text{measure of angle of mathematics}}{360^\circ}\times\text{total marks}$$

$$105=\frac{63^\circ}{360^\circ}\times\text{total marks}$$

$$\text{Total marks}=\frac{105\times360^\circ}{63^\circ}$$

$$=600\text{ marks}$$

416. I am a 5 digit number with all different digits. I am divisible by 2 but not by 4. Digit at my tens place is the smallest prime number. Digits at hundreds and thousands places are the second odd number and the third prime number respectively. Digit at ten thousands place is double of the digit at tens place. Who am I?

मैं 5 अंकों की एक संख्या हूँ, जिसके सभी अंक अलग-अलग हैं। मैं 2 से विभाज्य हूँ, परन्तु 4 से नहीं। मेरे दहाई के स्थान का अंक सबसे छोटी अभाज्य संख्या है। सैकड़े तथा हज़ार के स्थानों के अंक क्रमश: दूसरी विषम संख्या तथा तीसरी अभाज्य संख्या हैं। दस हजार के स्थान का अंक दहाई के स्थान के अंक का दुगुना है। मैं कौन हूँ ?

(1) 25310

(2) 26314

(3) 45326

(4) 46320

Ans : (3)

Digit at tens place (दहाई के स्थान का अंक) = 2 (a smallest prime number)

Digits at hundreds(सैकड़े के स्थान का अंक) = 3 (a second odd number)

Digits at thousands places (हज़ार के स्थान का अंक)= 5 (third prime number)

Digit at ten thousands place (दस हजार के स्थान का अंक) = 4 (double the tens digit)

4	5	3	2	_
TTh	Th	H	T	O

So, option (3) is correct answer.

417. How many twin primes are there between 1 and 50?

1 और 50 के बीच में कितने अभाज्य युग्म हैं?

(1) 5
(2) 6
(3) 3
(4) 4

Ans : (2)

Prime numbers between 1 to 50 = 2,3,5,7,11,13,17,19, 23, 29, 31, 37, 41,43,47.

Twin primes :- prime numbers का एक pair होता है जिनके बीच 2 का अंतर होता है।

Twin primes between 1 to 50 = 3 and 5, 5 and 7, 11 and 13, 17 and 19, 29 and 31, 41 and 43 .

Thus, there are 6 twin primes

418. The product of a proper fraction and an improper fraction is:

(1) greater than both proper fraction and improper fraction
(2) less than both proper fraction and improper fraction
(3) greater than proper fraction and less than improper fraction
(4) less than proper fraction and greater than improper fraction

एक उचित भिन्न और एक विषम भिन्न का गुणनफल:

(1) उचित भिन्न और विषम भिन्न दोनों से बड़ा होता है।
(2) उचित भिन्न और विषम भिन्न दोनों से छोटा होता है।
(3) उचित भिन्न से बड़ा होता है तथा विषम भिन्न से छोटा होता है
(4) उचित भिन्न से छोटा होता है तथा विषम भिन्न से बड़ा होता है।

Ans : (3)

Proper fraction :- A fraction where the numerator is less than the denominator (एक भिन्न जहां अंश, भाजक से कम है) ।

Improper fraction :- An improper fraction is a fraction where the numerator is greater than or equal to the denominator (एक भिन्न जहां अंश भाजक से अधिक या उसके बराबर होता है) ।

The product of a proper fraction and an improper fraction is greater than proper fraction and less than improper fraction (एक उचित भिन्न और एक विषम भिन्न का गुणनफल उचित भिन्न से बड़ा होता है तथा विषम भिन्न से छोटा होता है) ।

419. The sum of the greatest and smallest numbers of four digits is:

चार अंकों की अधिकतम और न्यूनतम संख्याओं का योगफल है :

(1) 8999
(2) 10999
(3) 11110
(4) 11111

Ans : (2)

Greatest 4 digit number (चार अंकों की अधिकतम संख्या) = 9999

Smallest 4 digit number (चार अंकों की न्यूनतम संख्या) = 1000

Sum (योगफल) = 9999 + 1000 = 10999

420. Number of lines that can be drawn through a point is:

एक बिंदु से होकर खींची जा सकने वाली रेखाओं की संख्या है:

(1) Two
(2) Four
(3) Ten
(4) Infinitely many

Ans : (4)

infinite many lines can be drawn from a point (एक बिंदु से अनंत अनेक रेखाएँ खींची जा सकती हैं) ।

421. What is the measure of the angle formed by the hands of a clock at 3:30 o'clock ?

3:30 बजे घड़ी की सुइयों के बीच बने कोण की माप क्या होगी ?

(1) 45°
(2) 60°
(3) 75°
(4) 80°

Ans : (3)

Hand hour covers 360° in 12 hours

Angluar distance covered in 1 hour (एक घंटे में कवर की गई कोणीय दूरी) (60 minutes) =

$$\frac{360^\circ}{12} = 30^\circ$$

Angular distance covered in 1 minute

$$= \frac{30^\circ}{60} \times \frac{1}{2}$$

In 30 minutes, the angle swept by hour hand is (30 मिनट में, घंटे की सुई द्वारा बनाया गया कोण है)$=30\times\frac{1}{2}=15^\circ$

At 3.00, the hour hand is at the number 3 (3.00 बजे, घंटे की सुई संख्या 3 पर है).

At 3.30, the hour hand is at the number 6 (3.30 बजे, घंटे की सुई संख्या 6 पर है).

Now, it has move 15 degrees

Thus, the angle between the two hands 3.30 (3:30 बजे घड़ी की सुइयों के बीच बने कोण की माप) = 90°-15°=75°

422. Which of the following contexts is least appropriate to introduce the concept of negative numbers to learners?

(1) Temperature going down below 0°C
(2) Floors in a multi-store building below ground level
(3) Showing the subtraction of two numbers as 12 – 28 = -16
(4) Account of a shopkeeper which shows profit and loss

निम्नलिखित संदर्भों में से कौन-सा संदर्भ शिक्षार्थियों को ऋणात्मक संख्याओं की अवधारणा को प्रस्तुत करने के लिए सबसे कम उपयुक्त है?

(1) तापमान का 0°C से नीचे जाना
(2) एक बहुमंजिला इमारत के भूतल से नीचे के तल
(3) दो संख्याओं का व्यवकलन दर्शाना जैसे कि 12 – 28 = -16
(4) एक दुकानदार का खाता जो लाभ और हानि को दर्शाता है।

Ans : (3)

नकारात्मक संख्याओं को पेश करने के लिए सबसे कम उपयुक्त संदर्भ 12 - 28 = -16 जैसे घटाव को दर्शाना है, क्योंकि यह शुरुआती लोगों के लिए वास्तविक दुनिया के उदाहरणों जैसे तापमान, जमीनी स्तर से नीचे के फर्श, या वित्तीय खातों की तुलना में कम प्रासंगिक हो सकता है।

423. Which of the following is not a characteristic of mathematics language?

(1) Precise
(2) Concise
(3) Symbolic
(4) Ambiguous

निम्नलिखित में से कौन-सा गणितीय भाषा का गुण नहीं है?

(1) सटीकता
(2) संक्षिप्तीकरण
(3) प्रतीकात्मक
(4) अस्पष्टता

Ans : (4)

गणित की भाषा सटीक, संक्षिप्त और प्रतीकात्मक है, और यह विचारों को स्पष्ट रूप से संप्रेषित करने के लिए अस्पष्टता से बचती है।

424. According to National Curriculum Framework, 2005, school mathematics should take place in a situation where:

(a) a teacher engages every child in posing and solving meaningful problems in

(b) children see mathematics as a part of their daily lives and something to discuss mathematics about.

(c) every child is capable of solving all the textbook questions without taking help from a teacher

(d) focus is only on creating great mathematicians for the country.

Choose the correct option:

(1) (a) and (c)

(2) (c) and (d)

(3) (a) and (b)

(4) only (d)

राष्ट्रीय पाठ्यचर्या रुपरेखा 2005 के अनुसार, स्कूली गणित उस परिस्थिति में होना चाहिए।

जहाँ:

(a) एक शिक्षक प्रत्येक बच्चे को गणित में अर्थपूर्ण समस्याएँ प्रस्तुत और हल करने में संलग्न रखता है।

(b) बच्चे गणित को उनके दैनिक जीवन के हिस्से के रूप में देखते हैं जिसके बारे में वह चर्चा कर सकते हैं।

(c) प्रत्येक बच्चा बिना शिक्षक की सहायता लिए पाठ्यपुस्तक के सभी प्रश्नों को हल करने की क्षमता रखता है।

(d) जहाँ देश के लिए केवल महान गणितज्ञों के सृजन पर बल हो। सही विकल्प का चयन कीजिए:

(1) (a) और (c)

(2) (c) और (d)

(3) (a) और (b)

(4) केवल (d)

Ans : (3)

राष्ट्रीय पाठ्यचर्या रूपरेखा, 2005 के अनुसार, स्कूली गणित में प्रत्येक बच्चे को सार्थक समस्याओं को हल करने में शामिल करना चाहिए और चर्चा के लिए गणित को उनके दैनिक जीवन का हिस्सा बनाना चाहिए।

425. A student writes three hundred six as 3006. Which of the following is most appropriate for the above situation?

(1) The answer given by the child is correct.

(2) He/she lacks the understanding of place value concept

(3) He/she does not know counting

(4) He/she cannot read

एक छात्र तीन सौ छः को 3006 के रूप में लिखता है। उपरोक्त परिस्थिति के लिए निम्नलिखित में से कौन-सा सबसे उपयुक्त है?

(1) बच्चे द्वारा दिया गया उत्तर सही है।

(2) उसमें स्थानीय मान की अवधारणा की समझ की कमी है

(3) वह गिनती नहीं जानता / जानती

(4) वह पढ़ नहीं सकता/सकती

Ans : (2)

विद्यार्थियों द्वारा "तीन सौ छह" को 3006 लिखने की गलती इंगित करती है कि वे स्थानीय मान की अवधारणा को पूरी तरह से नहीं समझते हैं। इसे 3006 के रूप में लिखने से इस बारे में भ्रम होता है कि स्थानीय मान संख्या के अर्थ को कैसे प्रभावित करता है।

426. A primary class teacher gave a collection of shapes to the students and asked them to sort them into different groups based on the properties of the shapes. She is assessing her students at ____ level of geometric thinking according to Van-Hiele's theory.

(1) Visualization

(2) Axiomatic

(3) Formal Deduction

(4) Analysis

प्राइमरी कक्षा की अध्यापिका अपने विद्यार्थियों को आकृतियों का एक समूह देती है और उन्हें उन आकृतियों के गुणों के आधार पर विभिन्न समूहों में वर्गीकृत करने को कहती है। वैन- हैले के सिद्धांत के अनुसार वह विद्यार्थियों का ज्यामितीय चिंतन के ____स्तर पर आकलन कर रही है।

(1) दृश्यीकरण

(2) स्वयंसिद्धता

(3) औपचारिक निगमन

(4) विश्लेषण

Ans : (4)

शिक्षक ज्यामितीय सोच के विश्लेषण स्तर पर छात्रों का मूल्यांकन कर रहे हैं, जहां वे आकृतियों को उनके गुणों और विशेषताओं के आधार पर क्रमबद्ध करते हैं।

427. The focus of mathematics learning should be on:

(1) Conceptual learning and logical reasoning
(2) Solving questions from mathematics textbook
(3) Getting good marks in examination
(4) Memorizing formulae and shortcuts of mathematics

गणित अधिगम _____ पर केंद्रित होना चाहिए।

(1) अवधारणात्मक अधिगम और तार्किक विचार (तर्कणा)
(2) गणित की पाठ्यपुस्तक से प्रश्न को हल करने
(3) परीक्षा में अच्छे अंक प्राप्त करने
(4) गणित के सूत्रों को याद करने और गणित में लघुपथ प्रयोग करने

Ans : (1)

गणित सीखने को वैचारिक समझ और तार्किक तर्क पर ध्यान केंद्रित करना चाहिए, जो गणितीय अवधारणाओं की गहरी समझ और प्रभावी अनुप्रयोग के लिए आवश्यक हैं।

428. Students' learning difficulties can be assessed by conducting achievement test followed by

(1) Criterion referenced test
(2) Norm referenced test:
(3) Diagnostic test
(4) Oral test

उपलब्धि परिक्षण के बाद ____ लेकर विद्यार्थियों के अधिगम में कठिनाइयों का आकलन किया जा सकता है।

(1) मानक संदर्भित परीक्षण (क्राइटेरियन रेफरेन्स्ड टैस्ट)
(2) मानदण्ड संदर्भित परीक्षण (नॉर्म रेफरेन्स्ड टैस्ट)
(3) निदानात्मक परीक्षण
(4) मौखिक परीक्षण

Ans : (3)

एक उपलब्धि परीक्षण आयोजित करने के बाद, एक नैदानिक परीक्षण छात्रों की सीखने की कठिनाइयों के विशिष्ट क्षेत्रों की पहचान कर सकता है और उनके संघर्षों के बारे में जानकारी प्रदान कर सकता है।

429. According to National Education Policy (NEP) 2020, Universal Foundational Literacy and Numeracy in primary school has to be achieved by:

(1) 2024
(2) 2025
(3) 2026
(4) 2027

राष्ट्रीय शिक्षा नीति (NEP) 2020 के अनुसार, सार्वभौमिक बुनियादी साक्षरता और संख्यात्मकता प्राथमिक विद्यालयों में _____ वर्ष तक हासिल की जानी होगी।

(1) 2024
(2) 2025
(3) 2026
(4) 2027

Ans : (2)

राष्ट्रीय शिक्षा नीति (एनईपी) 2020 के अनुसार, लक्ष्य 2025 तक प्राथमिक विद्यालयों में सार्वभौमिक मूलभूत साक्षरता और संख्यात्मकता प्राप्त करना है। इसका मतलब है कि इस वर्ष तक, सभी प्राथमिक विद्यालय के छात्रों को बुनियादी साक्षरता और संख्यात्मकता कौशल प्राप्त करना चाहिए।

430. When asked to draw an angle of 120" using a protractor a child drew an acute angle of 60". What would be the most appropriate remediation for the error made by the child?

(1) Place the protractor correctly on zero and now ask the child to draw the angle again.
(2) Tell the child the rule how to use the protractor.
(3) Ask the child to draw the same angle using a compass if he/she is unable to use the protractor.

(4) Ask the child to draw a rough estimate of the angle first and then the actual angle using the protractor and compare the two.

क प्रोट्रैक्टर (चाँदा) का उपयोग करते हुए जब एक बच्चे को 120° का कोण बनाने के लिए। कहा तब उसने 60° का एक न्यून कोण बना दिया। बच्चे द्वारा की गई त्रुटि को सुधारने के लिए निम्नलिखित में से सबसे उपयुक्त क्या समाधान होगा ?

(1) प्रोट्रैक्टर (चाँदा) को सही तरह से शून्य (0) पर रखें और अब बच्चे की कोण दोबारा बनाने को कहें।

(2) बच्चे को यह नियम बताएं कि प्रोट्रैक्टर (चांदा) का कैसे इस्तेमाल करना है।

(3) अगर बच्चा प्रोट्रैक्टर (चांदा) इस्तेमाल करने में असक्षम है तो उसे उसी कोण को एक परकार (कम्पास) का उपयोग करके बनाने के लिए कहें।

(4) बच्चे को पहले कोण को एक रूक्ष अनुमान लगाकर बनाने के लिए कहें और फिर उसे प्रोट्रैक्टर का उपयोग करके वास्तविक कोण बनाकर दोनों की तुलना करने को कहे।

Ans : (4)

बच्चे को पहले कोण का एक मोटा अनुमान लगाने और फिर चांदा का उपयोग करके वास्तविक कोण बनाने के लिए कहने से उन्हें दृष्टिगत रूप से तुलना करने और अपने काम को सही करने में मदद मिलती है। यह दृष्टिकोण कोण माप और चांदा के उपयोग की उनकी समझ में सुधार कर सकता है।

431. A teacher brings in timetables of different classes, railway charts of train arrivals and departures, surveys published in newspaper in her mathematics class. The intention of the teacher is to

(1) give the real-life context of 'Data-Handling' to children.

(2) help them make tables for tabulating the data.

(3) introduce the concept of probability.

(4) teach them how to make timetables for classes and railways.

एक शिक्षिका गणित की अपनी कक्षा में विभिन्न कक्षाओं की समय-सारणियों, ट्रेन के आगमन और गन्तव्य समय के रेलवे के चार्ट, अखबारों में छपे सर्वेक्षण लेकर आती है। शिक्षिका का उद्देश्य है:

(1) बच्चों को दैनिक जीवन के संदर्भों पर आधारित आंकड़ों का प्रबंधन देना।

(2) ऑकड़ों को सारणीबद्ध करने के लिए सारणियाँ बनाने में बच्चों की सहायता करना।

(3) प्रायिकता की अवधारणा को प्रस्तुत करना।

(4) उनको यह सिखाना कि कक्षाओं और रेलवे के लिए समय-सारणियों कैसे बनाई जाती है।

Ans : (1)

डेटा संगठन और विश्लेषण के वास्तविक जीवन के उदाहरण दिखाकर डेटा-हैंडलिंग अवधारणाओं को छात्रों के लिए अधिक प्रासंगिक और समझने योग्य बनाने के लिए शिक्षक समय सारिणी और सर्वेक्षण जैसी व्यावहारिक सामग्रियों का उपयोग करता है।

432. What should be the remedy for a child if he/she writes ¼ > ⅓?

(1) Teacher should ask the child to represent ¼ and ⅓ in the same picture.

(2) Teacher should give the definition of unit fractions.

(3) Teacher should teach the child how to calculate L.C.M

(4) Teacher should teach the comparison of natural numbers.

यदि एक बालिका ¼ > ⅓ लिखती है तो उसकी उस त्रुटि को सुधारने के लिए अध्यापिका को क्या करना चाहिए?

(1) एक आकृति में ¼ और ⅓ दर्शन के लिए बालिका को कहना चाहिए।

(2) इकाई भिन्न की परिभाषा देनी चाहिए।

(3) बालिका को लघुतम समापवर्त्य (LCM) निकालना समझाना चाहिए।

(4) प्राकृत संख्याओं की तुलना करनी सिखानी चाहिए।

दोनों भिन्नों को एक ही चित्र में देखने से बच्चे को उनके सापेक्ष आकार को समझने और तुलना की गलती को सुधारने में मदद मिलती है।

Ans : (1)

दोनों भिन्नों को एक ही चित्र में देखने से बच्चे को उनके सापेक्ष आकार को समझने और तुलना की गलती को सुधारने में मदद मिलती है।

433. Which of the following is least appropriate to develop mathematical reasoning among learners?

(1) Making and testing generalizations
(2) Solving a problem using a given formula
(3) Exploring different ways to solve a problem
(4) Comparing and ordering

निम्नलिखित में से कौन-सा शिक्षार्थियों में गणितीय विवेचन (तार्किकता) को विकसित करने के लिए सबसे कम उपयुक्त है?

(1) सामान्यीकरण करता और जाँचना
(2) दिए गए सूत्र का उपयोग करके समस्या हल करना
(3) एक समस्या को हल करने के लिए विभिन्न तरीके खोजना
(4) तुलना एवं क्रमबद्ध करना

Ans : (2)

गणितीय तर्क विकसित करने के लिए किसी दिए गए सूत्र का उपयोग करना सबसे कम प्रभावी है, क्योंकि यह गहरी समझ को बढ़ावा नहीं देता है। सामान्यीकरण करना, विभिन्न समाधानों की खोज करना और तुलना करना जैसी गतिविधियाँ तर्क कौशल को बढ़ावा देने के लिए अधिक प्रभावी हैं।

434. How can a teacher address a student's misconceptions of a mathematical concept?

(1) Asking the parents to arrange home tuitions for the student.
(2) Giving worksheets and focusing on learning procedures to solve the problem
(3) Ignoring the student's misconceptions as the student will learn the concept eventually.
(4) Understanding student's reasoning towards the concept and then facilitating him/her accordingly.

एक शिक्षक विद्यार्थी की गणितीय अवधारणाओं की भ्रान्तियों को किस प्रकार संबोधित कर सकता है?

(1) अभिभावकों को विद्यार्थी के लिए घर पर ट्यूशन की व्यवस्था कराने के लिए कहना।
(2) कार्यपत्र देना और प्रश्न हल करने के लिए कार्यविधियों को याद करने पर ध्यान केंद्रित करना।
(3) विद्यार्थी की भ्रान्तियों की अनदेखी करना क्योंकि विद्यार्थी अंततः अवधारणाएँ सीख ही लेगा।
(4) विद्यार्थी की अवधारणा के प्रति तार्किकता को समझना और उसे उसके अनुसार सहज सुगम बनाना।

Ans : (4)

किसी छात्र की गलतफहमियों को दूर करने का सबसे अच्छा तरीका उनके तर्क को समझना और गलतफहमी को दूर करने के लिए लक्षित सहायता प्रदान करना है।

- छात्र गणित की अवधारणा के बारे में कैसे सोचता है।
- छात्र को क्या समझ में नहीं आता है।
- छात्र की आवश्यकताओं के आधार पर विशिष्ट सहायता और स्पष्टीकरण दें।
- विद्यार्थियों को अपनी शंकाओं को दूर करने के लिए प्रश्न पूछने दें।
- उदाहरणों का उपयोग, जो छात्रों के तर्क से संबंधित हों ताकि उन्हें बेहतर ढंग से समझने में मदद मिल सके।

435. In a four-digit number, first digit is one-third the second digit, the third digit is sum of the first and second digits, while the last digit is three times the second digit. Which of the following is that number?

चार अंकों की एक संख्या में पहला अंक दूसरे अंक का एक-तिहाई है, तीसरा अंक पहले और दूसरे अंकों का योगफल है, जबकि अंतिम अंक दूसरे अंक का तीन गुना है। निम्नलिखित में से वह संख्या कौन-सी है ?

(1) 2682
(2) 1458
(3) 1349
(4) 1236

Ans : (3)

Let the first digit in a 4 digit number be 'x'

The second digit number = $3x$

The third digit number = $x+3x = 4x$

The fourth digit number = $3\times3x = 9x$

If the first digit is 1 , then the second digit is 3

Third digit is 4 and the fourth is 9

Thus ,the four digti number = 1349

436. The distance between two cities on a map is 19.2 cm. If 0.5 cm on the map is equal to 3 km on the ground, then what is the distance (in m) between the two cities ?

मानचित्र पर दो शहरों के बीच की दूरी 19.2 cm है। यदि मानचित्र पर 0.5 cm भूमि 3km के बराबर है, तो दोनों शहरों के बीच की दूरी (मीटर में) कितनी होगी ?

(1) 115.2
(2) 1152
(3) 11520
(4) 115200

Ans : (4)

The distance between two cities on a map = 19.2 cm

The distance on the ground in 0.5 cm on map = 3 km

= 3000 m

The distance on the ground in 1 cm on map

$= \frac{3000}{0.5}$ m

= 6000 m

The distance on the ground in 19.2 cm on map = 6000×19.2 = 115200 m

437. 20 litres of milk was divided equally among all students of a school. If each student got 1/4 litre of milk, then number of students in the school was:

20 लीटर दूध को किसी स्कूल के सभी विद्यार्थियों में समान रूप से वितरित किया गया। यदि प्रत्येक विद्यार्थी को 1/4 लीटर दूध प्राप्त हुआ, तो उस स्कूल में विद्यार्थियों की संख्या थी:

(1) 180
(2) 82
(3) 80
(4) 100

Ans : (3)

Let the total number of students be '*x*'.

1/4 litre = 250 gm

एक student को दूध मिलता है। = 250gm

Total amount of milk = 20L = 20000gm

$X = \frac{20000}{250} = 80$

स्कूल में students की संख्या थी = 80

438. In Roman numerals, (XL + LX - LXXIV) is equal to

रोमन संख्यांकों में, (XL + LX - LXXIV) = ?

(1) CXXVI
(2) XXVI
(3) XXXIV
(4) LIV

Ans : (2)

=XL + LX - LXXIV

= 40 + 60 - 74

= 100-74 = 26

= XXVI

439. Two types of glasses were used for distributing the juice to athletes. One glass has a capacity of 100ml and the other is with the capacity 150ml. Which pair among the following is NOT a possible number of glasses if lemon juice were completely distributed?

खेल दिवस के मौके पर नींबू पानी बनाया गया और उसे 15 लीटर की बाल्टी में भरकर रखा गया। खिलाड़ियों को नींबू पानी बाँटने के लिए दो तरह के गिलासों का प्रयोग किया गया। एक गिलास की क्षमता 100 मिलीलीटर और दूसरे गिलास की क्षमता 150 मिलीलीटर है। यदि नींबू पानी को पूरा बाँट दिया जाता है, तो निम्नलिखित में से कौन-से गिलासों की संख्या का जोड़ा आने की संभावना नहीं है?

1. (60, 60)
2. (15,90)
3. (90, 40)
4. (50, 70)

Ans : (4)

बाल्टी की क्षमता = 15 लीटर

During sports day, lemon juice has been prepared and stored in a bucket whose capacity is 15 L.

गलास पहला = 100 ml, गलास दूसरा = 150 ml

15 लीटर = 15 ×1000 ml =15,000 ml,

1 लीटर = 1000 ml

हमे उन ग्लासों की संख्या प्राप्त करनी है जो संभावित नहीं है।

विकल्पों में माना 50 व 70

50×100=5000 ml

70×150=10500 ml

5000 + 10500 =15,500 ml

ये बाल्टी की क्षमता से अधिक है तो यही युग्म उत्तर होगा।

440. Bina purchased a total of 50 L hair oil. She wants to fill this oil into bottles each containing 80 mL oil. How many bottles will she need to fill ?

बीना ने सिर पर लगाने वाला कुल 50 L तेल खरीदा। वह इस तेल को 80 ml की बोतलों में भरना चाहती है। उसे ऐसा करने के लिए कितनी बोतलों की आवश्यकता होगी ?

(1) 1250
(2) 750
(3) 500
(4) 625

Ans : (4)

Capacity of hair oil = 50L = 50,000mL

Capacity of bottle to be filled = 80 mL

[1L = 1000mL]

$$\text{Number of bottles} = \frac{\text{Capacity of hair oil}}{\text{Capacity of bottle to be filled}}$$

$= \frac{50,000}{80}$ =625 bottles

441. In a confectionery shop, in a 1 kg box of besan ladoos (ignoring the weight of the box), there are 25 ladoos. Rekha wants to purchase 4 boxes of ladoos but with only 20 ladoos in one box. The shopkeeper prepared such boxes for her. What will be the weight of these 4 boxes?

एक मिठाई की दुकान पर 1 kg बेसन के लड्डुओं (डिब्बे के भार को छोड़ते हुए) के एक डिब्बे में 25 लड्डू हैं। रेखा लड्डुओं के 4 डिब्बे खरीदना चाहती है, परन्तु उसे एक डिब्बे में केवल 20 लड्डू लेने हैं। दुकानदार ने उसे इस प्रकार के डिब्बे बनाकर दिए। इन 4 डिब्बों का भार कितना होगा ?

(1) 2kg 600g
(2) 3kg 200g
(3) 3kg 400g
(4) 2kg 800g

Ans : (2)

weight of 25 laddoos = 1 kg

Weight of 1 laddoo = $\frac{1}{25}$ kg

Weight of 20 laddoos = $20 \times \frac{1}{25} = \frac{20}{25} = \frac{4}{5}$ =0.8 kg =800g

Weight of 1 box = 800 g

Weight of 4 boxes = 4 × 800 = 3200g,

= 3 kg 200g

442. The number of students in different sections A, B, C, D and E, of a class are given in the following table:

Section	A	B	C	D	E
Number of Students	40	43	42	32	36

In which pairs of sections is the difference between number of students the same?

किसी कक्षा के विभिन्न सैक्शनों A, B, C, D और E में विद्यार्थियों की संख्याएँ निम्न सारणी में दी गई हैं :

सैक्शन	A	B	C	D	E
विद्यार्थियों की संख्या	40	43	42	32	36

सैक्शनों के किन युग्मों में विद्यार्थियों की संख्याओं का अंतर समान है ?
(1) A, C और D, E
(2) A, B और C, D
(3) A, E और D, E
(4) A, C और B, E

Ans : (3)

Taking option (3),

Difference between the no. of students of class A and class E = 40 - 36 = 4

Difference between the no. of students of class D and class E = 36 – 32 = 4

Here , the difference is equal .

So, option (3) is correct answer.

443. What is the average of first five prime numbers?
प्रथम पाँच अभाज्य संख्याओं का औसत क्या है ?
(1) 5
(2) 5.2
(3) 5.5
(4) 5.6

Ans : (4)

First five prime numbers (प्रथम पाँच अभाज्य संख्या) are 2,3,5,7,11.

(प्रथम पाँच अभाज्य संख्याओं का औसत)

$$=\frac{\text{sum of first five prime numbers}}{\text{Number of prime numbers}}$$

$$=\frac{2+3+5+7+11}{5}=\frac{28}{5}=5.6$$

444. How many quarters are there in $9\frac{3}{4}+3\frac{1}{2}$?
$9\frac{3}{4}+3\frac{1}{2}$ में कितने चौथाई है?
(1) 35
(2) 26
(3) 62
(4) 53

Ans : (4)

Quarter means $\frac{1}{4}$.

Let 'x' quarters equal to $9\frac{3}{4}+3\frac{1}{2}$

$$x\times\frac{1}{4}=9\frac{3}{4}+3\frac{1}{2}$$

$$x=\left(\frac{39}{4}+\frac{7}{2}\right)\times 4$$

$$x=\left(\frac{39+14}{4}\right)\times 4$$

$$x=\left(\frac{53}{4}\right)\times 4$$

x=53

445. According to National Curriculum Framework, 2005, which of the following shows mathematical thinking of a child?
(1) Ability to give exact definition of mathematical concepts
(2) Ability to recall the correct formulae/facts
(3) Ability to calculate fast
(4) Ability to explain mathematical procedures

राष्ट्रीय पाठ्यचर्या रूपरेखा, 2005 के अनुसार निम्नलिखित में से कौन - सा बच्चे के गणितीय चिंतन को दर्शाता है?
(1) गणितीय अवधारणाओं की सटीक परिभाषा देने की योग्यता
(2) सही सूत्रों / तथ्यों को स्मरण करने की योग्यता
(3) शीघ्र गणना करने की योग्यता
(4) गणितीय प्रक्रिया - विधियों को समझाने की योग्यता

Ans : (4)

राष्ट्रीय पाठ्यचर्या रूपरेखा (एनसीएफ) 2005 के अनुसार, गणितीय सोच याद रखने या गति के बजाय अवधारणाओं को समझने और लागू करने के बारे में है। इसलिए, गणितीय सोच का सबसे अच्छा प्रतिबिंब गणितीय प्रक्रियाओं को समझाने की क्षमता है, क्योंकि यह गणितीय अवधारणाओं की गहरी समझ और अभिव्यक्ति को दर्शाता है।

446. Which of the following strategies are not suitable for students with low achievement in mathematics?

(1) Using activities centered on students' interest
(2) Reducing the number of practice problems in a single work session
(3) Assigning only the most difficult problem
(4) Allocating extra time for teacher-guided practice

निम्नलिखित में से कौन-सी युक्तियाँ गणित में कम उपलब्धि वाले विद्यार्थियों के लिए उपयुक्त नहीं हैं?

(1) विद्यार्थियों की रुचि पर केंद्रित गतिविधियों का उपयोग करना
(2) एकल कार्य सत्र में अभ्यास समस्याओं की संख्या को कम रखना
(3) केवल सबसे कठिन समस्या निर्दिष्ट करना
(4) शिक्षक - निर्देशित अभ्यास के लिए अतिरिक्त समय आवंटित करना

Ans : (3)

गणित में कम उपलब्धि वाले छात्रों के लिए, केवल सबसे कठिन समस्याओं को हल करना अनुपयुक्त है क्योंकि यह भारी और हतोत्साहित करने वाला हो सकता है। इन छात्रों को मूलभूत समर्थन और क्रमिक प्रगति की आवश्यकता है।

447. Which among the following are not the learning outcomes for class I students as per the NCERT?

(1) Recognizes and writes numbers up to 50
(2) Adds and subtracts numbers up to 20 without regrouping
(3) Extends the concept of addition to multiplication
(4) Recognizes the place value of a digit in a two-digit number

एन.सी.ई.आर.टी. के अनुसार कक्षा I के विद्यार्थियों के लिए निम्नलिखित में से कौन-सा एक अधिगम प्रतिफल नहीं है?

(1) 50 तक की संख्याओं को पहचानना और लिखना
(2) पुनर्समूहीकरण के बिना 20 तक की संख्याओं को जोड़ना और घटाना
(3) जोड़ की अवधारणा को गुणन तक विस्तारित करना
(4) किसी दो-अंकीय संख्या में अंक के स्थानीय मान को पहचानना

Ans : (3)

एनसीईआरटी दिशानिर्देशों के अनुसार, कक्षा I के छात्र गुणन में जोड़ की अवधारणा का विस्तार नहीं करते हैं। उनका ध्यान बुनियादी अंकगणितीय कौशल जैसे संख्याओं को पहचानना, सरल जोड़ और घटाव और स्थानीय मान को समझना पर है।

448. Which of the following pedagogical processes are appreciated to enhance Foundational Numeracy Skills among students as per 'NIPUN Bharat Mission'?

A. The classroom environment should cultivate the spirit of exploration and visualization of concepts.
B. Provide opportunities to enable child to solve real-life problems and not just textbook problems.
C. The instruction should be given in local language.
D. Errors should not be given any space in a mathematics classroom.

Choose the correct options:

(1) Only D
(2) A, B and C
(3) Only A
(4) A, B and D

'निपुण भारत मिशन' के अनुसार, विद्यार्थियों के बीच मूलभूत संख्यात्मक कौशल को बढ़ाने के लिए निम्नलिखित में से कौन-सी शैक्षणिक प्रक्रियाओं को सराहा जा सकता है?

A. कक्षा के माहौल को अवधारणाओं की खोज और दृश्यीकरण की भावना पैदा करने वाली होनी चाहिए।
B. बच्चे को वास्तविक जीवन की समस्याओं को हल करने में सक्षम बनाने के अवसर प्रदान करें, न कि केवल पाठ्यपुस्तक की समस्याओं को।

C. निर्देश स्थानीय भाषा में दिया जाना चाहिए।

D. गणित की कक्षाओं में त्रुटियों के लिए कोई स्थान नहीं होना चाहिए। सही विकल्प का चयन कीजिए:

(1) केवल D

(2) A, B और C

(3) केवल A

(4) A, B और D

Ans : (2)

'NIPUN भारत मिशन' के अनुसार, मूलभूत संख्यात्मक कौशल को बढ़ाने के लिए प्रभावी शैक्षणिक प्रक्रियाओं में कक्षा में अन्वेषण और विज़ुअलाइज़ेशन को बढ़ावा देना, वास्तविक जीवन की समस्या-समाधान के अवसर प्रदान करना और निर्देश के लिए स्थानीय भाषा का उपयोग करना शामिल है।

449. While introducing the concept of Addition of Fractions, in class V, Daljeet, a mathematics teacher focuses only on using the standard correct procedure to solve a given problem. She gives many questions to her learners for practice by using the algorithm taught. As a mathematics teacher, Daljeet exhibits

(1) Relational understanding

(2) Instrumental understanding

(3) An understanding of the needs of her learners

(4) An understanding of the errors made by her learners in addition of fractions

कक्षा V में भिन्नों के योग की अवधारणा का परिचय कराते हुए, गणित की एक शिक्षिका दलजीत, एक समस्या को हल करने के लिए केवल सही मानक क्रियाविधि के उपयोग पर बल देती हैं। वह सिखाई गई कलन विधि से, अपने शिक्षार्थियों को कई प्रश्न अभ्यास के लिए देती है । गणित की एक शिक्षिका के रूप में, दलजीत दर्शाती है

(1) संबंधात्मक समझ

(2) यांत्रिक समझ

(3) अपने शिक्षार्थियों की आवश्यकताओं की समझ

(4) भिन्नों के योग में अपने शिक्षार्थियों द्वारा की गई त्रुटियों की समझ

Ans : (2)

दलजीत भिन्नों को जोड़ने के लिए मानक प्रक्रियाओं को पढ़ाने और अभ्यास करने पर ध्यान केंद्रित करके, अंतर्निहित अवधारणाओं या व्यक्तिगत शिक्षार्थी की जरूरतों को संबोधित किए बिना एल्गोरिदम के सही निष्पादन पर जोर देकर महत्वपूर्ण समझ प्रदर्शित करता है।

450. Which of the following is not an advantage of integrating Art in mathematics?

(1) Helps visualization

(2) Connects mathematics with the real world

(3) Inculcates respect for culture and heritage

(4) Helps in rote learning in mathematics

निम्नलिखित में से कौन-सा गणित में कला को समाहित करने का फायदा नहीं है?

(1) दृश्यीकरण में सहायता करना

(2) गणित को वास्तविक दुनिया से जोड़ना

(3) संस्कृति और विरासत के लिए सम्मान पैदा करना

(4) गणित में रटकर सीखने में सहायता करना

Ans : (4)

गणित में कला को एकीकृत करने से दृश्यता बढ़ती है, गणित वास्तविक दुनिया के संदर्भों से जुड़ता है, और संस्कृति और विरासत के प्रति सम्मान को बढ़ावा देता है, लेकिन यह रटकर सीखने का समर्थन नहीं करता है।

451. Gurdeep wants to develop a mathematics kit to be used in his primary mathematics classes. He must include:

(1) materials that are used in everyday life.

(2) highly sophisticated instruments.

(3) only ICT-based materials.

(4) expensive concrete models.

गुरदीप प्राथमिक गणित कक्षाओं में उपयोग हेतु गणित का एक किट विकसित करना चाहता है । उसे सम्मिलित करना चाहिए-

(1) दैनिक जीवन में प्रयुक्त सामग्री

(2) उच्च परिष्कृत साधन

(3) केवल ICT - आधारित सामग्री

(4) महँगे ठोस / अमूर्त मॉडल

Ans : (1)

गुरदीप को अपनी गणित किट में रोजमर्रा की सामग्री शामिल करनी चाहिए, क्योंकि वे व्यावहारिक हैं और छात्रों को गणित की अवधारणाओं को वास्तविक दुनिया के संदर्भों से जोड़ने में मदद करती हैं।

452. Most II graders are able to add two quantities like four candies and three candies, but when asked to do 4+5 on a worksheet a large number of the same set of learners is unable to do so. What is the most appropriate explanation of this observation according to National Curriculum Framework 2005?

(1) The learners are not ready for the use of abstract mathematical symbols
(2) Learners are not taught addition properly
(3) Some learners are poor in mathematical skills
(4) Learners are not interested in learning real-life mathematics

दूसरी कक्षा के अधिकांश शिक्षार्थी चार कैंडी और तीन कैंडी जैसी दो मात्राएँ जोड़ने में सक्षम होते हैं, लेकिन जब वर्कशीट पर 4+5 करने के लिए कहा जाता है तो अधिकांश वही शिक्षार्थी ऐसा करने में असमर्थ होते हैं। राष्ट्रीय पाठ्यचर्या रूपरेखा 2005 के अनुसार इसका क्या कारण है?

(1) शिक्षार्थी अमूर्त गणितीय प्रतीकों के उपयोग के लिए तैयार नहीं होते हैं
(2) शिक्षार्थियों को योग ठीक से नहीं सिखाया जाता है
(3) कुछ शिक्षार्थी गणितीय कौशल में कमजोर होते हैं
(4) शिक्षार्थी वास्तविक गणित सीखने में रुचि नहीं रखते

Ans (1)

NCF 2005 इस बात पर जोर देता है कि युवा शिक्षार्थियों को अमूर्त प्रतीकों के बजाय ठोस वस्तुओं और वास्तविक जीवन के संदर्भों के माध्यम से गणितीय अवधारणाओं को समझना आसान लग सकता है। इस स्तर पर, बच्चे कैंडी जैसे मूर्त प्रतिनिधित्व के साथ अधिक सहज होते हैं, और वर्कशीट पर संख्याओं जैसे अमूर्त प्रतीकों के साथ संघर्ष कर सकते हैं।

453. A triangle having all sides of different lengths is called:

(1) A right triangle
(2) An equilateral triangle
(3) An isosceles triangle
(4) A scalene triangle

एक त्रिभुज जिसकी सभी भुजाएं अलग-अलग लम्बाइयों की होती हैं, कहलाता है :

(1) एक समकोण त्रिभुज
(2) एक समबाहु त्रिभुज
(3) एक समद्विबाहु त्रिभुज
(4) एक विषमबाहु त्रिभुज

Ans (4)

A triangle having all sides of different lengths is called scalene triangle.

एक त्रिभुज जिसकी सभी भुजाएं अलग-अलग लम्बाइयों की होती हैं, विषमबाहु त्रिभुज कहलाता है।

454. A child solved a problem: $\frac{1}{2}+\frac{1}{3}=\frac{1}{5}$ What is the most appropriate inference drawn from the solution?

(1) Child has extended the concept of addition of natural numbers to addition of fractions
(2) Child does not know addition of numbers
(3) Child does not know how to take L.C.M.
(4) Child does not know how to represent fractions on number line

एक बच्चे ने प्रश्न हल किया: $\frac{1}{2}+\frac{1}{3}=\frac{1}{5}$ इस हल से सबसे उपयुक्त क्या निष्कर्ष निकाला जा सकता है?

(1) बच्चे ने प्राकृतिक संख्याओं के जोड़ की अवधारणा को भिन्नों के जोड़ तक विस्तारिक किया है
(2) बच्चे को संख्याओं को जोड़ना नहीं आता है
(3) बच्चे को लघुत्तम समापवर्त्य लेना नहीं आता है
(4) बच्चा नहीं जानता कि भिन्नों को संख्या रेखा पर कैसे प्रदर्शित किया जाता है

Ans (1)

बच्चे के हल $\frac{1}{2}+\frac{1}{3}=\frac{1}{5}$ से निकाला गया सबसे उचित

निष्कर्ष यह है कि बच्चे ने प्राकृतिक संख्याओं के योग की अवधारणा को भिन्नों के योग तक विस्तारित कर दिया है।

बच्चे ने भिन्नों को उसी तरह जोड़ने का प्रयास किया है जिस तरह वे प्राकृतिक संख्याओं को जोड़ते हैं, पहले एक सामान्य हर (common denominator) (या लघुत्तम समापवर्त्य) खोजने की आवश्यकता को पहचाने बिना।

455. According to National Curriculum Framework 2005 mathematics teachers need to shift towards:

(a) Promoting memorization and rigorous algorithms

(b) Mathematical reasoning and logic

(c) Becoming sole authority for right answers

Choose the correct option:

(1) (b) and (c)

(2) Only (a)

(3) (a) and (b)

(4) Only (b)

राष्ट्रीय पाठ्यचर्या रूपरेखा 2005 के अनुसार गणित के शिक्षकों को इस ओर ध्यान केंद्रित करने की जरूरत है :

(a) संस्मरण और गहन रूप से एल्गोरिदम को बढ़ावा देना

(b) गणितीय तर्क विचार

(c) सही उत्तरों के लिए एकमात्र अधिकारी बनना

(1) (b) और (c)

(2) केवल (a)

(3) (a) और (b)

(4) केवल (b)

Ans (4)

राष्ट्रीय पाठ्यचर्या रूपरेखा (National Curriculum Framework) 2005 के अनुसार, रटने की आदत से दूर जाने और गणितीय तर्क और तर्क पर अधिक ध्यान केंद्रित करने पर ज़ोर दिया गया है। यह रूपरेखा केवल प्रक्रियाओं या एल्गोरिदम को याद करने के बजाय अवधारणाओं को गहराई से समझने और उन्हें विभिन्न संदर्भों में लागू करने को बढ़ावा देती है।

456. Students feel difficulty in solving division problems because:

(1) There are no informal ways of solving division problems

(2) For solving division problems students need to know addition, subtraction and multiplication thoroughly.

(3) Students do not like the sign of division.

(4) Division problems have no utility in daily life.

विद्यार्थियों को भाग की समस्याएँ हल करने में कठिनाई आती है क्योंकि

(1) भाग की समस्याओं को हल करने के लिए कोई अनौपचारिक कलन विधियां नहीं होती हैं

(2) भाग की समस्याएँ हल करने के लिए यह आवश्यक है कि विद्यार्थी जमा, घटा और गुणा करना अच्छी तरह से जान लें

(3) विद्यार्थी भाग का चिन्ह पसंद नहीं करते

(4) भाग की समस्याओं की दैनिक जीवन में कोई उपयोगिता नहीं है

Ans (2)

विद्यार्थियों को भाग के सवालों को हल करने में कठिनाई महसूस होती है क्योंकि भाग के लिए जोड़, घटाव और गुणा को अच्छी तरह से जानना ज़रूरी है। यह बिल्डिंग ब्लॉक की तरह है: मजबूत नींव के बिना, संरचना डगमगाती है।